普通高等教育规划教材



# 铁路选线设计

缪　鹍　王保成　主编
陈泽建　主审

人民交通出版社股份有限公司
China Communications Press Co.,Ltd.

# 内 容 提 要

本书采用现行设计规范，参考铁路设计典型案例，系统地介绍了铁路线路设计的相关理论与方法。内容系统全面，案例结合工程实际，理论与实际相结合。本书含绪论在内共9章，内容包括铁路建设概况、铁路能力与建设标准、牵引计算、平面及纵断面设计、铁路选线与定线、方案比选、车站设计、既有线改建与增建复线设计、高速铁路设计特点等。

本书可作高等院校土木类相关专业本科、专科及继续教育层次学生的教材，也可供广大铁路设计人员参考。

**图书在版编目(CIP)数据**

铁路选线设计/缪鹍，王保成主编. —北京：人民交通出版社股份有限公司，2015.12

ISBN 978-7-114-12378-8

Ⅰ.①铁… Ⅱ.①缪… ②王… Ⅲ.①铁路选线—设计 Ⅳ.①U212.32

中国版本图书馆CIP数据核字(2015)第149086号

**书　　名**：铁路选线设计
**著 作 者**：缪　鹍　王保成
**责任编辑**：王　霞　陈力维
**出版发行**：人民交通出版社股份有限公司
**地　　址**：(100011)北京市朝阳区安定门外外馆斜街3号
**网　　址**：http://www.ccpress.com.cn
**销售电话**：(010)59757973
**总 经 销**：人民交通出版社股份有限公司发行部
**经　　销**：各地新华书店
**印　　刷**：北京交通印务有限公司
**开　　本**：787×1092　1/16
**印　　张**：15.25
**字　　数**：390千
**版　　次**：2015年12月　第1版
**印　　次**：2020年12月　第2次印刷
**书　　号**：ISBN 978-7-114-12378-8
**定　　价**：35.00元

# 前言 Foreword

铁路及城市轨道建设近年来的快速发展，迫切要求铁路工程方向的相关专业课程，能够结合实际建设经验，做到与时俱进。

本书根据高等院校土建类专业规划教材教学大纲的要求编写，以满足现代铁路建设需要为出发点，以铁道工程专业方向应掌握的知识内容为主线，并兼顾土木工程其他专业方向的本、专科选学的需要。本书采用现行标准、规范，注意理论联系实际，融入实际设计案例，尽力体现我国多年铁路线路设计的经验。

客货共线铁路线路设计方法是铁路设计方法的基础，因此，本书以介绍该方法为主要内容。轮轨体系时速250km以上的高速铁路由于具有自身的不同特点，与客货共线铁路的设计思想与方法有不同，本书单列一章介绍其设计特点。

本书编写过程中，为了给初学者提供学习及实际线路设计工作的参考，并突出案例教学的特点，编者除参考了既有的经典教材的先进之处外，还参考了国内近几年广大铁路设计人员撰写的关于铁路线路设计方面的案例，编者吸收、提炼了其中较好的案例，并将其纳入本教材。在此，对这些作者一并感谢，参考文献中若有遗漏，请及时来信告知。

本书共分九章，兰州交通大学王保成编写绪论、第一章（单元二、单元三）、第二章及第七章（单元一～单元三），王新泰编写第一章（单元一），王立刚编写第七章（单元四），中南大学缪鹍编写其余章节，并负责全书的统稿和修改。杨柏林、徐霞、刘欢、唐军军、刘春平等协助收集资料并整理了部分书稿。

中南大学詹振炎教授对本书的结构及内容提出了指导及修改意见，并提供了部分资料，在此一并感谢。

由于是初次编写，且作者水平有限，读者若发现本书有错误和不完善之处，为进一步修订完善，请及时予以批评指正。

本书由中铁第四勘察设计院集团有限公司教授级高工陈泽建副总工程师主审。

编　者

2015年5月

# 目录 Contents

# 绪 论

## 本章导读

客货共线铁路为旅客列车与货物列车共线运营、设计速度200km/h及以下的铁路。新建客货共线铁路旅客列车最高运行速度200km/h,快运货物列车最高运行速度160km/h,普通货物列车最高运行速度120km/h。

高速铁路为新建设计开行250km/h(含预留)及以上动车组列车,初期运营速度不小于200km/h的客运专线铁路。

本书以讨论客货共线铁路的铁路选线及线路设计的基本方法为主,有关高速铁路线路的相关设计方法集于最后一章。

铁路建设是一项关系国计民生的基础建设工作。本章根据交通运输市场发展需要,系统地论述了铁路建设的必要性,主要内容包括:世界铁路的发展,我国铁路建设概况,铁路总体设计和铁路建设基本程序。本章内容旨在从市场宏观角度论述铁路建设的必要性,结合铁路技术进步介绍了铁路发展史,分析了现阶段以铁路为骨干的交通多样化格局的形成及我国铁路建设规划,并引出了铁路总体设计和铁路建设基本程序的概念。初学者应从市场的角度来把握工程实质,明晰铁路功能,树立技术选线、经济选线、人文选线的现代设计理念。

## 学习目标

1. 了解我国铁路建设基本程序;
2. 了解铁路总体设计。

## 学习重点

1. 铁路总体设计;
2. 铁路建设基本程序。

## 学习难点

不同研究及设计阶段的主要工作内容。

## 单元一　世界铁路基本状况

### 一、以铁路为骨干的交通多样化时代

目前,世界上比较成熟的现代化运输方式有铁路、公路、水运、航空和管道运输5种,构成

的交通运输网总长度大约3000万km,其中公路约为2100万km,铁路约为140万km,内河水运约为60万km,具有导航设施的航空线约为600万km,管道约为100万km。

1825年,英国发明家斯蒂芬逊发明了蒸汽机车,开创了铁路运输方式,从而使工农业布局摆脱了水系与沿海,深入到腹地,在工业发达的国家出现了修建铁路的高潮,一直持续到20世纪20年代末,世界铁路营业里程总长曾达到127万km。

第二次世界大战以后,在第三次工业革命浪潮的推动下,世界交通运输领域发生了革命性变化,传统的陆路运输格局被彻底改变。公路、航空、管道等现代交通运输方式迅速兴起,对铁路形成了强大的替代性竞争,综合交通运输体系逐步形成。特别是20世纪50年代末到80年代末,由于公路运输的机动灵活与门到门,航空运输的高速便捷等优势,使得公路和航空运输快速发展,铁路几乎垄断陆上客货运输的时代结束,铁路的地位和作用逐步弱化。在其他运输方式的强烈竞争下,铁路运量大幅度下降,经营出现大面积亏损,开始滑入低谷,有些国家甚至拆除了部分运量不大的铁路。铁路曾一度被视为“夕阳产业”。

然而,公路、航空业的迅速发展,在给人们出行提供更多便利的同时,也给人类社会可持续发展带来负面影响。20世纪70年代爆发的世界石油危机给过分依赖汽车和飞机的发达国家带来了战后最严重经济危机的同时,也让人们重新审视交通政策。近年来,随着自然环境的日益恶化和以石油为代表的化石能源日益枯竭,人类社会开始思考和探索建设一个绿色环保交通运输体系的有效途径。铁路以其绿色的本质重新焕发了青春。

在全球能源紧张,环境恶化的大背景下,铁路以其独特的技术经济特征,再次进入人们的视野。在高新技术的推动下,高速铁路技术与货运重载技术快速发展,铁路以其运量大、节能、环保、快捷、安全的比较优势更加突出。按照完成单位运输周转量造成的环境成本测算,航空、公路客运分别是铁路客运的2.3倍、3.3倍,货运分别是铁路的15.2倍、4.9倍。同时,在完成同样运输任务的情况下,铁路的占地和排放二氧化碳、氮氧化物等污染物的数量远小于公路和航空等交通方式。由于铁路具有降耗和减排的显著优势,许多工业发达国家纷纷投入巨额资金,积极发展高速重载铁路和城市轨道交通。发展中国家也投入巨资,修建铁路,扩大铁路网。现在,从各国的交通运输发展情况来看,世界已经进入了以铁路为骨干的交通多样化时代。

## 二、世界铁路发展现状

2010年,世界铁路营业里程约116万km,其中美洲占33.2%以上,欧洲占32.6%以上,亚洲占22.8%,非洲占7.3%,大洋洲占3.8%。据2010年统计,铁路营业里程最长的10个国家是:美国22.64万km,中国9.12万km,俄罗斯8.72万km,印度6.4万km,加拿大4.67万km,德国4.19万km,澳大利亚3.79万km,阿根廷3.14万km,法国2.92万km,巴西2.89万km。截至2014年底,中国铁路里程达11.2万km,其中高速铁路营业里程1.6万km。

总体来看,世界铁路里程在2009年比20世纪80年代末减少了20万km,主要是因为北美铁路在路网优化中大幅地关闭铁路,欧洲铁路里程也有小幅减少,但进入21世纪,俄罗斯、亚洲国家、非洲国家、拉美国家和部分欧洲国家的铁路处在建设和发展之中,所以世界铁路营业里程已止住减少势头略有小幅增长。但发展中国家的铁路路网密度仍低于欧美发达国家水平。主要国家铁路按国土面积和人口计算的路网密度如图0-1、图0-2所示。

2008年,世界铁路完成旅客周转量25689亿人·km,完成货物周转量99019亿t·km。铁路在运输市场的地位和竞争力增强,主要国家铁路在客货运输市场的份额基本趋于稳定,摆脱了二战后直到20世纪80年代末的持续大幅度滑坡趋势(表0-1)。

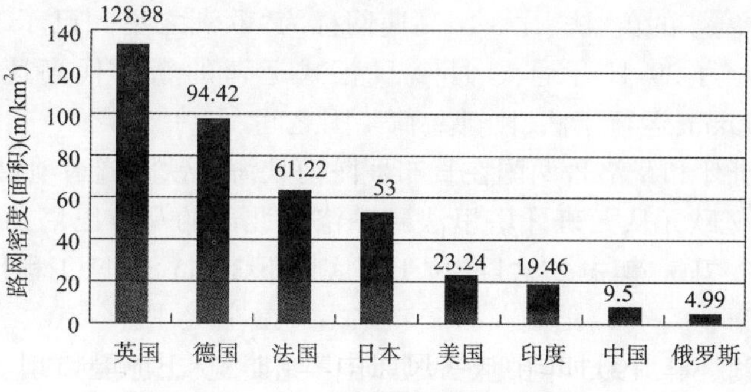


图 0-1　2010 年主要国家铁路路网密度(面积)

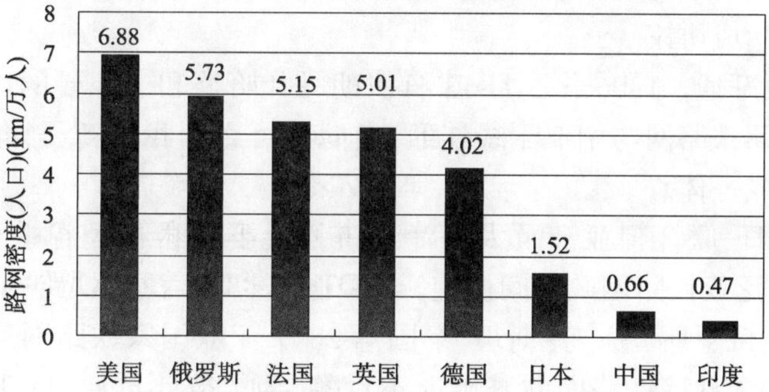


图 0-2　2010 年主要国家铁路路网密度(人口)

**主要国家客货运输市场份额**

表 0-1

| 国家 | 货物周转量份额(%) | | | | | | 旅客周转量份额(%) | | | | |
|---|---|---|---|---|---|---|---|---|---|---|---|
| | 铁路 | 公路 | 水运 | 管道 | 航空 | 总计 | 铁路 | 公路 | 水运 | 航空 | 总计 |
| 美国 | 34.8 | 30.3 | 13.0 | 21.6 | 0.3 | 100 | 0.1 | 89.6 | | 10.3 | 100 |
| 英国 | 8.2 | 62.4 | 22.6 | 4.3 | 2.5 | 100 | 5.8 | 67.7 | | 26.5 | 100 |
| 德国 | 17.5 | 61.5 | 12.7 | 3.3 | 5.1 | 100 | | | | | |
| 日本 | 3.9 | 57.5 | 38.4 | 0 | 0.2 | 100 | 27.2 | 67.0 | | 5.8 | 100 |
| 中国 | 17.6 | 33.2 | 47.3 | 2.1 | 0.1 | 100 | 38.4 | 40.8 | 0.2 | 20.5 | 100 |

注:表中数据中国为 2013 年数据,美国、英国、日本为 2004 年数据,德国为 2005 年数据。

## 三、世界铁路大联网

随着各国经济的发展和世界经济一体化的趋向,世界各国对外贸易迅速增长,铁路在国际贸易货运方面将起重要作用。国际铁路联盟倡导和组织一系列的国际工程,提高铁路竞争力。与有关各国政府共同组织"洲际走廊"工程,通过铁路—海路联运将美洲、亚洲、中东、欧洲联在一起,简化运输手续,提高运输能力和运输速度,增加铁路收益。

1. 欧洲

1992 年在布鲁塞尔召开了全欧高速铁路规划会议,确定了欧洲高速铁路远期发展总体规划,包括欧共体各国及奥地利和瑞士在内,高速铁路发展将达到 2.3 万 km,其中新线 1.2 万 km。对于整个欧洲(不包括俄罗斯)而言,高速铁路网里程最终将达到 3.5 万 km,其中 2 万 km 为新线。1994 年欧盟通过了在 2010 年建成 2.9 万 km 泛欧高速铁路网规划,规划的目标是新建 1.25 万 km,可以满足列车以 250km/h 以上速度运行的高速铁路,改造 14000km 既有线,形成 2.9 万 km 的高速铁路网,以连接欧洲所有的主要城市,并选定了 9 个优先项目。其中从伦敦—巴黎—布鲁塞尔的英、法、比3国高速网称为“欧洲之星”，已于1994年5月开通，时速250km。1996年1月29日开通，6月2日正式运营的新一代高速列车——“泰里斯”(Thalys)最高时速300km，运行于法、比、德、荷4国之间。

欧非大陆桥：西班牙和摩洛哥两国在直布罗陀海峡海底铁路隧道项目上达成了许多共识，预计投资40亿~50亿欧元从西班牙塔里法到摩洛哥北部的马拉巴塔角，修建直布罗陀海峡隧道。隧道全长为37.7km，其中27.2km位于海底以下300m深处，工程预计2025年建成。

2. 亚洲

中亚5国与中俄联网。1995年中亚5国(哈萨克斯坦、土库曼斯坦、吉尔吉斯、乌兹别克和塔吉克斯坦)、中国和俄罗斯7国铁道部长在北京协商，就统一车辆限界、货运运价、运输计划、车辆改造等问题达成协议。

欧亚大陆桥中段开通。1996年5月13日伊朗马什哈德和土库曼的捷詹两市之间296km铁路新线开通，把伊朗铁路网与中亚干线连通，它向东可直到我国新疆，向西与东欧的保加利亚、罗马尼亚等国连成一体。

2009年6月11日，联合国亚洲及太平洋经济社会委员会在曼谷举行仪式，庆祝被称为“钢铁丝绸之路”的《泛亚铁路网政府间协定》当天正式生效。泛亚铁路网是指由包括中国、缅甸、印度、蒙古、韩国、俄罗斯、塔吉克斯坦、泰国等28个亚欧国家铁路网连接贯通而成的区域性铁路网。它是在各国现有铁路网的基础上建设的，为了彼此贯通，将新建8300km铁路，投资约250亿美元。完工后的泛亚铁路网总长将为11.4万km，横贯28个国家和地区，被誉为“钢铁丝绸之路”。

泛亚铁路路线已确定四大走廊，不仅连接亚洲国家，还通过俄罗斯与欧洲相连，通过伊朗与中东相连，有望成为亚欧贸易大通道。

东南亚走廊全长14029km，包括柬埔寨、老挝、马来西亚、缅甸、越南、泰国、新加坡和印尼。印尼是整个铁路网的最南端。

东北亚走廊是4大走廊中最长的，全长44839km，可连接欧洲和太平洋。从德国出发，经波兰、白俄罗斯、俄罗斯、哈萨克斯坦、蒙古、中国，到达铁路网最东端的朝鲜半岛。全长9200km的泛西伯利亚铁路可将大量货物从东亚运到莫斯科，再运到欧洲。

中亚—高加索走廊全长29843km，它连接着北欧和波斯湾，伊朗是它的中枢。这条走廊从芬兰的赫尔辛基出发，通过俄罗斯到里海，然后分成3路，西路经过阿塞拜疆、亚美尼亚和伊朗西部；中路通过海运直穿里海到达伊朗；东路从哈萨克斯坦、乌兹别克斯坦、土库曼斯坦到伊朗东部。3条路线在伊朗首都德黑兰交会，然后延伸到伊朗港口。

南亚走廊将中国和印度这两个地区大国连在了一起。全长17738km，连接土耳其、伊朗、巴基斯坦、印度、孟加拉、缅甸、泰国(与中国云南省连通)、马来西亚和新加坡。

3. 北美洲

美国、加拿大合作扩大运能，积极开发高速重载列车技术，建立美、加、墨三国北美自由贸易区和太平洋沿岸走廊，使铁路运量大增。

4. 非洲

阿尔及利亚、摩洛哥和突尼斯计划重新启动修建连接3国的铁路线项目，总长度约1800km。利比亚决定修建一条3000km的铁路来连接埃及、利比亚和乍得。西非国家经济组织计划修建一条1000km的铁路来连接贝宁、布基纳法索、尼日尔和多哥。坦桑尼亚计划建成一条与卢旺达相连的铁路。

非洲南部8国(南非、刚果、博茨瓦那、莫桑比克、赞比亚、津巴布韦、安哥拉、坦桑尼亚)合作实行货物列车运行图一体化。以南非为首建立各国的运营管理中心,大大提高了运输效率。从南非约翰内斯堡到刚果伊拉波的列车,过去要40d运达,而今减少为7d。

5. 欧、亚、北美大陆桥建设

以西伯利亚大铁路为中段,向西与欧洲铁路网相连,向东经白令海峡与北美铁路联网。亚洲部分分两期进行,近期,由西伯利亚干线东段分支,向东北经雅库塔楚科奇地区到白令海峡,往西与欧洲铁路网相连;远期,另修一条东西向干线,由白令海峡西岸的乌厄连经雅库茨克往西与欧洲相连。北美部分,大陆桥东段由美国、加拿大合作铺设新线到白令海峡,与亚洲相连。俄罗斯拟修建白令海峡海底隧道,隧道工程长约103km,深度于海面下不小于110m,隧道包括一条高速铁路和一条高速公路、多条输油管道、电缆和光缆,耗资990亿美元,海底隧道工程预计15年完成。

## 四、高速旅客列车的发展

回顾铁路技术发展的历史,即是牵引能力与车速提高过程的历史。各国铁路都把提高速度作为技术发展的目标,也是作为提高竞争能力的重要手段。而铁路要想生存发展必须提高车速。1825年世界第一条铁路在英国出现时,时速为24km。1829年10月6日在利物浦—曼彻斯特线上“罗克特”号蒸汽机车首创48km/h的世界纪录。20年后法国的车速已经超过了100km/h,在1890年“克洛伯顿”号蒸汽机车时速达143.5km/h。1901年德国首先使用西门子—哈尔斯克和通用电气公司共同制造的电力机车,试验速度为160km/h以上。1931年6月21日德国费兰获·克鲁肯贝格设计的流线型“钢轨策佩林”号机车创230km/h记录。1936年2月17日柴油机车“莱比锡”号在德国的帝国铁路线上运行速度205km/h。1955年5月29日法国波尔多—达克斯线上“BB9004”号机车创331km/h记录。1981年2月26日法国巴黎—里昂线TGV高速机车时速380km。1988年5月1日德国ICE高速列车,在汉诺威—浮兹堡区段上时速406.9km。1990年5月18日法国TGV—A高速列车创试验速度515.3km/h记录。1996年7月26日日本X300系列高速列车时速443km。2003年11月19日,日本MLX01型磁悬浮列车创造了558km/h的世界纪录。2007年4月3日,法国进行了超高速列车最新型“V150”列车的行驶试验,时速达到574.8km。

1964年10月1日日本建成世界第一条高速铁路——东京到大阪的东海道高速铁路新干线,全长515.4km,最高运行速度210km/h。东海道新干线创造了世界上铁路与航空竞争中首次取胜的实例,日本誉之为“经济起飞的脊骨”。日本东海道新干线和法国TGV东南线的运营,在技术、商业、财政以及政治上都获得了极大的成功。东海道新干线在财务收支上已经成为日本铁路客运的主要支柱,TGV东南线也在运营10年的期限里,完全收回了投资。高速铁路建设在日本和法国所取得的成就影响了很多国家。对亏损严重的各国铁路,提供了解脱困境和可以借鉴的出路。于是,从20世纪80年代末期开始,许多资金充裕、科技先进的国家,纷纷兴建新线和改建既有线路,实现250~300km/h的最高时速。据不完全统计,截至2011年底,全世界运营中的高速铁路营业里程总长达17166km,这些线路分布在日本、韩国、英国、法国、德国、比利时、瑞典、丹麦、意大利、西班牙等14个国家。

我国于1994年开通了时速160km/h的广深准高速铁路。2003年全长404.641km的秦沈客运专线正式运营,设计速度为200km/h,预留250km/h。2008年8月1日京津高速铁路投入运营,正式运营时速为350km/h,成为世界上运营中的列车速度之最,“和谐号”CRH380A新一代高速动车组更于2010年12月3日跑出486.1km的时速，再次刷新世界铁路运营试验最高速。我国铁路经过6次提速改造，截止到2013年底，我国高铁总运营里程达11028km，占世界高铁营业里程的48.7%，在建高铁规模1.2万km，在建高铁规模占世界高速铁路规模的71%。

## 单元二　我国铁路建设概况

### 一、我国铁路建设回顾

1881年，我国建成第1条自己设计施工的铁路——唐胥铁路，不久又制造出第1台蒸汽机车——“龙号”。从此，拉开了中国铁路建设的序幕。一百多年来，我国特定的国情使得铁路成为最重要的基础设施之一，在国土开发、区域经济发展、促进国民经济整体水平提高以及形成全国统一市场等方面发挥了重要推动作用，在国家综合运输体系中始终处于骨干地位。

1881—1949年的68年间，旧中国仅修建了21810km铁路，其中复线只有867km，电气化铁路为零。相当一部分铁路因年久失修和战争破坏无法运营。铁路网的分布也极不平衡，东北地区铁路占全国铁路总营业里程的40%，而国土面积占全国55%的西南和西北地区铁路仅占全国总营业里程的5%。

1949年中华人民共和国成立后，我国铁路建设步入了加速发展的快车道。党中央、国务院把铁路摆在基础设施的重要位置，对铁路建设给予高度重视，一方面大力加强既有线改造，另一方面加快新线建设步伐，铁路建设高潮迭起，在路网建设、线路状况、技术装备和运输效率上，都取得了巨大的成就。

#### 1.路网建设

新中国成立以来，铁路建设坚持新线建设与旧线改造并举方针，新建了一大批干线铁路，加快了复线建设和电气化铁路建设，路网规模不断扩展，综合运输能力迅速提高，对加快国民经济发展起到了积极的促进作用。1949—2013年，我国(不包括台湾省和香港特别行政区)共修建了8.1万km新线，是旧中国的3.71倍多;4.82万km复线，是旧中国的55倍多;5.57万km电气化铁路，结束了旧中国没有电气化铁路的历史。铁路建设者克服重重困难，在崇山峻岭的西南地区，修建了成渝、宝成、黔桂、川黔、襄渝、阳安、来睦、黎湛、内宜、达成、南昆等干线，构成了大西南的路网骨架。在新中国成立前根本没有铁路的西北地区，建成了天兰、兰新、兰青、青藏、南疆、包兰、干武、宝中、北疆等干线，加强了大西北与内地的联系。在华北地区，建成了丰沙、京承、京原、京通、通坨、京秦、大秦、太焦、邯长、新菏、侯西等干线，以及纵贯南北的京九大干线，首都北京已形成11条干线接入的大型枢纽。在东南沿海，建成了兰烟、兖石、肖甬、鹰厦、外福、皖赣、阜淮、广梅汕、三茂等干线;在华中地区，建成了焦枝、枝柳、汉丹、武大、大沙、合九等干线;在东北地区，修建了沟海、通让等联络线，汤林、牙林、长林、林碧等森林线，以及霍林河、伊敏河等煤矿支线。在沿海各大港口地区修建了疏港通道;在沿边与俄罗斯、朝鲜和越南等国接轨的基础上，又先后打通了与蒙古、哈萨克斯坦等国联系的通道，为我国对外开放创造了良好的条件。

截至2013年底，铁路营业里程为10.31万km(不含台湾省)，其中铁路复线里程4.8万km，复线率为46.8%，铁路电气化里程5.6万km，电化率为54.1%。

目前，铁路覆盖了我国全部省、自治区、直辖市，已形成京哈、沿海、京沪、京九、京广、大湛、包柳、兰昆、京拉、煤运通道、陆桥通道、宁西、沿江通道、沪昆(成)、西南出海通道等“八纵八横”路网主骨架。构成了纵横交错、干支结合的铁路运输网络,初步形成了横贯东西、沟通南北、连接亚欧的路网骨架,路网布局趋于合理,路网质量有所提高。中国铁路部分主要线路线名如表0-2所示。

**中国铁路部分主要线路线名(km)**　　表0-2

| 线名 | 起点站 | 终点站 | 里程(km) | 所经省市自治区 | 单双线 | 电气化 |
|---|---|---|---|---|---|---|
| 沪昆线 | 上海 | 昆明 | 2690 | 沪浙赣湘贵云 | 部分双线 | 全部 |
| 京九线 | 北京 | 深圳 | 2372 | 京冀鲁皖赣粤 | 双线 | 全部 |
| 京广线 | 北京 | 广州 | 2300 | 京冀豫鄂湘粤 | 双线 | 全部 |
| 兰青、青藏线 | 兰州 | 拉萨 | 2188 | 甘青藏 | 部分双线 | 部分 |
| 兰新线 | 兰州 | 乌西 | 1912 | 甘新 | 双线 | 部分 |
| 陇海线 | 连云港 | 兰州 | 1759 | 苏皖豫陕甘 | 双线 | 部分 |
| 焦柳线 | 月山 | 柳州 | 1651 | 豫鄂湘桂 | 部分双线 | 部分 |
| 京沪线 | 北京 | 上海 | 1463 | 京津冀鲁苏皖 | 双线 | 全部 |
| 南疆线 | 吐鲁番 | 喀什 | 1445 | 新 | 部分双线 | 部分 |
| 京哈线 | 北京 | 哈尔滨 | 1249 | 京冀津辽吉黑 | 双线 | 部分 |
| 成昆线 | 成都 | 昆明 | 1100 | 川云 | 单线 | 全部 |
| 湘桂线 | 衡阳 | 凭祥 | 1013 | 湘桂 | 部分双线 | 部分 |
| 宁西线西合段 | 西安 | 合肥 | 988 | 陕豫皖 | 单线 | 部分 |
| 包兰线 | 包头 | 兰州 | 979 | 蒙宁甘 | 部分双线 | 全部 |
| 集通线 | 集宁赉红 | 通辽 | 836 | 辽蒙 | 单线 | |
| 滨洲线 | 哈尔滨 | 满洲里 | 935 | 黑蒙 | 双线 | |
| 湘渝线 | 襄樊 | 重庆 | 899 | 鄂皖川渝 | 双线 | 全部 |
| 富西线 | 富裕 | 古莲 | 860 | 黑蒙 | 单线 | |
| 南昆线 | 南宁 | 昆明 | 828 | 桂云 | 单线 | 全部 |
| 京包线 | 北京 | 包头 | 824 | 京冀晋蒙 | 双线 | 部分 |
| 京通线 | 北京北 | 通辽 | 804 | 京冀蒙 | 单线 | |
| 包西线 | 包头西 | 西安 | 801 | 蒙陕 | 双线 | 全部 |
| 鹰厦线 | 鹰潭 | 厦门 | 694 | 赣闽 | 单线 | 全部 |
| 宝成线 | 宝鸡 | 成都 | 669 | 陕甘川 | 部分双线 | 全部 |
| 渝怀线 | 团结村 | 怀化 | 625 | 渝贵湘 | 单线 | 全部 |
| 新石线 | 新乡 | 日照 | 613 | 豫鲁 | 部分双线 | 全部 |

2. 轨道结构

截至2013年底,国家铁路铺设无缝线路的里程已达81055km,占正线里程的78.6%。

3. 闭塞方式

截至2013年底,国家铁路半自动闭塞里程为32893km,自动闭塞里程为38840km,调度集中里程20444km。

4. 桥梁

截至2012年底，全路有桥梁62594座（10756km）。其中，500m以上的特大桥3004座（6778km），100～500m的大桥9884座（2348km），20～100m的中桥19258座（1137km），小桥26731座（494km）。

5. 隧道

截至2012年底，全路有隧道9790座（7331km）。其中，万米以上的特长隧道39座（543km），3000～10000m的长隧道424座（2024km），500～3000m的中长隧道2928座（3424km），小于500m的短隧道6399座（1340km）。

6. 车站

截至2012年底，国家铁路车站有5216个。其中，特等站54个、一等站237个、二等站409个、三等站917个。办理客运业务的有1566个，办理货运业务的有2790个，办理集装箱业务的397个。

7. 机车车辆

到2013年底，国家铁路机车拥有量达到2.08万台，其中内燃机车占47.8%，电力机车占52.1%，其中和谐型大功率机车7017台。客车拥有量达到5.88万辆，其中空调车4.86万辆，占客车总数的82.6%。其中"和谐号"动车组1308组10464辆。全国货车拥有量为68.8万辆。

8. 运输效率

随着我国复线、电气化和内燃化水平的提高，铁路运输效率也随之提高，有的技术指标已进入世界先进行列。2013年国家铁路主要技术指标如表0-3所示。

**2013年国家铁路年客、货运主要技术指标** 表0-3

| 主要指标 | 客　运 | 货　运 |
|---|---|---|
| 周转量 | 105503亿人·km | 26845亿吨·km |
| 客、货运密度 | 1314万人·km/km | 3787万t·km/km |
| 运输平均运距 | 503km/人 | 830km/t |
| 平均技术速度 | 82.1km | 48.6km |
| 平均旅行速度 | 72.6km | 34.3km |
| 货运机车日产量 | — | 139.7万t·km/台 |
| 货物机车平均牵引质量 | — | 3548t |

## 二、中长期铁路网规划

在"扩内需保增长"的大政方针下，中国继续加大铁路建设力度。2008年11月《中长期铁路网规划（2008年调整）》通过国家批准。到2020年，中国将新建约4万km铁路，铁路建设投资总规模将突破5万亿元，全国铁路营业里程达到12万km以上，复线率和电化率分别达到50%和60%以上，主要繁忙干线实现客货分线，基本形成布局合理、结构清晰、功能完善、衔接顺畅的铁路网络，运输能力满足国民经济和社会发展需要，主要技术装备达到或接近国际先进水平。这一规划实施完成后，全国铁路网将覆盖20万人口以上城市；基本覆盖地级以上行政区，覆盖率达95%以上。快速客运网络连接所有省会和城市人口50万及以上的大城市，覆盖全国90%以上人口。

为实现2020年铁路网发展目标，规划方案在路网总规模扩大的同时，突出客运专线、区际干线和煤运系统的建设，提高路网质量，扩大运输能力，形成功能完善、点线协调的客货运输网络。

为满足快速增长的旅客运输需求，建立省会城市及大中城市间的快速客运通道，规划“四纵四横”等客运专线以及经济发达和人口稠密地区城际客运系统。建设客运专线1.6万km以上。

1.“四纵”客运专线

(1)北京—上海客运专线，包括蚌埠—合肥、南京—杭州客运专线，贯通京津至长江三角洲东部沿海经济发达地区。

(2)北京—武汉—广州—深圳客运专线，连接华北和华南地区。

(3)北京—沈阳—哈尔滨(大连)客运专线，包括锦州—营口客运专线，连接东北和关内地区。

(4)上海—杭州—宁波—福州—深圳客运专线，连接长江、珠江三角洲和东南沿海地区。

2.“四横”客运专线

(1)徐州—郑州—兰州客运专线，连接西北和华东地区。

(2)杭州—南昌—长沙—贵阳—昆明客运专线，连接西南、华中和华东地区。

(3)青岛—石家庄—太原客运专线，连接华北和华东地区。

(4)南京—武汉—重庆—成都客运专线，连接西南和华东地区。

同时，建设南昌—九江、柳州—南宁、绵阳—成都—乐山、哈尔滨—齐齐哈尔、哈尔滨—牡丹江、长春—吉林、沈阳—丹东等客运专线，扩大客运专线的覆盖面。

3.城际客运系统

在环渤海、长江三角洲、珠江三角洲、长株潭、成渝以及中原城市群、武汉城市圈、关中城镇群、海峡西岸城镇群等经济发达和人口稠密地区建设城际客运系统，覆盖区域内主要城镇。

完善路网布局和西部开发性新线，以扩大西部路网规模为主，形成西部铁路网骨架，完善中东部铁路网结构，提高对地区经济发展的适应能力。规划建设新线约4.1万km。例如：

(1)新建中俄通道同江—哈鱼岛段，中吉乌铁路喀什—吐尔尕特段，改建中越通道昆明—河口段，新建中老通道昆明—景洪—磨憨段、中缅通道大理—瑞丽段等，形成东北、西北、西南进出境国际铁路通道。

(2)新建太中(银)、临哈线，形成西北至华北新通道。

(3)新建乌鲁木齐—兰州、库尔勒—格尔木、龙岗—敦煌—格尔木、喀和、拉日线，研究建设和田—狮泉河—日喀则线，形成新疆至甘肃、青海、西藏的便捷通道。

(4)新建兰渝、哈达铺—成都线，研究建设张掖—西宁—成都、格尔木—成都线，形成西北至西南新通道。

(5)新建拉萨—林芝、大理—香格里拉线，研究建设成都—波密—林芝、香格里拉—波密线，形成四川、云南至西藏的便捷通道。

4.路网既有线加强

加强既有路网技术改造和枢纽建设，提高路网既有通道能力。规划既有线增建二线1.9万km，既有线电气化2.5万km。

(1)在建设客运专线、完善路网布局和西部开发性新线的基础上，对既有线进行扩能改造，在大同(含蒙西地区)、神府、太原(含晋南地区)、晋东南、陕西、贵州、河南、兖州、两淮、黑龙江东部等10个煤炭外运基地和新疆地区，形成大能力煤运通道。重点强化“三西”地区煤炭下海和铁路直达中南、华东内陆地区通道，以及新疆地区煤炭外运通道等。

(2)结合客运专线、完善路网布局和西部开发性新线的建设，对“五纵五横”综合运输大通道内既有铁路干线进行复线建设和电气化改造。

(3)按照综合交通枢纽布局和城市发展规划，加强主要客货枢纽建设，注重与城市轨道交通等公交系统以及公路、民航和港口等其他交通方式的衔接，实现旅客运输“零距离换乘”、货物换装“无缝衔接”和交通运输一体化。以北京、上海、广州、郑州、武汉、西安、重庆、成都等枢纽为重点，调整编组站，改造客运站，建设机车车辆检修基地，完善枢纽结构，使铁路点线能力协调发展。

(4)建设集装箱中心站，改造集装箱运输集中的线路，开行双层集装箱列车。

## 三、我国铁路建设基本程序

建设程序是指国家按照项目建设的客观规律制定的，从项目立项、决策、设计、工程实施、竣工验收并交付使用整个建设过程中，各项工作必须遵循的先后工作次序。2007 年 8 月发布的《铁路建设项目预可行性研究、可行性研究和设计文件编制办法》(TB 10504—2007)规定：铁路大中型建设项目的决策阶段应进行预可行性研究和可行性研究，项目实施阶段开展初步设计和施工图。对于小型项目或工程简易的建设项目可适当简化，在决策阶段编制可行性研究文件，实施阶段开展施工图，文件深度应满足相应阶段要求，同时加强铁路建成后的后评估工作。

1. 预可行性研究

预可行性研究文件是项目立项的依据，应按照国家批准的铁路中长期规划，充分利用国家和行业资料，经社会、经济、运量调查和现场踏勘后编制。在预可行性研究中，要从宏观上论证项目的必要性，为项目建议书提供必要的基础资料。其内容和深度主要包括：客货运量预测；系统研究建设项目在路网及交通运输中的意义和作用，论证项目的必要性；解决拟建规模、线路起讫点和线路走向方案(改建铁路则应针对其运能与运量不相适应的薄弱环节拟定改建初步方案，铁路枢纽则应结合总图规划拟定研究年度的建设方案)；提出主要技术标准、各项主要技术设备设计原则的初步意见和主要工作内容；对相关工程和外部协作条件作初步分析；提出建设时机及工期、主要工程数量、投资估算、资金筹措设想；初步进行经济评价；从宏观上分析对自然和社会环境的影响。

预可行性研究中，对影响线路走向方案选择的长距离、大面积地质条件极其复杂的地区，应开展遥感工作，编制遥感地质报告，对线路走向方案做出地质评价。

地形地质特别复杂，线路可能方案较多，范围较大的地区，应在预可行性研究中提出加深地质工作的具体意见，经审查后，在初测前安排加深地质工作，确定初测方案，指导后续地质工作。

新建(改建)铁路预可行性研究文件一般应包括以下主要内容：区域路网概况；经济与运量；建设必要性研究；建设方案研究；铁路主要技术标准；运输组织；主要技术设备设计原则和主要工程内容；相关工程及外部协作条件；工程实施对环境的影响；建设工期、预估算及资金筹措；经济评价；研究结论；省、市、自治区、军区及有关部门的意见；有待进一步解决的问题。

预可行性研究报告的审批程序：国家审批和中国铁路总公司(原铁道部)审批限额以上项目预可行性研究由发展计划司负责组织审查，编写项目建议书和预可研审查意见，会签铁路总公司内有关部门并报主管部门领导批准后，报送项目建议书和下达预可行性研究审查意见；与地方政府合资(合作)项目需由省级地方政府会签后联合报送项目建议书和下达预可行性研究审查意见;国务院和国家发改委批准的项目建议书由铁路总公司计划统计部转发。

2. 可行性研究

可行性研究是项目决策的依据,应根据国家批准的铁路中长期规划或项目建议书,进行社会、经济和运量调查,综合考虑运输能力和运输质量,从技术、经济、环保、节能、土地利用等方面进行全面深入的论证,采用初测资料进行基础性设计。其内容和深度主要包括:落实各研究年度的客货运量;确定铁路主要技术标准,稳定建设方案(包括邻近或穿越特殊环境功能区的线路方案)和主要技术设备的设计原则(改建铁路应解决扩能方案及重大施工过渡方案,铁路枢纽应解决主要站段方案和规模、枢纽内线路方案及其铁路主要技术标准、重大施工过渡方案,铁路特大桥应解决桥址方案、初步拟定桥式方案);提出主要工程数量、主要设备概数、主要材料概数、拆迁概数、用地概数、施工组织方案、建设工期、投资估算、资金筹措方案;提出满足项目用地预审要求的土地利用资料;提出建设及运营管理体制的建议;阐明对环境与水土保持的影响和防治的初步方案以及节约能源的措施;进行财务评价和国民经济评价;论证建设项目的可行性。

可行性研究的工程数量和投资估算要有较高的精度,环境保护、水土保持和土地利用的设计工作应达到规定的深度。

新建(改建)铁路可行性研究文件一般应包括以下主要内容:总说明书;经济与运量;运输组织;地质;线路;轨道;路基;土地利用;桥涵;隧道;站场;电气化;机务设备;车辆、动车组设备;给水排水;通信;信号;信息;防灾安全监控;电力;综合检测与维修;房屋建筑;环境保护、水土保持;节约能源;施工组织方案意见;投资估算、资金筹措;经济评价等。

可行性研究报告的审批程序:国家审批和中国铁路总公司审批限额以上项目可行性研究审查由中国铁路总公司计划统计部负责,委托有资质的咨询评审机构进行可行性研究的评审工作。评审机构按照委托书要求组织评审后,将评审报告送中国铁路总公司计划统计部。中国铁路总公司计划统计部根据评审报告编写可行性研究报告和可研审查意见,会签中国铁路总公司内有关部门并报主管部门领导批准后,报送可行性研究和下达可行性研究审查意见;与地方政府合资(合作)项目需由省级地方政府会签后联合报送可行性研究报告和下达可行性研究审查意见;国务院和国家发改委批准的可行性研究报告由中国铁路总公司计划统计部转发。

3. 初步设计

初步设计文件是项目建设规模和投资的主要依据,应根据批准的可行性研究报告进行现场调查,对局部方案进行比选,采用定测资料,依据批准的环境影响报告书、水土保持方案、地质灾害危险性评估、压覆矿产资源评估、地震安全性评价、防洪影响评价报告及通航论证报告等,进行比较详细的设计。其内容和深度主要包括:确定各项工程设计原则、设计方案和技术问题;提出工程数量、主要设备数量、主要材料数量、用地及拆迁数量、施工组织设计及总概算;确定环境保护和水土保持措施。初步设计文件经审查、修改、批准后,作为控制建设总规模和总投资的依据,应满足征用土地、建筑物拆迁、进行施工准备及主要设备采购的需要。

初步设计总概算静态投资不应超过批复的可行性研究静态投资。因主要技术条件和重大工程方案变化等原因,初步设计总概算超过批复的可行性研究投资估算5%时,应报请中国铁路总公司研究确定;初步设计总概算超过批复投资估算10%时,需重新履行规定审批程序后批准执行。

初步设计文件实行初审和审查两步审查制度。初审程序为:建设单位在勘察设计单位完成初步设计后,组织对初步设计文件进行初审,并在10个工作日内完成初审,提出初审意见。

建设单位提出初审意见后，连同初步设计文件一起主送中国铁路总公司经济规划研究院，抄送中国铁路总公司计划统计部、建设管理部、运输局及有关单位，由中国铁路总公司对初步设计文件组织审查，重点包括涉及公共利益、公众安全、工程建设强制性标准等内容。新建（改建）路网干线、时速160km及以上铁路建设项目的初步设计文件，由中国铁路总公司组织审查。其他项目的初步设计文件由投资方组织审查，建设项目所在地的铁路局参与审查。

初步设计文件批复后，建设单位组织勘察设计单位按中国铁路总公司初步设计批复意见对初步设计文件进行修改。

4. 施工图

施工图文件是工程实施和验收的依据，应根据初步设计审批意见，采用定测及补充定测资料编制，为施工提供需要的图表和设计说明，并依据施工图工程数量编制投资检算。施工图文件应详细说明施工注意事项和要求，说明运营管理中应注意的事项和安全施工的措施。施工图投资检算由建设单位进行审查后，按章节编制施工图预算。施工图总预算原则上应控制在批复的初步设计总概算之内，并报中国铁路总公司核备。因特殊情况超出者，须经中国铁路总公司批准后方可实施。

5. 工程施工和设备安装

依据批准的建设规模、技术标准、建设工期和投资，施工单位按照施工图和施工组织设计文件组织工程施工和设备安装。

6. 验交投产

由建设单位会同设计、施工和中国铁路总公司有关单位组织验收；验收合格，铁路交管理单位投入运营，基本建设阶段结束。

7. 后评估

在铁路运营若干年后，由建设单位会同有关部门对项目实施过程、结果及其影响进行调查研究和全面系统回顾，与项目决策时确定的目标以及技术、经济、环境、社会指标进行对比，找出差别和变化，分析原因，总结经验，汲取教训，得到启示，提出对策建议，通过信息反馈，改善投资管理和决策，达到提高投资效益的目的。根据中国铁路总公司要求，铁路重点建设项目，特别是利用外资修建的铁路建设项目，工程竣工后都要进行后评价，由建设单位主持编写后评价报告。

## 四、铁路总体设计

1. 我国铁路设计工作发展过程

我国铁路兴建之初，管理权为外人把持，设计工作也为外人包办。但是，中国人民是勤劳智慧的人民，在铁路修建的实践中，也涌现出许多有成就的中国铁路工程师。1905—1909年勘测设计京张铁路并领导施工的詹天佑，就是一个杰出的代表。

京张铁路由南口至康庄的关沟段，穿越八达岭，地形困难，纵坡陡峻。詹天佑创造性地采用了2-8-8-2型双节蒸汽机车与33‰的最大坡度，并引进国外的自动车钩车辆；利用青龙桥车站设计了人字形展线。通过这样精心设计，减少了工程数量，仅隧道总延长就较英国人选定的线路缩短2000m，使工程造价大大降低。在施工组织过程中，詹天佑编制了隧道施工组织规划，并在长达1091m的八达岭隧道施工中，开挖两个竖井，以加快施工进度。他还亲自进行精密测量，指导工人打眼放炮；在怀来河大桥的架梁中预先就地拼装，加快了施工进度。并采取措施，克服了资金不足、材料机具缺乏、技术工人不足等困难，使这条铁路比原计划提前两年建成，工程费结余白银28万两。詹天佑坚持在京张铁路采用1435mm的轨距，并建议作为全国的标准轨距，这是很有远见的。詹天佑还编定了“京张铁路标准图”和“行车、养路、机车、电报”等规则共33章，可谓我国最早的设计规范与管理规程。

辛亥革命后，我国的铁路工程师勘测设计了不少铁路，其中粤汉路株（洲）韶（关）段的选线和浙赣路钱塘江大桥的修建，誉满中外。

新中国成立以后，我国铁路勘测设计工作面貌一新，铁道部成立了专门的勘测设计总队，以后逐步发展为地区性和专业性的设计院，目前拥有几万人的勘测设计队伍，铁路勘测设计的实践和理论，都有了长足的进展。

为了统一全路的设计标准，提高勘测设计质量，铁道部颁布并多次修订了铁路设计规范，编制了一系列指导勘测设计的基本文件，建立了各个设计阶段鉴定审批的工作程序。在有关规定中和勘测设计的实践中，体现了总体设计思想，并制定了总体设计负责人和专业负责人的岗位责任制，强调勘测中要重视地质情况和水文条件，明确了设计铁路要根据国家运输要求，有的放矢地设计铁路能力。设计方案的选定，要经过技术经济比较。航空勘测、遥感技术和计算机辅助设计技术已在勘测设计中广泛采用。在线路设计方面，无论是山区铁路、电气化、内燃化铁路，还是重载高速铁路，以及既有线改建和第二线设计，都积累了丰富经验，取得了长足进步。对高填深挖、风沙、冻土、软土、膨胀土的路基设计，以及轻型挡墙、抗滑桩等支挡建筑物的设计方面，都取得了突破和创新。在对新型混凝土轨枕、整体道床、焊接长钢轨、可动心轨道岔以及钢轨扣件等轨道结构条件的改善方面，都取得了可喜的成就。铁道工程设计技术已创立了我国自己的特色。

2. 铁路选线设计的基本任务

铁路设计的基本任务是提出质量可靠的设计文件，以保证铁路投资的经济效益。铁路设计是一项涉及面广、技术比较复杂的工作，必须按照规定的程序进行勘测，提供设计所需要的资料。

铁路设计所需要的资料包括经济资料（如设计线的客运量、货运量、地方运量与直通运量的比重、车站装卸量等）与技术资料（如铁路沿线的地形、地质、气象等）两类。经济资料与技术资料分别通过经济勘察（即经济调查）与技术勘测与勘察获得。

铁路选线设计是整个铁路设计中一项关系全局的总体性工作，它的基本任务是：

（1）根据国家政治、经济、国防的需要，结合线路经过地区的自然条件、资源分布、工农业发展等情况，规划线路的基本走向，选定铁路的主要技术标准。

（2）根据沿线的地形、地质、水文等自然条件和村镇、交通、农田、水利设施等具体情况，设计线路的空间位置（平面、立面），并在保证行车安全的前提下，力争提高线路质量，降低工程造价，节约运营支出。

（3）与其他各专业共同研究，布置线路上各种建筑物，如车站、桥梁、隧道、涵洞、路基、挡墙等，并确定其类型或大小，使其总体上互相配合，全局上经济合理，为进一步单项设计提供依据。

铁路选线设计工作必须从国家的全局出发，统筹兼顾，正确处理铁路与工农业的关系，近期与远期的关系。要做好铁路建设与水利、公路、航运以及城乡建设的配合；要贯彻“以农业为基础”的方针，节约用地，少占良田，保证农业灌溉，方便农村交通，并结合工程改地造田。

铁路选线设计工作要坚持勤俭节约的原则，既要防止标准过高，又要照顾到将来的发展。要因地制宜，就地取材，力求节约人力、物力和财力。要加速实现铁路现代化，积极而慎重地采用新技术、新结构、新设备、新材料。

铁路选线设计必须讲究经济效益，既要考虑铁路的部门效益，又要考虑全局的社会效益，在拟定设计决策和评选原则方案时，更应着眼于社会效益。

铁路选线设计中，要认真进行调查研究工作，切实做好经济调查和地形、地质、水文的勘测工作。要从大面积着手，由面到带，逐步接近，实事求是地评选比较方案，选定合理的线路位置。

3. 我国铁路设计通常做法

铁路建设是国家基本建设的重要组成部分。按照设计程序，设计单位根据中国铁路总公司下达的任务，首先指派专人对建设项目进行调查研究，编制《预可行性研究报告》作为中国铁路总公司编制建设项目计划任务书（或设计任务书）的基础资料。设计单位以下达的计划任务书为依据，任命总体设计负责人（简称“总体”）负责设计的总体性管理工作。同时，任命专册负责人（简称“专册”）。专册包括的专业有：经济与运量；行车组织；地质；线路、路基及轨道；桥涵；隧道；站场；机务设备；车辆设备；给水排水；通信；信号；电力；房屋建筑；施工组织及概算。

总体设计负责人主要完成编写项目决策阶段的《预可行性研究报告》、《可行性研究报告》及项目实施阶段的初步设计和施工图设计的相关报告。对建设项目的主要技术标准、线路主要方案的比选、车站分布等技术问题直接负责，并对设计文件的总体性、完整性和统一性负责；不仅包括勘测设计的准备，还要在施工阶段亲临现场领导现场设计组配合施工，直到完工交付运营为止。

专册负责人在勘测设计过程中，对专业设计方案、设计原则推荐的正确性、经济合理性以及专册文件的总体性、完整性和统一性负直接责任。

4. 铁路选线设计中应遵循的主要规程与规范

《铁路技术管理规程》（简称《技规》）是为铁路各部门和各工种安全、迅速、准确、协调地进行生产活动而制定的基本法规，所有铁路工作人员都必须严格遵守执行。《技规》内容包括：技术设备、行车组织、信号显示和对铁路工作人员的要求 4 大部分。《技规》是我国广大铁路职工长期生产实践经验的总结，随着技术装备的更新和科学技术的发展，其内容也在不断更新和完善。

《铁路线路设计规范》（GB 50090—2006）（简称《线规》）属于国家标准。《线规》是线路设计的依据，适用于铁路网中客货列车共线运行、旅客列车设计行车速度等于或小于 160km/h、货物列车设计行车速度等于或小于 120km/h 的Ⅰ、Ⅱ级标准轨距铁路的设计，与本课程有密切关系。内容包括总则、术语和符号、线路的平面和纵断面、车站分布、铁路与道路的交叉等。《线规》将随着铁路技术装备的更新和行车组织方式的改进，而不断地修订和完善。从事铁路选线设计工作的人员应掌握制订标准的理论基础，创造性地运用《线规》。

《新建时速 200 公里客货共线铁路设计暂行规定》（铁建设函〔2005〕285 号），适用于新建客货列车共线运行、旅客列车设计行车速度 200km/h、货物列车设计行车速度 120km/h 铁路线路、桥梁、隧道以及电力牵引供电和信号等工程的设计。

《新建时速 200～250km 客运专线铁路设计暂行规定》（铁建设〔2005〕140 号），适用于旅客列车时速 250km 以下的新建客运专线铁路的设计。内容包括：总则、术语、行车组织、电气化、电力、通信、信号、综合调度、信息化、动车组运用检修设备、给水排水、综合检测和综合维修、防灾安全监控、环境保护规定[原铁道部于 2012 年发布《关于发布高速铁路设计规范等 14 项铁路工程建设标准局部修订条文的通知》（铁建设〔2012〕29 号），对该规范部分条文进行了补充和修改，特别是时速 250km 的相关标准已经废除，按下述的《高规》执行]。

《高速铁路设计规范》（TB 10621—2014）（以下简称《高规》），其内容包括：总则、术语和符号、总体设计、运输组织、线形、路基、轨道、桥涵、隧道、轨道、站场、电力牵引供电、电力、通信、信号、信息、防灾安全监控、动车组设备、综合维修、给水排水、房屋建筑、综合接地、环境保护，另有5个附录。

此外，还有原铁道部颁布的车站、信号、桥涵、隧道、路基工程等设计规范，以及《列车牵引计算规程》（简称《牵规》），在设计工作中均应遵守。

## 习题

**简答题**

1. 目前成熟的交通运输方式有哪几种？试举出几种技术经济指标来对它们进行评价。
2. 铁路选线的基本任务是什么？
3. 铁路基本建设程序有哪些？

# 第一章　铁路能力与建设标准

## 本章导读

本章内容主要包括铁路客货运量的意义、吸引范围、直通运量与地方运量的概念，铁路设计年度的概念，铁路设计的运量参数；列车运行图及运行速度；铁路能力的定义与计算，铁路等级划分的规定，主要技术标准内容。本章引出了铁路运量和铁路能力的概念，以后各章内容都围绕着满足或提高铁路运量和铁路能力展开。

通过本章学习，可以了解铁路客货运量的相关参数，理解客货运量和设计年度的概念和意义，熟悉铁路主要技术标准的含义。重点掌握铁路等级划分的规定，铁路通过能力和输送能力的原理及其计算方法，铁路主要技术标准对铁路能力和线路设计的主要影响。

铁路等级和主要技术标准是铁路设计首先要确定的基本标准。由于初学者对本课程还很生疏，只要求对这些基本概念有初步的了解即可，随着以后的学习便能加深理解这些概念的意义。本章要掌握铁路通过能力和输送能力的计算公式，能够完成相应的计算。

## 学习目标

理解铁路能力在铁路设计中所起的作用以及确定铁路设计标准的意义。

## 学习重点

1. 铁路选线设计所需要的运量参数；
2. 铁路设计年度的概念；
3. 通过能力、输送能力的意义及计算；
4. 铁路等级与主要技术标准。

## 学习难点

输送能力计算中的相关参数的意义。

## 单元一　铁 路 运 量

### 一、客货运量的意义

新建与改建铁路，设计前必须进行经济调查，以明确设计线的政治、国防和经济意义，确定设计线在铁路网中的地位和作用；并提供铁路总体设计和各种设施设计所需要的客货运量资料。客货运量的重要意义如下：

(1)客货运量是设计铁路能力的依据。客货运量是选定铁路主要技术标准的依据,而主要技术标准又决定着客货运输装备的能力,它不应小于调查或预测的客货运量,以满足国家要求的运输任务。

(2)客货运量是评价铁路经济效益的基础。客货运量决定铁路的运营收入、运输成本、投资偿还期等经济效益指标。客货运量大,则收入多、成本低、投资偿还期短。修建铁路要讲究经济效益,就应当十分重视客货运量的调查和预测。

(3)客货运量是影响线路方案取舍的重要因素。铁路选线设计中,出现大量的线路方案经济比较。若运量大,投资大的方案,因运营支出低于投资小的线路方案,故投资大的方案中选的可能性增加;若运量小,则投资大的方案中选的可能性降低。可见,客货运量大小是影响线路方案取舍的重要因素。

总之,客货运量在铁路设计中具有重要作用。若调查或预测的客货运量偏大,则铁路标准偏高,技术装备能力也偏高,投资较大的方案中选,增大投资。但铁路运营后,若实际运量偏小,则铁路能力闲置,投资浪费,而运营收入偏少,铁路投资效益必然降低;若调查或预测的运量偏小,虽初期投资省,但铁路运营后,能力会很快饱和,引起铁路过早改建,追加投资增大,也不经济合理。因此,铁路设计必须十分重视客货运量的调查和预测工作。

## 二、客货运量的调查和预测

设计线客货运量的确定,首先要确定设计线的吸引范围,然后在吸引范围内进行经济调查,以确定近期的客货运量,并根据吸引范围的建设规划和经济统计资料,预测远期的客货运量。

### (一)确定吸引范围

设计线的吸引范围是设计线吸引客货运量的区域界限,设计线客货运量的调查和预测,都是在吸引范围内进行的。按运量性质,吸引范围分为直通吸引范围和地方吸引范围两种。

#### 1. 直通吸引范围

直通吸引范围是路网中客货运量通过本设计线运送有利的区域范围。因为铁路运价是按里程计算的,所以直通吸引范围可按等距离的原则划定吸引范围,即在直通吸引范围内的运量,通过设计线要比其他径路运程短。直通吸引范围需按上、下行分别勾画,如图 1-1 所示。

初步勾画出直通吸引范围后,需根据以下具体情况加以修正。如充分利用铁路能力富余的线路,绕过限制区段;充分利用线路平纵断面条件较好的线路,以降低运输成本;考虑直通列车牵引质量统一,力争中途不换重;充分利用空车,减少排空运输等。

#### 2. 地方吸引范围

地方吸引范围是在设计线经行地区内,客货运量要由设计线运送有利的区域范围。运量包括运出、运入和在本线装卸的货物。

地方吸引范围可按运量由设计线运送运价最低(运距最短)的原则来确定。可先作设计线经济据点(如城市、工矿区等)与邻接铁路经济据点的连线,再连接各连线的中点,即可粗略画出吸引范围,然后再考虑公路、水运的布局与运价情况,山脉、河流等自然条件及行政区划等具体情况加以修正。若某线吸引范围边界附近的经济据点,不能确定是否属于设计线吸引范围时,可根据货流方向计算不同径路的运价(包括公路、铁路运费与装卸费用),并考虑倒装次数、运送时间等利弊加以确定。见图 1-2 中的虚线即为设计线 $AB$ 的地方吸引范围。

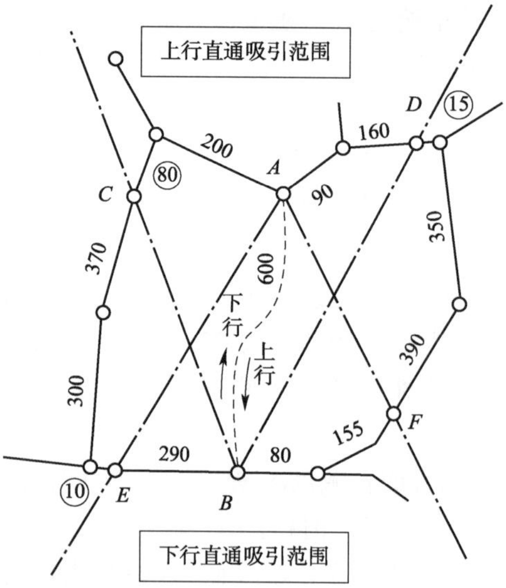


图 1-1　直通吸引范围

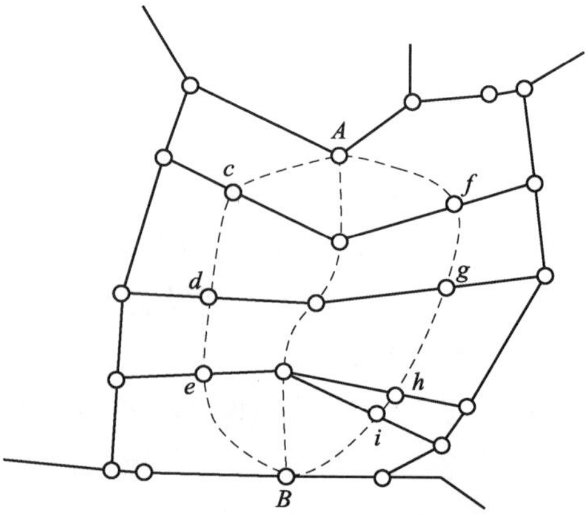


图 1-2　地方吸引范围

（二）货运量的调查和预测

直通货运量可根据国家计划部门制定的地区间物资交流规划，分析直通吸引范围内的物资供求情况，分上、下行汇总得到。

地方货运量可按产销运平衡法，估算各运品的铁路运量。如粮食运量，可根据播种面积乘平均亩产量得到产量为口粮、饲料粮、种子粮、酿造业、食品加工用粮和储备粮之和，总运量为产量与销售量之差（正值为运出量，负值为运入量）。再从总运量中扣除公路、水运等其他运输方式承担的运量，即可得到铁路的粮食运量。将各运品的运量汇总，即可得到铁路上、下行的货运量。

设计线远期运量的预测尚缺乏成熟经验，一般多比照条件接近的既有铁路，用曲线拟合办法或多元回归等办法，结合设计线近期的调查运量来预测远期运量。

通过调查和预测，将直通货运量和地方货运量汇总，可绘出货流图，如图 1-3 所示。从货流图中可以看出各路段的货运品种、数量和流向，以及各大站的货物装卸量。

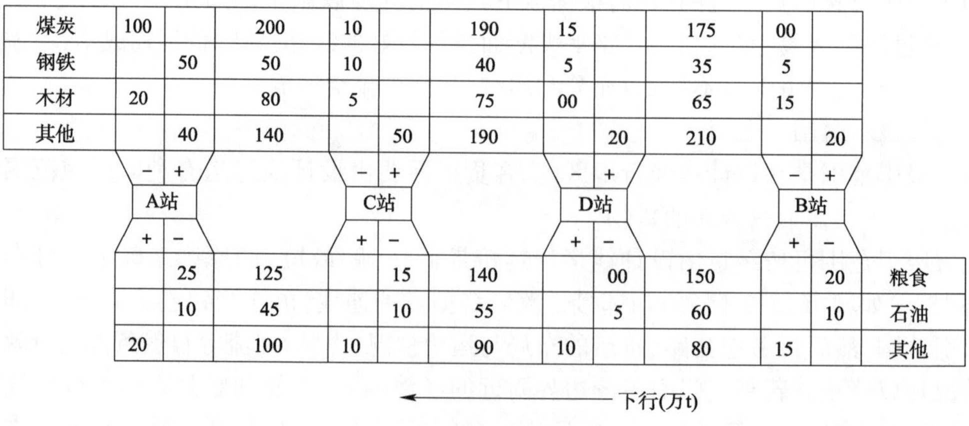


图 1-3　货流示意图

（三）客运量的调查和预测

直通客运量占客运总量的比重一般并不很大，可进行客流的典型调查，找出直通客流量和地方客流量的比值，根据地方客运量估算直通客运量。

地方客运量与吸引范围内的人口总数、工矿企业职工人数比重、人均收入、内迁工厂多少、早期移民数量、旅游地多少等因素有关。可用乘车率（每人每年的平均乘车次数）或多元回归法预测。

将客流量汇总后，可按每列车定员估算旅客列车数；亦可比照和设计线条件相近的既有线，拟定设计线的旅客列车数。

## 三、铁路选线设计所需要的运量参数

1. 货运量

货运量 $C$ 是设计线（或区段）一年内单方向需要运输的货物吨数，应按设计线（或区段）分上、下行分别由下式计算：

$$C = \sum C_i \quad (10^4\text{t/a}) \tag{1-1}$$

式中：$C_i$——某种货物的年货运量（$10^4$t/a）。

2. 货物周转量

货物周转量 $C_{HZ}$ 是设计线（或区段）一年内所完成的货运工作量，可由单方向一年内各种货运量 $C_i$（$10^4$t/a）与相应的运输距离 $L_i$（km）按下式计算：

$$C_{HZ} = \sum (C_i \times L_i) \quad (10^4\text{t} \cdot \text{km/a}) \tag{1-2}$$

3. 货运密度

货运密度 $C_M$ 是设计线（或区段）每 km 的平均货物周转量：

$$C_M = \frac{C_{HZ}}{L} \quad [10^4\text{t} \cdot \text{km/(km} \cdot \text{a)}] \tag{1-3}$$

式中：$C_{HZ}$——设计线或各区段的货物周转量（$10^4$t · km/a）；

$L$——设计线（或区段）的长度（km）。

4. 货流比

设计线上、下行方向的货运量不均衡时，应区分为轻车方向和重车方向。货流比 $\lambda_{QZ}$ 是轻车方向货运量 $C_Q$ 与重车方向货运量 $C_Z$ 的比值，即

$$\lambda_{QZ} = \frac{C_Q}{C_Z} \tag{1-4}$$

5. 货运波动系数

由于生产和消费的季节性等原因。设计线的货运量在一年内各月份并不相等。一年内最大的月货运量和全年月平均货运量的比值称为货运波动系数，以 $\beta$ 表示。设计线必须完成运量最大月份的运输任务，所以在计算铁路能力时，应考虑货运波动系数的影响。

$$\beta = \frac{\text{一年内最大的月货运量}}{\text{全年月平均货运量}} \tag{1-5}$$

6. 零担、摘挂、快运货物和旅客列车

零担列车是运送地方零散货物的列车，在中间站办理零担货物的装卸，一般运行于一个区段内。

摘挂列车是运送地方整车货物的列车，在中间站办理货车甩挂和到货场取送车作业，一般

运行于一个区段内。

快运货物列车是指以快速客运系统的线路条件为基础，采用运行速度 120km/h 的专用车辆，按旅客列车的形式，以高附加值货物为重要运输对象的快速列车，为缩短旅途时间，这种列车很少停站，其他普通货物列车要停站待避，使其不停车通过。快速货物列车的列车重量不大于 1500t。

旅客列车是以客车（包括代用客车）编组的运送旅客及行李、包裹、邮件的列车。

这些列车的对数，应根据经济调查资料分析确定。

## 四、设计年度

设计线交付运营后，客货运量是随着国民经济的发展逐年增长的，设计线的能力必须与之适应。上述运量参数，也需分设计年度提供。铁路的设计年度一般分为近、远两期，近期、远期分别为铁路交付运营后第 10 年和第 20 年，各期运量均应通过经济调查采用预测运量。

铁路建设属大型建设工程，投资大，建设工期长，为节约近期投资和避免一些后期才使用的设备长期闲置，对于可分期建设的工程和配备的设备，应按运输需求分期实施。但铁路基础设施尤其是线下工程，如线路的平面和纵断面、桥梁、隧道、路基工程等，一旦建成后，若要再提高标准，不仅造成大量的废弃工程，使改扩建工程难度大，工程投资巨大，而且对运营干扰大，影响铁路的运输效益。因此，为体现强本简末、适应长远发展要求的原则，铁路线下基础设施和不易改、扩建的建筑物和设备，应按远期运量和运输性质设计，并适应长远发展的要求；对于易改、扩建的建筑物和设备，宜按近期运量和运输性质设计，并考虑预留远期发展条件；随运输需求变化增减的运营设备，可按交付运营后第 3 年或第 5 年的运量进行设计。其中机车、车辆一般按交付运营后第 3 年的运量设计。同时，设计中对相关的配套设备采用同一设计年度。

# 单元二　铁路通过能力与输送能力

铁路能力是指通过能力是和输送能力。通过能力与输送能力是铁路本身具备的设计能力。要求铁路完成的运输任务，称为需要的能力。

## 一、列车运行图

列车运行图是表示列车运行情况的示意图，它是组织铁路各部门共同完成国家运输任务的基础。如图 1-4 所示，横轴表示时间，每 10min 画一竖线；纵轴表示距离，每一车站中心画一横线。两站的斜线为列车在该区间的运行线。斜率越陡，说明列车走行速度越高，走行时分越短。斜线与相邻两横线的交点分别表示列车发车和到达时间；斜线与相邻两横线交点间的时段，表示列车在该区间的走行时分。例如图 1-4 中的 27028 次列车通过 C 站的时间是 0 时 06 分，到达 B 站的时间是 0 时 20 分，其间走行时分为 14 分。在运行图上还显示出列车在站停留时间，例如 27028 次列车在 B 站从 0 时 20 分到达至 0 时 27 分发车，共停站 7min。

运行图中列车上、下行和车次的规定：进京方向或是支线开往干线、干线开往枢纽则称为上行方向，相应的上行列车车次为偶数（双数）；反之离京方向或是从干线开往支线、枢纽开往干线被称为下行方向，相应的下行的列车车次为奇数（单数）；枢纽地区的列车运行方向和车次由铁路局规定。

在铁路运营中,采用的是非平行运行图(图 1-4)。因为铁路上开行的旅客列车、直通货物列车、摘挂列车和零担列车的速度各不相同,所以在运行图上各种列车在同一区间的运行线互不平行。非平行运行图只在实际运营中使用。

在铁路设计中,采用的是平行成对运行图(图 1-5)。这种运行图假定在线路上运行的都是直通货物列车,往返成对且同一区间同一方向的列车运行速度相同,故其运行线相互平行。采用平行成对运行图,便于直接计算通过能力。

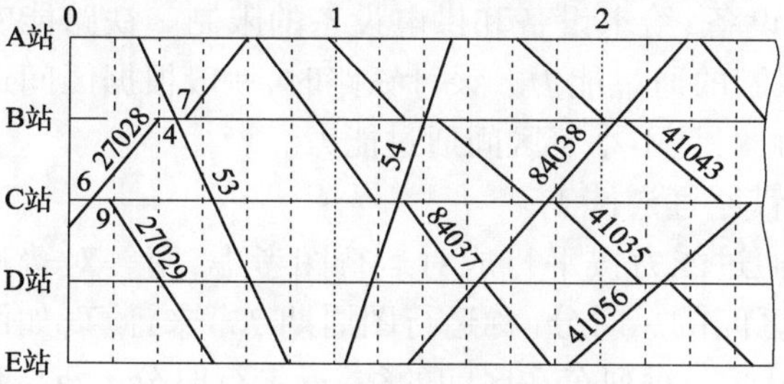

图 1-4　单线非平行运行图

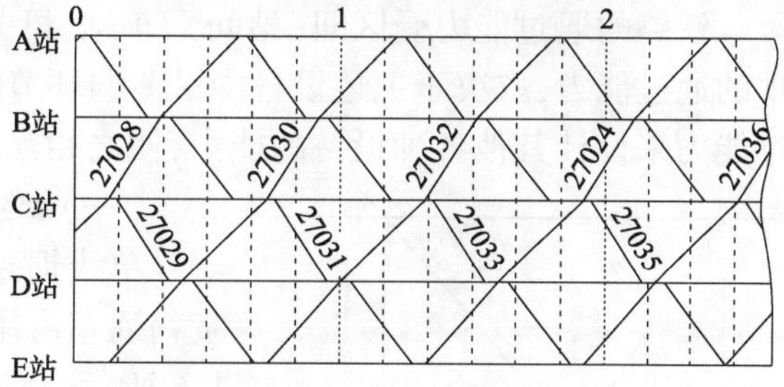

图 1-5　单线平行成对运行图

## 二、列车运行速度

旅客列车设计行车速度是根据运输需求、铁路等级、地形条件、机车类型、线路平纵断面与轨道标准、通信信号水平、运输调度、行车组织并考虑远期发展条件等因素所确定的旅客列车行车速度。它是确定设计线各种与客车速度有关的建筑物和设备标准的基本参数。

设计线各路段旅客列车设计行车速度(简称路段设计速度或路段速度)的最大值称为设计线旅客列车最高设计行车速度,以 $V_{max}$(km/h)表示。

当沿线运输需求或地形和运营条件差异较大,并有充分的技术经济依据时,可分路段选定旅客列车设计行车速度。Ⅰ、Ⅱ级铁路的路段旅客列车设计行车速度宜按表 1-1 规定的数值选用。

**Ⅰ、Ⅱ级铁路路段旅客列车设计行车速度**　　表 1-1

| 铁路等级 | Ⅰ | Ⅱ |
|---|---|---|
| 旅客列车设计行车速度(km/h) | 160、140、120 | 120、100、80 |

对改建既有线和增建第二线的路段旅客列车设计行车速度,应根据运输需要并结合既有线特征等因素经技术经济比选确定。不同旅客列车设计行车速度的路段长度应根据铁路等级、地形类别、线路平面和纵断面条件等因素确定。路段长度不宜过短,丘陵、山区可按地形单元划分。

此外,铁路设计中所涉及的列车运行速度还有下列几种:

(1)走行速度 $V_Z$ 是指普通货物列车在区段内运行,按所有中间车站不停车通过所计算的区段平均速度,可由牵引计算得到。

(2)技术速度 $V_S$ 指普通货物列车在区段内运行,计入中间车站停车的起停附加时分所计算的区段平均速度,也可由牵引计算得到。

(3)旅行(区段)速度 $V_L$ 是指普通货物列车在区段内运行,计入中间车站停车的起停附加时分和中间车站停车时分所计算的区段平均速度。旅行速度 $V_L$ 在选线设计中用途广泛。运营部门可根据绘出的非平行运行图,用区段内普通货物列车的旅行时分推算,设计部门则用旅速系数推算。

旅速系数$\beta_L$是旅行速度$V_L$和走行速度$V_Z$的比值,故$V_L=\beta_L \cdot V_Z$。在选线设计时,$\beta_L$可采用如下经验数据:单线铁路,内燃与电力牵引均取0.70;双线铁路,内燃与电力牵引分别取0.80和0.85。

## 三、区间通过能力计算

通过能力是铁路每昼夜可以通过的列车对数(双线为每一方向的列车数)。

铁路的通过能力受区间(站间)、车站、机务设备、给水设备和供电设备的限制。铁路能实现的通过能力,取决于上述设备中最薄弱环节限制的通过能力。设计铁路时,一般根据区间通过能力来设计其他各种设备的能力,使之相互协调,且不小于区间通过能力。

### (一)单线铁路通过能力

单线铁路通过能力按平行成对运行图考虑,用一对普通货物列车占用区间的总时分(称运行图周期$T_Z$)来计算,如图1-6所示。它包括一对列车在区间的往、返走行时分$t_w$、$t_F$,和两端车站接发列车的车站作业间隔时分$t_B$、$t_H$。单线平行成对运行图的通过能力$N$可用下式计算:

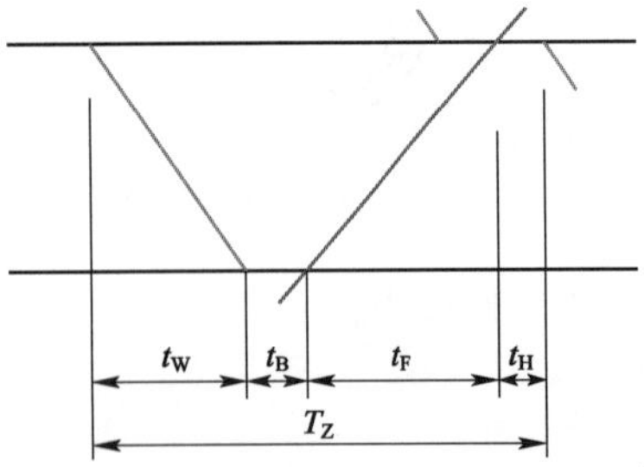


图1-6 单线运行图

$$N=\frac{1440-T_T}{T_Z}=\frac{1440-T_T}{t_W+t_F+t_B+t_H} \quad (对/d) \qquad (1\text{-}6)$$

式中:1440——每一昼夜的分钟数;

$T_T$——日均综合维修"天窗"时间(min)。电力牵引取90min,内燃牵引取60min;

$t_W$、$t_F$——站(区)间往、返走行时分(min),与站间距离、平纵断面情况、牵引质量以及机车类型和制动条件等因素有关,可通过牵引计算获得;

$t_B$——对向列车不同时到达的间隔时分(min),即一列车到达车站中心起到对向列车到达或通过车站中心的最小间隔时分;

$t_H$——车站会车间隔时分(min),即列车到达或通过车站中心起到该车站向原区间发出另一列车时的最小间隔时分。

$t_B$和$t_H$与车站信联闭类型、股道数目和作业性质等因素有关,选线设计时,可采用表1-2数据。

**车站作业间隔时分(min)** 表1-2

| 闭塞方式 | 半自动闭塞 | 自动闭塞 | 自动闭塞与调度集中 |
|---|---|---|---|
| $t_B$ | 4~6 | 3~5 | 3~5 |
| $t_H$ | 2~3 | 1~2 | 0.5~1.0 |

全线(或区段)的各个站间,其站间距离、行车速度各不相同,车站间隔时分也不相同,故一对直通货物列车在各站间的运行图周期也互有差异,各站间的通过能力也有大有小。运行图周期值最大的站间,通过能力最小,全线(或区段)的通过能力要受到它的控制,称为控制站间。全线(或区段)的通过能力,应按控制站间的运行图周期计算。

### (二)双线铁路通过能力

双线铁路通过能力按平行运行图考虑,因上、下行的列车分线单向运行,所以通过能力应分方向计算,单位为列/d。

1. 半自动闭塞

半自动闭塞是由人工办理行车联络手续,以出站信号机的开放显示作为行车凭证,列车出站压上轨道电路，出站信号机即自动关闭，在列车到达对方站以前，两站的出站信号机都不能再次开放的闭塞方法。采用半自动闭塞时，同向列车可连发运行，如图 1-7a）所示，通过能力 $N$ 为：

$$N=\frac{1440-T_{\mathrm{T}}}{t+t_{\mathrm{L}}} \quad (列/d) \tag{1-7}$$

式中：$T_{\mathrm{T}}$——日均综合维修“天窗”时间（min），电力牵引取 120min，内燃牵引取 70min；

$t$——普通货物列车站间单方向走行时分（min）；

$t_{\mathrm{L}}$——同向列车连发间隔时分（min），若前后列车都通过前方邻接车站，则 $t_{\mathrm{L}}=4\sim6\text{min}$；若前一列车通过后一列车停站，则 $t_{\mathrm{L}}=2\sim3\text{min}$。

2. 自动闭塞

自动闭塞是根据前方闭塞分区状态，信号机自动变换显示，根据信号显示的不同颜色来确定行车方式的闭塞方法。自动闭塞的区段被划分为若干小的闭塞分区，在每个闭塞分区的入口处装设通过信号机，通过轨道电路传递列车在闭塞分区的占用情况，从而确定通过信号机的显示。采用自动闭塞时，同向列车可追踪运行，如图 1-7b）所示，通过能力 $N$ 为：

$$N=\frac{1440-T_{\mathrm{T}}}{I} \quad (列/d) \tag{1-8}$$

式中：$I$——同向列车追踪间隔时分，其数值根据运营条件决定，一般采用 $I=8\sim10\text{min}$。

$T_{\mathrm{T}}$——意义及取值同式（1-7）。

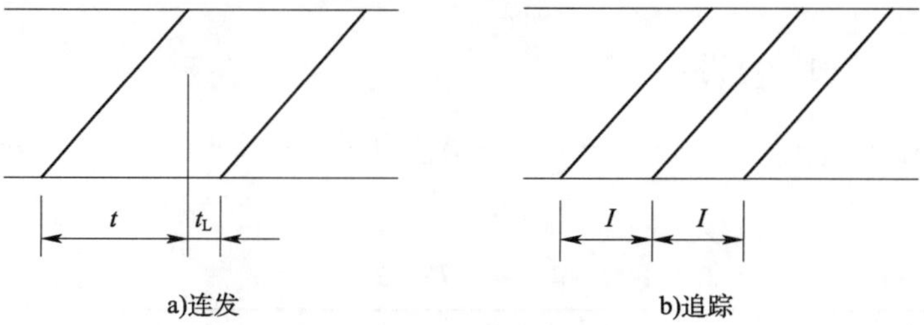


图 1-7　双线平行运行图

通过能力 $N$ 计算取值到小数点后一位。以列数表示时，不足 1 列者舍去；以对数表示时，不足 0.5 对者舍去，大于等于 0.5 对者按 0.5 对取值。

## 四、铁路输送能力

铁路输送能力是铁路单方向每年能运送的货物吨数或旅客人数。设计线各设计年度的输送能力不应小于经济调查得到的相应年度的客、货运量。

客货共线铁路输送能力 $C$ 可用下式计算：

$$C=\frac{365\cdot N_{\mathrm{H}}\cdot G_{\mathrm{j}}}{10^{6}\beta} \quad (\text{Mt/a}) \tag{1-9}$$

式中：$N_{\mathrm{H}}$——折算的普通货物列车对数（对/d）；

$G_{\mathrm{j}}$——普通货物列车净载；

$\beta$——货运波动系数，由经济调查确定，通常可取 1.15。

快运货物列车、零担列车、摘挂列车的牵引质量通常较普通货物列车小，需要将这些列车的对数按装载的货物质量折算为普通货物列车对数，折算的普通货物列车对数 $N_H$ 为：

$$N_H = N_{PT} + N_{KH} \cdot \mu_{KH} + N_L \cdot \mu_L + N_Z \cdot \mu_Z \quad (对/d) \tag{1-10}$$

式中：$N_{PT}$、$N_{KH}$、$N_L$、$N_Z$——普通货物、快运货物、零担、摘挂列车对数(对/d)；

$\mu_{KH}$、$\mu_L$、$\mu_Z$——快运货物、零担、摘挂列车的货物质量与普通货物列车的货物质量的比值，称为满轴系数，一般取 $\mu_{KH} = 0.75$，$\mu_L = 0.5$，$\mu_Z = 0.75$。

每天可能通过的普通货物列车对数 $N_{PT}$，应在站间通过能力 $N$ 的基础上考虑一定的通过能力储备量，再扣除旅客列车、快运货物列车、零担和摘挂列车占用的通过能力，可用下式求得：

$$N_{PT} = \frac{N}{1+\alpha} - (N_K \cdot \varepsilon_K + N_{KH} \cdot \varepsilon_{KH} + N_L \cdot \varepsilon_L + N_Z \cdot \varepsilon_Z) \quad (对/d) \tag{1-11}$$

式中：$N$——通过能力(对/d)；

$\alpha$——通过能力储备系数，单线 $\alpha = 0.20$，双线 $\alpha = 0.15$；

$N_K$、$N_{KH}$、$N_L$、$N_Z$——旅客、快货、零担、摘挂列车对数(对/d)；

$\varepsilon_K$、$\varepsilon_{KH}$、$\varepsilon_L$、$\varepsilon_Z$——旅客、快货、零担、摘挂列车的扣除系数。

普速列车的扣除系数是开行1对(或1列)旅客、快货、零担、摘挂列车，在平行运行图上占用的时间与1对(或1列)普通货物列车占用时间的比值。因旅客列车与快运货物列车速度较快，且停站次数少，普通货物列车要停站待避让其越行或交会；而零担和摘挂列车停站次数多、停站时间长，故扣除系数值均大于1。其值主要取决于正线数目和闭塞方式，也与各种列车的数量、运行图铺划方式、各种列车的速度差及区间不均等程度等因素有关。一般采用表1-3所列数值。

将式(1-11)代入式(1-10)得：

$$N_H = \frac{N}{1+\alpha} - [N_K \cdot \varepsilon_K + N_{KH} \cdot (\varepsilon_{KH} - \mu_{KH}) + N_L \cdot (\varepsilon_L - \mu_L) + N_Z \cdot (\varepsilon_Z - \mu_Z)] \quad (对/d) \tag{1-12}$$

**扣 除 系 数** 表1-3

| 正线数目 | 闭塞方式 | | 旅客列车 | 快货列车 | 零担列车 | 摘挂列车 | 附　注 |
|---|---|---|---|---|---|---|---|
| 单线 | 自　动 | | 1.0 | 1.0 | 1.5～2.0 | 1.3～1.5 | 追踪系数为0.5 |
| | 半自动 | | 1.1～1.3 | 1.2 | 1.5～2.0 | 1.3～1.5 | |
| 单线 | 自动 | $I$ = 10 | 2.0～2.3 | 2.0 | 3.0～4.0 | 2.0～3.0 | $N_Z > 3$ 时，取相应的低限值 |
| | | $I$ = 8 | 2.3～2.5 | 2.3 | 3.5～4.5 | 2.5～3.5 | |
| | 半自动 | | 1.3～1.5 | 1.4 | 2.0～3.0 | 1.5～2.0 | |

注：其他闭塞方法，可参照半自动闭塞的扣除系数。

## 单元三　铁路等级与主要技术标准

### 一、铁路等级

铁路等级是区分铁路在国家铁路网中的作用、性质、旅客列车设计行车速度和客货运量的标志。它是铁路的基本标准，也是确定铁路技术标准和设备类型的依据。设计铁路时需先确定铁路等级，然后选定其他主要技术标准和各种运输装备的类型。

（一）铁路等级划分的重要性

我国疆域辽阔，地形复杂，人口、资源分布很不平衡，工农业生产布局也不均衡，各地区经济、文化发展水平差异甚大。因此经行不同地区的铁路的经济、文化和国防意义及其在路网中的地位和作用不同，运量也各异，所担负的运输任务、安全与旅客舒适度要求也不同。划分铁路等级的重要性在于体现国家对各级铁路的运营质量和运行安全等不同要求，有区别地规划不同铁路的运输能力，经济合理地制定相应的技术标准和设备类型，使国家资金得到合理的利用。铁路等级高，要求设计标准高、输送能力大、运营质量好、安全舒适性强，同时铁路造价高，因此铁路等级划分具有重大经济意义。

（二）铁路等级划分的规定

《线规》规定：新建和改建铁路（或区段）的等级，应根据其在铁路网中的作用、性质、旅客列车设计行车速度和近期客货运量按下列规定确定：

Ⅰ级铁路：铁路网中起骨干作用的铁路，近期年客货运量大于或等于 20Mt 者。

Ⅱ级铁路：铁路网中起骨干作用的铁路，近期年客货运量小于 20Mt 且大于或等于 10Mt 者。

Ⅲ级铁路：为某一地区或企业服务的铁路，近期年客货运量小于 10Mt 且大于或等于 5Mt 者。

Ⅳ级铁路：为某一地区或企业服务的铁路，近期年客货运量小于 5Mt 者。

以上年客货运量为重车方向的货运量与由客车对数折算的货运量之和。1 对/d 旅客列车按 1.0Mt 年货运量折算。

铁路的等级可以全线一致，也可以按区段确定。如线路较长，经行地区的自然、经济条件及运量差别很大时，便可按区段确定等级。但应避免同一条线上等级过多或同一等级的区段长度过短，使线路技术标准频繁变更。

## 二、铁路主要技术标准

铁路主要技术标准是指对铁路输送能力、工程造价、运营质量以及选定其他有关技术条件有显著影响的基本标准和设备类型。《线规》中明确规定下列内容为各级铁路的主要技术标准：正线数目、限制坡度、最小曲线半径、到发线有效长度、牵引质量、牵引种类、机车类型、机车交路、闭塞类型。这些标准是确定铁路能力大小的决定因素，一条铁路的能力设计，实质上是选定主要技术标准。同时这些标准对设计线的工程造价和运营质量有重大影响，并且是确定设计线一系列工程标准和设备类型的依据。

其中前 4 项属工程标准（固定设备标准），建成后很难改变；后五项则属技术装备类型，可随着运量的增长逐步进行更新改造。由于铁路主要技术标准是铁路建筑物和设备的类型、能力和规模的基本标准，对铁路能力、运营安全、运输效率、投资规模、经济效益和社会效益有重要影响，而且主要技术标准之间联系密切，相互影响。因此，主要技术标准应根据远期运量或国家要求的年输送能力、客车对数和确定的铁路等级在设计中经综合比选后确定，以保证技术上先进、经济上合理、标准间协调。

铁路运输能力由货物列车牵引质量和铁路通过能力决定，并受列车运行速度的影响。主要技术标准对三者都有不同程度的影响。牵引种类和机车类型除决定牵引质量大小，还要影响列车的技术速度；正线数目和闭塞方式，除直接影响通过能力外，还要影响列车的旅行速度。

### (一)影响牵引质量的主要技术标准

#### 1. 牵引种类

牵引种类是指机车牵引动力的类别。我国铁路目前的牵引种类有电力、内燃、蒸汽三种，不同的牵引种类具有其不同的特点，对铁路运输能力、行车速度、运营条件及工程与运输经济具有重要的影响。蒸汽机车已停产多年，次要线路和地方铁路仍在使用。今后牵引动力的发展方向为大功率电力和内燃机车。

电力机车热效率高，火力发电为14% ~18%，水力发电可达60%，整备一次走行距离长，不需燃料供应和中途给水，机车利用率高。机车功率大、速度高、牵引力大，可显著增大铁路能力。除噪声外，不污染环境，且乘务员工作条件好。与内燃机车相比，机车造价低，但需用接触网供电，机车独立性稍差，且投资大。我国电力机车已构成不同轴数和轴式的韶山型及和谐型机车系列，可根据不同运营条件选用。

内燃机车热效率高达22% ~28%。机车不需供电设备，独立性好。缺点是需要消耗贵重的液体燃料，且机车构造复杂、造价较高。高温、高海拔地区牵引功率降低，使用效率低。中国内燃机车已构成不同轴数和轴式的东风型及和谐型机车系列，可根据不同运营条件选用。

蒸汽机车构造简单，制造、维修技术简易，造价低廉。但热效率低，仅6% ~8%，且需每40 ~ 60km 设置给水站，机车整备时间长，利用率低，机车功率小，输送能力低，乘务员工作条件差。中国已于1988 年停产蒸汽机车，并于2005 年12 月在内蒙古集通线上正式停运，标志着我国干线铁路蒸汽时代的结束。主要干线上蒸汽机车已被电力和内燃机车所取代。新建铁路除极少数低等级铁路可能采用蒸汽牵引过渡外，路网铁路均采用电力或内燃牵引。

牵引种类应根据路网与牵引动力规划、线路特征和沿线自然条件以及动力资源分布情况、结合机车类型合理选定。运量大的主要干线，大坡度、长隧道或隧道毗连的线路上应优先采用电力牵引。

#### 2. 机车类型

机车类型系指同一牵引种类中机车的不同型号。它对铁路运输能力、行车速度、运营条件及工程与运输经济具有重要的影响。20 世纪80 年代以来，我国机车工业有很大发展，蒸汽机车停产，大功率电力、内燃机车发展迅速，已形成了4、6、8、12 轴数系列和B - B、Bo - Bo、Bo - Bo - Bo、Co - Co、2(Bo - Bo)、2(Co - Co)轴式系列(B、C 分别表示二轴和三轴转向架。o 表示电力传动)，客、货运机车轴功率电力分别达到900kW 和800kW，内燃分别达613kW 和532kW，机车的牵引性能和动力制动性能大大提高。我国电力与内燃部分主型机车的主要技术参数如表1-4 所示。

机车类型对牵引质量、运输能力和行车速度有直接影响。因此，机车类型的选择应考虑设计线的运量、行车速度及邻接线路的牵引质量等运输需求的影响。客运机车类型的选择则应以机车功率与构造速度满足设计线的旅客列车最高行车速度的要求为主。在要求一定的运输能力时，可采用主要技术标准的综合优化方法寻求与线路主要技术标准协调配套，且具有最佳技术经济效果的机车类型。

#### 3. 限制坡度

限制坡度是设计线单机牵引时限制列车牵引质量的最大坡度。不仅影响线路走向、线路长度和车站分布，而且直接影响行车安全、行车速度、运输能力、工程投资、运营支出和经济效益，是铁路全局性技术标准。

我国电力与内燃部分主型机车技术参数　　表1-4

| 牵引种类 | 机车类型 | 用途 | 轴式 | 轴距(m) | 功率(kW) | 持续速度(km/h) | 最高速度(km/h) | 持续牵引力(kN) | 起动牵引力(kN) |
|---|---|---|---|---|---|---|---|---|---|
| 电力 | $SS_1$ | 客货 | Co - Co | 4.60 | 3780 | 43 | 95 | 301.2 | 487.3 |
| | $SS_3$ | 客货 | Co - Co | 2.3 +2.0 | 4350 | 48 | 100 | 317.8 | 470 |
| | 6K | 客货 | Bo - Bo - Bo | 2.88 | 4800 | 48 | 100 | 355 | 485 |
| | 8G | 货 | 2(Bo - Bo) | 2.90 | 6400 | 50 | 100 | 451.1 | 627.6 |
| | $SS_4$ | 货 | 2(Bo - Bo) | 3.00 | 6400 | 51.5 | 100 | 431.6 | 649.8 |
| | $SS_{4B}$ | 货 | 2(Bo - Bo) | 2.90 | 6400 | 50 | 100 | 449.3 | 628 |
| | $SS_{6B}$ | 客货 | Co - Co | 2.3 +2.0 | 4800 | 50 | 100 | 337.5 | 485 |
| | $SS_7$ | 客货 | Bo - Bo - Bo | 2.88 | 4800 | 48 | 100 | 351 | 485 |
| | $SS_{7E}$ | 客 | Co - Co | 2.15 | 4800 | 96 | 170 | 171 | 245 |
| | $SS_8$ | 客 | Bo - Bo | 2.90 | 3600 | 99.7 | 177 | 127 | 230 |
| | $SS_9$ | 客 | Co - Co | 2.15 | 4800 | 99 | 170 | 169 | 286 |
| | $HX_D1$ | 货 | 2(Bo - Bo) | 2.80 | 9600 | 70(23*t*) | 120 | 494 | 700 |
| | $HX_D2$ | 货 | 2(Bo – Bo) | 2.6 | 9600 | 70(23t) | 120 | 514 | 700 |
| | $HX_D3$ | 客 | Co - Co | 2.25 +2.0 | 7200 | 65(25*t*) | 120 | 370 | 570 |
| 内燃 | $DF_4$ | 客<br>货 | Co - Co | 1.8 +1.8 | 2426 | 24.0<br>20.0 | 120<br>100 | 251.6<br>302.1 | 346.3<br>401.7 |
| | $DF_{4E}$ | 货 | 2(Co - Co) | 1.8 +1.8 | 4860 | 22 | 100 | 630 | 850 |
| | $DF_6$ | 货 | Co - Co | 1.8 +1.8 | 2941 | 22.2 | 118 | 360 | 435 |
| | $DF_8$ | 货 | Co - Co | 1.8 +1.8 | 3309 | 31.2 | 100 | 307.3 | 442.2 |
| | $DF_{10D}$ | 货 | 2(Bo - Bo) | 1.8 +1.8 | 4260 | 27.7 | 100 | 455 | 718 |
| | $DF_{11}$ | 客 | Co - Co | 2.0 +2.0 | 3680 | 65.5 | 170 | 160 | 253 |
| | $HX_N3$ | 货 | Co - Co | 1.925 +1.755 | 4660 | 20 | 120 | 598 | 620 |
| | $HX_N5$ | 货 | Co - Co | 1.85 | 4400 | 25 | 120 | 565 | 620 |

设计线(或区段)的限制坡度应根据铁路等级、地形类别、牵引种类和运输需求比选确定，并应考虑与邻接线路的牵引质量相协调，但不得大于《线规》规定的数值。

4. 到发线有效长度

到发线有效长度是车站到发线能停放货物列车而不影响相邻股道作业的最大长度。它对货物列车长度(即牵引质量)起限制作用，从而影响列车对数、运能和运行指标，对工程投资、运输成本等经济指标也有一定影响。

货物列车到发线有效长度应根据运输需求和货物列车长度确定，且宜与邻接线路的货物列车到发线有效长度相协调，并应采用1050m、850m、750m、650m等系列值。

改建既有线和增建第二线的货物列车到发线有效长度采用上述系列值引起较大工程时，可根据实际需要计算确定。

5. 牵引质量

与机车类型、限制坡度、车站到发线有效长度等指标密切相关，直接影响铁路的输送能力，并对工程投资、运营成本、运输效率等技术经济指标有很大影响。

应根据运输需求、限制坡度及机车类型等因素，经技术经济比选确定，并宜于相邻线牵引质量相协调。

（二）影响通过能力的主要技术标准

1. 正线数目

正线数目是指连接并贯穿车站的线路的数目。按正线数目可把铁路分为单线铁路、双线铁路和多线铁路。单线铁路是区间只有一条正线的铁路，在同一区间或同一闭塞分区内，同一时间只允许一列列车运行，对向列车的交会和同向列车的越行只能在车站上进行。双线铁路是区间有两条正线的铁路，分为上行线及下行线，在正常情况下，上下行列车分别在上下行线上行驶，但在同一区间或同一闭塞分区的一条正线上，同时只允许一列列车运行。多线铁路是区间有多于两条正线的铁路。

单线和双线铁路的通过能力悬殊。单线半自动闭塞铁路的通过能力约为 42 ~ 48 对/d；双线自动闭塞则为 144 ~ 180 对/d。双线的通过能力远远超过两条单线的通过能力，而双线的投资比两条平行单线少约 30%，双线旅行速度比单线高约 30%，运输费用低约 20%。可见，运量大的线路修建双线是经济的。

新建铁路近期年客货运量分别大于或等于 35Mt 的平原、丘陵地区和大于或等于 30Mt 的山区，宜一次修建双线；远期年客货运量达到上述标准者，其正线数目宜按双线设计，分期实施；远期年客货运量虽未达到上述标准，但按国家要求的年输送能力和客车对数折算的年客货运量大于或等于 30Mt 时，宜预留双线。

2. 闭塞类型

铁路为了保证行车安全、提高运输效率，利用信号设备等来管理列车在区间运行的方法，称为闭塞类型。闭塞类型决定车站作业间隔时分，从而影响通过能力。我国的基本闭塞类型有电气路签闭塞、半自动闭塞、自动站间闭塞、自动闭塞和电话闭塞五种。我国目前电气路签闭塞仅在个别的支线、专用线上使用，主要干线上已不用。电话闭塞是当主要闭塞设备不能使用时的临时闭塞方式。故闭塞方式主要是自动闭塞、自动站间闭塞和半自动闭塞。

半自动闭塞是在区间两端车站各装设一台具有相互电气锁闭关系的半自动闭塞机，并以出站信号机显示绿灯为行车凭证的闭塞方法。此时，在车站进站信号机内侧设有一小段专用轨道电路，它和闭塞机、出站信号机间也具有电气锁闭关系。其特点是：出站信号机不能任意开放，它受闭塞机控制，只有区间空间时，双方办理闭塞手续后（双线半自动闭塞为前次列车的到达复原信号）才能开放。列车出发离开车站时，出站信号机自动关闭，并使双方闭塞机处于"区间闭塞"状态，直到列车到达接车站办理到达复原时止。

半自动闭塞法办理手续简便，效率高，列车进入区间凭证是信号机的显示，省去了向司机递交路签的时间，从而缩短了列车在车站的接发车作业时分，改善了劳动条件。但区间轨道是否完整，到达列车是否完整，仍须通过人工检查才能确定。

自动站间闭塞是在半自动闭塞基础上发展起来的新型闭塞方法，区间两端车站的出站信号机和轨道检查装置构成联锁关系，采用轨道检查装置自动检查区间空闲，自动办理闭塞手续,列车凭信号显示发车后,出站信号机自动关闭的闭塞方法。其特征为:有区间占用检查设备;站间或所在区间只准走行一列车;办理发车进路时自动办理闭塞手续;自动确认列车到达和自动恢复闭塞。

自动闭塞是利用通过信号机把区间划分为若干个装设轨道电路的闭塞分区,通过轨道电路将列车和通过信号机的显示联系起来,使信号机的显示随着列车运行位置而自动变换的一种闭塞方式。

图 1-8 所示为四显示自动闭塞区间,分成若干个闭塞分区,在每个闭塞分区始端都设置一架防护该分区的通过色灯信号机,这些信号机平时显示绿灯,称为“定位开放式”;只有当列车占用该闭塞分区(或发生断轨故障)时,才自动显示红灯,要求后续列车停车。列车运行完全根据通过信号机的显示,绿色灯光表示前方至少有 3 个闭塞分区空闲,列车可以按规定速度运行;绿黄灯光表示前方有两个闭塞分区空闲,要求列车按规定速度运行,要求注意准备减速;黄色灯光表示前方只有一个闭塞分区空闲,要求列车减速,按规定限速要求通过该信号机;红色灯光表示前方的闭塞分区被占用,列车应在该信号机前停车。在四显示区段,能预告列车前方 3 个闭塞分区状态,分 3 个速度等级,两个闭塞分区的长度满足从规定速度到零的制动距离,故四显示自动闭塞又称作速差式自动闭塞 。

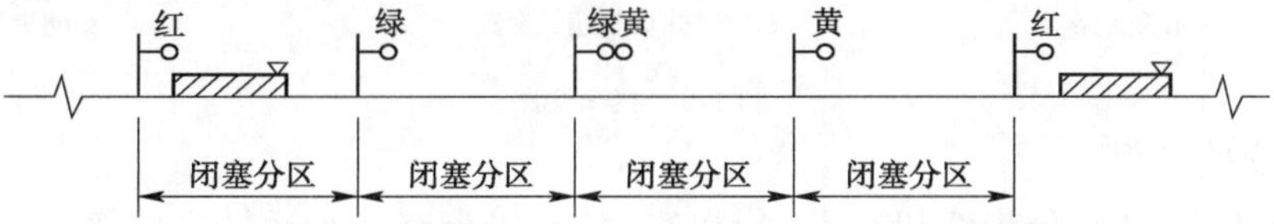


图 1-8　四显示自动闭塞

自动闭塞的优点:由于划分成闭塞分区,可用最小运行间隔时间开行追踪列车,从而大大提高区间通过能力;整个区间装设了连续的轨道电路,可以自动检查轨道的完整性,提高了行车安全的程度。

自动站间闭塞及半自动闭塞与单线铁路的能力比较适应,投资也较省。单线采用自动闭塞如不采用追踪运行图,则投资较高而增加能力不多,不能发挥自动闭塞的作用;采用追踪运行图要增铺站线,同时又会降低旅行速度,影响机车、车辆周转。因此,一般情况下单线宜采用自动站间闭塞或半自动闭塞。

双线铁路采用自动闭塞,列车可追踪运行,大大提高通过能力,充分发挥双线铁路的效益。但有的双线铁路近期运量较低且增长缓慢,采用半自动闭塞也能满足能力要求时,可采用半自动闭塞,根据需要再过渡到自动闭塞。

当旅客列车设计行车速度大于 120km/h 时,双线区段应采用速差式自动闭塞,单线区段宜采用自动闭塞或自动站间闭塞。为确保行车安全,避免行车人员办理区间闭塞作业复杂化,有利司机确认信号,防止对信号显示产生混淆和误认,在一个区段内,一般采用同一闭塞类型。

(三)影响行车速度的主要技术标准

1. 最小曲线半径

最小曲线半径是设计线采用的曲线半径最小值。最小曲线半径不仅影响行车安全、旅客舒适等行车质量指标,而且影响行车速度、运行时间等运营技术指标和工程投资、运营支出和经济效益等经济指标。

最小曲线半径应根据路段设计速度、工程条件以及运输性质和运输需求比选确定,且不得小于《线规》规定值。

2. 机车交路

铁路上运转的机车都在一定区段内往返行驶。机车往返行驶的区段称为机车交路,其长度称为机车交路距离。机车交路两端的车站称为区段站。区段站都设置一定的机务设备。机车交路距离影响列车的旅途时间和直达速度。

区段站按工作性质和设备规模分为机务段(基本段)和折返段。机务段配属有一定数量的机车,担任其相邻交路的运转作业,并设有机车整备和检修设备,配属本段的机车在此整备、检修,隶属本段的机车乘务组在此居住并轮换出乘。折返段设在机车返程站上,不配属机车,机车在折返段进行整备和检查,乘务组在此休息或驻班。此外,机务设备还有担任补机、调机或小运转机车整备作业的机务整备所和担任折返机车部分整备作业的折返所。

机车交路由于交路类型、运转方式和乘务制度不同,而有多种形式,如图 1-9 所示。

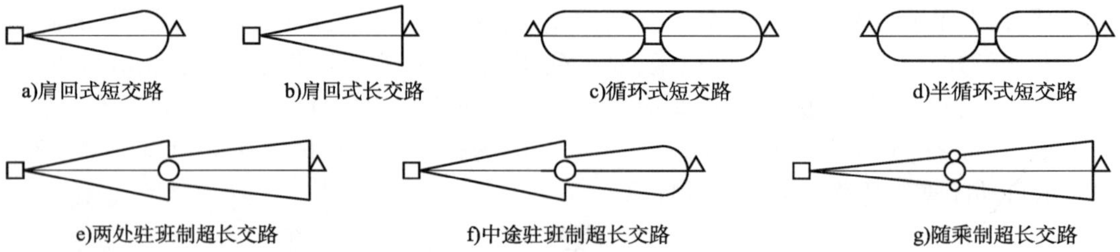


图 1-9 机车交路

(1)机车交路类型

①按牵引任务不同,分为客机交路、货机交路、补机交路和小运转交路等。

②按牵引区段长短,分为以下三种。

长交路:一个单程交路由一班乘务组承担。

短交路:一个往返交路由一班乘务组承担。

超长交路:一个单程交路由两班乘务组承担。

③按机车运转方式不同,分为以下三种。

肩回式:机车返回区段站均要入段整备。

循环式:机车在相邻两个短交路内往返行驶,在区段站上机车不摘钩在到发线上整备。

半循环式:机车在相邻两个短交路内往返行驶,每一循环入段整备一次。

(2)乘务制度

包乘制:机车由固定的乘务组驾驶称为包乘制。蒸汽机车多采用这种乘务制度,原则上是三班包乘(图 1-9 所示的随乘制要四班包乘),若乘务组全月工作时间超过规定,则用三班半制调节。

轮乘制:机车不固定包乘组,由不同乘务组分段轮流驾驶,相应采用超长交路,适用于电力和内燃牵引。采用超长交路和轮乘制,可以缩短机车在区段站非生产停留时间,加速机车车辆周转,机车日车公里客运可提高 40% 以上,货运可提高 8% 以上,运用机车也可减少,运输成本有所降低。目前我国正积极推行这种乘务制度。

(3)机车交路距离

机车交路距离主要由交路类型决定,并与机车乘务组连续工作时间和列车旅行速度有关。乘务组一次连续工作时间标准(包括出、退勤工作时间),客运列车不得超过 9 小时,货运列车不得超过 10 小时。机车乘务员的便乘时间,不计入连续工作时间内(随货运列车或无卧铺客运列车便乘时除外)。

以前我国跨局客运机车交路约为 300km,直通货物机车交路约 250km,造成机车动力的浪费。为提高运输效率，结合机务布局调整、生产力布局优化，应大力推行机车长交路。机务段的设置向集中化、规模化的方向发展，主要列检所保证区段要达到500km；编组站、区段站进行布局调整，最大限度地减少车流改编次数，尽量减少区段站数量。客运机车交路达到500～1000km，货运机车交路达到350～500km。

机车交路应采用长交路，并应根据牵引种类、机车类型、车流特点、乘务制度、线路条件，结合路网规划及机务设备布局，经技术经济比选确定。

**【工程案例1-1】** 某电力机车单机牵引的单线铁路，采用半自动闭塞方式 $T_T=90\text{min}$，$t_B=6\text{min}$，$t_H=3\text{min}$；普通货物列车站间往返运行总时间为28min，$G_j=2600\text{t}$ 折算的普通货物列车对数是通过能力的80%，$\beta=1.15$，请计算输送能力。

**解**：通过能力：

$$N=\frac{1440-T_T}{t_W+t_F+t_B+t_H}=\frac{1440-90}{28+6+3}=36.49\ \text{对/d}\quad(\text{取}36\ \text{对/d})$$

输送能力：

$$C=\frac{365\cdot N_H\cdot G_j}{10^6\beta}=\frac{365\times(36\times80\%)\times2600}{10^6\times1.15}=23.766\text{Mt/a}$$

## 习题

### 一、名词解释

1. 直通吸引范围
2. 控制站间
3. 机车交路
4. 运行图周期
5. 通过能力
6. 输送能力

### 二、简答题

1. 双线铁路通过能力为什么不是单线铁路的两倍？
2. 我国铁路对列车车次和上、下行的规定是什么？
3. 客货运量的意义是什么？
4. 客货共线铁路的主要技术标准有哪些？

### 三、计算题

某电力机车牵引的单线铁路，采用半自动闭塞方式 $T_T=90\text{min}$，$t_B=5\text{min}$，$t_H=3\text{min}$，普通货物列车站间往返运行总时间如表1-5所示，$C_{XY}=20\text{Mt/a}$，折算的普通货物列车对数是通过能力的70%，$\beta=1.2$，列车牵引净载为牵引质量的72%，请计算该线路的输送能力所需要的牵引质量 $G$ 是多少？

往返送行总时间　　表1-5

| 区间 | 1 | 2 | 3 | 4 | 5 | 6 | 7 | 8 |
|---|---|---|---|---|---|---|---|---|
| 往行时间(min) | 11 | 9 | 12 | 9 | 12 | 13 | 14 | 13 |
| 返行时间(min) | 14 | 13 | 16 | 7 | 13 | 13 | 15 | 15 |

# 第二章　牵 引 计 算

## 本章导读

本章主要内容包括:作用于列车上的牵引力、运行阻力、制动力,列车运动状况和列车运动方程式的概念;列车牵引质量计算的理论,牵引质量检算,列车长度计算;单位合力图的计算、绘制、应用;均衡速度的概念,列车运行速度和运行时分的计算。

铁路线路设计过程中,列车将以怎样的速度运行、列车能牵引多少吨货物、列车有多长、站间的运行时间是多少等这些问题是设计者必须掌握的。本章以力学为基础,研究作用在列车上的与列车运行方向平行的外力,以及这些力和列车的运动关系,进而研究和解决与列车运动有关的一些实际问题,如列车运行速度和时间、牵引质量、列车长度等问题的计算。

本章在研究力和列车的运动关系上引出了大量的计算公式和参数表,许多问题的解决需要运用这些公式和图表,并且有些内容具有一定的关联性。学员可以通过本章的算例去理解相关概念、公式及参数,而不需要记忆具体的公式。要理解列车作用力,掌握牵引质量的分析、推导过程及其限制条件,能运用这些知识解决牵引质量、列车长度、列车运行速度和时分等实际计算问题。

## 学习目标

理解牵引计算对站间距离、列车牵引、线路最大坡度、机车能量消耗的意义。

## 学习重点

1. 机车牵引性能曲线的应用,列车受力计算;
2. 牵引质量计算公式推导、计算方法、限制条件;
3. 列车运动状况,单位合力曲线图的计算、特性应用;
4. 均衡速度法求解运行速度与时分计算。

## 学习难点

列车走行时分的计算方法。

## 单元一　作用于列车上的力

### 一、机车牵引力

(一)机车牵引力的形成

机车牵引力是依靠轮轨间的黏着产生由钢轨作用于动轮轮周上的反作用力。我国《列车牵引计算规程》中规定:机车牵引力以轮周牵引力为计算标准,即以轮周牵引力来衡量和表示机车牵引力的大小。机车车钩牵引力(或称挽钩牵引力)是指机车用来牵引列车的牵引力,其值等于轮周牵引力减去机车全部运行阻力。

(二)黏着牵引力的限制

牵引力的大小可由司机通过变换操纵方式改变转矩来调节。但牵引力是动轮压在钢轨上产生的黏着力,其最大值为动轮荷载的重力乘轮轨间的黏着系数。在牵引计算中,根据机车类型可知机车的黏着质量 $P_{\mu}$,但轮轨间黏着系数 $\mu_j$ 则受很多因素影响,包括动轮轮踏面和钢轨材质与表面状况、行车速度、机车有关部件状态等,一般由试验确定。

机车黏着牵引力 $F_{\mu}$ 可表示为:

$$F_{\mu}=1000\cdot P_{\mu}\cdot g\cdot \mu_j \quad (N) \tag{2-1}$$

式中:$P_{\mu}$——机车黏着质量(t),常用机车的黏着质量见表 2-1;

g——重力加速度($m/s^2$);

$\mu_j$——机车的计算黏着系数。

各种机车的计算黏着系数 $\mu_j$ 的试验公式为:

国产各型电力机车 $$\mu_j=0.24+\frac{12}{100+8V} \tag{2-2}$$

国产各型电传动内燃机车 $$\mu_j=0.248+\frac{5.9}{75+20V} \tag{2-3}$$

式中:$V$——行车速度(km/h)。

机车的轮周牵引力不能大于机车所能产生的黏着牵引力,称为黏着牵引力限制。

(三)机车牵引性能曲线

机车牵引性能曲线是表示机车轮周牵引力(纵轴)与运行速度(横轴)相互关系的曲线,通常由试验得到。机车牵引性能曲线因牵引种类而异,牵引种类相同时,多种机车类型的牵引性能曲线大同小异。我国《牵规》附录中,列有各类常用机车的牵引性能资料(表 2-1)及牵引性能曲线图。以下按电力机车、内燃机车分述如下。

**常用机车牵引性能参数表** 表 2-1

| 参数<br>机型 | $V_J$<br>(km/h) | $F_J$<br>(kN) | $F_q$<br>(kN) | $P$、$P_{\mu}$<br>(t) | $V_g$<br>(km/h) | $L_J$<br>(m) |
|---|---|---|---|---|---|---|
| $SS_1$ | 43.0 | 301.2 | 487.3 | 138 | 95 | 20.4 |
| $SS_3$ | 48.0 | 317.8 | 470 | 138 | 100 | 21.7 |
| $SS_4$ | 51.5 | 431.6 | 649.8 | 2×92 | 100 | 32.8 |
| $SS_7$ | 48.0 | 353.3 | 487.3 | 138 | 100 | 22.0 |
| $SS_{7C}$ | 76.0 | 220.0 | 310.0 | 132 | 125 | 22.0 |
| $SS_{7D}$ | 96.0 | 171.0 | 245.0 | 126 | 160 | 22.0 |
| $SS_8$ | 99.7 | 127.0 | 230.0 | 88 | 177 | 17.5 |
| $SS_9$ | 99 | 169.0 | 286.0 | 126 | 170 | 22.2 |
| $HXD_1$(25t) | 65.0 | 532.0 | 760.0 | 2×100 | 120 | 35.2 |
| $HXD_3$(23t) | 70.0 | 370.0 | 520.0 | 138 | 120 | 20.8 |
| $DF_4$(货) | 20.0 | 302.1 | 401.7 | 135 | 100 | 21.1 |
| $DF_4$(客) | 24.0 | 251.6 | 346.3 | 135 | 120 | 21.1 |

续上表

| 参数 / 机型 | $V_J$ (km/h) | $F_J$ (kN) | $F_q$ (kN) | $P$、$P_\mu$ (t) | $V_g$ (km/h) | $L_J$ (m) |
|---|---|---|---|---|---|---|
| $DF_{4B}$(货) | 21.8 | 313.0 | 442.2 | 138 | 100 | 21.1 |
| $DF_{4B}$(客) | 29.0 | 235.2 | 325.3 | 138 | 120 | 21.1 |
| $DF_{4C}$(货) | 24.5 | 301.5 | 442.2 | 138 | 100 | 21.1 |
| $DF_8$ | 31.2 | 307.3 | 432.6 | 135 | 100 | 22.0 |
| $DF_{11}$ | 65.6 | 160.0 | 253.0 | 135 | 170 | 21.3 |
| $HXN_3$ | 20.0 | 598.0 | 620.0 | 150 | 120 | 22.2 |
| $HXN_5$ | 25.0 | 565.0 | 620.0 | 150 | 120 | 22.3 |

1. 电力机车

电力机车系由接触网取得电能。我国铁路电力牵引采用工频单相交流电，接触网的高压交流电经机车受电弓进入机车的变压器变为低压交流电，再经整流器整流后变为直流电，供给牵引电动机。牵引电动机与机车动轮轮轴之间用齿轮啮合，使动轮得到产生牵引力所必需的旋转力矩。最后通过轮轨间的黏着作用产生机车牵引力。

电力机车上的牵引电动机，目前均采用直流串激电动机。因为这种电动机的机械特性曲线与双曲线相近，适合于机车牵引特性的需要。

(1)电力机车的牵引性能曲线分析

图 2-1 所示为韶山 3 型电力机车的牵引特性曲线图。电力机车的电能由发电厂供应，所以对每一台机车来说不会受到供电能力的限制。因此，电力机车的牵引力主要受牵引电动机功率和轮轨黏着力的限制。

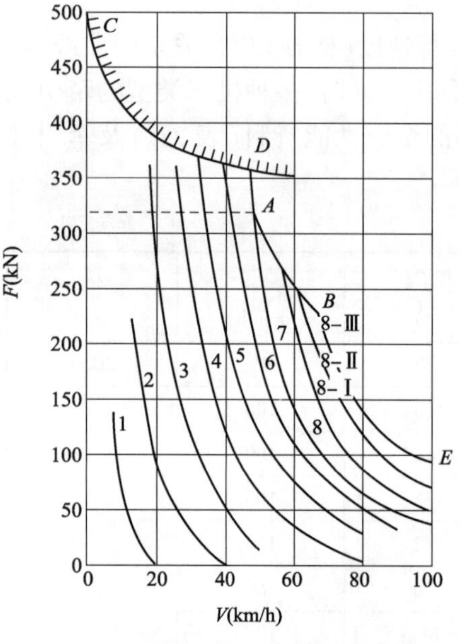


图 2-1 韶山 3 型电力机车牵引特性曲线

黏着牵引力：图中阴影线为韶山 3 型电力机车受轮轨间黏着力限制的牵引力曲线，是根据式(2-1)和式(2-2)引算得出。

电动机牵引力：图中注有 1、2、…、8-Ⅲ的类似双曲线的一组曲线，表示电力机车牵引电动机功率所决定的牵引力。由牵引电动机电机械特性换算到机车动轮轮周后求出。

机车运行中，根据运行需要，希望机车牵引力和速度能在相当大的范围内变化。仅有一条 $F = f(V)$ 曲线是不够的。干线机车一般采用改变电动机端电压和磁通量(削弱磁场)来进行速度调节。韶山 3 型机车有8 个调压级，故有 8 条 $F = f(V)$ 曲线。在 8 级位上又有 8-Ⅰ、8-Ⅱ、8-Ⅲ共 3 个削弱磁场级，分别称Ⅰ、Ⅱ、Ⅲ级削弱磁场。

电动机允许电流限制的牵引力：图中斜线 $AB$ 表示受电机持续电流发热条件限制(允许电流)的牵引力曲线。持续电流是电机在此电流下长时间运转不致使电机发热温度超过允许值的电流限制值。

(2)牵引力取值及有关参数

《牵规》规定电力机车牵引力取持续制。对于韶山3型机车,自起动至机车构造速度,牵引力分别取黏着牵引力(*CD*段)、电动机牵引力(*DA*段、*BE*段)和电动机持续电流限制的牵引力(*AB*段)。

计算速度与最大计算牵引力:图2-1中*A*点对应的速度与牵引力称为计算速度($V_J$)与计算牵引力($F_J$)(规定列车在区间上正常运行时,速度不能低于计算速度)。

起动牵引力:韶山3型机车进行起动检算时,取速度为零时的黏着牵引力为计算起动牵引力($F_q$)。少数机型则取起动电流限制的牵引力为计算起动牵引力。

此外,牵引计算中还用到机车质量*P*和机车长度$L_J$,见表2-1。

2. 内燃机车

内燃机车的动力是机车上的内燃机(柴油机)提供的。因为用内燃机直接驱动机车动轮转动方式的$F=f(V)$曲线不是理想的恒功双曲线形式,不能适应机车牵引特性要求,所以要将内燃机发出的功率经传动装置传给机车动轮,并通过轮轨间黏着作用产生机车牵引力,因此,内燃机车的牵引力受内燃机功率、传动装置及轮轨间黏着力的限制。传动装置有机械传动、电传动、液力传动3种方式。我国铁路干线机车多采用电传动。

电传动内燃机车是机车上的内燃机带动主发电机,主发电机产生的电流驱动动轮轮轴上的牵引电动机,牵引电动机与轮轴齿轮啮合,使动轮轮对得到产生牵引力必需的旋转力矩。

主发电机可用直流式或交流式,而牵引电动机目前多为直流式。图2-2为东风4B(货)型电传动内燃机车的牵引特性曲线图。该机型为交—直流电力传动方式,用以说明电传动内燃机车牵引特性曲线的基本概念。

(1)黏着牵引力:图中带有阴影的曲线。按式(2-1)和式(2-3)计算。

(2)机车柴油机和传动装置的牵引力:柴油机功率随燃料供入量变化,柴油机功率(转速)决定着发电机功率,一种转速就有一条$F=f(V)$牵引力曲线。东风4B(货)型机车柴油机有4种转速、相应就有4条$F=f(V)$曲线。

电传动内燃机车上的牵引电动机也是直流串激电动机,像电力机车那样,也可采用削弱磁场方法调节。图中的每一条$F=f(V)$曲线均由3段组成:低速范围是满磁场;中速范围是一级削弱磁场;速度更高时为二级削弱磁场。图中没有表示出磁场转换过程,而是将其转换过程速度范围内的牵引力平均值绘成圆滑曲线。

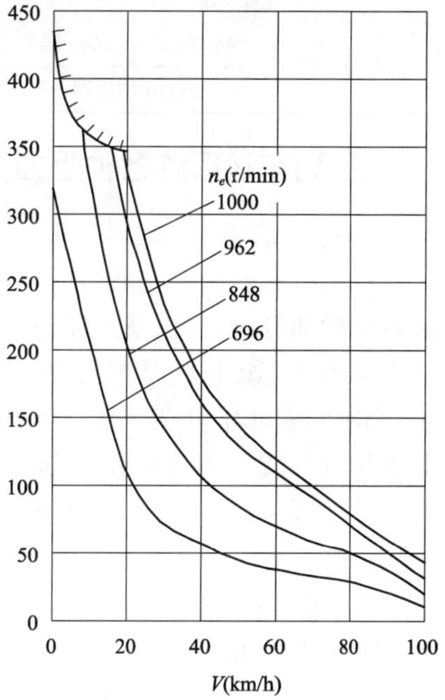


图2-2 东风4B(货)型内燃机车牵引特性曲线

(3)起动电流限制的牵引力:列车起动是由静态向动态的转变过程,列车是逐辆起动,在尾车起动时,机车的速度约为2.5km/h。内燃机车的起动牵引力按此计算。有的机型受黏着力限制,有的机型受起动电流限制。

内燃机车的计算速度$V_J$及与之对应的最大计算牵引力$F_J$,一般取持续速度与持续牵引力。

内燃机车的柴油机有效功率与进入汽缸的空气量有关。当在大气压力较低的高原或高温地区运用内燃机车时,机车功率会有所降低。此时,应对机车牵引力进行修正,修正系数由试验确定。修正后的机车牵引力$F_x$按下式计算:

$$F_x = F \cdot \lambda_h \cdot \lambda_p \cdot \lambda_s \tag{2-4}$$

式中：$\lambda_h$——周围空气温度修正系数（表2-2）；

$\lambda_p$——海拔修正系数（表2-3）；

$\lambda_s$——隧道影响的牵引力修正系数：东风4B型客、货运机车，在长度大于1000m时，单机或双机重联的第一台机车取0.88，双机重联的第二台机车取0.85。

**周围空气温度修正系数 $\lambda_h$**　　表2-2

| 机型 \ 周围空气温度(℃) | 30 | 32 | 34 | 36 | 38 | 40 |
|---|---|---|---|---|---|---|
| 东风4 | 1 | 0.985 | 0.958 | 0.930 | 0.904 | 0.877 |
| 东风4B | 1 | 0.982 | 0.952 | 0.921 | 0.892 | 0.864 |
| 东风4C | 1 | 0.987 | 0.954 | 0.920 | 0.886 | 0.853 |
| 东风8、东风11 | 1 | 0.984 | 0.950 | 0.913 | 0.877 | 0.841 |

**海拔修正系数 $\lambda_p$**　　表2-3

| 海拔(m) | | 500 | 1000 | 1500 | 2000 | 2500 | 3000 | 3500 | 4000 |
|---|---|---|---|---|---|---|---|---|---|
| 大气压力(kPa) | | 95.23 | 89.64 | 84.32 | 79.40 | 74.61 | 70.22 | 65.97 | 62.85 |
| 东风4 | | 1 | 0.933 | 0.855 | 0.780 | 0.707 | 0.638 | 0.569 | 0.503 |
| 东风4B | 45GP802－A增压器 | 1 | 0.940 | 0.880 | — | — | — | — | — |
| | ZN310增压器 | — | — | 0.885 | 0.823 | 0.758 | 0.697 | 0.634 | 0.569 |

## 二、列车运行的各种阻力

### （一）基本阻力

一台机车牵引一定质量的列车在线路上运行，即使在平直坡道上，由于轮轨之间，机车车辆各活动部分之间，以及车体与四周空气之间的摩擦、冲击、振动必然会产生一定的阻力，这种阻力称为列车运行的基本阻力。这种阻力的大小与列车运行速度，线路及机车车辆的构造有关，影响因素非常复杂，一般以试验公式计算。以 $w_0$ 表示单位基本阻力（N/t），单位基本阻力即单位机车或车辆质量所受的阻力，它乘以机车或车辆的质量（t），即得机车或车辆所受总阻力。其中属于机车的称为单位机车基本阻力 $w_0'$，属于车辆的称为单位车辆基本阻力 $w_0''$。

1. 机车单位基本阻力 $w_0'$ 的试验公式

（1）电力机车

韶山1、韶山3、韶山4型：

$$w_0' = (2.25 + 0.019V + 0.00032V^2)g \quad (\text{N/t}) \tag{2-5}$$

韶山7型：

$$w_0' = (1.40 + 0.0038V + 0.000348V^2)g \quad (\text{N/t}) \tag{2-6}$$

韶8型：

$$w_0' = (1.02 + 0.0035V + 0.000426V^2)g \quad (\text{N/t}) \tag{2-7}$$

（2）内燃机车

东风4（客、货）、东风4B（客、货）、东风4C（货）型：

$$w_0' = (2.28 + 0.0293V + 0.000178V^2)g \quad (\text{N/t}) \tag{2-8}$$

东风8型：

$$w_0' = (2.40 + 0.0022V + 0.000391V^2)g \quad (\text{N/t}) \tag{2-9}$$

东风 11 型：

$$w_0' = (0.86 + 0.0054V + 0.000218V^2)g \quad (\text{N/t}) \tag{2-10}$$

2. 车辆的单位基本阻力 $w_0''$

(1)客车

$V \leqslant 120$km/h 时,21、22 型：

$$w_0'' = (1.66 + 0.0075V + 0.000155V^2)g \quad (\text{N/t}) \tag{2-11}$$

$V \leqslant 140$km/h 时,25B、25G 型：

$$w_0'' = (1.82 + 0.01V + 0.000145V^2)g \quad (\text{N/t}) \tag{2-12}$$

$V \leqslant 160$km/h 时,准高速单层车：

$$w_0'' = (1.61 + 0.004V + 0.000187V^2)g \quad (\text{N/t}) \tag{2-13}$$

准高速双层车

$$w_0'' = (1.24 + 0.0035V + 0.000157V^2)g \quad (\text{N/t}) \tag{2-14}$$

(2)货车

重车：

滚动轴承

$$w_0'' = (0.92 + 0.0048V + 0.000125V^2)g \quad (\text{N/t}) \tag{2-15}$$

滑动轴承

$$w_0'' = (1.07 + 0.0011V + 0.000236V^2)g \quad (\text{N/t}) \tag{2-16}$$

油罐车：

$$w_0'' = (0.53 + 0.0121V + 0.000080V^2)g \quad (\text{N/t}) \tag{2-17}$$

轻车：

$$w_0'' = (2.23 + 0.0053V + 0.000675V^2)g \quad (\text{N/t}) \tag{2-18}$$

3. 列车基本阻力与列车平均单位基本阻力

列车基本阻力 $W_0$ 为机车基本阻力 $W_0'$ 与车辆基本阻力 $W_0''$ 之和,即：

$$W_0 = W_0' + W_0'' = Pw_0' + Gw_0'' \quad (\text{N}) \tag{2-19}$$

式中：$P$、$G$ 分别为机车质量、牵引质量(t)。

列车平均单位基本阻力 $w_0$ 是列车基本阻力 $W_0$ 与列车质量 $(P+G)$g 的比值,即单位列车质量的列车基本阻力：

$$w_0 = \frac{W_0}{P+G} = \frac{P \cdot w_0' + G \cdot w_0''}{P+G} \quad (\text{N/t}) \tag{2-20}$$

(二)附加阻力

当列车在坡道上、曲线上、隧道内运行时,还会产生一定的附加阻力,称为坡道附加阻力、曲线附加阻力、隧道空气附加阻力。

1. 坡道附加阻力

列车在坡道上运行时,其重力产生垂直于轨道的与平行于轨道的两个分力,如图 2-3 所示,平行于轨道的分力 $F_2$ 即为坡道附加阻力。

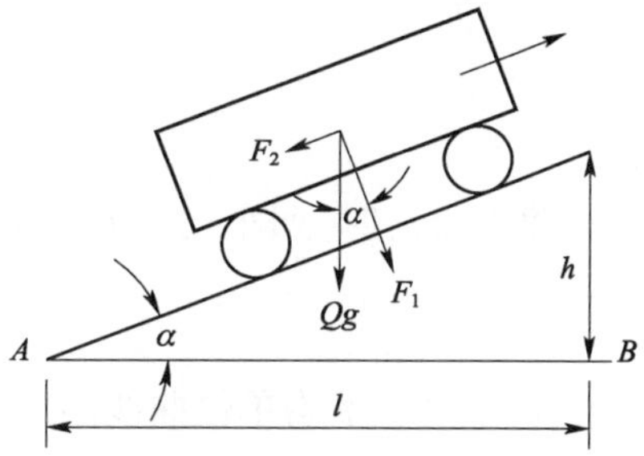

图 2-3　坡道附加阻力

$$F_2 = Q \cdot g \cdot \sin\alpha \quad (\text{kN})$$

因为 $\alpha$ 角一般都很小(线路坡度 $i = 34.9‰$ 时,$\alpha =$

2°)，可令 $\sin\alpha \approx \tan\alpha$，并考虑机车或车辆质量 $Q$(t)的单位换算，于是得：

$$F_2 = 1000Q \cdot g \cdot \tan\alpha \quad (\mathrm{N}) \tag{2-21}$$

线路坡度 $i$ 系用千分率表示，$i = \frac{h}{l} \times 1000 = 1000 \cdot \tan\alpha$(‰)，即 $\tan\alpha = \frac{i}{1000}$，故：

$$F_2 = Q \cdot g \cdot i \quad (\mathrm{N})$$

因单位阻力的定义为单位质量阻力，故单位坡度附加阻力 $w_i$ 为：

$$w_i = \frac{Q \cdot g \cdot i}{Q} = gi \quad (\mathrm{N/t}) \tag{2-22}$$

式中，$i$ 为坡度值(‰)，上坡为正值，下坡为负值。

2. 曲线附加阻力

(1)引起曲线附加阻力的因素

曲线附加阻力是由于列车在曲线上运行，加剧了轮缘与钢轨之间的摩擦，同时，车轮与钢轨之间产生纵向的和横向的滑动，又由于侧向力的作用，上、下心盘之间以及轴承有关部分摩擦加剧。由这些原因增加的阻力，其大小和曲线半径 $R$(m)直接相关，但由于影响因素复杂，一般用试验公式来计算。

(2)曲线附加阻力计算式

根据试验，单位曲线附加阻力的计算公式为：

$$w_r = \frac{600}{R} g \quad (\mathrm{N/t}) \tag{2-23}$$

如果用圆曲线长度 $L_y$(m)与曲线转角 $\alpha$(°)来表示半径，则：

$$R = \frac{180 L_y}{\pi \alpha}$$

上式可写成：

$$w_r = \frac{10.5\alpha}{L_y} g \quad (\mathrm{N/t}) \tag{2-24}$$

(3)列车平均单位曲线附加阻力

设列车长度为 $L_L$(m)，列车每延米的质量为 $q$(t/m)，则列车的质量为 $L_L \cdot q$(t)。

①$L_y \geqslant L_L$ 时，列车全长均受到曲线附加阻力，列车受到的总的曲线附加阻力为：

$$W_r = \frac{600}{R} g \cdot L_L \cdot q \quad (\mathrm{N}) \tag{2-25}$$

列车平均单位曲线附加阻力为：

$$w_r = \frac{W_r}{L_L \cdot q} = \frac{600}{R} g \quad (\mathrm{N/t}) \tag{2-26}$$

或

$$w_r = \frac{10.5\alpha}{L_y} g \quad (\mathrm{N/t}) \tag{2-27}$$

②$L_y < L_L$ 时，列车仅有 $L_y$ 长的一部分受到曲线附加阻力的作用，所以：

$$W_r = \frac{600}{R} g \cdot L_y \cdot q \quad (\mathrm{N})$$

列车全长平均单位曲线附加阻力为：

$$w_r = \frac{W_r}{L_L \cdot q} = \frac{600}{R} \cdot \frac{L_y}{L_L} g \quad (\mathrm{N/t})$$

或

$$w_r = \frac{10.5\alpha}{L_L}g \quad (N/t) \tag{2-28}$$

③列车处于多个曲线上，则列车平均单位曲线附加阻力 $w_r$ 为：

$$w_r = \frac{10.5\Sigma\alpha}{L_L}g \quad (N/t) \tag{2-29}$$

3.隧道空气附加阻力

列车在隧道内运行时，由于空气受隧道约束，不能向四周扩散，前面的空气压力增大，尾部空气稀薄，空气与列车表面及隧道表面产生摩擦。因之，作用于列车上的空气阻力远较空旷地段大，增加的空气阻力称为隧道附加空气阻力。影响隧道空气阻力的主要因素有行车速度、列车长度、列车迎风面积、隧道长度、隧道净空面积、列车及隧道表面粗糙度等，难于理论计算。单位隧道空气附加阻力以 $w_s$ 表示，计算式由试验确定。

4.附加阻力换算坡度及加算坡度

(1)附加阻力换算坡度

因为坡道附加阻力 $w_i = gi$(N/t)，我们可以认为列车在曲线上行驶所产生的曲线附加阻力或隧道附加阻力是在一个坡度 $i_r$ 或 $i_s$ 的坡道上行驶时产生，即：

$$w_r = gi_r(N/t), w_s = gi_s(N/t) \tag{2-30}$$

式中 $i_r$、$i_s$ 分别称为曲线、隧道附加阻力换算坡度，或称为曲线、隧道当量坡度。

(2)加算坡度及列车平均单位阻力

线路纵断面上每一坡段的坡度 $i$ 与该坡道上的曲线、隧道等附加阻力换算坡度之和称为加算坡度 $i_j$，即

$$i_j = i + i_r + i_s \quad (‰) \tag{2-31}$$

对应的单位加算阻力为：

$$w_j = w_i + w_r + w_s \quad (N/t) \tag{2-32}$$

列车平均单位阻力为：

$$w = w_0 + w_j = \frac{Pw_0' + Gw_0''}{P + G} + w_i + w_r + w_s \quad (N/t) \tag{2-33}$$

(三)起动阻力

机车、车辆停留时，轴颈和轴承之间润滑油被挤出，油膜减薄；同时，轴箱内温度降低，油的黏度增大，故起动时，轴颈和轴承之间的摩阻力增大。此外，车轮压在钢轨上产生凹形变形比运动时为大，增加了滚动阻力。同时，列车起动时，要求有较大的加速力以克服列车的静态惯性力。《牵规》将起动加速力也包括在起动阻力中考虑，因此，应另行计算列车起动时的阻力。

我国采用如下的试验公式来计算列车、车辆的起动阻力。

(1)机车单位起动阻力 $w_q'$

$$w_q' = 5g \quad (N/t) \tag{2-34}$$

(2)货车的单位起动阻力 $w_q''$

滚动轴承货车：

$$w_q'' = 3.5g \quad (N/t) \tag{2-35}$$

滑动轴承货车：

$$w_q'' = (3 + 0.4i_q)g \quad (N/t) \tag{3-36}$$

式中：$i_q$——起动地段的加算坡度值(‰)。

滑动轴承货车当 $w_q''$的计算结果小于 5gN/t 时，按 5gN/t 计算。

## 三、列车制动力

### （一）制动方式

为了使列车减速或停车，必须施行制动。制动力是由司机操纵制动装置产生的与列车运行方向相反的力。根据制动时列车动能的转移方式和制动力的形成方式可划分不同的制动方式。目前我国使用的制动方式主要有机车车辆闸瓦摩擦制动（空气制动）和机车动力制动。

#### 1. 空气制动力

以机车上装置的空气压缩机产生的压缩空气为动力，推动机车车辆上的制动闸瓦压紧车轮轮箍，由摩擦产生制动。这种方式可以产生较大的制动力，因其利用压缩空气为动力，故称空气制动。

空气制动是由机车车辆上装置的制动机实现的。其原理如图 2-4 所示。

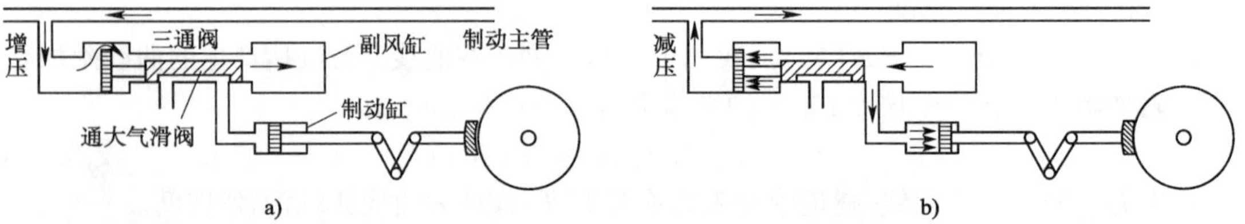


图 2-4　自动制动机工作原理

缓解时，司机将制动阀置于缓解位，使压缩空气由总风缸经过制动主管、三通阀至副风缸储存。此时制动缸内无压缩空气，闸瓦不接触车轮，故称为充风缓解状态。

制动时，司机操纵制动阀遮断总风缸通路，同时列车制动主管与大气连通放气减压，此时副风缸内储存的压缩空气进入制动缸，驱使活塞杠杆，使闸瓦压紧车轮，故称减压制动。闸瓦压力的大小与制动主管减压量大小有关。

#### 2. 动力制动

动力制动是由机车产生制动力的一类制动方式，包括电阻制动、再生制动、液力制动。

（1）电阻制动与再生制动

利用电机的可逆原理，将电力机车或电传动内燃机车动轴上的电动机转换为发电机使用，动轮在列车惯性力作用下，带动传动齿轮，使电动机转子旋转而发电，从而产生反转力矩，阻止车轮转动以达到制动目的。因电机发出的电能消耗在机车特设的电阻中，故称电阻制动；如将电能反馈给电网加以利用时，则称再生制动。

（2）液力制动

在液力传动的内燃机车上，利用机车动轮惯性运动，通过传动齿轮带动制动器内的转子在工作油中旋转，工作油在转子中被加速而在定子中被减速，产生对转子的反扭矩。这个反扭矩传递到机车动轮上，形成液力制动力。

电阻制动力受牵引电动机最大制动电流等限制，液力制动力受制动功率等限制。在机车运行速度较高时，制动力都随速度增大而降低；当运行速度低于最小发电速度或低于产生反扭矩速度时，动力制动不起作用；当运行速度趋于零时，制动力即消失。因此《牵规》规定，动力制动仅作为列车运行时的调速制动使用；当检算列车在下坡道运行的最高允许速度或计算列车进站制动时，均不应将动力制动计算在内。

(二)列车空气制动力的计算

由于空气制动力是制动闸瓦压紧车轮轮箍产生摩擦后,在轮轨接触点处产生的阻碍车轮前进的反作用力。因此,空气制动力的大小是由闸瓦压力及闸瓦与轮箍间的摩擦系数决定的,并受到轮轨间黏着力的限制。若闸瓦压力过大,制动力大于黏着允许的最大值时,车轮将被闸瓦抱死,车辆沿轨道滑行,引起轮轨剧烈磨耗和擦伤。故制动力不得大于轮轨间的黏着力。

单位列车制动力 $b$ 即平均单位列车质量的制动力,新线设计时可按下式计算:

$$b = 1000\varphi_h\theta_h \quad (\text{N/t}) \tag{2-37}$$

式中:$\theta_h$——列车单位换算制动率(kN/t),其物理意义是列车换算闸瓦压力与列车重量的比值。即平均分配到每1t列车质量上的闸瓦压力;

$\varphi_h$——闸瓦与轮箍间的换算摩擦系数,按每块闸瓦的实算闸瓦压力等于25kN计算得中磷、高磷及低摩合成闸瓦的换算摩擦系数:

中磷闸瓦
$$\varphi_h = 0.356\frac{3.6V+100}{14V+100} + 0.0007(110 - V_0) \tag{2-38}$$

高磷闸瓦
$$\varphi_h = 0.372\frac{17V+100}{60V+100} + 0.0012(120 - V_0) \tag{2-39}$$

低摩合成闸瓦
$$\varphi_h = 0.202\frac{4V+150}{10V+150} + 0.0006(100 - V_0) \tag{2-40}$$

高摩合成闸瓦的换算摩擦系数按每块闸瓦的实算闸瓦压力 $K$ 等于20kN计算,即:

$$\varphi_h = 0.322\frac{V+150}{2V+150} \tag{2-41}$$

其中,$V$ 和 $V_0$ 分别为列车速度、制动初速(km/h)。

选线设计中进行牵引计算时,为简化计算,可将上述列车换算制动率 $\theta_h$ 暂取值为0.18g kN/t(相当于高摩闸瓦的货物列车管压力500kPa,或新高摩闸瓦列车管压力600kPa时的制动率)。

列车换算制动率 $\theta_h$ 在不同情况的取值:

为列车常用制动及进站制动时一般取全值的0.5;紧急制动时,列车单位换算闸瓦压力 $\theta_h$ 取全值。

(三)电阻制动力计算

1. 电阻制动特性曲线

见图2-5为韶山3型电力机车电阻制动特性曲线。图中左端斜线为最大励磁电流限制线;右端曲线为最大制动电流(电机电枢电流)限制线,制动电流太大会破坏电机安全整流。因为励磁电流是无级调节的,所以在上述限制线(能提供的最大电阻制动力 $B_d$)的范围内,可根据运行需要,提供需要的电阻制动力。

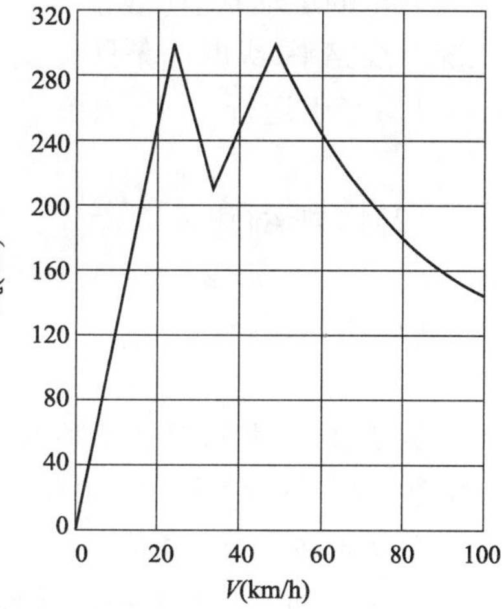

图2-5 韶山3型电力机车电阻制动特性曲线

2. 电阻制动力需要值的确定

如果采用电阻制动控制列车按某一限制速度恒速下坡,根据合力为零的条件,可以求出所需要的电阻制动力。

$$B_{d(x)} = (P+G)\cdot gi_j - Pw_0' - Gw_0'' \tag{2-42}$$

式中:$B_{d(x)}$——需要的电阻制动力(N);

$w_0'$、$w_0''$——按限速计算的机车、车辆单位基本阻力(N/t)；

$i_j$——列车运行坡道的加算坡度绝对值(‰)。

求得 $B_{d(x)}$ 后,可按机型查相应的电阻制动特性曲线图,若 $B_{d(x)} < B_d$,说明可以用电阻制动控制列车按限速保持恒速下坡;如果超出使用范围,说明除采用电阻制动力外,还需辅以空气制动,使列车不超限速运行。

## 四、列车运动方程式

### (一)列车运行状况

列车在平道及上坡道牵引运行时,是用机车的牵引力克服列车的各种阻力而实现的,牵引力大于总阻力时,列车呈加速度运行;当牵引力小于总阻力时,列车呈减速度运行;牵引力等于总阻力时,列车呈等速度运行。机车在牵引运行时称牵引工况。

当列车在下坡道运行,机车可以关闭牵引电动机,靠坡道的下滑力(坡道阻力)使列车运行,这时称惰行工况。当列车的下滑力小于列车其他阻力总和时,列车呈减速运行,当列车的下滑力等于列车其他阻力总和时,列车呈等速运行,当列车的下滑力大于列车其他阻力总和时列车呈加速运行。在下坡道上,当列车速度达到为保证安全所限制的速度时,列车必须施行制动,使列车减速或保持恒速。当列车需要减速或停车时,也需要施加制动。列车在运行中施加制动称为制动工况。

### (二)列车运动方程式

列车运动方程式是根据牛顿第二定律并假设列车的质量集中于列车中心推导出来的。

#### 1. 列车运动状态分析

列车的运动状态(静止、匀速、加速、减速)决定于作用在列车上的合力 $C$,合力大小与机车工况及线路平、纵断面条件有关。机车有三种工况:

(1)牵引运行

$$C = F - W$$

(2)惰力运行

$$C = -W$$

(3)制动运行

$$C = -(W + B)$$

因 $F$、$W$、$B$ 均随速度而变化,故合力 $C$ 也随速度变化。如果 $C>0$ 时,列车加速运行;当 $C=0$ 时,列车等速运行;$C<0$ 时,列车减速运行。

#### 2. 运动方程式的推导

列车运动可以看成由两部分组成:全部质量集中于质心的平移运动和某些部分(如轮对等)的回转运动。所以列车的动能 $E_d$ 由两部分组成:

$$E_d = \frac{1}{2}MV^2 + \frac{1}{2}\sum J\omega_h^2 = \frac{1}{2}MV^2 + \sum\frac{JV^2}{2R_h^2}$$

$$= \frac{1}{2}MV^2\left(1 + \sum\frac{J}{MR_h^2}\right) = \frac{1}{2}MV^2(1+\gamma) \tag{2-43}$$

式中:$M$——列车全部质量;

$V$——列车运行速度;

$J$——回转部分的转动惯量;

$\omega_h$——回转部分角速度,$\omega_h = V/R_h$,$R_h$为回转部分的回转半径;

$\gamma$——回转质量系数,普通列车一般取0.06。

如视列车为刚性系统,则其动能增量为:$dE_d = M(1+\gamma)VdV$。

根据动能定律,刚性系统动能的增量等于所有作用于该系统的力在这段时间中所做的功。而这段时间内作用于列车的合力 $C$ 所做的功为 $CVdt$,故:

$$M(1+\gamma)VdV = CVdt$$

$$\frac{dV}{dt} = \frac{C}{(1+\gamma)M}$$

将列车质量 $M = (P+G)\times 1000(\mathrm{kg})$,$\gamma = 0.06$ 代入上式后,得:

$$\frac{dV}{dt} = \frac{C}{1060(P+G)}(\mathrm{m/s^2}) = \frac{12.226C}{P+G}(\mathrm{km/h^2}) = 12.226c(\mathrm{km/h^2})$$

式中,$c = \dfrac{C}{P+G}$,称为单位合力(N/t)。为计算方便,近似取:

$$\frac{dV}{dt} = 12c\ (\mathrm{km/h^2})$$

上式即为列车运动方程式的一般形式。对该式积分,得列车运行时分为:

$$t = \int \frac{dV}{12c}(\mathrm{h}) = \int \frac{5dV}{c}(\mathrm{min}) = \int \frac{300dV}{c}\quad(\mathrm{s}) \tag{2-44}$$

运行距离为:

$$S = \int dS = \int Vdt = \int \frac{VdV}{12c}\ (\mathrm{km}) = \int \frac{83.33VdV}{c}\quad(\mathrm{m}) \tag{2-45}$$

单位合力 $c$ 与工况、线路条件(如曲线阻力、坡道阻力等)有关。合力中的牵引力、基本阻力、制动力虽然是速度的函数,但曲线和坡道等附加阻力值仅与列车某时段所处位置有关,并非速度的函数。因此,单位合力 $c=f(V)$ 是因时、因地而异的。求解式(2-44)及式(2-45)的方法有:

(1)直接积分法。当曲线、坡道等附加阻力为定值时,如果机车牵引力 $F$ 和列车制动力 $B$ 拟合为速度的函数,则可使合力 $c$ 也表达为速度的函数,从而可求出式(2-44)和式(2-45)的积分结果,作为计算运行时分 $t$ 和运行距离 $S$ 的计算式。

(2)近似积分法。这是目前广泛采用的方法,可用于数解或图解。

## 单元二　牵引质量及其检算

牵引质量就是机车牵引的车列质量,也称牵引吨数、牵引定数。在新线设计以及运营线上,一般情况下均是按列车在限制上坡道上,以机车的计算速度作等速运行为条件来确定普通客货共线铁路上货物列车牵引质量。

### 一、牵引质量计算

根据列车运动方程式,列车作等速运行时合力为零,即 $F - W = 0$。

设机车计算速度为 $V_j$,对应的计算牵引力为 $F_j$,则列车在限制坡道 $i_x$上的总阻力为:

$$W = P(w_0' + gi_x) + G(w_0'' + gi_x)$$

对应的计算牵引力为 $F_j$,得:

$$\lambda_y F_j = P(w_0' + gi_x) + G(w_0'' + gi_x)$$

即：

$$G=\frac{\lambda_{y}F_{j}-P(w_0'+gi_{x})}{w_0''+gi_{x}}\quad(t) \tag{2-46}$$

在多机牵引或补机推送时：

$$G_{JL}=\frac{(1+\sum\lambda)\lambda_{y}F_{j}-\sum P(w_0'+gi_{JL})}{w_0''+gi_{JL}}\quad(t) \tag{2-47}$$

式中：$G$、$G_{JL}$——单机和加力牵引质量(t)，舍取为10t的整倍数；

$P$、$\sum P$——机车计算质量或其和(t)；

$F_j$——机车计算牵引力(N)，常用机车查表2-1；

$\lambda_y$——机车牵引力使用系数，取0.9；

$i_x$、$i_{JL}$——限制坡度、加力牵引坡度(‰)；

$w_0'$、$w_0''$——计算速度$V_j$下的机车、车辆单位基本阻力(N/t)；

$\sum\lambda$——多机牵引或补机推送时，重联机车或推送补机牵引力利用系数之和。电力与内燃机车的$\lambda$取值为：重联牵引线操纵时取1；分别操纵时第二台及以后各台均取0.98；推送补机取0.95。

**【例2-1】** $SS_3$型电力机车，牵引滚动轴承货车，求线路限制坡度$i_x=6‰$时的单机牵引质量。

**解**：查表2-1得$V_j=48\text{km/h}$，$F_j=317800\text{N}$，$P=138\text{t}$。有

$$w_0'=(2.25+0.019\times48+0.00032\times48^2)g=3.899g\quad \text{N/t}$$

$$w_0''=(0.92+0.048\times48+0.000125\times48^2)g=1.438g\quad \text{N/t}$$

$$G=\frac{0.9\times317800-138\times(3.899\times9.81+6\times9.81)}{1.438\times9.81+6\times9.81}=3736\text{t}\quad(\text{取}G=3730\text{t})$$

计算所得的牵引质量以t为单位并化整，旅客列车化整为10的整数倍(不足10者舍去)。

## 二、牵引质量检算

应检算所计算的牵引质量是否受下列条件限制：

(1)起动条件的限制；

(2)车站到发线有效长的限制；

(3)车钩强度限制。

如果受到上述某一条件限制，应采用降低牵引质量或其他技术措施。

### (一)起动检算

列车起动时，起动阻力较大，故应检算所求牵引质量，是否能正常起动。

受起动条件限制的牵引质量$G_q$，可按机车计算起动牵引力$F_q$等于列车起动时总阻力$W_q$的条件求出，即由$\lambda_yF_q=P(w_q'+gi_q)+G_q(w_q''+gi_q)$，得：

$$G_q=\frac{\lambda_{y}F_{q}-P(w_q'+gi_{q})}{w_q''+gi_{q}}\quad(t) \tag{2-48}$$

式中：$F_q$——机车计算起动牵引力(N)，常用机车查表2-1；

$w_q'$——机车单位起动阻力(N/t)，电力、内燃机车为5gN/t；

$w''_q$——货车的单位起动阻力(N/t),按式(2-35)、式(2-36)计算;

$i_q$——起动地点的加算坡度值(‰)。

当 $G_q \geqslant G$ 时,列车可以起动;如 $G_q < G$,列车不能起动,应根据具体情况降低牵引质量 $G$,或减小起动地段坡度 $i_q$。

**【例 2-2】** 接【例 2-1】,已知 $G = 3730t$,起动地段加算坡度 $i_q = 6.0‰$,试验算列车在该地段能否起动。

**解**:查表 2-1 得计算起动牵引力 $F_q = 470000N$,电力机车取 $w'_q = 5g(N/t)$,滚动轴承货车取 $w''_q = 3.5g(N/t)$,由式(2-48)得:

$$G_q = \frac{0.9 \times 470000 - 138 \times (49.05 + 6.0 \times 9.81)}{34.34 + 6.0 \times 9.81} = 4378.8t$$

因 $G_q \geqslant G$,故列车在该地段能起动。

(二)车站到发线有效长度检算

已知车站到发线有效长为 $L_{yx}$,可按下式检算到发线长度允许的牵引质量 $G_{yx}$:

$$G_{yx} = (L_{yx} - L_a - N_J L_J)q \quad (t) \tag{2-49}$$

式中:$L_a$——安全距离(m),一般取 30m,重载线路可酌情增大;

$L_{yx}$——到发线有效长度;

$L_J$——机车长度(m),可查表 2-1;

$N_J$——列车中机车数量;

$q$——列车延米质量(t/m),取 5.677t/m。

如果 $G_{yx} \geqslant G$,则牵引质量不受到发线有效长限制。

**【例 2-3】** 接【例 2-1】,已知车站到发线有效长度为 750m,检算牵引质量是否受列车到发线有效长限制。

**解**:

$$G_{yx} = (750 - 30 - 21.7) \times 5.677 = 3964t > 3730t$$

所以,牵引质量不受列车到发线有效长限制。

(三)车钩强度检算

在加力牵引的上坡道上,如果机车用重联方式牵引,第一位车辆的车钩所受拉力可能超过车钩允许强度。车钩强度限制的牵引质量 $G_c$ 按下式计算:

$$G_c = \frac{F_c}{g i_{JL} + w''_0} \quad (t) \tag{2-50}$$

式中:$F_c$——车钩允许拉力(N);

$i_{JL}$——加力坡度(‰);

$w''_0$——按在 $i_{JL}$ 坡上的列车均衡速度计算的车辆基本阻力(N/t);

如果 $G_c < G$,则应考虑采用补机推送的方式。

**【例 2-4】** 根据【例 2-1】计算,牵引质量 $G = 3730t$,$w''_0 = 14.106N/t$,货车车钩为 13 号车钩,检算在双机坡度 $i_{JL} = 13‰$的坡度上,能否采用双机重联牵引。

**解**:13 号车钩允许拉力 $F_c = 562500N$,由式(2-50)得:

$$G_c = \frac{562500}{13 \times 9.81 + 14.106} = 3971.4t$$

由式(2-47)得:

$$G_{JL}=\frac{(1+1)\times 0.9\times 317800-2\times 138\times (38.25+13\times 9.81)}{14.106+13\times 9.81}=3170\text{t}$$

因 $G_c > G_{JL}$，故可采用双机重联牵引，但 $G_{JL} < G$，将会导致列车换重，因此 $i_{JL}$ 须重新设计。

## 三、牵引辆数、牵引净载及列车长度计算

在确定了列车牵引质量后，可进一步计算牵引辆数、牵引净载和列车长度。

（一）一般计算

货物列车牵引辆数 $n$：

$$n=\frac{G}{q_p}\quad (\text{辆}) \tag{2-51}$$

式中：$q_p$——每辆货车平均总质量(t)，取78.998t。

货物列车牵引净载 $G_j$ 为：

$$G_j=n\cdot q_j\quad (\text{t}) \tag{2-52}$$

式中：$q_j$——每辆货车平均净载(t)，取56.865t。

货物列车长度 $L_L$ 为：

$$L_L=L_J+n\cdot L_P\quad (\text{m}) \tag{2-53}$$

式中：$L_J$——机车长度(m)，见表2-1；

$L_P$——每辆货车平均长度(m)，取13.914m。

（二）新线设计中简化公式

货物列车牵引净载为：

$$G_j=K_j\cdot G\quad (\text{t}) \tag{2-54}$$

式中：$K_j$——货物列车净载系数，取0.72。

货物列车长度：

$$L_L=L_J+\frac{G}{q}\quad (\text{m}) \tag{2-55}$$

# 单元三　运行时分计算

列车在区间的运行速度和运行时分，是铁路的重要运营指标之一，也是评价线路设计优劣及估算运营支出的一项重要指标。解算列车运行速度及运行时分的方法，实际上就是结合线路情况解算列车运动方程式。

## 一、合力图及其应用

合力图是表示机车在各种工况下作用在列车上的单位质量上的合力与速度关系的坐标图。

（一）单位合力图

因坡道、曲线、隧道等阻力是因地而异的，绘制单位合力图时，可先不计入这类附加阻力，而按列车在空旷平直道上运行考虑；待具体应用时，再根据列车运行地段的线路具体情况，计入加算坡道阻力值。

通常先列表计算出列车在牵引、惰行、制动3种工况下各种速度时的单位合力，再绘成单位合力图，以便使用。计算单位合力时，必须给出机车类型、机车数量及牵引方式、牵引质量、

列车单位闸瓦压力等条件。

（二）单位合力的计算

表2-4为一具体算例，列出了计算内容及顺序，其计算要点说明如下。

（1）速度 $V$：由零开始，至平坡限制速度，每隔10km/h取值，并将机车牵引性能曲线及动力制动曲线上各转折点的对应速度列入。$V=0$ 时的 $F$、$w_0'$，$w_0''$ 按 $V=10\text{km/h}$ 计算。

（2）机车牵引力 $F$：与各栏速度 $V$ 相应的 $F$ 值可先从机车牵引性能曲线图或表上查出，采用外包线时，应乘以牵引力使用系数 $\lambda_y$（0.9）。内燃牵引时应先按式（2-4）计算，再乘以 $\lambda_y$。

（3）空气制动时的单位制动力 $b$：单独使用空气制动时，按常用制动取 $0.5b$。

**韶山3型电力机车单机牵引货物列车的单位合力曲线计算表**

（$i_x=6‰, P=138\text{t}, G=3730\text{t}, V_j=48\text{km/h}, F_j=317800\text{N}, \theta_h=1.8\text{kN/t}$）　　表2-4

| 运行工况 | 栏别 | 计算式 \ 速度 | 0 | 10 | 20 | 30 | 40 | 47 | 48 | 60 | 66 | 70 | 80 | 90 |
|---|---|---|---|---|---|---|---|---|---|---|---|---|---|---|
| 牵引运行 | 1 | $F$ (N) | 373680 | 373680 | 348750 | 335430 | 327240 | 323100 | 286020 | 229590 | 209250 | 180090 | 127980 | 102420 |
| | 2 | $w_0'$ (N/t) | 24.250 | 24.250 | 27.056 | 30.489 | 34.551 | 37.767 | 38.252 | 44.557 | 48.049 | 50.502 | 57.075 | 64.275 |
| | 3 | $w_0''$ (N/t) | 9.619 | 9.619 | 10.457 | 11.541 | 12.871 | 13.947 | 14.111 | 16.265 | 17.475 | 18.330 | 20.640 | 23.196 |
| | 4 | $W_0$ (N) | 39224 | 39224 | 42740 | 47257 | 52776 | 57235 | 57912 | 66817 | 71811 | 75340 | 84864 | 95390 |
| | 5 | $c=\frac{F-W_0}{P+G}$ (N/t) | 86.47 | 86.47 | 79.11 | 74.50 | 70.96 | 68.73 | 58.97 | 42.08 | 35.53 | 27.08 | 11.15 | 1.82 |
| 惰行 | 6 | $c=w_0=\frac{W_0}{P+G}$ (N/t) | 10.14 | 10.14 | 11.05 | 12.22 | 13.64 | 14.80 | 14.97 | 17.27 | 18.57 | 19.48 | 21.94 | 24.66 |
| 空气制动 | 7 | $\varphi_h$ | 0.370 | 0.216 | 0.175 | 0.156 | 0.146 | 0.140 | 0.140 | 0.134 | 0.131 | 0.130 | 0.127 | 0.125 |
| | 8 | $b=1000\varphi_h\theta_h$ | 666.0 | 388.8 | 315.0 | 280.8 | 262.8 | 252.0 | 252.0 | 241.2 | 235.8 | 234.0 | 228.6 | 225.0 |
| | 9 | $c=0.5b+w_0$ (N/t) | 343.14 | 204.54 | 168.55 | 152.62 | 145.04 | 140.80 | 140.97 | 137.87 | 136.47 | 136.48 | 136.24 | 137.16 |

注：1. 第3栏 $w_0'$ 按滚动轴承重货车计算。

2. 第7栏 $\varphi_h$ 按《列车牵引计算规程》中磷闸瓦计算公式 $\varphi_h=0.356\frac{3.6V+100}{14V+100}+0.0007(110-V_0)$ 计算，$V_0$ 取90km/h，$\theta_h=1.8\text{kN/t}$。

在列车制动距离、换算制动率和坡度等条件确定时列车运行速度不能超过一个最大值，此最高速度如果超过此限速，将不能保证列车在规定的制动距离内停车，称为制动限速。制动限速的解算，实际上需要用计算制动距离试凑，这可以用电算完成。

司机施行制动，从移动闸柄到列车完全停车为止，列车所走行的一段距离为制动距离 $S_b$。紧急制动时，对于时速120km/h及以下列车，我国目前规定允许的最大制动距离为800m。计算下坡限速即求制动距离为800m时的制动初速。线路条件一定时，制动能力愈高，允许的限速愈高。

《铁路技术管理规程》根据计算制动距离800m，制定了列车制动限速受每百吨列车重量换算闸瓦压力及下坡道坡度限制表，见表2-5。工作中可根据列车的换算制动率 $\theta_h$ 直接查得下坡限速。也可近似按下式计算：

$$V_x=87.28-1.143i \quad (\text{km/h}) \tag{2-56}$$

例如：平坡时 $i=0$，限速 $V_x=87\text{km/h}$；10‰下坡的限速 $V_x=76\text{km/h}$。

**货物列车制动限速表**(km/h)　　表 2-5

(计算制动距离 800m,高摩合成闸瓦)

| 下坡度(‰) | 每百吨列车质量的换算闸瓦压力(kN)(机车的质量及其制动机可除外) | | | | | | | | | | | | | |
|---|---|---|---|---|---|---|---|---|---|---|---|---|---|---|
| | 100 | 120 | 140 | 160 | 180 | 200 | 220 | 240 | 260 | 280 | 300 | 320 | 340 | 360 |
| 0 | 68 | 73 | 78 | 82 | 87 | 91 | 94 | 98 | 101 | 105 | 108 | — | — | — |
| 1 | 66 | 71 | 76 | 81 | 86 | 90 | 93 | 97 | 100 | 104 | 107 | — | — | — |
| 2 | 65 | 70 | 75 | 80 | 85 | 89 | 92 | 96 | 99 | 103 | 106 | 109 | — | — |
| 3 | 63 | 69 | 74 | 79 | 84 | 88 | 91 | 95 | 98 | 102 | 105 | 108 | — | — |
| 4 | 62 | 67 | 73 | 78 | 83 | 87 | 90 | 94 | 97 | 101 | 104 | 107 | 110 | — |
| 5 | 60 | 66 | 71 | 76 | 82 | 86 | 89 | 93 | 96 | 100 | 103 | 106 | 109 | — |
| 6 | 59 | 65 | 70 | 75 | 80 | 85 | 88 | 92 | 95 | 99 | 102 | 105 | 108 | 111 |
| 7 | 57 | 63 | 69 | 74 | 79 | 84 | 87 | 91 | 95 | 98 | 102 | 105 | 108 | 111 |
| 8 | 56 | 61 | 68 | 73 | 78 | 83 | 86 | 90 | 94 | 97 | 101 | 104 | 107 | 110 |
| 9 | 54 | 60 | 66 | 72 | 77 | 82 | 85 | 89 | 93 | 96 | 100 | 103 | 106 | 109 |
| 10 | 52 | 59 | 65 | 70 | 76 | 81 | 84 | 88 | 92 | 95 | 99 | 102 | 105 | 108 |
| 11 | 51 | 57 | 64 | 69 | 75 | 80 | 83 | 87 | 91 | 94 | 98 | 101 | 104 | 107 |
| 12 | 49 | 56 | 63 | 68 | 74 | 79 | 82 | 86 | 90 | 93 | 97 | 100 | 103 | 106 |
| 13 | 48 | 55 | 62 | 67 | 72 | 78 | 81 | 85 | 89 | 92 | 96 | 99 | 102 | 105 |

注:每百吨列车质量的高摩合成闸瓦换算闸瓦压力不得低于 180kN(87km/h),货车装用高磷铸铁闸瓦时的换算闸瓦压力按相应高摩合成闸瓦换算压力的 170% 计算。

### (三)单位合力图绘制

根据表 2-4 计算结果,按一定比例尺如图 2-6 所示绘制单位合力图。取纵轴为速度轴,取横轴为单位合力轴,原点左侧为正,右侧为负。按表 2-4 中第 5 栏数值绘出的为牵引运行的单位合力曲线 $f-w_0=f(V)$;按第 6 栏数值绘出的为惰力运行单位合力曲线 $w_0=f(V)$;按第 9 栏绘出空气制动 $0.5b+w_0=f(V)$ 曲线。这些曲线统称单位合力曲线。在图 2-6 的单位合力图上还绘有列车在下坡道上的限速线,供解算下坡道上列车运行速度及运行时分时应用。

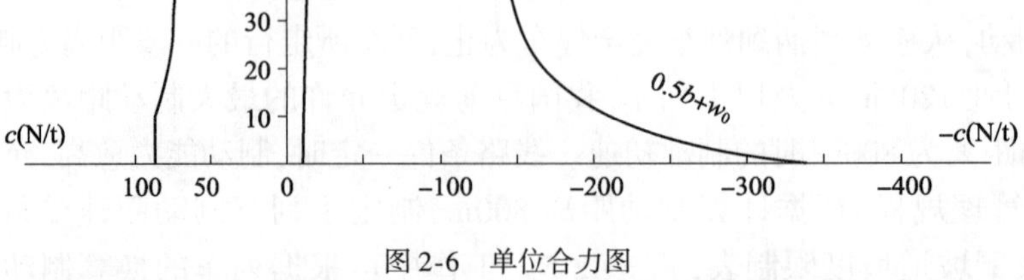


图 2-6　单位合力图

### (四)单位合力曲线特性

#### 1. 有加算坡道时的应用

单位合力图是按列车在空旷地段平直道上运行情况计算的,即 $i_j=0$,如果有加算坡道时,单位合力应扣除加算坡道的阻力，即 $c=f(V)-gi_j$，故只需将图 2-6 中合力曲线图的纵轴移动一个 $gi_j$ 值即可。$i_j$ 为正值时，纵轴向左移动；$i_j$ 为负值时，纵轴向右移动。这时原来各条 $c=f(V)$ 曲线对新的坐标轴关系，就是列车在 $i_j$ 坡道上运行时的单位合力曲线。

2. 均衡速度的确定

在合力图上，考虑加算坡度纵轴移动后，速度轴与各工况 $c=f(V)$ 曲线相交处单位合力 $c=0$，这时列车就以该点所对应的速度作等速运行，该速度称为该加算坡道的均衡速度 $V_{jh}$；线路情况不同（即加算坡道 $i_j$ 不同），则均衡速度不同。机车操作有不同工况，也有相应的均衡速度。例如，在图 2-6 中，列车在 $i=4‰$ 的上坡道上运行[（此时纵轴左移数值为 39.24(N/t)，$c=0$ 时 $V_{jh}=63$km/h]。

3. 判断列车运行状况

在任何坡道上，列车运行速度低于所采用工况在该坡道上的均衡速度时，列车受到的单位合力为正值，列车将加速运行，直到均衡速度为止；如列车运动速度大于均衡速度，列车受到的单位合力为负值，列车将减速运行，直到均衡速度。

（1）牵引运行

如图 2-6 所示，例如：列车以速度 $V=45$km/h 牵引运行，到达 $i=4‰$ 的上坡道后，因列车在该坡道的均衡速度应为 $V_{jh}=63$km/h，所以列车应加速运行。

（2）惰力运行

例如：列车以速度 $V=50$km/h 惰力运行，到达 $i=-2‰$ 的下坡道后，因列车在该坡道上惰力运行的均衡速度 $V_{jh}=71$km/h，故列车为加速运行。同样情况下，列车到达 $i=-1.5‰$ 的下坡道，因列车在该坡道上的惰力运行均衡速度为 $V_{jh}=46$km/h，所以列车为减速运行。

## 二、均衡速度法运行速度与时分计算

解算列车运行速度及站间运行时间的方法，从计算精度上可分为基于列车运动方程式的精确解法和基于均衡速度的粗略解法两类；从计算手段上可分为图解法和电算法（数值法）。随着计算机的普及，无论是精确解法还是均衡速度法，均已利用数值解法并采用计算机求解。

均衡速度法是假定列车在每一个坡段上运行时，不论坡段长短，也不论进入坡段时的初速高低，都按该坡道的均衡速度（或限制速度）做等速运行考虑。按这样的速度来计算列车运行能时消耗的方法称为均衡速度法。图 2-7 表示甲站至乙站的速度—距离曲线：虚线表示实际运行速度曲线，实线表示均衡速度法绘的速度曲线[每个坡段上均按均衡速度等速运行，$V=f(s)$ 曲线均为水平线]，两者的走行时分是不同的。坡度变化不大时，均衡速度法中速度的超过部分（垂直影线部分）与其不足部分（水平影线部分）大体上可以抵消。只是在车站起动及进站停车时相差较大。所以，用均衡速度法计算时，要加起停车附加时分 $t_q+t_t$。如果线路纵断面坡段很多，相邻坡段坡度差较大时，误差更大。故均衡速度法一般多用于概略计算。

图 2-7 所示均衡速度法的 $V=f(s)$ 曲线中，甲站至乙站运行时，因考虑甲、乙两站均停车，运行时分为：

$$T_{甲-乙}=\sum(t_i\cdot L_i)+t_q+t_t \quad (\mathrm{min}) \tag{2-57}$$

式中：$t_q$、$t_t$——起车、停车附加时分，与牵引种类、牵引质量及进出站线路纵断面情况有关，一般电力、内燃牵引时，取 $t_q=1\sim3$min，$t_t=1\sim2$min；

$L_i$——某一坡段的长度（km）；

$t_i$——某一坡段上的每千米的运行时分（min/km）。上坡时 $t_i=60/V_{jh}$，$V_{jh}$ 为在合力图上查得的均衡速度（km/h）；下坡时 $t_i = 60/V_x$，$V_x$ 为下坡限速（km/h），货物列车可按式（2-56）计算。

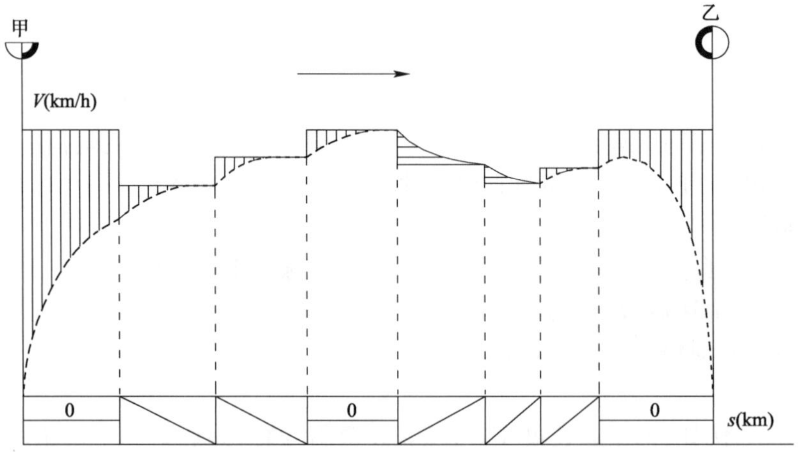


图 2-7　均衡速度法的 $V=f(s)$ 曲线

计算应分方向进行（注意加算坡度的正负号），是否应附加 $t_q + t_t$，应根据是否在该站停车而定。

**【工程案例 2-1】**　$DF_4$ 型内燃机车在海拔 2000m 的高原牵引滚动轴承货车，计算线路限制坡度 $i_x = 12.5‰$ 时的双机重联线操纵的牵引质量，并估算牵引净载和列车长度。

**解**：查表 2-1 及表 2-3 得：$V_j = 20\text{km/h}$，$F_j = 302100\text{N}$，$P = 135\text{t}$，$L_J = 21.1\text{m}$，$\lambda_p = 0.78$。

修正计算牵引力：$F_{xj} = 0.78 \times 302100 = 235638\text{N}$

机车基本阻力：$w_0' = (2.28 + 0.0293 \times 20 + 0.000178 \times 20^2)g = 2.937g\quad \text{N/t}$

车辆基本阻力：$w_0'' = (0.92 + 0.048 \times 20 + 0.000125 \times 20^2)g = 1.93g\quad \text{N/t}$

牵引质量：$G = \dfrac{0.9 \times 2 \times 235638 - 2 \times 135 \times (2.937 \times 9.81 + 12.5 \times 9.81)}{1.93 \times 9.81 + 12.5 \times 9.81} = 2707\text{t}$，取 $G = 2700\text{t}$

牵引净载：$0.72 \times 2700 = 1944\text{t}$

列车长度：$L_L = L_J + \dfrac{G}{q} = 2 \times 21.1 + \dfrac{2700}{5.677} = 518\text{m}$

**【工程案例 2-2】**　韶山 3 型电力机车单机牵引货物列车运行在限制坡度为 6‰的甲乙两站之间，其中甲站中心→乙站中心简化后的线路纵断面及附加阻力如表 2-6 所示，试计算甲站→乙站方向列车运行速度及运行时分（按甲站列车起动乙站不停车通过考虑）。

表 2-6

| 方向 | 甲站→乙站 | | | | | | | |
|---|---|---|---|---|---|---|---|---|
| 坡段 | 1 | 2 | 3 | 4 | 5 | 6 | 7 | 8 |
| 坡段长度（km） | 0.85 | 0.95 | 1.75 | 2.9 | 1.6 | 1.25 | 0.85 | 1.1 |
| 设计坡度 $i$（‰） | 0 | 4.5 | 4.8 | 6 | −3 | −5.1 | −3.8 | 0.8 |
| 曲线当量坡度 $i_r$（‰） | 0 | 0.3 | 0.5 | 0 | 0.7 | 0.4 | 0.9 | 0 |
| 隧道当量坡度 $i_s$（‰） | | | 0.6 | | | | | |

**解**：单位合力曲线计算见表 2-4 所示，单位合力图绘制如图 2-6。各坡段的均衡速度查单位合力图，计算过程见表 2-7。

表 2-7

| 方向 | 甲站→乙站 | | | | | | | |
|---|---|---|---|---|---|---|---|---|
| 坡段 | 1 | 2 | 3 | 4 | 5 | 6 | 7 | 8 |
| 坡段长度（km） | 0.85 | 0.95 | 1.75 | 2.9 | 1.6 | 1.25 | 0.85 | 1.1 |
| 设计坡度 $i$（‰） | 0 | 4.5 | 4.8 | 6 | −3 | −5.1 | −3.8 | 0.8 |
| 曲线当量坡度 $i_r$(‰) | 0 | 0.3 | 0.5 | 0 | 0.7 | 0.4 | 0.9 | 0 |
| 隧道当量坡度 $i_s$(‰) | | | 0.6 | | | | | |
| 计算坡度 $i_j$(‰) | 0 | 4.8 | 5.9 | 6 | −2.3 | −4.7 | −2.9 | 0.8 |
| 均衡速度(限制速度)(km/h) | 87 | 56 | 49 | 48 | 85 | 82 | 84 | 84 |
| 每公里走行时分（min/km） | 0.69 | 1.07 | 1.22 | 1.25 | 0.71 | 0.73 | 0.71 | 0.71 |
| 该坡道走行时分(min) | 0.59 | 1.02 | 2.14 | 3.63 | 1.13 | 0.91 | 0.61 | 0.79 |
| Σ | 10.8 | | | | | | | |

表中计算坡度 $i_j$ 为正时查图 2-6 单位合力图，为负时查表 2-5 或采用式(2-56)计算。因甲站停车起动乙站通过，则加起车附加时分 3min，则甲→乙单程运行时分为 13.8min。

## 习题

### 一、简答题

1. 在新线设计中，如何确定牵引质量？请推导公式并解释各符号意义。

2. 均衡速度法的主要思路是什么？为什么采用均衡速度法计算时要加上起停车附加时分？

3. 列车运行附加阻力与基本阻力有何区别？

4. 单位合力曲线资料是按什么情况计算和绘制的？当有曲线、坡道、隧道时为什么可以使用？

### 二、计算题

1. $SS_7$ 型电力机车牵引滚动轴承货车，计算线路限制坡度 $i_x = 13‰$ 时的双机重联分别操纵的牵引质量，并估算牵引净载和列车长度。

2. 根据本章表 2-4 或图 2-6 的单位合力曲线资料。试计算：

(1) 求出牵引运行 $i = 5‰$、惰力运行 $i = -2‰$ 的均衡速度，$i = -5‰$ 的限制速度。

(2) 在下列条件下，列车是加速、等速还是减速运行。

①牵引状态，以 40km/h 速度进入 6‰的上坡道；

②牵引状态，以 75km/h 速度进入 5‰的上坡道；

③惰性状态，以 75km/h 速度进入 2‰的下坡道；

④空气制动，以 65km/h 速度进入 6‰的下坡道。

3. 根据本章表 2-4 或图 2-6 的单位合力曲线资料，甲乙两站平纵断面见图 2-8，列车长度 680m，圆曲线长度均小于列车长度。试用均衡速度法，求甲乙两站间的往返走行时分，并计算两站之间的通过能力（$t_q + t_t = 3\text{min}, t_B + t_H = 8\text{min}$）。

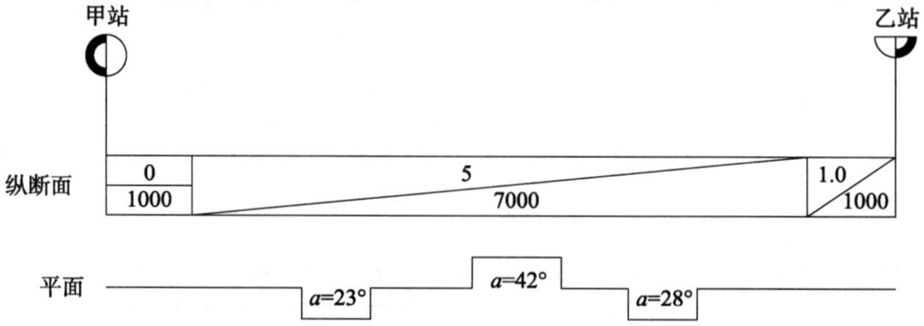


图 2-8

# 第三章　平面及纵断面设计

## 本章导读

本章主要分为两部分:线路平面设计和纵断面设计。铁路线路在空间的位置是用它的线路中心线表示的,线路中心线在水平面上的投影,称为铁路线路平面;线路中心线在铅垂面上的投影,称为铁路线路纵断面。

铁路线路是一条由圆曲线、直线和缓和曲线组成的空间三维线段,传统设计中它被分解为平面、纵断面、横断面分别进行设计,尤其在地形陡峻、地质复杂的山区,还需考虑路基横断面对线路位置的控制因素。

本章介绍线路平纵断面设计的基本方法及设计要求。

铁路设计首先面临的是线路定位的问题,当设计人员在确定了线路的走向后,实际上就确定了一个带状平面,在这个带状平面内,设计人员要将线路的位置选定,那么如何表示这个位置,就通过本章所述的平面和纵断面两个部分表示。

本章要解决的基本问题包括:

(1)线路平、纵面如何表示?

(2)线路平、纵面的技术要求是什么?

(3)如何设计平、纵面?

(4)车站与区间的平、纵面在设计上有何不同要求?

(5)桥隧等地段平、纵面在设计中的技术要求有哪些?

上述问题均是铁路线路设计的基本问题,并与路基、桥隧及车站等其他构筑物的设计紧密联系。

本章单元一介绍了线路平面设计的相关内容。先概述了线路平面的组成:直线和曲线,曲线分为圆曲线和缓和曲线。

单元二介绍了线路纵断面设计的相关内容。首先介绍了设计的主要标准之一最大坡度,然后介绍了线路纵断面设计涉及的坡段长度、坡段连接与坡度折减等。

单元三则分别讲述了桥涵、隧道、路基的平纵面设计要点。由于桥涵、隧道和路基本身建筑特性的不同,其平纵面设计自有其特殊性。

单元四讲述了车站站坪的平纵面设计要点及方法。

铁路设计时,铁路用线路中心线(中线)表示,如图3-1所示,路基横断面上$O$点纵向的连线就是中线,$O$点为距外轨半个轨距的铅垂线$AB$与路肩水平线$CD$的交点。实际测量时,线路中心$O$点对于直线段来说是两根钢轨之间连线的中间位置,对于曲线段而言,是从外轨顶面下16mm处向中线方向量半个标准轨距的位

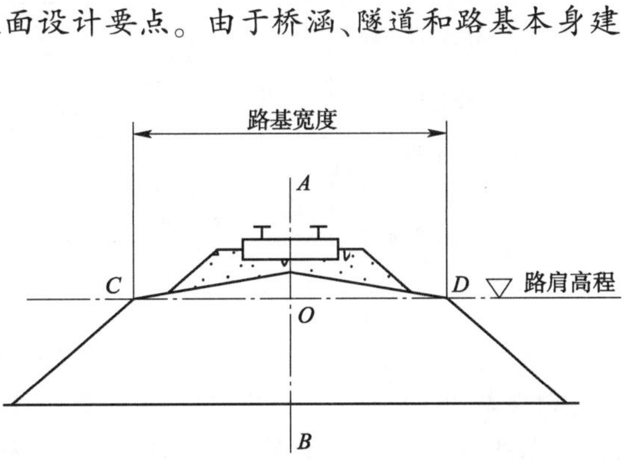

图3-1　中线

置(由于部分曲线存在加宽)。

线路的空间位置由其平面、纵断面和横断面表示,其中控制线路位置的是平面和纵断面,在线路设计里,着重研究的就是这两个方面。所谓线路平面是指线路中心线在水平面上的投影,表示线路平面状况,而线路纵断面是指沿线路中心线所作的铅垂剖面展直后,线路中线在立面的投影,表示线路起伏情况。一般新线设计时,纵断面的设计高程是指路肩处的设计高程。

线路平面图和纵断面图是线路设计中各个设计阶段必须编制的基本图纸(设计文件的一部分)。各设计阶段的定线要求不同,平面图和纵断面图的详细程度也有区别。例如,在可行性研究阶段,由于其主要目的并不在于确定最终的线路位置,因此,其平纵面图为概略平面和纵断面,无需同详细定线一样地要求。

图 3-2 所示概略平面图中,图中粗线表示线路平面,标出里程、曲线要素(转角 $\alpha$、曲线半径 $R$),车站、桥隧特征等资料。

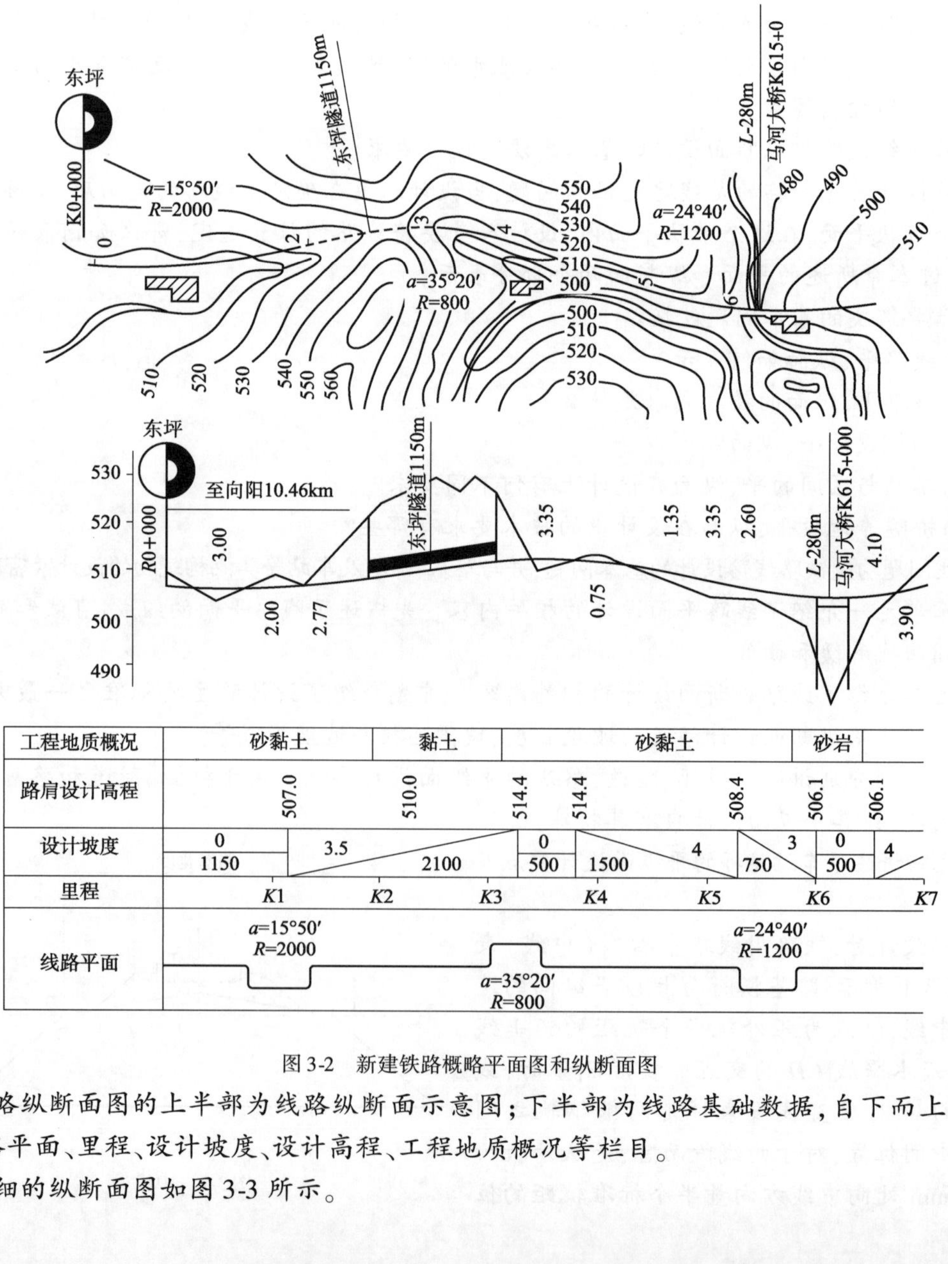


图 3-2　新建铁路概略平面图和纵断面图

概略纵断面图的上半部为线路纵断面示意图;下半部为线路基础数据,自下而上顺序标出:线路平面、里程、设计坡度、设计高程、工程地质概况等栏目。

详细的纵断面图如图 3-3 所示。

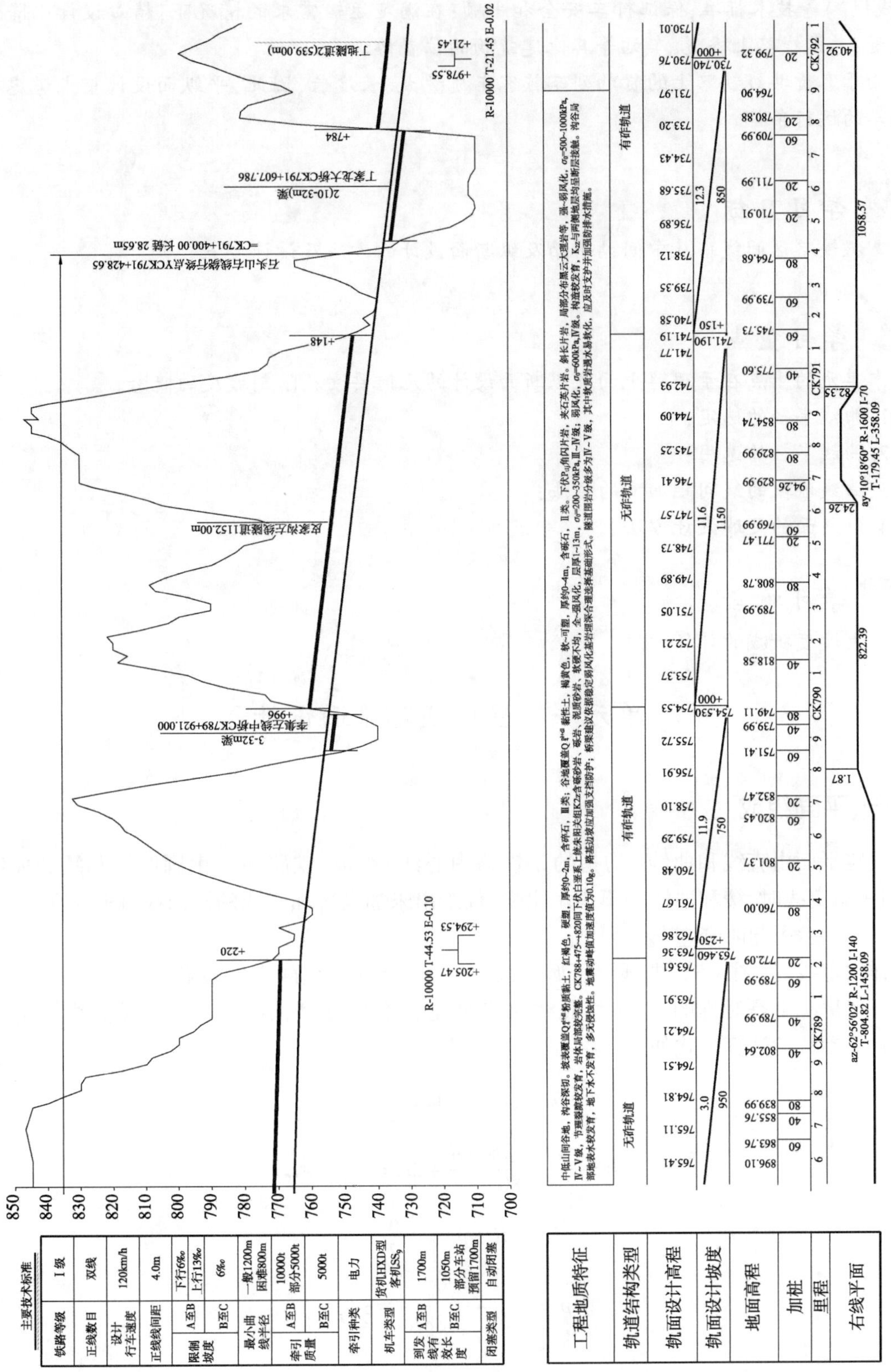


图 3-3　详细定线纵断面图

线路平面和纵断面设计的基本要求是：符合《铁路线路设计规范》（GB 50090—2006）（简称《线规》）等技术标准，保证行车安全和平顺；在满足运输需求的情况下，精心设计以降低工程投资；考虑线路上桥隧、车站等其他建筑物的位置协调。

由于客货共线铁路上的货物列车较客车质量大、长度长，因此，平纵面设计重点考虑了货物列车的运行条件。

## 学习目标

掌握铁路区间线路及中间站平面及纵断面设计的方法及设计要点。

## 学习重点

本单元的重点在于理解平面及纵断面设计的几何要素及限制坡度的概念。

1. 曲线半径的选定；
2. 曲线半径的选用；
3. 曲线地段的线间距加宽的方法；
4. 纵断面的足坡设计方法。

## 学习难点

最大坡度折减的计算方法。

# 单元一　区间线路平面设计

## 一、平面组成

线路平面由直线和曲线（均指的是铁路中心线）组成，铁路曲线由圆曲线和缓和曲线构成，但概略定线时，缓和曲线并不表示出来，仅绘出未加设缓和曲线的圆曲线（图 3-4）。

（一）带缓和曲线的曲线

详细定线时（图 3-5），曲线除了圆曲线之外，还有圆曲线两端的缓和曲线，铁路中的缓和曲线一般情况下是对称的。此时，曲线由圆曲线半径 $R$、缓和曲线的长度 $l_0$ 及曲线转角 $\alpha$ 确定。相关参数的计算公式如下：

$$T=(R+p)\tan\frac{\alpha}{2}+m \tag{3-1}$$

$$L=\frac{\pi(\alpha-2\beta_0)R}{180}+2l_0=\frac{\pi\alpha R}{180}+l_0 \tag{3-2}$$

$$E=(R+p)\sec\frac{\alpha}{2}-R \tag{3-3}$$

$$p=\frac{l_0^2}{24R}-\frac{l_0^4}{2688R^3}\approx\frac{l_0^2}{24R} \tag{3-4}$$

$$m=\frac{l_0}{2}-\frac{l_0^3}{240R^2}\approx\frac{l_0}{2} \tag{3-5}$$

$$\beta_0 = \frac{90 l_0}{\pi R} \tag{3-6}$$

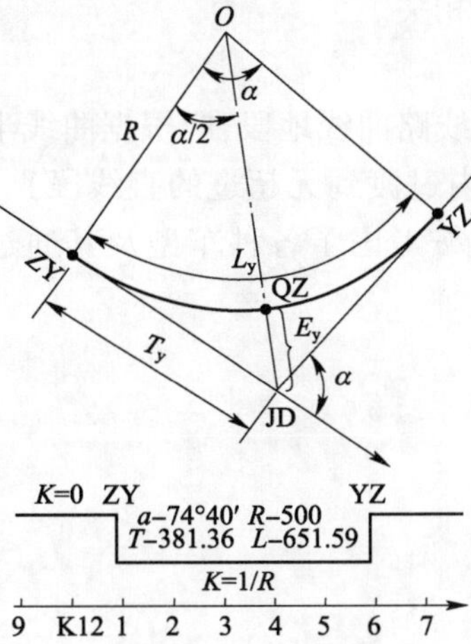


图 3-4　铁路曲线(概略定线)

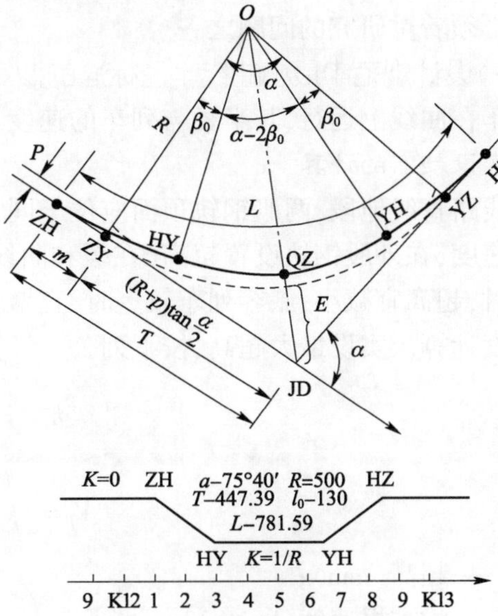


图 3-5　铁路曲线(详细定线)

上式中,$m$ 和 $p$ 分别称为切垂距和内移距,反映了加设缓和曲线后的圆曲线与未加缓和曲线前的圆曲线之间的变化情况,$p$ 表示圆曲线向圆心移动的距离,$m$ 表示曲线起点在切线上移动的距离。$\beta_0$ 表示 HY 或 YH 点处的切线与曲线始切线或终切线间的夹角,称为缓和曲线角。

详细定线时,一般由偏角 $\alpha$ (左偏或右偏)、半径 $R$ 及缓和曲线长 $l_0$ 三个参数确定曲线的特征和性质,而概略定线时,仅需偏角 $\alpha$、半径 $R$ 即可确定。

(二)无缓和曲线的曲线

在纸上进行的概略定线,设计图上难以画出缓和曲线。设计时,偏角由曲线两侧的直线形成的交角用曲线板量出,曲线半径由曲线板选配得到。确定曲线的是圆曲线的半径和曲线偏角,切线长、曲线长及外矢距的计算公式分别如下:

$$T_y = R\tan\frac{\alpha}{2} \tag{3-7}$$

$$L_y = \frac{\pi\alpha R}{180} \tag{3-8}$$

$$E_y = R\left(\sec\frac{\alpha}{2} - 1\right) \tag{3-9}$$

虽然图上没有绘出缓和曲线,但是,在两相邻曲线较近时,必须注意检查两曲线间的夹直线的长度,检查方法如下:

在纸上定线时,直线和圆曲线一般采用是直尺和曲线板绘制,而缓和曲线在纸上定线时一般不用表现出来,但是缓和曲线在平面上的起点、终点位置,设计时可根据由圆曲线确定的 ZY 点向前和向后各半个缓和曲线长确定。

线路平面设计的涉及的主要技术要素包括最小曲线半径、缓和曲线长度、夹直线最小长度、最小圆曲线长度等。

## 二、最小曲线半径标准

圆曲线和直线是决定线路平面整体位置的控制性线形单元。在直线位置确定的情况下,决定圆曲线位置的主要是圆曲线半径。在具体设计中,确定具体曲线半径的大小是平面设计中不断研究的问题;而在设计前期,确定线路曲线的最小半径值是具体设计之前主要技术标准拟定中必须着重研究的问题之一。

(一)设计规范中最小曲线半径标准的拟定

列车在曲线上运行,其半径与列车的速度及超高密切相关。

1. 实设超高的计算

在线路直线地段,两股钢轨顶面应位于同一水平。在线路曲线地段,应根据曲线半径和实测行车速度,在外股钢轨设置超高(在缓和曲线长度范围内过渡到无超过的直线段)。货物列车较多时,超高宜减小,旅客列车较多时,宜增大,因此,应按考虑了各种车型及其通过量的均方根速度计算。实设最大超高,按下列公式计算:

$$h = 11.8\frac{V_{\mathrm{j}}^2}{R} \tag{3-10}$$

$$V_j = \sqrt{\frac{\sum N_i G_i V_i^2}{\sum N_i G_i}} \tag{3-11}$$

式中:$h$——超高(mm);

$V_{\mathrm{j}}$——均方根速度(km/h);

$R$——曲线半径(m);

$N_i$——一昼夜各类列车次数(列);

$G_i$——各类列车重量(t);

$V_i$——实测各类列车速度(km/h)。新线也可按简化公式:$h = 7.6V_{\max}^2/R$ 计算。

按上式算出后,对未被平衡欠超高和未被平衡过超高分别按下列公式检算:

$$h_{\mathrm{q}} = 11.8\frac{V_{\max}^2}{R} - h \tag{3-12}$$

$$h_{\mathrm{g}} = h - 11.8\frac{V_{\mathrm{H}}^2}{\mathrm{R}} \tag{3-13}$$

式中:$h$——实设超高(mm);

$h_{\mathrm{q}}$——未被平衡欠超高(mm);

$h_{\mathrm{g}}$——未被平衡过超高(mm);

$V_{\max}$——线路允许速度(km/h);

$V_{\mathrm{H}}$——货物列车平均行车速度(km/h)。

欠超高和过超高的限值要求:①根据试验研究旅客的舒适性,允许欠超高值一般$[h_{\mathrm{q}}]$ = 70mm,困难$[h_{\mathrm{q}}]$ = 90mm,既有线$[h_{\mathrm{q}}]$ = 110mm;②允许过超高值$[h_{\mathrm{g}}]$应根据通过的旅客和货物列车总质量的比重拟定,我国铁路的货运比重较大,采用较小的允许过超高值,有利于降低钢轨磨耗,《线规》推荐:一般地段$[h_{\mathrm{g}}]$ = 30mm,困难地段$[h_{\mathrm{g}}]$ = 50mm。

实设超高在满足上述条件下,在单线上不得大于125mm,在双线上不得大于150mm。

2. 最小曲线半径的计算

曲线上均设置了确定的超高(实设超高 $h$),此超高不能随各种列车的不同速度而变化,因而不能使所设超高适应各种列车。较高速度的列车经过曲线时,离心力增加,导致未平衡的离心力增加,需要平衡离心力所需的超高比实设的超高大,需要的超高减去实设超高的差值就是欠超高,它直接反映了旅客舒适度的满足程度和外股钢轨磨耗;而低速列车经过曲线时,离心力低于实设超高产生的向心力，向心力大于离心力，实设的超高比此时为平衡向心力所需要的超高大，实设超高减去所需超高的差值就是过超高，它直接反映了内轨的偏磨程度。

过超高过大是造成钢轨严重磨耗的主要原因，从两股钢轨所受垂直荷载均等的理论来看，低速列车经过曲线产生过超高时，对钢轨垂直磨耗而言，内股钢轨增载，加大磨耗，外股钢轨减载，磨耗应该减少，然而过超高不仅加剧内轨垂直磨耗，更加速了外轨侧面磨耗（曲线上钢轨磨耗的要害部位，是外轨的头部内侧侧面磨耗和内轨压溃飞边）。

最小半径的主要计算因素包括以下两点。

（1）满足旅客列车最高行车速度要求。

按列车以最高行车速度运行，且曲线设置最大超高的条件计算：

由欠超高表达式，当 $h_q$ 取 $[h_q]$，$h$ 取 $[h]$，$V$ 取 $V_{max}$ 时，可得：

$$R_{min}=11.8\times\frac{{V_{max}}^2}{[h_q]+[h]} \tag{3-14}$$

（2）满足旅客舒适度与内外轨磨耗均匀的条件。

式（3-12）及式（3-13）相加后得：

$$R=11.8\times\frac{V_{max}^2-{V_h}^2}{h_q+h_g} \tag{3-15}$$

将式（3-15）中的 $h_q+h_g$ 取最大值 $[h_q+h_g]$ 时，可得满足旅客舒适度与内外轨磨耗均匀条件的最小半径：

$$R_{min}=11.8\times\frac{V_{max}^2-V_h^2}{[h_q+h_g]} \tag{3-16}$$

$$[h_q+h_g]=[h_q]+[h_g]-\Delta h \tag{3-17}$$

式中，$\Delta h$ 为预留调整实设超高的裕量，可根据列车运行速度的变化调整，客货共线铁路，$\Delta h$ 按 0 取值。

各级速度下，按式（3-16）的计算结果一般均比式（3-14）的大，因此，客货共线铁路主要参考式（3-16）的计算结果并考虑了最小半径影响经济合理性的要求，确定出表 3-1。

**最小曲线半径** 表 3-1

<table>
<tr><td colspan="2">铁路类型</td><td colspan="6">客运专线</td><td colspan="6">客货共线铁路</td></tr>
<tr><td colspan="2">最高设计速度 V max(km/h)</td><td colspan="2">350</td><td colspan="2">300</td><td>250</td><td>200</td><td>200</td><td>160</td><td>140</td><td>120</td><td>100</td><td>80</td></tr>
<tr><td colspan="2">轨道类型</td><td>有砟轨道</td><td>无砟轨道</td><td>有砟轨道</td><td>无砟轨道</td><td></td><td></td><td></td><td></td><td></td><td></td><td></td><td></td></tr>
<tr><td rowspan="2">$R_{min}$(m)</td><td>一般</td><td>7000</td><td>7000</td><td>5000</td><td>4500</td><td>4000</td><td>2200</td><td>3500</td><td>2000</td><td>1600</td><td>1200</td><td>800</td><td>600</td></tr>
<tr><td>（特殊）困难</td><td>—</td><td>(5500)</td><td>(4500)</td><td>(4000)</td><td>(3500)</td><td>(2000)</td><td>2800</td><td>1600</td><td>1200</td><td>800</td><td>600</td><td>500</td></tr>
</table>

注：括号内数字为特殊条件下，经技术经济比选后方可采用的个别曲线半径。

### （二）设计线最小曲线半径的选择

最小曲线半径作为重要的主要技术标准之一，是设计线可行性研究及初步设计阶段重点研究的问题。在困难地段采用较小半径曲线，由于其与地形能较好地结合，因此，能大量节省工程费用，但不利于运营，特别是曲线限制行车速度时，影响更为突出。

最小半径的确定除了考虑计算因素外，其选择尚应根据设计线的具体情况，综合工程与运营的利弊，考虑以下因素，并经比选确定：

（1）运输性质：重载铁路重视钢轨磨耗，客运专线则重视旅客的舒适性，因此，对客运专线、重载运输线路及客货共线的列车应分别对待。

(2)运行安全:为提高列车安全的抗倾覆安全系数,必须保证足够的曲线半径,若半径太小,一旦列车限制速度被疏忽时,列车的安全运营将得不到保障。

(3)地形条件:在保证运营安全的前提下,曲线设计时总是考虑半径与地形相适应。困难地段,为了适应地形,设计时往往选择最小曲线半径作为设计半径,最小半径的选择直接决定了设计线的工程量。

(4)经济因素:当允许设置较小的曲线半径时,设计的自由度增加,线路与困难的地形能较好地协调,因而工程费减小,但半径减小,运营费用增加,因此,须考虑二者的协调。

综上所述,线路的最小曲线半径标准,应根据路段设计速度及上述因素比选后确定,并不得小于表3-1规定的数值。必要时,可拟定两个以上的最小曲线半径,选取设计线的某些代表性地段,分别进行平面和纵断面设计,通过技术经济比较,并结合上述因素分析评价,来确定采用的设计线最小曲线半径标准。

## 三、圆曲线设计

### (一)曲线半径对工程和运营的影响

#### 1.对工程的影响

地形困难地段,采用较小的曲线半径一般能更好地适应地形变化,减少路基、桥涵、隧道、挡土墙的工程数量,对降低工程造价有显著效果,但以下因素也使得采用较小半径引起工程费用的额外增加。

用足坡度地段的小半径曲线上黏着系数降低导致该地段坡度减缓而引起线路的额外展长。

小半径曲线上,横向力增加,为防止轨距增大及轨道的横向移动须增加轨撑、轨距杆,加铺轨枕,增加曲线外侧道床宽度增铺道砟。

电力牵引的小半径曲线区段由于受接触导线对受电弓中心的最大容许偏移量为500mm的限制,为减小中心弧线与接触导线的矢度,须增加接触导线的支柱数量。

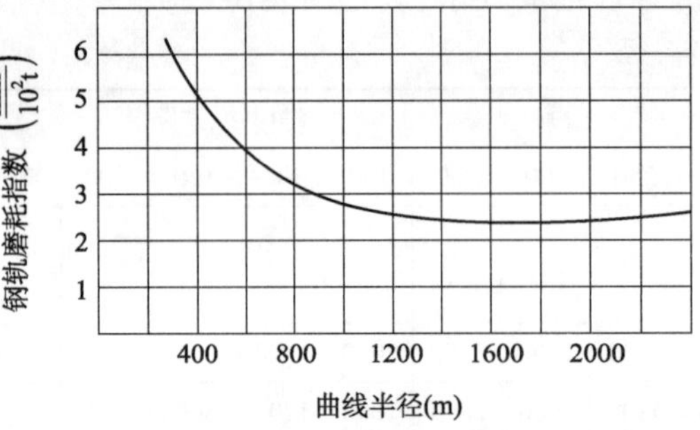


图3-6　钢轨磨耗随半径减小而增大

#### 2.对运营的影响

(1)增加轮轨磨耗。曲线半径越小,磨耗增加越大,这可从钢轨磨耗用磨耗指数(每通过兆吨总质量产生的平方毫米磨耗量)曲线看出(图3-6)。当曲线半径 $R<400$m 时,钢轨磨耗急剧加大;$R>800$m 时,磨耗显著减轻;$R>1200$m 时,磨耗与直线接近。车轮轮箍的磨耗,大致和钢轨磨耗规律相近,也是随曲线半径的减小而增大。

(2)维修工作量加大。小半径曲线地段,轨距、方向容易错动,钢轨磨耗严重,需要打磨轨面,倒轨、换轨等。

(3)行车费用增高。列车经过小半径曲线时,需要频繁减速加速及总转角增大引起额外的曲线阻力,增加了能量消耗及列车运行时分。

### (二)设计过程中的曲线半径的选用

在具体的平面设计中,如何选配曲线半径,除了不得小于主要技术标准确定的最小曲线半径外,还应当考虑小半径曲线对工程和运营的影响,具体应注意以下问题:

1. 在优先取值范围内，按由大到小选

在适应地形的条件下，《线规》制定了半径优先选用取值范围（表3-2），此表考虑了欠超高和过超高的允许值，既考虑了舒适性的要求，又考虑了减轻钢轨磨耗的要求。线路平面设计中曲线半径的选用，并不是越大越好，曲线半径过大，曲率变化很小，曲线线形难于保持，反而成为线路不平顺的隐患。

**线路平面曲线半径优先取值范围** 表3-2

| 路段设计速度（km/h） | 160 | 140 | 120 | 100 | 80 |
|---|---|---|---|---|---|
| 曲线半径（m） | 2500～5000 | 2000～4000 | 1600～3000 | 1200～2500 | 800～2000 |

实际设计中，应根据设计速度及地形地物条件，遵循"慎用最小曲线半径"及由大到小、宁大勿小的原则，由大到小、合理选用，在上述推荐半径范围内，尽量采用较大的曲线半径。

当遇到车站、特殊桥梁、重大建筑物障碍、环保敏感点等控制因素不能采用推荐半径时，半径的选择则应根据控制因素，综合考虑相关专业设计要求，经分析研究后确定。

选用的曲线半径，应适应地形、地质、地物条件，以减少路基、挡墙、桥隧工程量，少占农田，而若采用不适应地形的较大半径的曲线设计，例如曲线横切等高线等，则会导致工程量增加。

2. 与纵断面相配合

坡道平缓地段与凹形纵断面坡底地段，行车速度较高，应选配不限制行车速度的较大半径。

在长大坡道地段、凸形纵断面的坡顶地段和双方向均需停车的大站两端引线地段，行车速度较低，若地形困难，在不引起较大工程量时，可选用较小曲线半径。

足坡的长大坡道坡顶地段和车站前要用足坡度上坡的地段，虽然行车速度较低，但不宜选用600m或550m以下过小的曲线半径，以免因轮轨间黏着系数降低，而使坡度减缓，额外展长路线。

3. 小半径曲线集中使用

地形困难地段，小半径曲线宜集中使用，以免列车频繁变速，损失列车动能，增大能量消耗，恶化运营条件。

4. 符合半径系列

为了测设、施工和养护的方便，曲线半径一般应取50、100m的整倍数，如12000、10000、8000、6000、5000、4500、4000、3500、3000、2800、2500、2000、1800、1600、1400、1200、1000、800、700、600、550、500。困难条件下，可采用规定范围内10m的整倍数。

5. 最大曲线半径

曲线半径越大，曲线欠超高和过超高均变小，在舒适度和轮轨磨耗两方面均有所改善；而过大的半径导致曲线过长，采用正矢法整正曲线时正矢很小。例如$R=12000$m时，偏角20°的20m及10m弦中点的正矢均仅有几毫米，轨检车在经过8000m以上半径时时常会报错，不利于日常的检修。规范规定最大曲线半径为12000m。

## 四、直线设计

### （一）直线设计的一般原则

从列车运行的要求来说，直线段越长越有利于列车的运行，而且线路也相对比较短。但是，在起伏的山地和障碍物多的平原地段，选择较长的直线段，意味着线路难于与地形、地物相适应，导致工程量增加。

在平面设计中，由于铁路追求短直，一般是根据走向，先确定直线的大致位置，再选配适当半径的圆曲线将直线连接。特殊地段，也可以先确定曲线的大致位置，再调整直线的位置，目的是使平面适应地形的变化。此外，应注意控制曲线转角的大小，因为其与列车的运行阻力有关，转角越大，单位曲线附加运行阻力越大，导致燃油或电力等消耗增加。

（二）直线及圆曲线最短长度

虽然平面上的直线段越长越好，但是在困难地段，由于地形、地物的限制，直线段的长度不可能很长，往往为适应地形，直线长很短。但平面设计不允相邻的两个曲线直接相连，两曲线间必须有一段直线过渡，即上一个曲线终点（HZ）到下一个曲线起点（ZH）之间必须是直线，这段直线称作夹直线（图 3-7）。两相邻曲线，转向相同者称为同向曲线，转向相反者称为反向曲线。

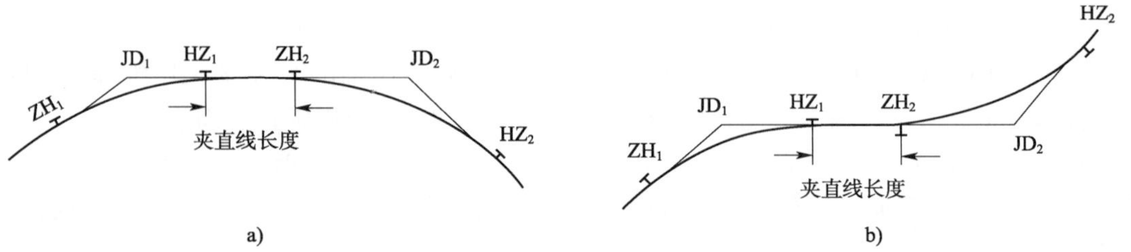


图 3-7　夹直线

此夹直线或圆曲线的长度，从养护来看，太短不利于曲线整正，从行车平稳上看，太短会使车辆同时处在不同的线形单元上，外轨超高不同及未被平衡的横向加速度频繁变化，不利于行车平稳、旅客舒适，因此，夹直线长度力争长一些，为行车和维修创造有利条件。圆曲线和直线长度均由两侧的缓和曲线所夹，确定其最短长度的理论与方法本质上无大的差别，《线规》按路段旅客列车设计行车速度制定统一标准，按表 3-3 采用。

**圆曲线及夹直线的最小长度**　　表 3-3

| 路段旅客列车设计行车速度（km/h） | 160 | 140 | 120 | 100 | 80 |
|---|---|---|---|---|---|
| 圆曲线或夹直线最小长度（m） | 130（80） | 110（70） | 80（50） | 60（40） | 50（30） |

注：括号内的数值为特殊条件下，经技术经济比选后方可采用的最小长度。

## 五、缓和曲线设计

（一）设置缓和曲线的原因

列车在圆曲线上运行，与在直线上运行有以下不同：①圆曲线设置了超高，列车受到的离心力的作用；②圆曲线上存在曲率，列车受到向心力的作用；③半径较小的圆曲线上设置了加宽（曲线半径小于 350m，轨距需要加宽）。

为了使得列车在圆曲线上运行，上述受力作用、超高变化、加宽变化等过渡均匀，也不至于使旅客产生突然变化的感觉，须在直线和圆曲线之间设置缓和曲线。设置后，外轨超高过渡段设于缓和曲线上，外轨超高由零递增到圆曲线上的超高量，可使列车平顺；半径由无限大渐变到圆曲线半径或由圆曲线半径渐变到由无限大，从而使车辆产生的离心力逐渐增加或减少，有利于行车平稳；可使得由标准轨距逐步加宽到圆曲线上的加宽量。

缓和曲线的线形，我国铁路一直采用超高为直线型顺坡、平面为三次抛物线型的缓和曲线。这种缓和曲线的优点是线型简单，长度短而适用，计算方便，便于测设和养护维修。

（二）缓和曲线长度的确定

缓和曲线长度影响行车安全和旅客舒适，对于缓和曲线长度，《线规》考虑了以下因素：保证超高顺坡不致使车轮脱轨；保证超高时变率（单位时间内超高的变化量）不致使旅客不适；保证欠超高时变率（单位时间内欠超高的变化量）不致影响旅客舒适。

最小缓和曲线长度是采用不利条件下的参数进行计算获得的，见表3-4，使用中不得小于该表的数值。表中“困难”一列的标准是在不降低路段旅客列车设计行车速度的前提下，为了节约工程投资，为设计提供了灵活性。

**最小缓和曲线长度** 表3-4

| 路段旅客列车设计行车速度（km/h） | | 160 | | 140 | | 120 | | 100 | | 80 | |
|---|---|---|---|---|---|---|---|---|---|---|---|
| 工程条件 | | 一般 | 困难 | 一般 | 困难 | 一般 | 困难 | 一般 | 困难 | 一般 | 困难 |
| 曲线半径（m） | 12000 | 40 | 40 | 20 | 20 | 20 | 20 | 20 | 20 | 20 | 20 |
| | 10000 | 50 | 40 | 30 | 20 | 20 | 20 | 20 | 20 | 20 | 20 |
| | 8000 | 60 | 50 | 40 | 20 | 30 | 20 | 20 | 20 | 20 | 20 |
| | 7000 | 70 | 50 | 50 | 30 | 30 | 20 | 20 | 20 | 20 | 20 |
| | 6000 | 70 | 50 | 50 | 30 | 30 | 20 | 20 | 20 | 20 | 20 |
| | 5000 | 70 | 60 | 60 | 40 | 40 | 30 | 20 | 20 | 20 | 20 |
| | 4500 | 70 | 60 | 60 | 40 | 40 | 30 | 30 | 20 | 20 | 20 |
| | 4000 | 80 | 70 | 60 | 40 | 50 | 30 | 30 | 20 | 20 | 20 |
| | 3500 | 90 | 70 | 70 | 50 | 50 | 40 | 40 | 20 | 20 | 20 |
| | 3000 | 90 | 80 | 70 | 50 | 50 | 40 | 40 | 20 | 20 | 20 |
| | 2800 | 100 | 90 | 80 | 60 | 50 | 40 | 40 | 30 | 20 | 20 |
| | 2500 | 110 | 100 | 80 | 70 | 60 | 40 | 40 | 30 | 30 | 20 |
| | 2000 | 140 | 120 | 90 | 80 | 60 | 50 | 50 | 40 | 30 | 20 |
| | 1800 | 160 | 140 | 100 | 80 | 70 | 60 | 50 | 40 | 30 | 20 |
| | 1600 | 170 | 160 | 110 | 100 | 70 | 60 | 50 | 40 | 40 | 20 |
| | 1400 | — | — | 130 | 110 | 80 | 70 | 60 | 40 | 40 | 20 |
| | 1200 | — | — | 150 | 130 | 90 | 80 | 60 | 50 | 40 | 30 |
| | 1000 | — | — | — | — | 120 | 100 | 70 | 60 | 40 | 30 |
| | 800 | — | — | — | — | 150 | 130 | 80 | 70 | 50 | 40 |
| | 700 | — | — | — | — | — | — | 100 | 90 | 50 | 40 |
| | 600 | — | — | — | — | — | — | 120 | 100 | 60 | 50 |
| | 550 | — | — | — | — | — | — | 130 | 110 | 60 | 50 |
| | 500 | — | — | — | — | — | — | — | — | 60 | 60 |

《线规》在如何确定缓和曲线长的规定中不仅给出了缓和曲线长度最小值，还给出了缓和曲线长度优先选用值的标准。

缓和曲线长度优先值，是根据曲线半径、路段旅客列车设计行车速度和工程条件等，在设计中应优先采用的数值。

优先值的计算是按客、货列车设计行车速度求出的最大和最小超高的平均值，缓和曲线的超高顺坡率、欠超高时变率和超高时变率等均选择了较好的参数，基于这些较好的参数计算出的结果作为缓和曲线长度的优先值（常用值），以获得良好的运营条件，见表3-5。

缓和曲线长度优先选用值 表3-5

| 路段旅客列车设计行车速度(km/h) | | 160 | 140 | 120 |
|---|---|---|---|---|
| 曲线半径(m) | 12000 | 40 | 40 | 40 |
| | 10000 | 50 | 40 | 40 |
| | 8000 | 50 | 40 | 40 |
| | 7000 | 70 | 50 | 40 |
| | 6000 | 70 | 50 | 40 |
| | 5000 | 70 | 60 | 40 |
| | 4500 | 70 | 60 | 40 |
| | 4000 | 80 | 60 | 50 |
| | 3500 | 90 | 70 | 50 |
| | 3000 | 100 | 80 | 50 |
| | 2800 | 110 | 90 | 60 |
| | 2500 | 120 | 90 | 60 |
| | 2000 | 150 | 100 | 70 |
| | 1800 | 170 | 120 | 80 |
| | 1600 | 190 | 130 | 90 |
| | 1400 | — | 150 | 100 |
| | 1200 | — | 190 | 120 |
| | 1000 | — | — | 140 |
| | 800 | — | — | 180 |

缓和曲线长度的选用原则如下:

(1)一般情况下,尤其是在地形简易地段,自由坡地段,客车比例较大的路段和将来有较大幅度提高客货列车速度要求的路段应优先选用表3-5中规定的数值。

(2)困难条件下,在地形较为困难地段、紧坡地段或停车站两端、凸形纵断面坡顶等行车速度不高的地段,以及低等级铁路中客车对数较少且货车速度较低的路段和对行车速度要求不高的路段,可选用表3-4中的“一般”栏数值。

(3)特殊条件下,在地形特别困难地段、紧坡地段或停车站两端、凸形纵断面坡顶等行车速度不高的地段,以及低等级铁路中客车对数较少且货车速度较低的路段和对行车速度要求不高的路段,经技术经济比选后方可选用表3-4中“困难”栏数值,或“困难”栏与“一般”栏间的10m整倍数的缓和曲线长度。

## 六、限界及线间距

### (一)铁路限界

铁路限界是线路纵向中心线垂直的横断面轮廓。铁路限界主要包括机车车辆限界、基本建筑限界、隧道建筑限界、桥梁建筑限界等。限界设置的目的是为了使机车牵引车辆在铁路上以规定的速度行驶,不致同建筑物和设备碰擦,保证运行的安全。

#### 1. 机车车辆限界

机车车辆限界是机车车辆本身及其装载的货物不得超越的轮廓线;机车车辆限界是一个

和线路中线垂直的横断面轮廓，机车车辆无论是空车或装载有货物的重车，当停在水平直线上时，其车身所有一切突出部分（如扶手）和悬挂部分（如信号灯），除电力机车升起的受电弓外，都应容纳在限界轮廓之内，不允许有超越情况。

机车车辆限界部分尺寸说明：

机车车辆的中部最大高度，限界规定为4800mm，因此机车车辆顶部的任何装置，如高烟囱、放置防火罩或天窗的开度等，均应保持在4800mm以内，防止机车车辆顶部与桥梁、隧道上部相撞。

机车车辆在钢轨水平面上部1250至3600mm范围内，其宽度规定为3400mm，但为了悬挂列车侧灯，允许左右各加宽100mm。

在钢轨水平面上1250mm高度以下，机车车辆宽度应逐渐缩减，因为在这个范围内，建筑物和设备较多，如站台、道岔转辙器、电气装置等，为防止与这些设备接触，所以规定不同的限界要求。距钢轨水平面350mm，是机车脚蹬板及客车车梯距轨面的限界。

机车车辆限界的半宽为1700mm。距钢轨水平面250mm，是轴箱底部距轨面的限界。

距线路中心线1600mm，是蒸汽机车左右两汽缸外侧，距线路中心线的限界。

距线路中心线1450mm，是机车车辆同一车轴两轴箱外测，距线路中心线的限界。

距线路中心线1290mm，是机车车辆下部距线路中心线的限界。

距钢轨水平110mm，是机车排除故障器距轨面的限界。

机车车辆上部限界（简称车限-1）如图3-8所示。

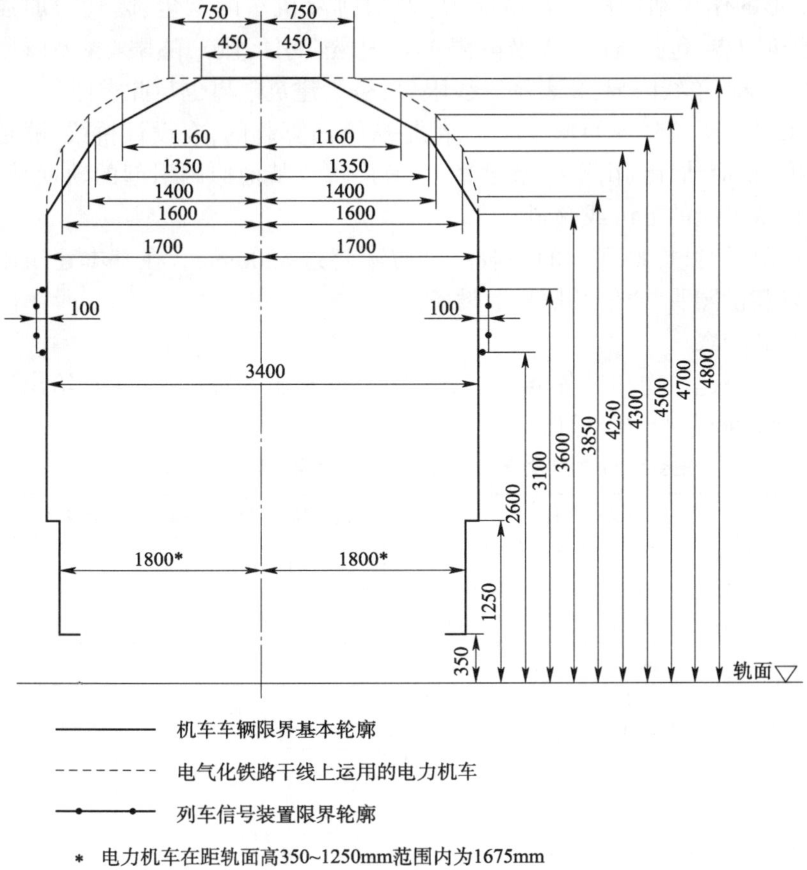


图3-8 机车车辆限界（车限-1）（尺寸单位：mm）

2. 建筑限界

建筑限界(也称建筑接近限界)是一个和线路中线垂直的极限横断面轮廓,在此轮廓内,除机车车辆以及同它有相互作用的设备(如电气化铁路接触网、车辆减速器等)以外,其他设备和建筑物不得侵入的轮廓线。

建筑限界包括基本建筑限界、隧道建筑限界、桥梁建筑限界。

基本建筑限界中的建限-1(图3-9)考虑了电力机车的运行,是全国铁路的基本建筑限界(建限-2可适用于内燃机车)。其主要部位考虑的主要因素为:

2440mm——信号机、水鹤、跨线桥柱、雨棚、天桥(距正线及通行超限列车的站线)距线路中心的最小距离(2225 + 170.5 + 44.5 = 2440mm,其中2225mm为超限货物装载限界的半个宽度,170.5mm为横向偏移量,44.5mm为安全余量)。

2150mm——信号机、水鹤(距不通行超限货物列车的站线)距线路中心的距离。

1750mm——高站台、一般旅客站台、邻靠正线及通行超限列车线路旁侧的旅客站台距线路中心的最小距离。

在建筑限界与机车车辆限界间之所以留有相当的距离(安全空间),是考虑了机车车辆运行中震动、摆动及线路可能发生的非正常状态偏移的余地及超限货物列车的运行要求,此安全空间的大小随建筑物性质而不同。例如在电力牵引区段的建筑物,其净空高度需考虑到电压的强弱、接触线至车辆和建筑物的距离等,因此有建限-1和建限-2的区别;而隧道顶部要求筑成拱形(以借拱形的作用利用围岩自承能力)及对排除机车的烟尘、废气与加强通风换气要求,又有隧道建筑限界,包括隧限-1A及隧限-1B(内燃牵引区段),隧限-2A及隧限-2B(电力牵引区段),其中A表示单线限界,B表示双线限界;桥梁建筑限界也与此类似。

机车车辆限界和建筑限界的垂直尺寸,都是从轨面算起的,在设计桥梁、隧道与其他建筑物或设备的高度时,应估计到由于线路起道、更换重轨或其他原因引起的轨面抬高,同时也应考虑建筑物和设备可能的下沉或倾斜。

在采用上述限界时,货物列车的装载高度应不超过5300mm。在基本建筑限界与桥梁建筑限界之间可以装设照明、通信及信号等设备。

3. 建筑限界的加宽

铁路沿线的主要建筑物和设备至中心线的距离是常用的数据,表3-6给出了直线地段的要求,若为曲线地段尚需考虑限界加宽。

**主要建筑物和设备至线路中心线的距离($V \leqslant 160$km/h)** 表3-6

| 序号 | 建筑物和设备名称 | | 高出轨面的距离(mm) | 至线路中心线的距离(mm) |
|---|---|---|---|---|
| 1 | 跨线桥柱、天桥柱和接触网、电力照明等杆柱边缘 | 位于正线或站线一侧(下面两种情况除外) | ≥1100及以上 | ≥2440 |
| | | 位于站场最外站线外侧 | ≥1100及以上 | ≥3000 |
| | | 位于最外梯线或牵出线一侧 | ≥1100及以上 | ≥3500 |
| 2 | 信号机和水鹤边缘 | 位于正线或通行超限货物列车的站线一侧 | ≥1100及以上 | ≥2400 |
| | | 位于不通行超限货列车的站线一侧 | ≥1100及以上 | ≥2150 |
| 3 | 货物站台边缘 | 普通站台 | 1100 | 1750 |
| | | 高站台 | ≥4800 | ≥1850 |

当列车通过曲线线路时,每节车辆是刚体,此刚体置于曲线上,首端和尾端的中心线在平

面上会与实际曲线的中心线不一致:车体中部向曲线内侧偏移，车体端部向曲线外侧偏移;在立面上,由于超高的存在而使得列车向内侧倾斜。这两个原因使得限界不够,因而需加宽曲线地段的建筑限界来处理几何偏移(图 3-9)。

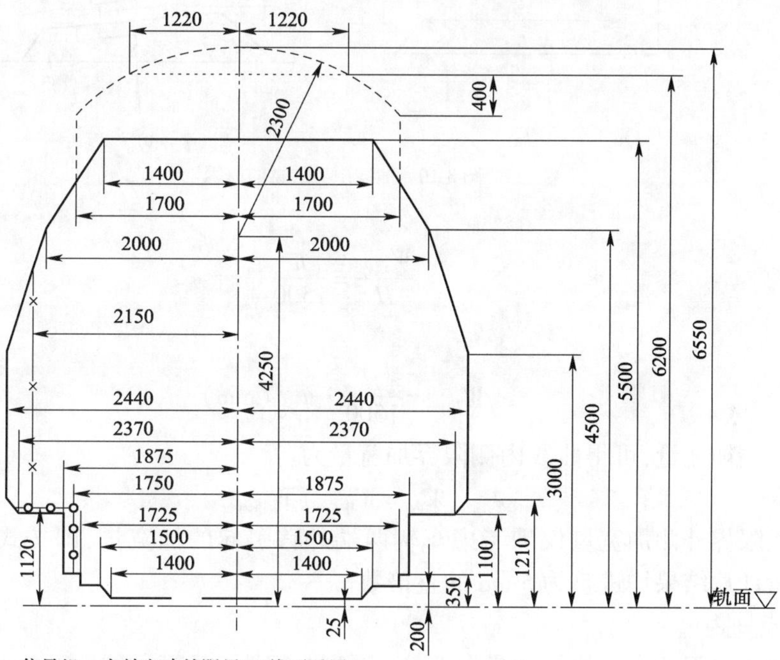


—×—×— 信号机、水鹤之建筑限界(正线不适用)

—∘—∘— 站台建筑限界(正线不适用)

——— 各种建筑物的基本限界

------- 适用于电力机车牵引的线路的跨线桥、天桥及雨棚等建筑物

············ 电力机车牵引的线路的跨线桥在困难条件下的最小高度

图 3-9　铁路基本限界(建限-1)(尺寸单位:mm)

注:旅客站台上的柱类建筑离站台边缘至少 1.5m,建筑物离站台边缘至少 2.0m。专为行驶旅客列车的线路上可建 1100mm 的高站台。

曲线建筑限界的加宽值与车辆长度、销距大小、曲线半径相关。标准中选取车体长度为 26m,两转向架中心销间距为 18m 的四轴车作为计算车辆;另选取计算曲线半径为 $R=300\text{m}$,曲线线路外轨最大超高为 150mm 为计算条件。计算考虑以下两种导致加宽的因素:

(1)车辆位于曲线上时,车辆中部向曲线内侧凸出(内侧加宽量表示为 $W_{中内}$);车辆两端向外侧凸出(外侧加宽量表示为 $W_{端外}$),如图 3-10a)所示。

按最大车长 $L=26\text{m}$,转向架中心距(销距)为 $Z=18\text{m}$ 时,根据几何关系,可求出 $W_{中内}$、$W_{端外}$如下:

$$W_{中内}=\frac{40500}{R}\quad(\text{mm}) \tag{3-18}$$

$$W_{端外}=\frac{44000}{R}\quad(\text{mm}) \tag{3-19}$$

式中:$R$——曲线半径。

(2)曲线上外轨实设超高 $h$ 使车体向内侧倾斜,如图 3-10b)所示。在距轨面高度 $H$(3850mm)处,车体内侧最大倾斜值(超过加宽量)表示为 $W_{超内}$(两轨中心距按 1500mm 计)。

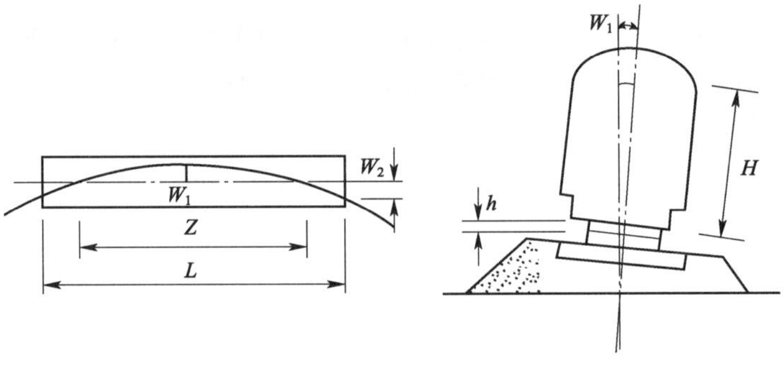


图 3-10　曲线限界加宽的原因

由：

$$\frac{W_{超内}}{H}=\frac{h}{1500} \tag{3-20}$$

得：

$$W_{超内}=\frac{H}{1500}\cdot h \quad (\mathrm{mm}) \tag{3-21}$$

根据上述加宽量，可得曲线内侧限界加宽量为：

$$W_{内}=W_{中内}+W_{超内} \tag{3-22}$$

而曲线限界外侧加宽量仅需考虑车辆两端外移引起的加宽量，即按式(3-16)计算即可。各种加宽量计算结果均进整为5mm的整倍数。

(二)线间距

相邻铁路之间的中心线间的最短距离，称为线间距离(简称线距)。通常，计算一股道到另一股道的线间距时，以里程所在的股道上(多股道相邻时，通常只有一股道上有里程)的点为计算点，从计算点向另一股道做法线，该法线与另一股道的相交点与计算点间的距离作为线间距。不论在区间或站场通常按最小间距设计，以减少占地空间。

线距除了考虑限界要求，还要考虑安全的需要，由两列车的半宽加安全净距而定，曲线地段线距上要加宽。

1. 直线地段的线间距

区间直线地段第一、二线间不设置信号机和其他标志，仅需保证两线不限速会车。

当旅客列车最高行车速度等于或小于140km/h时，采用机车车辆限界的半宽为1700mm，列车信号限界宽度为100mm，两列车不限速会车的安全距离取400mm，则线间距离(两线间的最小线距)：

$$2\times(1700+100)+400=4000\mathrm{mm}$$

当旅客列车最高行车速度为160km/h时，两列车不限速会车的安全距离取600mm，较低速时加大200mm，则第一、二线线间距为4.2m，而改建既有线及增建第二线，当最高行车速度为160km/h时，区间正线最小线间距可保持4.0m(但应采用必要措施防止会车时引起客车车窗玻璃破损及敞车篷布飞扬等情况的发生)，如表3-7所示。

**区间正线第一、二线间线间距**　　表3-7

| 设计行车速度(km/h) | 200 | 160 | ≤140 |
| --- | --- | --- | --- |
| 机车车辆间的安全净距(mm) | 900 | 600 | 400 |
| 线间距(m) | 4.4 | 4.2 | 4.0 |

双线铁路有超限货物列车通过时:两列车间最小距离大于350mm时可不限速;在300~350mm之间时行车速度不得超过30km/h;小于300mm时禁止会车。例如:线距为4.0m的双线铁路,若某一线开行一级超限货物列车(半宽为1900mm),另一线通行一般货物列车(半宽为1700mm,车灯限界为100mm),则两列车间距离为4000-1900-1700-100=300mm,故两列车允许以30km/h限速在区间会车;若开行二级超限货物列车(半宽为1940mm)或超级超限货物列车(半宽为2225mm),这两种情况的列车与另一线一般货物列车的安全距离不足300mm,此时,另一线不得通行列车。

增建第二线时,为了在超限运输量大且逐年增大的区间上能通行二级或超级超限货物列车,可在区段内布置若干便于交汇超限货物列车区段,线间距为2×2225+400mm=4850mm,一般取5.0m。

2. 曲线地段的线间距

曲线两端直线地段线间距按表3-7最小线间距设计时,曲线地段的线间距的加宽量除了考虑外侧曲线上车厢中部内移,内侧曲线上车厢端部外移的加宽因素外,还要考虑外侧曲线上的超高$h_{外}$是否大于内侧曲线超高$h_{内}$(若外侧曲线上的超高大于内侧曲线超高,外侧曲线上的列车内倾的程度大于内侧曲线上的列车,需要将两者在突出部位的倾斜差作为增加的加宽量Δ)。曲线地段的线间距的加宽量为:

$$W = W_{中内} + W_{端外} + \Delta \tag{3-23}$$

其中:

$$\Delta = \frac{H}{1500}(h_{外} - h_{内}) \tag{3-24}$$

式中:$H$——车厢最突出部位距轨面的高度(取3850mm),1500为两轨中心间距1500mm。

区间直线地段为最小线间距时不同曲线半径的线间距离加宽值,可在下表3-8中查得。

**区间直线地段为最小线间距时不同曲线半径的线间距加宽值(mm)**　　表3-8

| 线别间 | | 第一、二线间 | | | | | | 第二、三线间 | | | | |
|---|---|---|---|---|---|---|---|---|---|---|---|---|
| 内、外侧线路曲线超高设置情况 | | 外侧线路曲线超高大于内侧线路曲线超高时 | | | | | 其他情况 | | | | | |
| 路段旅客列车设计行车速度(km/h) | | 160 | 140 | 120 | 100 | 80 | ≤160 | 160 | 140 | 120 | 100 | 80 |
| 曲线半径(m) | 12000 | 50 | 35 | 30 | 20 | 15 | 10 | 60 | 50 | 40 | 30 | 20 |
| | 10000 | 60 | 35 | 30 | 20 | 15 | 10 | 70 | 50 | 40 | 30 | 20 |
| | 8000 | 75 | 50 | 35 | 25 | 15 | 10 | 95 | 60 | 50 | 30 | 20 |
| | 7000 | 80 | 65 | 50 | 30 | 20 | 15 | 105 | 85 | 65 | 45 | 35 |
| | 6000 | 80 | 65 | 50 | 35 | 25 | 15 | 115 | 85 | 65 | 45 | 35 |
| | 5000 | 95 | 80 | 55 | 40 | 35 | 15 | 120 | 105 | 75 | 55 | 45 |
| | 4500 | 100 | 85 | 70 | 45 | 40 | 20 | 125 | 110 | 90 | 60 | 50 |
| | 4000 | 100 | 85 | 85 | 55 | 40 | 20 | 130 | 110 | 100 | 70 | 50 |
| | 3500 | 105 | 100 | 90 | 65 | 50 | 25 | 145 | 135 | 115 | 85 | 65 |
| | 3000 | 105 | 100 | 90 | 80 | 65 | 30 | 150 | 140 | 120 | 100 | 80 |
| | 2800 | 115 | 110 | 95 | 85 | 65 | 35 | 165 | 150 | 130 | 115 | 85 |
| | 2500 | 125 | 110 | 100 | 100 | 70 | 35 | 175 | 155 | 135 | 125 | 95 |
| | 2000 | 175 | 125 | 115 | 105 | 95 | 40 | 245 | 170 | 150 | 140 | 110 |
| | 1800 | 185 | 135 | 125 | 110 | 100 | 45 | 260 | 185 | 165 | 145 | 125 |

续上表

| 线别间 | | 第一、二线间 | | | | | | 第二、三线间 | | | | |
|---|---|---|---|---|---|---|---|---|---|---|---|---|
| 内、外侧线路曲线超高设置情况 | | 外侧线路曲线超高大于内侧线路曲线超高时 | | | | | 其他情况 | | | | | |
| 路段旅客列车设计行车速度(km/h) | | 160 | 140 | 120 | 100 | 80 | ≤160 | 160 | 140 | 120 | 100 | 80 |
| 曲线半径(m) | 1600 | 195 | 150 | 135 | 125 | 115 | 55 | 275 | 205 | 185 | 165 | 145 |
| | 1400 | — | 190 | 150 | 135 | 125 | 60 | — | 260 | 200 | 180 | 160 |
| | 1200 | — | 210 | 165 | 155 | 135 | 70 | — | 290 | 220 | 200 | 170 |
| | 1000 | — | — | 220 | 175 | 155 | 85 | — | — | 295 | 225 | 195 |
| | 800 | — | — | 265 | 210 | 190 | 105 | — | — | 355 | 265 | 235 |
| | 700 | — | — | — | 260 | 210 | 120 | — | — | — | 340 | 260 |
| | 600 | — | — | — | 295 | 235 | 140 | — | — | — | 380 | 290 |
| | 550 | — | — | — | 315 | 255 | 155 | — | — | — | 405 | 315 |
| | 500 | — | — | — | — | 280 | 170 | — | — | — | — | 340 |

相邻铁路并行地段的平面设计中，从平行直线段到曲线地段，曲线两端线距为 4.0m 时，内外侧两曲线一般按同心圆设计，通常有以下两种加宽曲线地段线间距的方法。

(1)曲线两端直线地段线间距等于最小线间距

由于可以通过曲线的内移量 $p$ 的调节实现两端直线段不动而曲线部分位置变化，因此，曲线距加宽可以采用加长内侧曲线的缓和曲线长度(当半径大小确定后，内移量 $p$ 由缓和曲线长控制，使曲线向圆心方向移动，以增加两线间的线间距。此种做法两端直线不需移动，可节省直线地段的占地。如图 3-11a)所示。

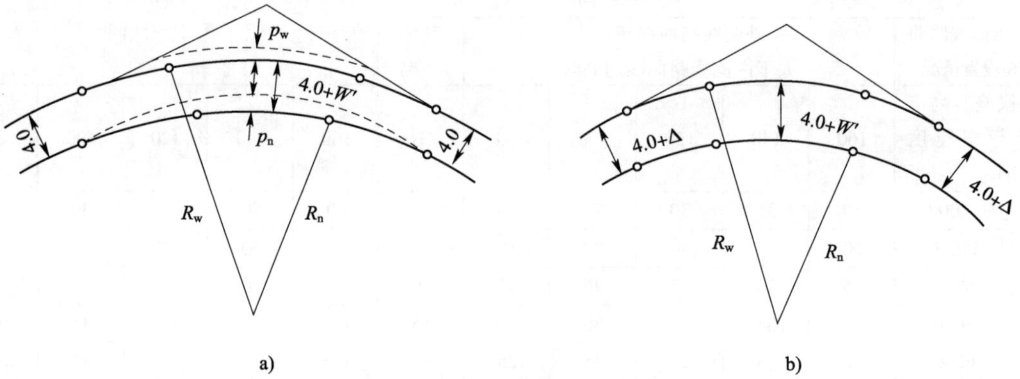


图 3-11 曲线地段线间距加宽

(图中以 $D_{min}$ = 4.0m 为例)

内侧缓和曲线的内移量应大于外侧缓和曲线的内移量，其差值即为线间距的最小加宽量 $W'$：

$$p_n = p_w + W' \times 10^3 \tag{3-25}$$

并由 $p_n = \dfrac{l_n^{\ 2}}{24R_n}$，得内侧缓和曲线长度的计算式为：

$$l_n = \sqrt{24R_n \cdot (p_w + W' \times 10^3)} \tag{3-26}$$

其中 $p_w = \frac{l_w{}^2}{24R_w}$。

式中：$l_n$——内侧线缓和曲线长度(m)，进整至10m；

$l_w$——外侧线缓和曲线长度(m)，取规定长度；

$R_n$——内侧线曲线半径(m)；

$R_w$——外侧线曲线半径(m)；

$W'$——线间距加宽量(mm)。

(2)曲线两端直线地段线间距大于最小线间距

曲线两端直线地段线间距大于最小线间距(表3-7)时，如果两端平行直线分别平行移动距离Δ，在曲线半径及缓和曲线长度不变的条件下，圆曲线也将向内移动Δ，故曲线部分线间距加宽量可减少此Δ，即 $W' := W - \Delta(D = D_{min} + \Delta \times 10^3)$，则：

$$W' = (D_{min} \times 10^3 + W) - D \times 10^3 \tag{3-27}$$

式中：$W'$——曲线地段线间距加宽值(mm)，当小于或等于零时，可不加宽；

$D_{min}$——规定的直线地段最小线间距(m)，采用表3-7中数值；

$W$——直线地段为最小线间距时，曲线地段的线间距加宽值(mm)，采用表3-8中数值。

$D$——曲线两端直线地段的线间距(m)。

## 单元二　区间线路纵断面设计

线路纵断面是由长度不同、陡缓各异的坡段和连接相邻坡段的竖曲线组成的。一个独立坡段的几何描述除了用坡段长度、坡度值外，还有变坡点的位置(里程及高程)，如图3-12所示。所谓的变坡点就是坡段折线的两个端点，铁路的坡段长度 $L_i$ 为坡段两端变坡点间的水平距离(m)，而非坡段直线长；坡度值 $i$ 为该坡段两端变坡点的高差 $H_i$(m)与坡段长度(简称坡长)$L_i$(m)的比值，铁路坡度一般较小，以千分数表示，即 $i = \frac{H_i}{L_i} \times 1000$(‰)，上坡取正值，下坡取负值，如坡度为4‰，即表示沿线路前进方向每千米上升4m。

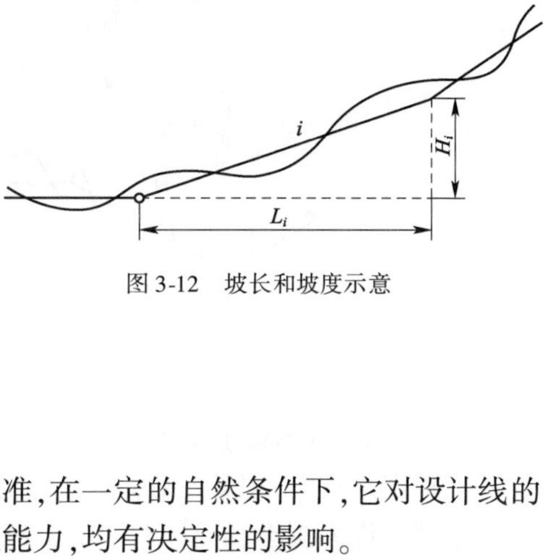

图3-12　坡长和坡度示意

### 一、线路的最大坡度

最大坡度标准是一项具有全局意义的主要技术标准，在一定的自然条件下，它对设计线的线路走向、长度、工程投资、运营费用、牵引质量及输送能力，均有决定性的影响。

对于客货共线运行的铁路，由于货物列车牵引质量大，最大坡度标准主要考虑货物列车爬坡的需求，最大坡度分两种情况，在单机牵引路段的最大坡度称限制坡度 $i_x$ 和双机或多机牵引路段的最大坡度(称加力牵引坡度 $i_{jl}$)。

(一)限制坡度

机车计算速度是规定的机车正常运行的最低速度，单机牵引的普通货物列车在坡度为限制坡度的坡段上持续上坡，要求坡上及出坡后运行速度均不低于机车计算速度，至少能以计算速度等速运行。根据此条件可计算货物列车的牵引质量。如果纵断面的加算坡度超过最大坡度，货物列车牵引按限制坡度计算出的牵引质量，在该坡道的持续上坡道上，最终会低于计算速度运行，导致列车运行缓慢并降低通过能力。因此，设计坡度值加上曲线阻力值、小半径粘降坡度减缓值和隧道附加阻力值，不能大于最大坡度值。

1. 限制坡度对工程和运营的影响

限制坡度是影响铁路全局的主要技术标准。它不仅对线路走向、长度和车站分布有很大影响，而且直接影响运输能力、行车安全、工程费与运营费。

(1)输送能力。

在机车类型选定后，机车质量、机车牵引力及机车基本阻力即确定，牵引质量仅由限制坡度值决定，而输送能力取决于牵引质量和通过能力。同样的机型，限制坡度大，则牵引质量小，输送能力低；而限制坡度小，则牵引质量大，输送能力大。

$$G=\frac{\lambda_y F_j - P(\omega_0' + i_x)\cdot g}{(\omega_q'' + i_x)\cdot g}\quad (t) \tag{3-28}$$

$$C=\frac{365\cdot G\times 0.72}{10^6\cdot \beta}\quad (M_t/\text{年}\cdot\text{列}) \tag{3-29}$$

(2)工程数量。

在平原地区，限制坡度值对工程数量一般影响不大，但在铁路跨过需要立交的道路与通航河流时，因桥下要保证必要的净空而使桥梁抬高，若采用较大的限制坡度，可使桥梁两端引线缩短，填方数量减少。

在丘陵地区，采用较大的限制坡度，可使线路高程升降较快，能更好地适应地形起伏，从而避免较大的填挖方、减少桥梁高度，缩短隧道长度，使工程数量减少，工程造价降低(图3-13)。

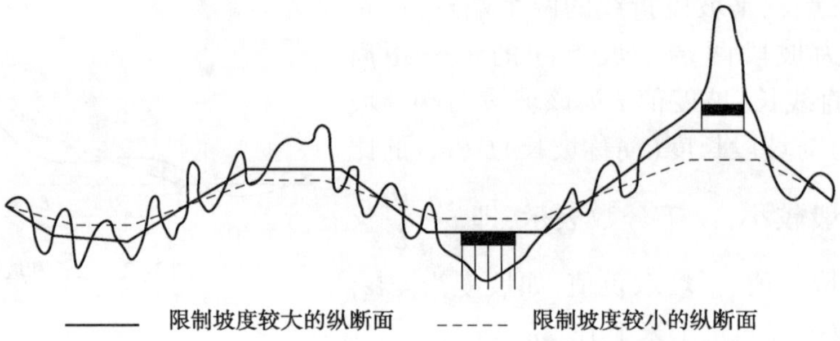


图3-13　不同限坡的起伏纵断面

在自然纵坡陡峻的越岭地段，若限制坡度小于自然纵坡，则线路需要迂回展长，才能达到控制点预定高程，工程数量和造价急剧增加。图3-14为东北东部铁路通道许家洞至和龙段展线示意图。许家洞至和龙段长35km，线路高差393m，自然坡度大多在10‰～20‰，限制坡度14.5‰方案在青山里与十里坪之间需展线3.69km，松下坪与和龙站之间展线1.3km，限制坡度为12‰方案在青山里与十里坪之间以及松下坪之间展线长度分别为6.7km和3.1km，而限制坡度为18‰方案线位在青山里与十里坪之间以及松下坪与和龙站之间则不需要展线(其他地段三个方案大致相同)。

(3)运营费用。

在完成相同运输任务的前提下，采用较大的限制坡度，则货物列车的牵引质量减小，需要开行的货物列车对数加多，运营支出要相应增加，行车设备的投资也略有增加。

在自然纵坡陡峻，线路需要迂回展长的越岭地段，采用较大的限制坡度，可以缩短展线长度，使工程投资大量降低。同时，因线路缩短，机车台数、车站数目、旅途时间等也相应减少，虽然列车数目增多，运营开支总和也不致增加很多。所以平均自然纵坡陡峻地区，应采用与其相适应的较大的限制坡度，力争不额外展长线路。

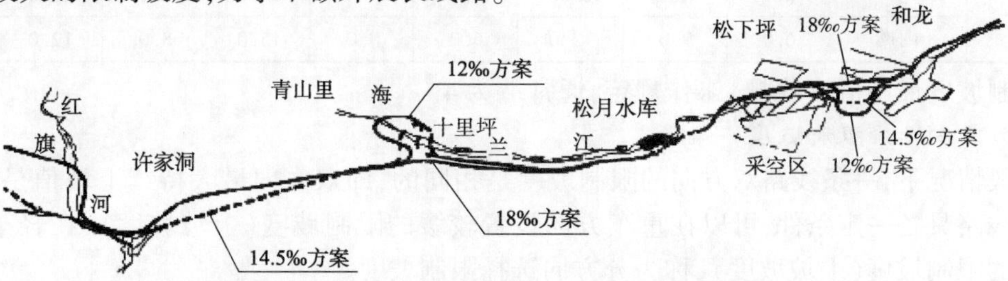


图3-14　东北东部铁路通道许家洞至和龙段展线示意图

2. 影响限制坡度选择的因素

限制坡度选择是涉及铁路全局的重要工作，它直接影响线路走向、工程费和运营费，应经过全面分析、技术经济比选，慎重确定。

(1)铁路等级。

铁路等级高，线路意义大，客货运量大，安全、舒适要求高，需要有更良好的运营条件和较低的运输成本，因此宜采用较小的限制坡度。

(2)牵引种类和机车类型。

大功率机车的牵引力大，同一牵引质量条件下可实现的限制坡度比小功率机车的大。

(3)运输量。

同等通过能力下，提高牵引质量才能获得较大的输送能力，而牵引质量主要是由限制坡度值决定的，所以限制坡度的选择，应该结合确定的机车类型，检算能否满足运输量的要求。

(4)地形条件。

限制坡度要和地形相适应，过小的限坡可能引起大量人工展线导致工程量急剧增加；过大的限坡可能导致节省工程的效果不显著，却给运营带来不良影响。对于长大线路而言，不同地段地形往往有较大变化，例如部分地段越岭、部分地段为低矮的丘陵，为与地形适应可分段选定限坡，但应注意牵引质量的统一。

(5)邻线的牵引质量。

限制坡度选择应考虑使设计线与邻接铁路的牵引质量相协调，考虑邻线的限制坡度。如果一致，使得直通货物列车避免在接轨站的甩挂作业，加速货物运送，降低运输成本。牵引质量统一的方法可采用与邻接线路相同的限制坡度和机型，也可采用与邻接线路不同的限坡，而用不同的机型来调整。

(6)限制坡度最大值。

我国的山区占国土总面积的65%，川、滇、黔、藏4省区中，河床自然纵坡小于4‰的占36%，4‰~8‰的占41%，8‰~15‰的占17%，15‰以上的占6%，为使线路与这些地形条件较好地适应，同时从满足各级铁路的运量要求（山区Ⅰ级铁路采用表中12‰限坡和内燃牵引时，需适当缩短站间距离）、保证行车安全要求（列车在坡道上运行能满足上坡不断钩、下坡有充分制动力）和经济性要求等方面制定了最大限制坡度。设计线选定的限制坡度，不应大于《线规》规定值，如表3-9所示。当需要采用比该表更大的限制坡度时，不易满足运量、安全、经济的要求，可考虑采用加力牵引。

限制坡度最大值(‰)　　表 3-9

| 铁路等级 | | Ⅰ | | | Ⅱ | | | Ⅲ | | |
|---|---|---|---|---|---|---|---|---|---|---|
| 地形类别 | | 平原 | 丘陵 | 山区 | 平原 | 丘陵 | 山区 | 平原 | 丘陵 | 山区 |
| 牵引种类 | 电力 | 6.0 | 12.0 | 15.0 | 6.0 | 15.0 | 20.0 | 9.0 | 18.0 | 25.0 |
| | 内燃 | 6.0 | 9.0 | 12.0 | 6.0 | 9.0 | 15.0 | 8.0 | 12.0 | 18.0 |

限制坡度最小值,《线规》未作规定,通常取为4‰。

3. 分方向选择限制坡度

一般情况下,一条线路双方向的限制坡度是相同的,即双方向最大持续上坡值是相同的,但有些线路具备一定条件,可以在重车方向设置较缓的限制坡度(上坡坡度),在轻车方向设置较陡的限制坡度(上坡坡度),称为分方向选择限制坡度。

(1)分方向选择限制坡度的条件。

①轻重车方向货流显著不平衡且预计将来也不致发生巨大变化。

②轻车方向上升的平均自然纵坡较陡,而重车方向上升的平均自然纵坡较缓,分方向选择限制坡度,可以节省大量工程。

③技术经济比较后,证明分方向选择限制坡度是合理的。

具备上述条件,各级铁路均可按不同方向分别选择限制坡度,但Ⅰ级铁路多属路网中的重要干线,意义重大,分方向选定不同限制坡度时,应特别慎重,只有在特殊条件下,有充分技术经济依据时方可采用。

(2)轻车方向限制坡度的限制。

①不应大于重车方向限制坡度的三机牵引坡度值。这是为了将来货流发生变化,轻车方向货运量增大时,可采用双机或三机牵引,达到重车方向的牵引质量。

货物列车下坡时速度应不超下坡限速,一般采用周期制动,列车缓解后速度上升到限制速度所经过的时间(增速时间)应大于等于每次再制动前的制动管及副风缸内的充风时间与司机施行制动后的一段制动空走时间之和。增速时间主要是由下坡的坡度大小决定,双机或三机坡度较大大,为了保证行车安全,应进行此项检算。

②根据双方向货流比,按双方向列车对数相同、每列车车辆数相同的条件、可估算出轻车方向货物列车的牵引质量 $G_q$,轻车方向限制坡度值 $i_{xq}$ 不应大于根据 $G_q$ 计算的坡度值。因为轻车方向的限制坡度值 $i_{xq}$ 若大于计算值,则每列车的牵引质量就要小于 $G_q$;这样,轻车方向的列车数反而多于重车方向,重车方向就会产生单机回空或附挂折返而虚縻机力,导致明显不合理。

**【工程案例3-1】** 准池铁路是内蒙古与山西之间的一条运煤复线电气化铁路,是沟通大准、朔黄两条运煤铁路,蒙西煤炭外运的重要通道。该线运量品种单一,上行重车方向全部为煤炭,牵引质量采用10000t,下行为矿区生产生活物资,该线为运煤为主的货运铁路,双方向货流明显不均衡。从地形上看,本线在晋北中山区,地形起伏,主要为中低山区、黄土高原区及河谷区。为提高运输能力,节省工程投资,从货流和地形两方面考虑双方向采用不同限坡。就上行重车方向而言,从相邻线限坡标准分析,本线连接的大准、朔黄线重车方向限制坡度均为4‰,本线重车方向限坡采用4‰;就下行轻车方向而言,相邻线限制坡度大准线为9‰、朔黄线为12‰。因此确定上行重车方向限制坡度为上行4‰,下行轻车方向12‰。

南昆铁路东低、西高,设计运量东大西小,远期上下运量比达1:2.1~1:4.8的特殊条件,推荐选用了初期投资增加不多,但换算工程运营费用最低,设计能力强大的上行限坡6‰、下行13‰的分向坡度方案，取消了区段站一处，将全线双机牵引区段自百色向西推移至陆良及红果共长达506km。

（二）加力牵引坡度

加力牵引坡度是两台及以上机车牵引规定牵引质量的普通货物列车，在持续上坡道上，最后以机车计算速度等速运行的坡度，它是加力坡度路段的最大坡度。该路段的普通货物列车牵引质量，是按相应限制坡度上用一台机车牵引的计算值确定的。

采用加力坡度是在长大越岭地段克服巨大高差、减少展线、降低造价的一种行之有效的设计决策。当然采用加力坡度，也必然增加机车台数和能量消耗，在加力牵引的起讫站要增加补机摘挂作业时分，并要增建补机的整备设备。加力坡度太大时，对下坡行车也将产生不利影响。因此，是否采用加力坡度，应从设计线意义、地形条件以及节省工程和不利运营等方面全面分析，比选确定。

1. 加力坡度的设计

加力牵引坡度的设计主要考虑以下因素：

(1)加力牵引坡度应集中使用，以使补机能在较长的路段上行驶，提高其利用率。

(2)加力坡度的起讫站，宜有一个为区段站或其他有机务设备的车站，困难时也应尽量与这类车站接近，以方便进行补机整备作业时利用其机务设备。

(3)与加力坡度起讫站邻接的加力牵引区间的往返行车时分，要相应减少。补机要在加力坡度的起讫站摘挂，增加列车的停站时分，减少往返行车时分以免降低通过能力。

加力牵引是采用重联牵引或补机推送，与牵引质量、车钩强度有关。若车钩强度允许时，应采用重联牵引，以便各台机车的司机相互配合、同步操纵，充分发挥机车的牵引力。

**【工程案例3-2】** 蓝张线（正蓝旗至张家口地方铁路）是以货为主兼顾客运的区域干线铁路，该线的地形地貌以张北县为分界点，正蓝旗至张北段为高原低丘，地形起伏不大；张北县以南为内蒙古高原坝上与坝下的过渡段，地形起伏较大，张北至王玉庄直线水平距离46km，高差约750m，坝上至坝下地面自然坡度17‰。邻线的牵引质量与本线相邻的京包线、集通线、张集线、锡蓝线牵引质量4000t，限制坡度6‰。根据本线的地形地貌变化程度，以张北县为分界点，分两段对限制坡度坡方案进行分析研究。

张北县以北段，考虑地形情况，为了便于运输组织，避免反复的解编作业，本段限坡可与相邻线匹配，统一牵引质量，以提高运输效率，降低运输成本，采用6‰限坡。

张北县以南段（张北至王玉庄段），经分析选择双机20‰（方案Ⅰ）和双机12.5‰（方案Ⅱ）两种限坡进行研究，不同限坡的线路走向如图3-15所示。两方案都能较好地满足近、远期运量增长的需要，方案Ⅱ虽然牵引质量统一为4000t，增加了运输组织的灵活性和减少车站增减轴作业，但线路长27.15km，每年运营费多支出460.21万元。但从工程角度看，方案Ⅰ线路短27.15km，土石方工程量少239万$m^3$，大、中桥少6185延米，从节省工程投资、降低运营成本等方面具有优势，且对自然环境的影响小，该段直接引入京包线王玉庄站接轨，增轴、机车换挂等集中在此接轨站集中作业。方案Ⅱ虽然增加了运输组织的灵活性和减少了车站增减轴作业，但为争取坡降，展线较长，每年运营费多支出460.21万元。因此，本段推荐采用方案Ⅰ。

2. 加力坡度的最大值

加力牵引坡度的最大值由运输能力、运输安全要求和经济合理条件确定，其中不同机车由于制动方式和运输能力不同，因而要分别规定其最大的加力牵引坡度。

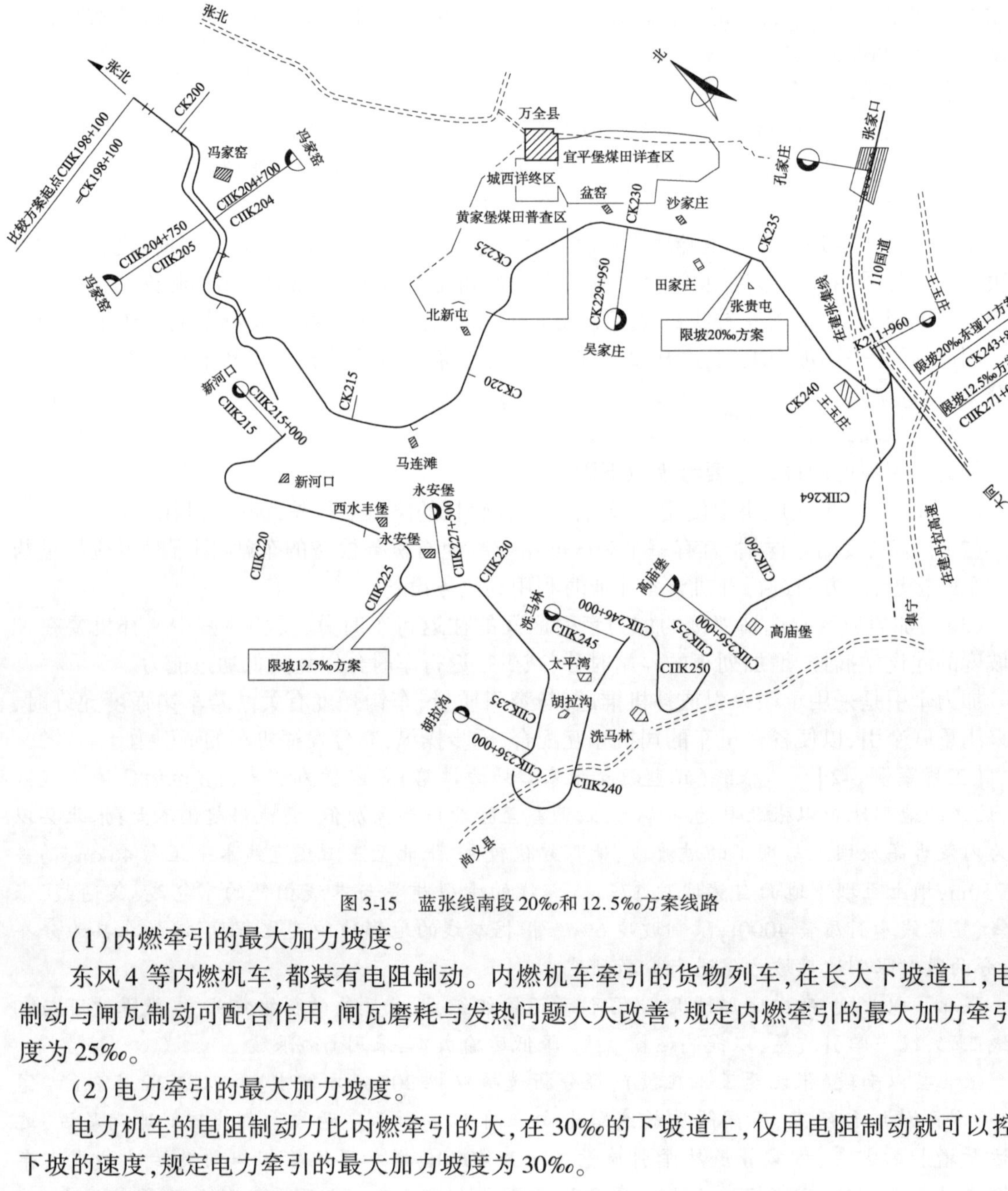


图 3-15　蓝张线南段 20‰和 12.5‰方案线路

(1)内燃牵引的最大加力坡度。

东风 4 等内燃机车,都装有电阻制动。内燃机车牵引的货物列车,在长大下坡道上,电阻制动与闸瓦制动可配合作用,闸瓦磨耗与发热问题大大改善,规定内燃牵引的最大加力牵引坡度为 25‰。

(2)电力牵引的最大加力坡度。

电力机车的电阻制动力比内燃牵引的大,在 30‰的下坡道上,仅用电阻制动就可以控制下坡的速度,规定电力牵引的最大加力坡度为 30‰。

3. 加力坡度的计算

加力牵引坡度的坡度值 $i_{jl}$,可根据限制坡度上的牵引质量、机车台数和加力牵引方式,按下式计算。

$$i_{jl} = \frac{\sum \lambda_k F_j \lambda_y - \left(\sum P\omega_0' + G\omega_0''\right)}{\left(\sum P + G\right) g} \tag{3-30}$$

式中:$G$——限制坡度上单机牵引质量(t);

$\omega_0'$——计算速度下的机车单位基本阻力(N/t);

$\omega_0''$——计算速度下的车辆单位基本阻力(N/t);

$F_j$——机车计算牵引力(N);

$\lambda_y$——机车牵引使用系数,取 $\lambda_y=0.9$;

$\lambda_k$——机车牵引力利用系数。根据机车类型和加力牵引方式,使用重联操纵时,每台机车牵引力均取全值,分别操纵时,第二台及以后的每台机车牵引力均取全值的0.98;推送补机均取全值的0.95。

采用相同类型的机车加力牵引时,各种限制坡度相应的加力牵引坡度可采表3-10所规定的数值。

电力和内燃牵引的加力牵引坡度(‰)　　表3-10

<table>
<tr><th rowspan="2">限制坡度</th><th colspan="2">双机牵引坡度</th><th colspan="2">三机牵引坡度</th></tr>
<tr><th>电力</th><th>内燃</th><th>电力</th><th>内燃</th></tr>
<tr><td>4.0</td><td>9.0</td><td>8.5</td><td>14.0</td><td>13.0</td></tr>
<tr><td>5.0</td><td>11.0</td><td>10.5</td><td>16.5</td><td>15.5</td></tr>
<tr><td>6.0</td><td>13.0</td><td>12.5</td><td>19.0</td><td>18.5</td></tr>
<tr><td>7.0</td><td>14.5</td><td>14.5</td><td>21.5</td><td>21.0</td></tr>
<tr><td>8.0</td><td>16.5</td><td>16.0</td><td>24.0</td><td>23.5</td></tr>
<tr><td>9.0</td><td>18.5</td><td>18.0</td><td>26.5</td><td rowspan="8">25.0</td></tr>
<tr><td>10.0</td><td>20.0</td><td>20.0</td><td>29.0</td></tr>
<tr><td>11.0</td><td>22.0</td><td>21.5</td><td rowspan="6">30.0</td></tr>
<tr><td>12.0</td><td>24.0</td><td>23.5</td></tr>
<tr><td>13.0</td><td>25.5</td><td rowspan="4">25.0</td></tr>
<tr><td>14.0</td><td>27.5</td></tr>
<tr><td>15.0</td><td>29.0</td></tr>
<tr><td>16.0</td><td>30.0</td></tr>
</table>

## 二、最大坡度的折减

纵断面设计时,在紧坡地段为了争取高程、缩短线路长度,往往采取用足坡度设计的思想,在这些地段尽量用最大坡度设计。在需要用足最大坡度(限制坡度或加力牵引坡度)的地段,当平面上出现曲线和遇到长于400m的隧道时,附加阻力增大,此外若曲线半径小于一定值时还会出现黏着系数降低导致牵引力下降的现象,不论是附加阻力增加还是牵引力下降都会使满轴货物列车的速度降低,这将导致列车低于计算速度行驶,从而出现运缓,以至于区间的通过能力下降,为保证通过该地段的速度不低于计算速度(或规定的速度)设计时将本应采用的最大坡度降低作为坡度设计值,这称为最大坡度折减。

线路纵断面的最大坡度折减包括曲线地段折减、小半径曲线黏降折减及隧道坡度折减三个方面。

(一)曲线地段的最大坡度折减

在曲线地段,货物列车受到的阻力是坡道阻力和曲线阻力之和,应不超过按最大坡度计算的坡度阻力,以使列车不低于计算速度运行。所以扣减此曲线阻力折算的坡度后,设计坡度 $i$ 应为:

$$i=i_{\max}-\Delta i_{R}(‰) \tag{3-31}$$

式中:$i_{\max}$——最大坡度值(‰);

$\Delta i_R$——曲线阻力的相应坡度减缓值(‰)。

1. 曲线地段纵断面的足坡设计方法

用足坡设计的纵断面设计同样包括坡段长度的确定和坡度大小的确定两个方面。坡段长度的确定就是合理确定坡段的变坡点的位置(里程),划分折减和不折减坡段;坡度的确定,一般情况下,直线地段的坡度采用最大坡度,曲线地段的坡度采用最大坡度折减后的坡度。坡段一般可设计成与平曲线对应,即将邻近平面曲线起终点(ZY、YZ)外侧的整50m里程桩作为该曲线的两个初选变坡点,若将此两个初选变坡点之间的坡段作为对应于该曲线的一个坡段,可使得坡度折减段尽量限制在曲线范围内,从而缩短折减坡段的长度,使落于平面直线段范围的无须折减的坡段更长,有利于争取高度。具体设计方法如下:

(1)一个曲线对应一个坡段的情况:各曲线相应的由初选变坡点确定的坡段长度不小于200m,可单独设计为一个坡段。

(2)曲线长度>货物列车长度时,坡度折减值为:

$$\Delta i_R = \frac{\omega_r}{g} = \frac{600g}{R} \cdot \frac{1}{g} = \frac{600}{R}(‰) \tag{3-32}$$

(3)曲线长度<货物列车长度时,坡度折减值为:

$$\Delta i_R = \left(\frac{600g}{R} \cdot \frac{L_y}{L_i}\right)\frac{1}{g} = \frac{600}{R} \cdot \frac{\pi \cdot R \cdot \alpha}{180L_i} = \frac{10.5\alpha}{L_i}(‰) \tag{3-33}$$

式中:$\alpha$——曲线转角(°);

$L_y$——圆曲线长度(m);

$R$——圆曲线半径(m);

$L_i$——坡段长度(m),出现坡长>列车长度>圆曲线长的个别情况时,可将列车长度作为$L_i$。

(4)但若相邻几个曲线间直线段长度小于200m,且曲线长度小于货物列车长度,将此几个相邻曲线设计成一个坡段时(合并折减),坡度折减值为:

$$\Delta i_R = \frac{10.5\sum\alpha}{L_i} \tag{3-34}$$

式中:$\sum\alpha$——折减坡段范围内的曲线转角总和(°)。

(5)一个平曲线位于两个坡段的情况:每个坡段上分配的曲线转角度数,应按两个坡段上曲线长度的比例计算。

(6)相邻平曲线间夹直线不小于200m时,该直线段可设计为一个坡段,坡度按最大坡度设计,不予减缓。

2. 曲线地段最大坡度折减计算时应注意的问题

(1)当设计坡度值和曲线阻力当量坡度之和不大于最大坡度值时,此设计坡度不用折减。

(2)既要保证必要折减值,又不要降低过多,以免损失高度,使线路额外展长。

(3)减缓时,涉及的曲线长度系未加设缓和曲线前的圆曲线长度;涉及的货物列车长度均取近期长度(因近期长度短于远期长度,按近期长度考虑能满足远期长度的减缓要求)。

(4)减缓坡段长度应不短于且尽量接近于圆曲线长度(变坡点置于ZY、YZ外侧的整50m里程桩上),且不应短于200m。

(5)减缓后的设计坡度值取小数点后一位(不进行四舍五入),坡段长取为50m的整倍数。

**【例3-1】** 设计线为电力牵引,限制坡度为9‰,近期货物列车长度为660m,线路平面如

图 3-16 所示，该紧坡地段需用足限制坡度(地形左低右高)；线路右端需设置车站，站坪(长度为 1150m)的坡段长度为 600m，设计坡度为 0‰；站坪外侧设缓和坡段，坡长为 200m，坡度为 4.5‰。

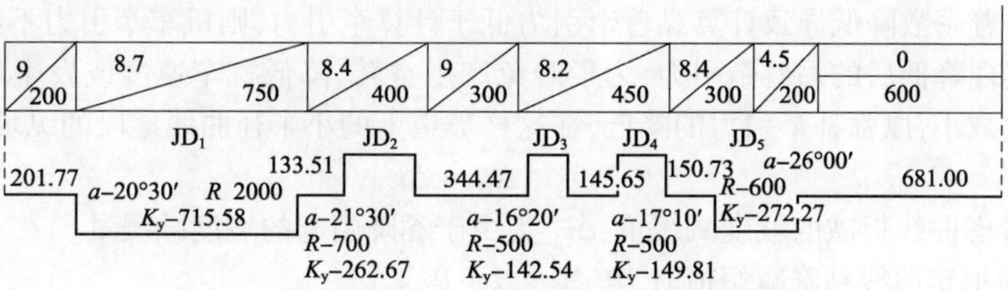


图 3-16 线路平面

**解**：根据各曲线的起终点确定初选变坡点如表 3-11 所示。

表 3-11

| 曲线 | 曲线起终点 | 初选变坡点 | 里程差 |
|---|---|---|---|
| $JD_1$ | K0 + 201.77 和 K0 + 917.35 | K0 + 200 和 K0 + 950 | 750m |
| $JD_2$ | K1 + 050.86 和 K1 + 313.54 | K1 + 050 和 K1 + 350 | 450m |
| $JD_3$ | K1 + 658.0 和 K1 + 800.54 | K1 + 650 和 K1 + 800 | 150m |
| $JD_4$ | K1 + 945.54 和 K2 + 095.35 | K1 + 900 和 K2 + 100 | 200m |

曲线 $JD_1$ 和 $JD_2$ 初选变坡点的里程差满足坡长要求，以初选变坡点作为设计变坡点。

曲线 $JD_3$，若选 K1 + 800 作变坡点，K1 + 650 和 K1 + 800 间仅 150m，不满足最短坡长，不能单独作为一个坡段，可选择 K1 + 850 作变坡点，对应于曲线 $JD_3$ 的坡长为 200m；曲线 $JD_4$ 的变坡点可设于 K1 + 850 和 K2 + 100，坡长为 250m。由于此两曲线间距离短，也可将该两曲线合并设计为一个 450m 坡长的坡段。

站坪设计为平坡，站坪半长为 575m，站坪前设坡长为 200m 的进站缓坡 4.5‰($i_x$ 的一半)，其他地段均用足坡度设计。

$JD_1$：$K_y > L_L$，则有：

$$i = i_x - \frac{600}{R} = 9 - \frac{600}{2000} = 9 - 0.30 = 8.70‰$$

$JD_2$：$K_y < L_L$，则有：

$$i = i_x - \frac{10.5\alpha}{L} = 9 - \frac{10.5 \times 21.5}{400} = 9 - 0.56 = 8.44‰ (取 8.4‰)$$

将该曲线 $JD_3$ 和 $JD_4$ 合并设计为一个 450m 坡长的坡段，设计坡度为：

$$i = i_x - \frac{10.5\sum\alpha}{L} = 9 - \frac{10.5 \times (16.33 + 17.17)}{450} = 9 - 0.78 = 8.22‰ (取 8.2‰)$$

$JD_5$ 的 4.5‰部分无须折减，但其中的 153.27m 位于曲线内需要折减，该部分分配的曲线转角为：

$$\alpha_1 = 26.0° \times \frac{153.27}{272.27} = 14.64°$$

故设计坡度应为：

$$i = i_x - \frac{10.5 \times 14.64}{300} = 9 - 0.51 = 8.49‰ (取 8.4‰)$$

其他无须折减的坡度按 9‰设计。

（二）小半径曲线地段的最大坡度的额外折减

当机车牵引规定质量的列车，通过用足最大坡度设计的长大坡道上的小半径曲线时，由于小半径曲线曲率大，增加了机车的动轮与钢轨间的横向、纵向滑动，导致机车黏着系数显著的降低。机车黏着系数降低导致计算黏着牵引力低于计算牵引力，则机车牵引力不能正常发挥，牵引力只能实现降低后的黏着牵引力，为了避免产生空转、降低行车速度或发生坡停事故，应将纵断面坡度减小，以弥补牵引力的降低，在这样坡道上的小半径曲线地段的纵坡应设计为：

$$i = i_{max} - \Delta i_R - \Delta i_\mu \tag{3-35}$$

式中，$\Delta i_R$ 为考虑曲线折减的坡度减缓量；$\Delta i_\mu$ 为由于黏降引起的坡度减缓量。

《线规》在拟定曲线粘降减缓值时，考虑了以下因素：

（1）目前内燃机车的黏着牵引力富余量比较大，故不需进行小半径曲线的黏降折减；若设计线近期采用内燃牵引而远期采用电力牵引时，其小半径曲线黏降减缓值应按电力牵引计算。

（2）电力牵引时，其小半径曲线黏降坡度减缓值如表 3-12 所示。

**电力牵引铁路小半径曲线黏降坡度减缓值（‰）** 表 3-12

| 最大坡度（‰） | | 4 | 6 | 9 | 12 | 15 | 20 | 25 | 30 |
|---|---|---|---|---|---|---|---|---|---|
| 曲线半径（m） | 450 | 0.20 | 0.25 | 0.35 | 0.45 | 0.55 | 0.70 | 0.90 | 1.05 |
| | 400 | 0.35 | 0.50 | 0.65 | 0.85 | 1.05 | 1.35 | 1.65 | 1.95 |
| | 350 | 0.50 | 0.70 | 1.00 | 1.25 | 1.50 | 2.00 | 2.45 | 2.90 |
| | 300 | 0.70 | 0.90 | 1.30 | 1.65 | 2.00 | 2.60 | 3.20 | 3.80 |

（3）理论上只要机车进入曲线，黏着系数将立即降低，为简化设计，《线规》规定只在小半径曲线范围内，进行黏降坡度减缓。设计时，将小半径曲线对应的坡段按 $\Delta i_u$ 减缓，以策安全。

**【例 3-2】** 设计线为电力牵引，限制坡度为 9‰，近期货物列车长度为 650m，线路平面如图 3-17 所示，该地段需用足限制坡度上坡。

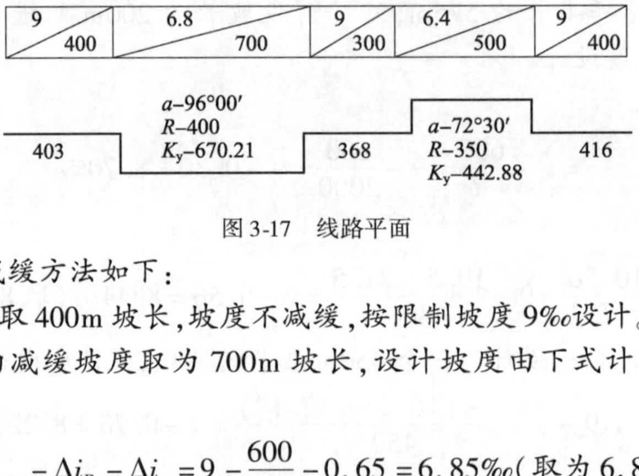


图 3-17 线路平面

设计纵断面坡度减缓方法如下：

（1）将左端直线段取 400m 坡长，坡度不减缓，按限制坡度 9‰设计。

（2）第一个曲线的减缓坡度取为 700m 坡长，设计坡度由下式计算，式中 $\Delta i_u$ 由表 3-10 查得。

$$i = i_{max} - \Delta i_R - \Delta i_u = 9 - \frac{600}{400} - 0.65 = 6.85‰（取为 6.8‰）$$

（3）中间的直线段取为 300m 坡长，坡度不予减缓，按限制坡度 9‰设计。

（4）第二个曲线的减缓坡段取为 500m 坡长，设计坡度为：

$$i = i_{max} - \Delta i_r - \Delta i_u = 9 - \frac{10.5\alpha}{L_j} - 1.00 = 9 - \frac{10.5 \times 72.5}{500} - 1.00 = 6.48‰（取 6.4‰）$$

（5）最右端直线取为 400m 坡长，坡度不予减缓，按限制坡度 9‰设计。

（三）隧道内的最大坡度折减

隧道长度大于 400m 的用足坡度设计的长大坡道地段，最大坡度应进行折减。

1. 影响折减的因素

(1) 隧道空气附加阻力。列车在隧道内运行，要产生隧道空气附加阻力，因之最大坡度要相应进行折减。

(2) 内燃牵引时列车通过隧道的速度。列车通过隧道时，若速度过低，会导致机车排出的废气进入司机室和机车的柴油机气缸。将坡度减缓以利于列车迅速通过隧道。

(3) 隧道内黏着系数降低。隧道内轨面较为潮湿，且黏附有烟尘油垢，使轮轨间黏着系数降低，黏降百分率随隧道加长而增大。当黏降后的黏着力小于计算牵引力时，需要进行黏降的坡度折减。《牵规》中的电力、内燃机车的黏着系数公式，已考虑了隧道内不利的轨面条件，因此可不必再考虑隧道黏降。

(4) 内燃机车功率的降低。内燃机车通过隧道时，若速度过低，因散热条件不良，将引起柴油机功率降低；当双机重联时，第二节机车的功率降低更为严重。

根据以上分析，电力牵引时，隧道内的最大坡度折减仅需考虑隧道空气附加阻力；内燃牵引除考虑隧道空气附加力外，还要考虑过洞速度的要求。

为了简化计算，隧道内的最大坡度折减值 $\Delta i_s$，可换算为最大坡度系数 $\beta_s$，它和设计坡度 $i$ 的关系是：

令 $\beta_s = 1 - \dfrac{\Delta i_s}{i_{max}}$，则折减后的设计坡度为：

$$i = i_{max} - \Delta i_s = \left(1 - \frac{\Delta i_s}{i_{max}}\right) \cdot i_{max} = \beta_s \cdot i_{max} \tag{3-36}$$

其中，电力机车的 $\Delta i_s$ 按隧道附加阻力 $w_s$ 计算：$\Delta i_s = w_s/g$，而内燃机车的 $\Delta i_s$，除了考虑隧道附加阻力外，还须考虑由于提高过洞速度而放缓的坡度值 $i_{max} - i_v$（$i_v$ 为过洞速度对应的均衡坡度，即按过洞速度等速运行所计算出的坡度）：$\Delta i_s = w_s/g + (i_{max} - i_v)$。

由此可计算出各种牵引的最大坡度系数 $\beta_s$，《线规》考虑了各种实际情况，将计算值适当修正后，得出的最大坡度系数如表 3-13 所示。位于曲线地段的隧道，应先进行隧道折减，再进行曲线折减。

**电力和内燃牵引铁路隧道内线路最大坡度折减系数** 表 3-13

| 隧道长度 $L$(m) | 电力牵引 | 内燃牵引 |
|---|---|---|
| $400 < L \leqslant 1000$ | 0.95 | 0.90 |
| $1000 < L \leqslant 4000$ | 0.90 | 0.80 |
| $L > 4000$ | 0.85 | 0.75 |

2. 折减范围

《线规》规定，隧道坡度折减因素包括隧道空气附加阻力和通过隧道的最低速度两项。隧道空气附加阻力中列车头部的压力，虽然在机车刚进入洞门时就突然产生，但列车四周与空气的摩阻力，却是随列车进入隧道的长度而逐步增大，列车全部进入隧道后才达到稳定值，而列车尾部吸力则是在列车全部进入隧道后才产生，并逐步增大最后才趋于稳定。为简化计算，各种牵引的折减范围仅限于隧道范围对应的坡段，坡度随折减坡段取值，坡长进整为 50m 的倍数。

3. 加速缓坡的设计

内燃牵引时，根据隧道长度所要求的过洞速度不同：长度小于或等于 1000m 的隧道时，最低运行速度不得小于机车的最低计算速度 $V_j$，隧道长度大于 1000m 时不得小于 $V_j + 5$(km/h)。

若达不到此要求，则应在隧道上坡进洞前方设置加速缓坡。加速缓坡的坡段长度 $L_{SJ}$，按牵引计算求出，加速缓坡的起点到洞口两点间的距离，可按下式计算（计算的加速缓坡长度应进整为 50m 的倍数，且不短于 200m）：

$$L_{SJ}=\sum\frac{41.7(V_2^2-V_1^2)}{f-\omega_0-gi_{SJ}}+\frac{L_L}{2} \tag{3-37}$$

式中：$V_1$——加速缓坡起点处的行车速度（km/h），在长大坡道上取机车计算速度 $V_j$；

$V_2$——机车头部达到洞口时的行车速度（km/h），即规定的过洞最低速度 $V_s$，若 $V_1$ 与 $V_2$ 的差值过大，应分为若干不大于 5km/h 的速度间隔，分段计算后累计；

$f-\omega_0$——平均速度$\frac{V_1+V_2}{2}$的单位合力（N/t）；

$i_{SJ}$——加速缓坡的坡度（‰）一般不大于隧道内的设计坡度，若加速缓坡的坡段内，平面上有曲线，则 $i_{SJ}$ 应为加算坡度值；

$L_L$——货物列车长度（m）。

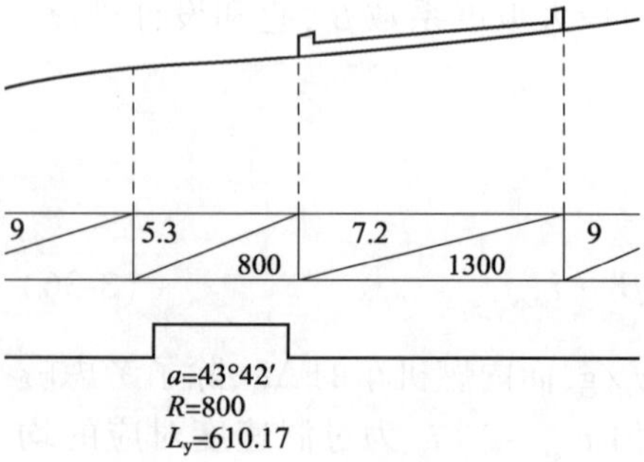

图 3-18　上坡线路平面

**【例 3-3】**　设计线采用内燃牵引，限制坡度为 9‰，机车类型为 DF4B 型，计算速度 $V_j=21.8$km/h 货物列车长 493m，隧道长度为 1300m，按用足坡度设计，过洞速度要求为 26.8km/h，上坡线路平面如图 3-18 所示。

隧道内的坡度折减长度 $L_s=1300$m，查表 3-13，$\beta_s=0.80$，则有：

$$i=i_{max}\cdot\beta_s=9\times0.8=7.2(‰)$$

加速缓坡的坡度取为 5.3‰，列车从限坡 9‰进入缓坡时速度按计算速度计，缓坡的长度按牵引计算计算（从计算速度到过洞速度）：

$$L_{SJ}=\sum\frac{41.7(V_2^2-V_1^2)}{f-\omega_0-g\cdot i_{SJ}}+\frac{L_L}{2}$$
$$=\frac{41.7(26.8^2-21.8^2)}{(f-\omega_0)_{23.4}-g\times5.3}+\frac{493}{2}$$
$$=\frac{41.7(26.8^2-21.8^2)}{82.02-11.54-51.99}+247=795\text{m}(\text{取为 800m})$$

## 三、坡长设计

相邻两坡段的坡度变化点称为变坡点，相邻两变坡点间的水平距离称为坡段长度。

从工程数量上看，地形起伏千变万化，较短的坡段长度可更好地与地形起伏相适应，减少路基、桥隧等工程数量。不同坡长的纵断面如图 3-19 所示。

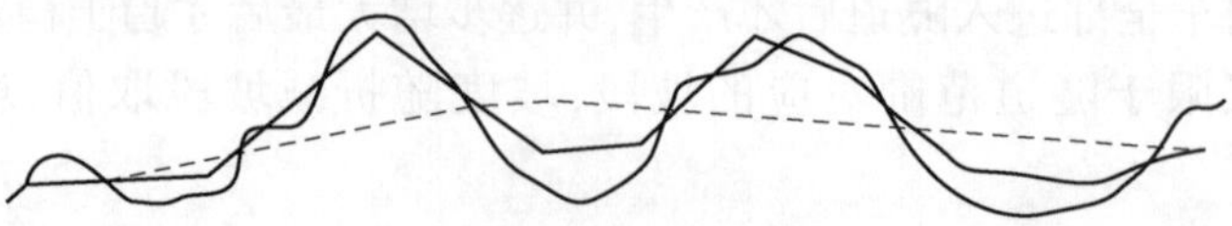

图 3-19　不同坡长的纵断面

从运营角度看，列车通过变坡点时，变坡点前后的列车运行阻力不同，车钩间存在游间，将使部分车辆产生局部加速度,影响行车平稳;同时也使车辆间产生冲击作用,增大列车纵向力。坡段长度要保证不致产生断钩事故。

一般最小坡段长度与货物列车牵引质量(长度)密切相关,因而也就与到发线有效长度直接相关,故最小坡段长度的取值也应以到发线有效长度为依据。旅客列车设计行车速度为160km/h 的路段,坡段长度不应小于400m,且最小坡段长度不宜连续使用两个以上。

《线规》规定旅客列车行车速度小于160km/h 路段的最小坡段长度,见表3-14。

**最小坡段长度** 表3-14

| 远期到发线有效长度 | 1050 | 850 | 750 | 650 |
|---|---|---|---|---|
| 最小坡段长度 | 400 | 350 | 300 | 250 |

对于设计行车速度小于160km/h 的路段,为了因地制宜节省工程,在下列情况下,坡段长度允许缩短至200m。

(1)因最大坡度折减而形成的坡段,包括折减坡段及其中间无须折减的坡段。这是由于相邻坡段的坡度差较小。

(2)长路堑内为排水而设置的人字坡段。

(3)凸形纵断面坡顶为缓和坡度差而设置的分坡平段。

(4)改建既有线和增建第二线的坡段长度在困难条件下可减至200m。

## 四、坡段连接

### (一)相邻坡段坡度差

纵断面的坡段有上坡、下坡和平坡。上坡的坡度为正值,下坡的坡度为负值,相邻坡段坡度差的大小,应以代数差的绝对值 $\Delta i$ 表示。如前一坡段的坡度 $i_1$ 为4‰下坡,后一坡段的坡度 $i_2$ 为2‰上坡,则坡度差 $\Delta i$ 为:

$$\Delta i = |i_1 - i_2| = |(-4‰) - (+2‰)| = 6‰$$

近年来,根据相关理论研究、模拟计算和现场试验,列车通过变坡点时的纵向力有如下规律:

(1)列车纵向力随变坡点坡度差值的增大,而有所增大。

(2)凸形纵断面列车纵向拉力增大,压力减小;凹形纵断面拉力减小,压力增大。

(3)列车通过变坡点时的纵向力主要取决于列车牵引质量(列车长度)、机车操纵工况和纵断面形式。

因此,其他因素相同时,相邻坡度差对纵向力有较大影响。根据列车通过变坡点时产生的纵向力不大于车钩强度,即保证列车不断钩的条件计算,最大坡度差可以达到2倍限制坡度值。但考虑到远期列车牵引质量可能增大,引起更大的纵向力,最大坡度差应留有适当余量,应以远期到发线有效长度作为拟定坡度差的参数。《线规》对客货共线铁路最大坡度差的规定如表3-15所示。

**相邻坡段最大坡度差** 表3-15

| 远期到发线有效长度(m) | | 1050 | 850 | 750 | 650 |
|---|---|---|---|---|---|
| 最大坡度差(‰) | 一般 | 8 | 10 | 12 | 15 |
| | 困难 | 10 | 12 | 15 | 18 |

为保证行车安全,司机通视距离应不小于紧急制动距离。在凸形纵断面的坡顶,若坡度差过大,则司机的通视距离缩短,因此,设计时应注意适当减少坡度差,必要时应加以检算(客运专线铁路上行驶的旅客列车质量小,且车钩采用密接式车钩,因此相邻坡段的坡度差不受控制)。

(二)竖曲线

在线路纵断面的变坡点处,为了保证行车的安全平顺,设置的与坡段直线相切的竖向曲线称为竖曲线。

常用的竖曲线有两种类型:一为抛物线形,即用一定变坡率为20m的短坡段连接起来的竖曲线;另一种为圆曲线形竖曲线。因圆形竖曲线测设,养护方便,目前国内外均大量采用,以下均讨论圆形竖曲线。

1. 竖曲线半径

圆形竖曲线的半径的设计要求应考虑以下条件:

(1)不脱轨的要求。列车经过变坡点,内燃、电力机车的前转向架中间轴未通过变坡点前,机车前轮将悬空,若悬空值超过机车轮缘高度将可能脱轨,而通过设置竖曲线,可避免此种情况发生。一般相邻坡段的坡度代数差大于3‰时,必须设置竖曲线进行坡段连接,而低于3‰时,施工或养护时变坡点也能自然形成竖曲线的形状,一般不必设置竖曲线;但设计行车速度为160km/h及以上时,为保证行车安全,当相邻坡度代数差大于1‰时即须设置竖曲线。

(2)旅客舒适度的要求。列车通过竖曲线时,产生的竖直离心加速度不应使旅客产生不舒适感,即应保证竖向离心加速度$a_{sh}$不大于允许的竖向离心加速度$[a_{sh}]$:

$$a_{sh}=\frac{V^2}{3.6^2\cdot R_{sh}}\leqslant[a_{sh}]$$

则:

$$R_{sh}\geqslant\frac{V^2}{3.6^2\cdot[a_{sh}]}\tag{3-38}$$

式中$[a_{sh}]$根据国内外经验,分别取$0.15m/s^2$和$0.2m/s^2$时,按路段设计速度160km/h计算,按上式计算的最小竖曲线半径分别为13200m和9880m。

(3)不脱钩的要求。列车经过变坡点时,竖曲线半径太小,相邻车辆相对移动明显,车钩上下错动加剧,若超过限定的最大量引起上下脱钩。我国车钩允许的上下活动量货车为75mm,客车为60mm,据此确定的最小竖曲线半径一般在1750~2850m。

(4)列车纵向力的要求。

计算表明,牵引质量不超过5000t时,列车在相应限坡组成的凸或凹形变坡点上,竖曲线半径为10000m,各种工况下产生的列车纵向力均小于限制。

综合以上分析,为了行车平稳和安全,改善行车条件,规定:对于设计速度小于160km/h的铁路,相邻坡段的坡度差大于3‰时,相邻坡段应以圆形竖曲线连接,且半径采用10000m;对于设计速度为160km/h的铁路,相邻坡段坡度差大于等于1‰时,设置半径为15000m的圆形竖曲线。

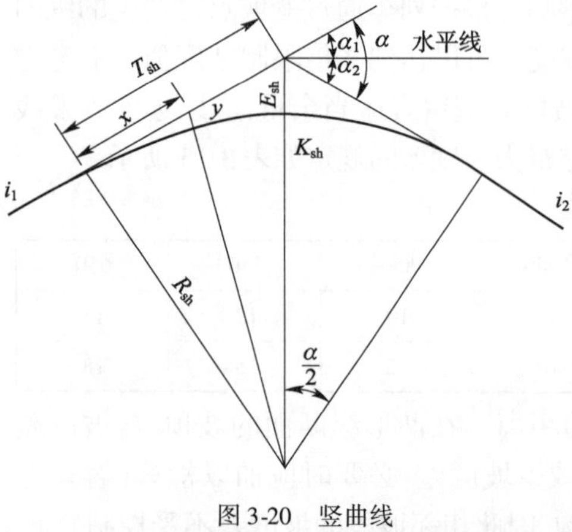

图3-20 竖曲线

2. 竖曲线的几何要素

(1)竖曲线切线长

竖曲线计算中,不仅近似地将坡段与水平线的夹角与其坡度视为相等,而且将竖曲线的切线长与其对应的半个圆曲线的长度、对应的坡段长均视为相等,因此,由图3-20可知,竖曲线切线长$T_{sh}$:

$$T_{sh} \approx \frac{\alpha \cdot R_{sh}}{2} = \frac{|\alpha_1 - \alpha_2| \cdot R_{sh}}{2} = \frac{R_{sh}}{2} \cdot \left| \frac{i_1}{1000} - \frac{i_2}{1000} \right| = \frac{R_{sh} \cdot \Delta i}{2000} \quad (m) \tag{3-39}$$

式中：$\alpha$——竖曲线的转角(°)；

$\alpha_1$、$\alpha_2$——前后坡段与水平线的夹角(°)，上坡为正值，下坡为负值；

$i_1$、$i_2$——前、后坡段的坡度(‰)，上坡为正值，下坡为负值；

$\Delta i$——坡度差的绝对值。

因此，半径为10000m和15000m时，$T_{sh}=5\Delta i$ 及 $T_{sh}=7.5\Delta i$。

(2)竖曲线长度

$$K_{sh} \approx 2T_{sh} \quad (m) \tag{3-40}$$

(3)竖曲线纵距 $y$

因：

$$(R_{sh}+y)^2 = R_{sh}^2 + x^2$$

$2R_{sh}y = x^2 - y^2$（$y^2$ 值很小，略去不计）

故：

$$y = \frac{x^2}{2R_{sh}} \quad (m) \tag{3-41}$$

式中：$x$——切线上计算点至竖曲线起点的距离(m)。

变坡点处的纵距称为竖曲线的外矢距 $E_{sh}$，计算式为：

$$E_{sh} = \frac{T_{sh}^2}{2R_{sh}} \quad (m) \tag{3-42}$$

新建铁路的设计高程一般为路基面的路肩处高程，竖曲线地段的设计高程应考虑减去（凸形变坡点）或加上（凹形变坡点）纵距，竖向线上任意一点里程 $x_m$ 的设计高程为 $H_s$：

$$H_s = H_0 + (x_m - x_0) \times i \pm y$$

式中，$x_0$、$H_0$ 分别为变坡点处的里程和计算高程（两折线相交处的高程）；±：凸形为负，凹形为正。

路基填挖高度（施工高度）为设计高程与原地面高程的差。

**【例3-4】** 某铁路设计速度小于160km/h，凸形变坡点 $A$ 的里程为K5+545.35，计算高程为142.352m，相邻坡段坡度为 $i_1=6‰$，$i_2=-2‰$，计算点 $B$(K5+520)处的填挖高，地面高程为146.502m。

$A$ 点的坡度差：$\Delta i = |6-(-2)| = 8‰$

$A$ 点的竖曲线切线长：$T_{sh} = 5\Delta i = 40m$

$B$ 点的纵距：$y = \frac{x^2}{2R_{sh}} = \frac{(545.35-40-520)^2}{20000} = 0.011m$

$B$ 点的设计高程：$H_B = 142.352 + 6‰ \times (520-545.35) - 0.011 = 142.189m$

$B$ 点的挖方高度：$142.189 - 146.502 = -4.313m$

3. 设置竖曲线的限制条件

(1)缓和曲线地段、明桥面上、正线道岔范围内不应存在竖曲线。

缓和曲线地段即使内轨可以形成竖曲线形状，但圆曲线上外轨设置超高，外轨一般以一定的超高渐变率在缓和曲线上实现超高的渐变，从而外轨线形与竖曲线的形状矛盾；明桥面由于无道砟调整竖曲线，从而设置线形困难；道岔的尖轨和辙叉应位于同一平面上，如设于竖曲线将影响其左右开合。此外，在这些地段设置竖曲线还将对养护维修带来影响，且行车速度越高，影响越大。

因此,这些地段应避免与竖曲线重叠。

(2)竖曲线与竖曲线不应重叠设置。

为了避免列车竖向振动相互重叠,影响行车舒适度,一般情况下两竖曲线间的距离不小于50m,困难时可用30m。

(3)当路段设计速度达到160km/h时,竖曲线与平面圆曲线不宜重叠设置。

列车速度较高时,凸型竖曲线与平面曲线重叠,列车产生竖向加速度,减少了重力加速度对未平衡水平离心加速度的抵消作用,相对加大了未被平衡离心加速度,即加大了列车的欠超高,降低了旅客舒适度,且两者重叠设置对轨面保持平顺性的养护维修也带来困难。因此,两者不宜重叠设置。但是,此时变坡点及其竖曲线只能设在平面直线上,约束条件较严,导致工程费用大幅上升,因此,困难条件下竖曲线可与较大半径(半径不小于2500m)的平面圆曲线重叠,特殊条件下(半径不小于1600m),经经济技术比选,竖曲线方可与平面圆曲线重叠设置。

## 五、坡段设计对行车费用的影响

### (一)坡度大小对行车费用的影响

设计线的机车类型和限制坡度选定后,货物列车的牵引质量随之确定。对于非足坡设计的情况,若设计坡度值较大,则上坡时每公里的燃料或电力的消耗较多,行车时分加长;下坡时限速降低,轮箍闸瓦的磨耗较严重,故行车费用增多。

### (二)有害坡段与无害坡段

列车在下坡道上运行时,可借助重力作用,不需机车牵引而向下滑行,坡度越陡,坡段越长,则列车最后滑行的速度越快。但是列车下坡的速度受制动条件限制不能过高,达到限制速度后,即需制动。这种需要制动的坡段,一方面使列车在坡顶具有的位能,因制动而消耗一部分,不能充分被利用;另一方面轮箍闸瓦因制动而磨损,增大行车费用,所以称为有害坡段。

若下坡的坡度不大,或者坡度虽大但坡段很短,列车借助重力向下滑行,速度达不到限制速度,因而不需要施行制动。这种不需制动的坡段,位能可以完全得到利用,又不会引起轮箍闸瓦的磨耗,不至增大行车费用,所以称为无害坡度。

最大无害坡度 $i_{wh(max)}$ 是指列车在下坡道上运行时,下滑力与阻力相等且运行速度为限制速度时,无须制动的坡度,其值可用下式计算:

因
$$P \cdot \omega_0' + G \cdot \omega_0'' = g \cdot i_{wh(max)}(P+G) \tag{3-43}$$

故
$$i_{wh(max)} = \frac{P \cdot \omega_0' + G \cdot \omega_0''}{g(P+G)} = \frac{\omega_0}{g}(‰)$$

式中:$\omega_0'$——限制速度时机车单位基本阻力(N/t);

$\omega_0''$——限制速度时车辆平均基本阻力(N/t);

$\omega_0$——限制速度运行时的列车平均单位基本阻力(N/t)。

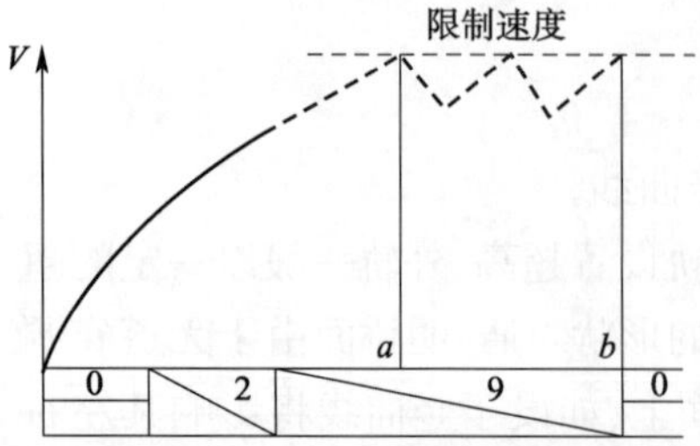

图3-21 有害坡段的判定

根据我国铁路的制动限速和机车、车辆、牵引质量情况,按上式计算的最大无害坡度,重车货物列车一般在2.5‰左右,空车货物列车一般在4‰左右。

下坡坡道是否需要制动,与坡度大小、坡段长度和列车进入该坡段的初速有关,可根据速度距离曲线来判断。如图3-21所示,$a \sim b$ 坡段为需要制动的有害坡段,其他坡段为不需要制动的无害坡段。

粗略估计时,通常将坡度大于4‰,且下降高度超过10m的坡段,概略地定为有害坡段。设计时,若地形条件许可,应尽量消除有害坡段。

(三)克服高度

线路克服高度为线路单方向上坡方向上升的高度(又称拔起高度)。上行与下行方向应分别计算,如图3-22所示。

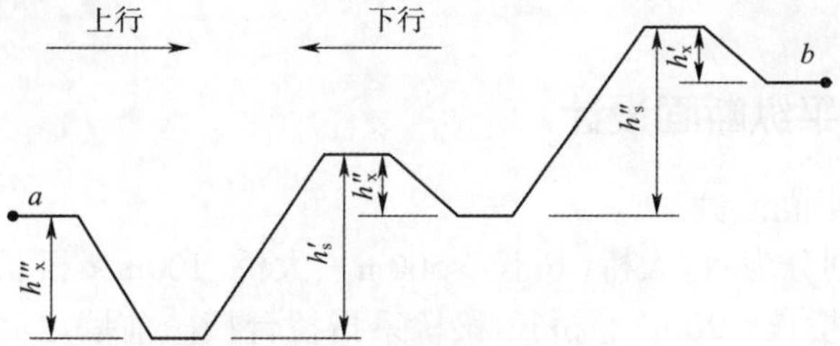


图3-22 克服高度示意图

$a$、$b$两点间,上下行方向的克服高度总和分别为:

$$\sum h_s = h'_s + h''_s (\text{m})$$

$$\sum h_x = h'_x + h''_x + h'''_x (\text{m})$$

克服高度反映了列车运行单方向克服的势能,克服高度大一定程度上引起列车能量消耗大和运行速度。如线路长度相同,克服高度越大,则燃料或电力消耗越多,行车时分越长,行车费用越高。所以不同线路方案进行比较时,为衡量方案优劣,克服高度常作为技术指标之一。

设计纵断面时,既要适应地形起伏,又要力争减小克服高度。如图3-23所示,将纵断面坡顶的设计高程降低(改为虚线坡段),可减小克服高度,提高行车速度,降低行车费用。

(四)考虑节能的车站位置

中间站分布较广,对于非连续上坡地段的车站设置,考虑"高站位低区间"的设计思想:一般应争取车站位于凸型坡的坡顶,使列车进站时上坡,将动能转化为势能,列车出站时下坡,再将势能转化为动能,这样有利于减少能量消耗,达到节能的目的,称为节能坡设计。如图3-24a)与b)所示,坡段长度与坡度大小是相同的,只是进出车站的上下坡情况不同。图3-24b)中纵断面,列车出站为下坡有利于列车加速,减少能量消耗;进站为上坡有利于列车减速,减少制动的轮箍闸瓦磨耗;并且有利于争取较高的区间的走行速度。图3-24a)中纵断面则相反(特别是在地铁纵断面设计中,由于其间距短且一般站站停车,节能坡设计也得到了较多应用)。

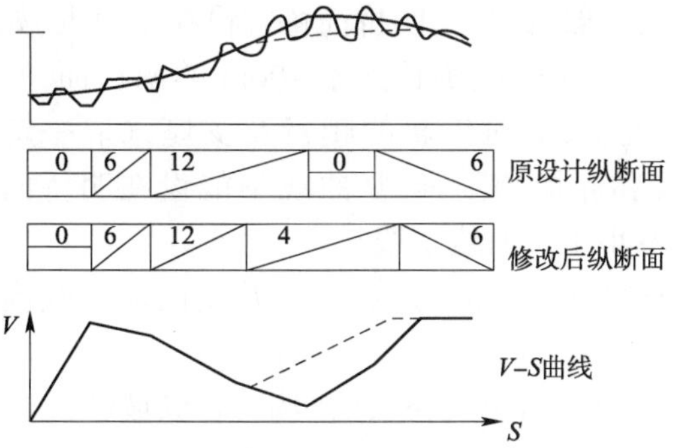


图3-23 降低克服高度

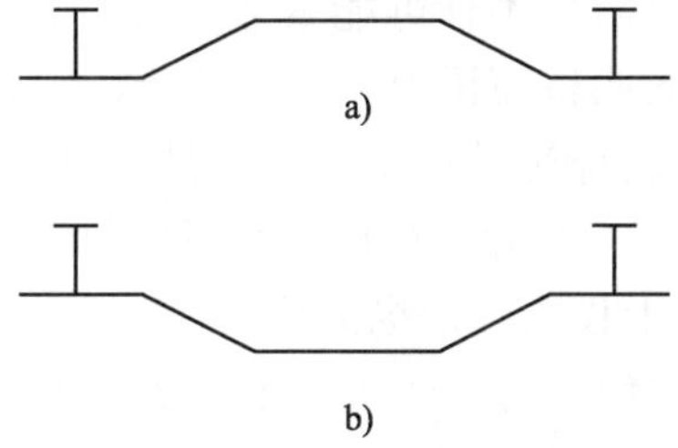


图3-24 节能坡设计

## 单元三　桥涵、隧道及路基地段的平纵断面设计

单元一主要讨论的是区间地段的线路纵断面的设计，本单元讨论线路上有关建筑物(包括桥梁、涵洞、隧道、车站等)的平面及纵断面的设计要求，这些建筑物平纵面设计应与其本身特点相适应。

### 一、桥涵地段的平纵断面设计

(一)桥涵地段的平面设计

桥梁按其长度可划分为：特大桥(桥长 >500m)、大桥(100m < 桥长 ≤500m)、中桥(20m < 桥长 ≤100m)和小桥(桥长 ≤20m)。桥长-梁桥系指桥台挡碴前墙之间的长度；拱桥系指拱上侧墙与桥台侧墙间两伸缩缝外端之间的长度；刚架桥系指刚架顺跨方向外侧间的长度。

桥梁设在曲线上，桥梁结构设计、施工及养护均不便。

线路位置容易变形造成过大偏心，对墩台受力不利；曲线上限速、制动、行车摇摆对桥梁受力和运行安全均不利；更换钢轨和整正曲线比较困难。

为避免工程过大，特大桥、大桥必须设在曲线上时，采用较大的半径(尽量不低于平面曲线半径优先取值范围的下限)以减小上述影响。因此，特大桥、大桥宜设在直线上。但中小桥及涵洞对线路平面设计无特殊要求，符合区间铁路平面设计要求即可。

同一座桥梁如设在反向曲线上，列车由一曲线进入另一曲线，摆动剧烈，对桥梁受力不利，而且线路养护拨道也不易正确就位，梁上产生偏心，故各类型桥均应避开反向曲线。特别是未铺道砟的明桥面桥(钢桥)，线路很难固定，轨距不易保持，而且明桥面桥上曲线外轨超高要用桥枕高度调整，缓和曲线上超高渐变，铺设和抽换轨枕更加困难。因此，明桥面桥不应设在反向曲线上，也不宜设在缓和曲线上(跨度大于 40m 或桥长大于 100m 的明桥面桥设在半径大于 1000m 的曲线上时，应有充分技术经济依据)。

连接大桥的桥头引线，应采用桥梁上的平面标准。如设计为曲线时，半径不应小于该路段的最小曲线半径。

(二)桥涵地段的纵断面设计

对于大量存在的道砟桥面的桥涵，则可设在任何纵断面的坡道上，纵断面设计时，按普通路段的纵断面设计要求即可。

但对于明桥面桥，由于线路难于锁定，轨距也不易保持，线路养护困难，下坡时，在桥上制动也会增加钢轨爬行，从而影响行车安全。因此，一般情况下，明桥面桥宜设在平道上，如果必须设在坡度上时，坡度不宜大于 4‰(对于跨度大于 40m 或桥长大于 100m 的明桥面，有充分技术经济依据时才有可能置于 4‰ ~ 12‰的坡度上，并对钢轨的爬行及支座采取一定的措施)。此外，明桥面桥上调整轨顶标高引起铺设和养护的困难，竖曲线不能设在明桥面的桥上，纵断面设计时，使变坡点距明桥面桥起终点不小于竖曲线切线长。

平原地区通航河流上的大型桥梁，为了保证桥下必要的通航净空，并使两端引线高程降低，可在桥上设置凸形纵断面。

设计时应考虑架桥机在梁跨 32m 的预应力混凝土桥上及桥头引线上，若纵坡超过 15‰ ~ 20‰，起动与定位困难。

桥梁处的路肩设计高程应不低于水文条件和桥下净空高度所要求的最低高度。

涵洞处路肩设计高程,水文条件上,应比规定洪水频率(客运专线、客货共线Ⅰ、Ⅱ级铁路为1%、Ⅲ级铁路为2%)的设计水位连同壅水高度至少高出0.5m,即要求路堤填土高度高出涵前积水高度至少0.5m。此外,洞身结构上,为改善洞身受力,涵洞顶上应有最少厚度的填土,自沟底起算的洞顶路堤填土高度应大于最小路堤高(各种孔径涵洞相应流量的涵前积水高度和结构条件所需最小路堤高度,可从桥涵水文计算的有关手册查取)。当填土高度不能同时满足上述两项要求时,可采取以下可能的方式:改为需要填土高度较小的涵管类型;加大孔径或改为双孔及多孔;提高路肩设计高程;若出口有较深较陡的沟床时,可适当挖低沟底。

## 二、隧道地段的平纵断面设计

### (一)隧道地段的线路平面

曲线上的隧道由于列车倾斜和平移,需要加宽隧道建筑限界,并且相应加大坑道的尺寸,不但增加了开挖土石方的数量,还增加了衬砌的圬工量;在不同曲率曲线上的隧道建筑限界加宽不同,隧道的断面是变化的,因而在施工时,支护和衬砌的尺寸均不一致,技术上较为复杂;列车运行在曲线隧洞内,空气阻力比直线隧道大,机车牵引力的损失大,降低了运营效率;列车在曲线上行驶,洞内空气潮湿,使得钢轨磨损加速,从而使洞内的养护工作量增大;曲线隧道洞身弯曲,使通风不利,有害气体不宜排出;曲线隧道内施工测量时,操作变得复杂,精度降低。

因此,隧道宜设在直线上,若受地形地质条件限制不得不将曲线引入隧道,宜将曲线设在洞口附近,并采用较大的曲线半径。隧道更不宜设在反向曲线上,必须设在反向曲线上时,其夹直线长度宜采用较长的夹直线,以免两端的曲线加宽发生重叠,施工复杂。

### (二)隧道地段的线路纵断面

隧道处于地层之内,除有地质变化外,线路坡型不受什么限制,一般可采用简单的单面坡或不复杂的人字坡。

单面坡多用于线路的紧坡地段或展线地区,因为单面坡可以争取高程,从而拔起或降落一定的高度,施工及测量方便且能促进洞内的自然通风;但单面坡不利于排水,施工时洞内水会流向开挖工作面,运砟时空车下坡重车上坡,运输效率低。

人字坡则多用于长隧道,尤其是越岭隧道,施工时洞内水可自然流向洞外,运砟时,重车下坡,空车上坡,运输效率高;但坡顶通风情况不好,列车通过时排出的有害气体会聚集在两坡间的顶峰处,恶化运营和维修工作条件,必要时应采用人工通风。

隧道内的坡度不宜小于3‰,以利排水。严寒地区且地下水发育的隧道,可适当加大坡度,以减少冬季排水结冰堆积的影响。

## 三、路基对线路纵断面的要求

当路肩高程受洪水位或潮水位控制时,应计算其设计水位。设计洪水频率标准应采用1/100。

滨河、河滩路堤(包括大中桥的桥头引线)的路肩高程应高出设计水位加壅水高加波浪侵袭高或斜水流局部冲高,加河床淤积影响高度,再加0.5m,其中波浪侵袭高与斜水流局部冲高应取二者中之大值。例如某滨河路段设计水位高程为298.3m,壅水高0.5m,波浪侵袭高0.4m,斜水流局部冲高0.45m,河床淤积影响高度0.8m,该路段路堤的路肩高程应为300.55m。

水库路基的路肩高程,应高出设计水位加波浪侵袭高加壅水高(包括水库回水及边岸壅水),再加0.5m。当按规定洪水频率计算的设计水位低于水库正常高水位时,应采用水库正常高水位作为设计水位。例如某水库库岸铁路按规定频率计算的设计水位为452.0m,壅水高

1.0m,该水库正常高水位为454.00m,波浪侵高1.0m,水库路基的路肩高程应为456.50m。

地下水水位或地面积水水位较高地段的路基,其路肩高程应高出最高地下水水位或最高地面积水水位加毛细水强烈上升高度,再加0.5m。

长大路堑内的设计坡度不宜小于2‰,以利侧沟排水。当路堑长度在400m以上且位于凸形纵断面的坡顶时,可设计为坡度不小于2‰、坡长不小于200m的人字坡。

# 单元四　站坪的平面和纵断面设计

## 一、站坪长度

铁路线路设计涉及许多会让站、越行站、中间站,定线不只是区间线路的确定,需要同时考虑区间与车站的关系,并确定车站的位置,站坪长度是其中的重要参数。站坪长度 $L_z$ 由远期到发线有效长度和两端道岔咽喉区长度 $L_{yh}$($L_{yh}$ 一般从最前端基本轨缝算起)决定,通常是车站两端最外侧道岔与区间的基本轨接缝之间的长度,如图3-25所示。

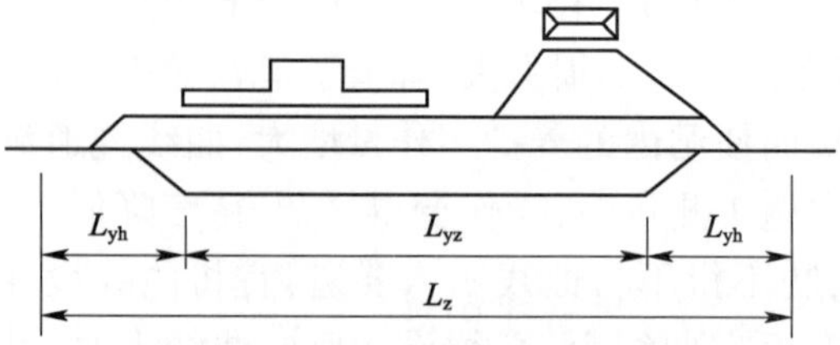

图3-25　站坪长度示意图

客货共线铁路上会让站、越行站、中间站和区段站的站坪长度与车站类别、正线数目、车站股道布置形式和远期到发线有效长度等有关。股道数量不同,则站坪两端咽喉区长度不同;股道布置形式和到发线有效长度,则决定站坪中段的长度。

表3-16所列的站坪长度,根据规定的车站一般布置形式计算,是在单机牵引下,正线上按除越行站、双线中间站两正线间的一条正线采用18号道岔外,其余全部采用12号道岔计算的(正线采用基本宽度为380mm的高柱信号机,到发线上采用两机构矮柱色灯信号机)。若条件不同,站坪长度应另外计算确定。

站坪两端变坡点的坡度差大于0.3%时,需要设置竖曲线。变坡点应设在站坪端点外侧不短于竖曲线切线长的处所。

**站坪长度(m)**　　表3-16

| 车站种类 | 车站布置形式 | 远期到发线有效长度 | | | | | | |
|---|---|---|---|---|---|---|---|---|
| | | 1050 | | 850 | | 750 | | 650 |
| | | 单线 | 双线 | 单线 | 双线 | 单线 | 双线 | 单线 |
| 会让站、越行站 | 横列式 | 1450 | 1700 | 1250 | 1500 | 1150 | 1400 | 1050 |
| 中间站 | 横列式 | 1600 | 2000 | 1400 | 1800 | 1300 | 1700 | 1200 |
| 区段站 | 横列式 | 2000 | 2500 | 1800 | 2300 | 1700 | 2200 | 1600 |
| | 纵列式 | 3500 | 4000 | 3100 | 3600 | 2900 | 3400 | 2600 |

注:1. 站坪长度未包括站坪两端竖曲线长度。

2. 如有其他铁路接轨时,站坪长度应根据需要计算确定。

3. 多机牵引时,站坪长度应根据机车数量及长度计算确定。

4. 会让站、越行站、中间站和区段站的站坪长度,除越行站、双线中间站两端按各铺一组18号道贫单渡线确定外,正线上其他道岔采用12号确定,当采用其他型号道岔时应另行计算确定。

5. 复杂中间站、区段站的站坪长度可按实际需要计算确定。

## 二、站坪的线路平面

(一)车站正线的平面设计

车站要进行技术作业,为了作业的安全和方便,站坪应设在直线上。但受地形条件限制,设在直线上会引起大量工程,所以在特殊条件下,才允许将站坪设在曲线上。

车站设在曲线上,在运营上有如下缺点:

(1)站内瞭望视线不良,使接发列车、调车和列检作业的信号条件复杂化,增加了传递信号的时间,还可能引起信号误认,影响作业安全,车站繁忙时,须增加行车及列检人员。

(2)列车起动时,曲线引起附加阻力。

(3)影响调车作业。

车站的规模愈大,作业愈多,上述影响则愈加严重。因此《线规》按路段旅客列车设计行车速度,对最小曲线半径做出如下规定:

中间站、会让站、越行站宜设在直线上;困难条件下需设在曲线上时,应采用较小的曲线转角和较大的曲线半径,最小圆曲线半径应不小于表 3-17 规定。

**站坪平面最小圆曲线半径(m)** 表 3-17

<table>
<tr><td colspan="4">路段旅客列车设计行车速度(km/h)</td><td>160</td><td>140</td><td>120</td><td>100</td><td>80</td></tr>
<tr><td rowspan="3">最小圆曲线半径</td><td colspan="3">区段站</td><td>1600</td><td>1200</td><td colspan="3">800</td></tr>
<tr><td rowspan="2">中间站、会让站、越行站</td><td rowspan="2">工程条件</td><td>一般</td><td>2000</td><td>1600</td><td>1200</td><td>800</td><td rowspan="2">600</td></tr>
<tr><td>困难</td><td>1600</td><td>1200</td><td>800</td><td>600</td></tr>
</table>

区段站列检及调车作业量很大,应设在直线上,特殊条件下,考虑旅客列车以最高速度通过的可能,如有充分依据可设在曲线上,但曲线半径不得小于表 3-17 的数值。

改建车站时,若受车站两端桥隧等控制而引起巨大的工程量,可保留既有半径,但应有充分的依据。

横列式车站不应设在反向曲线上,以免更加恶化瞭望条件,降低效率,影响作业安全。纵列式车站(图 3-26)如设在反向曲线上时,则每一运行方向的到发线有效长度范围内,不应有反向曲线。

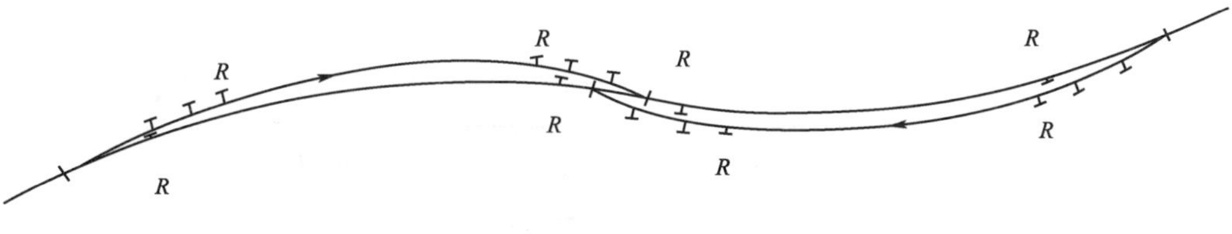


图 3-26 纵列式曲线车站形式

(二)车站咽喉区的平面

车站咽喉区范围内有较多道岔,道岔设在曲线上有严重缺点。如尖轨不密贴且磨耗严重,道岔导曲线和直线部分不好联结,轨距变化不好养护,列车通过时摇晃厉害且易脱轨。曲线道岔又需特别设计和制造,所以车站咽喉区范围内的正线应设在直线上而不应设在曲线上。车站咽喉区两端最外道岔及其他单独道岔(直向)至曲线超高顺坡终点之间的直线长度,当 $V_{max}>120$km/h 时,不应小于 40m;困难条件下不应小于 25m。低于上述速度的其他线路不应小于 20m。

## 三、站坪的纵断面

站坪宜设在平道上，以确保车站作业的方便和安全。但在自然纵坡较陡的地形条件下，为了节省大量工程或争取线路高度，允许将站坪设在坡道上，但设计坡度应满足下列要求。

1. 保证车辆不致溜逸

车辆普遍采用滚动轴承，在站坪坡度为1.5‰的既有车站上有溜逸可能，《线规》规定：站坪宜设在平道上，困难条件下必须把站坪设在坡度上时，坡度不应大于1.0‰，以保证站内调车的安全与方便。在特殊条件下，有充分技术经济依据时，考虑在相邻两个车站中远期至少有一个车站能办理车辆甩挂作业，允许将会让站、越行站设在不陡于6‰的坡道上，但两个相邻的车站不应连续设置。区段站、客运站不得大于2.5‰，有大量调车作业的中间站也不宜大于2.5‰。

2. 保证顺利起动

列车从静止到运动，起动阻力比运行阻力大很多，起动牵引力也比运行中的牵引力要大，必须保证起动牵引力大于起动阻力，即站坪设计坡度应不大于最大起动坡度 $i_{q(\max)}$。由 $\lambda_y F_q = P(\omega'_q + g i_{q(\max)}) + G(\omega''_q + g i_{q(\max)})$ 得：

$$i_{q(\max)} = \frac{\lambda_y F_q - (P\omega'_q + G\omega''_q)}{(P+G)g}(‰) \tag{3-44}$$

式中：$i_q$——起动地段的加算坡度，其他符号含义见式(2-34)及式(2-47)等。

站坪范围内，一般设计为一个坡段，为了减少工程，也可将站坪设计在不同的坡段上。在列车起动范围内如有曲线时，还应考虑曲线附加阻力对起动的影响，列车长度内包括曲线附加阻力的加算坡度值不应大于最大起动坡度。若站坪范围内设计为两个坡段，应考虑列车位于最不利的位置时，列车长度内的平均加算坡度不大于最大起动坡度。

**【例3-5】** 设计线 $i_x = 0.6\%$，采用 $DF4B$ 型机车（$Fq = 442.2\text{kN}$，$P = 138\text{t}$，$L_j = 21.1\text{m}$），$G = 3870\text{t}$，列车长度取为700m。某会让站的站坪平、纵断面如图3-27所示，检算安装滚动轴承的货物列车在图示的最不利位置时，能否顺利起动。

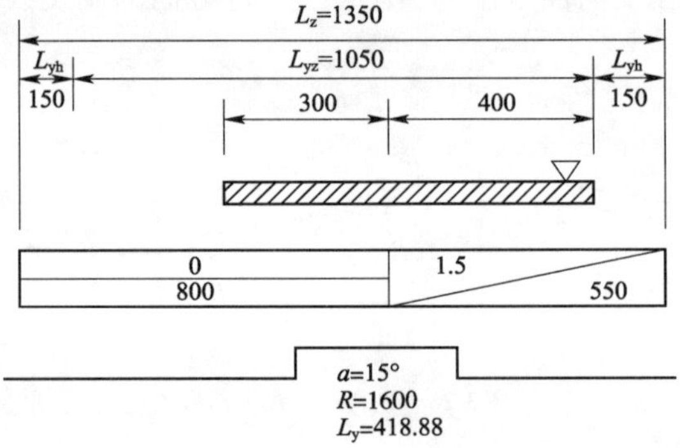


图3-27 站坪平、纵断面(尺寸单位:m)

**解**：最大起动坡度按式(3-44)计算列车位于图示最不利位置时的平均加算坡度 $i_j$：

$$i_{q(\max)} = \frac{0.9 \cdot 442200 - (138 \times 5 + 3870 \times 3.5) \times 9.81}{(138 + 3870) \times 9.81} = 6.57‰$$

$$i_j = (\omega_r + \omega_i)/q = \frac{10.5\alpha}{L_1} + \frac{300q \cdot i_1 + 400q \cdot i_2}{700q} = \frac{10.5 \times 15}{700} + \frac{400 \times 1.5}{700} = 1.08‰$$

$q$ 表示列车每延米的质量。

因为 $i_j < i_{q(max)}$，故列车能顺利起动。

## 四、站坪两端的线路平面和纵断面

### (一)竖曲线和缓和曲线不应伸入站坪

(1)在纵断面上，竖曲线不应伸入站坪。站坪端点至站坪外变坡点的距离不应小于竖曲线的切线长度 $T_{sh}$，如图 3-28 右端所示。

(2)在平面上，缓和曲线不应伸入站坪。站坪端点至站坪外曲线交点的距离不应小于曲线的切线长度 $T_1$，如图 3-28 左端所示。不伸入站坪的就是不与站坪咽喉区上的道岔重叠，即不进入道岔的基本轨缝以内。

(3)若站坪两端的线路，在平面上有曲线，在纵断面上有竖曲线，则应考虑竖曲线不与缓和曲线重叠的要求，如图 3-28 最右端所示，平曲线交点距变坡点的距离不应小于 $T_{sh}+T_2$。

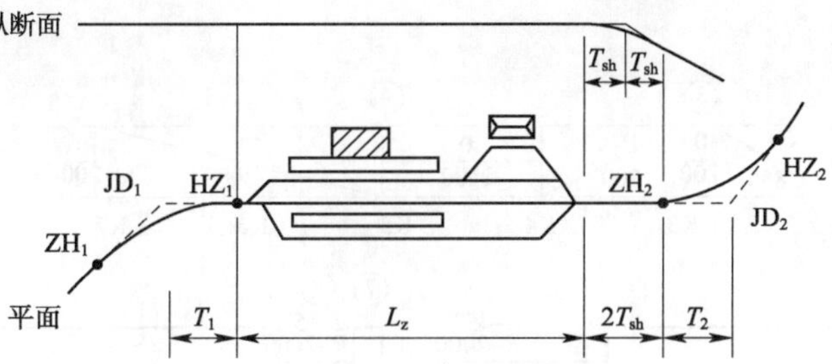


图 3-28 站坪两端的平纵面

### (二)进站起动缓坡

由于列车早点或晚点到达车站、车站作业延误、车站设备临时性故障、股道暂不空闲等原因，导致进站列车在进站信号机前方临时停车。为使上坡进站的列车停车后能顺利起动，需在进站信号机前方设置起动缓坡。运营实践及检算表明：电力牵引时，在限制坡度上均可起动；内燃牵引时，限坡较小时，由于牵引质量大，站外停车易导致起动困难。故《线规》规定：限制坡度小于或等于 6‰的内燃牵引铁路，编组站、区段站和接轨站进站信号机前的线路坡度不能保证货物列车顺利起动时，应设置起动缓坡，除地形困难者外，其他车站也宜设置。在地形困难处，特别是紧坡地段，坡度放缓将导致高度损失，线路额外展长。

起动缓坡的坡度拟定后可按式(3-44)检算 $i_{q(max)}$，其长度应不短于远期到发有效长度。起动缓坡设在进站信号机前方。进站信号机一般设于距进站道岔尖轨尖端(顺向道岔为警冲标)不少于 50m 的地点。

### (三)出站加速缓坡

车站前方有长大上坡道时，为保证列车尾部进入限制坡道或加力牵引坡道上时，行车速度能达到机车计算速度，应使列车出站后能较快加速，在地形条件允许时，宜在站坪外上坡端设计一段坡度较缓的坡段，这种缓坡称为出站加速缓坡。当地形困难时，应绘制速度距离曲线进行检查，判断列车尾部进入限制坡道上时，是否能达到计算速度，如未达到计算速度，则需设置加速缓坡，以免列车运行困难。

内燃机车的计算速度较低，一般在站坪范围内即可加速到机车计算速度，就不需要设置加速缓坡；电力机车因计算速度高，在站前即为最大坡度的上坡路段，要进行牵引计算检查速度，达不到计算速度时，应设置加速缓坡。

【例 3-6】 某单线铁路,路段设计速度 120km/h,电力机车单机牵引,限制坡度$i_x=1.2‰$,$R_{min}=800m$,列车长度初期为 400m,远期为 800m。某人设计的甲—乙区间的平纵断面图如图 3-29 所示(甲乙两站均为无客货运作业的会让所,$L_{yx}=850m$)。请指出该设计与《线规》有关规定不符之处,标明位置并说明判断依据。图中直线长度均为加设缓和曲线前的长度,应设竖曲线处均已考虑设置竖曲线。

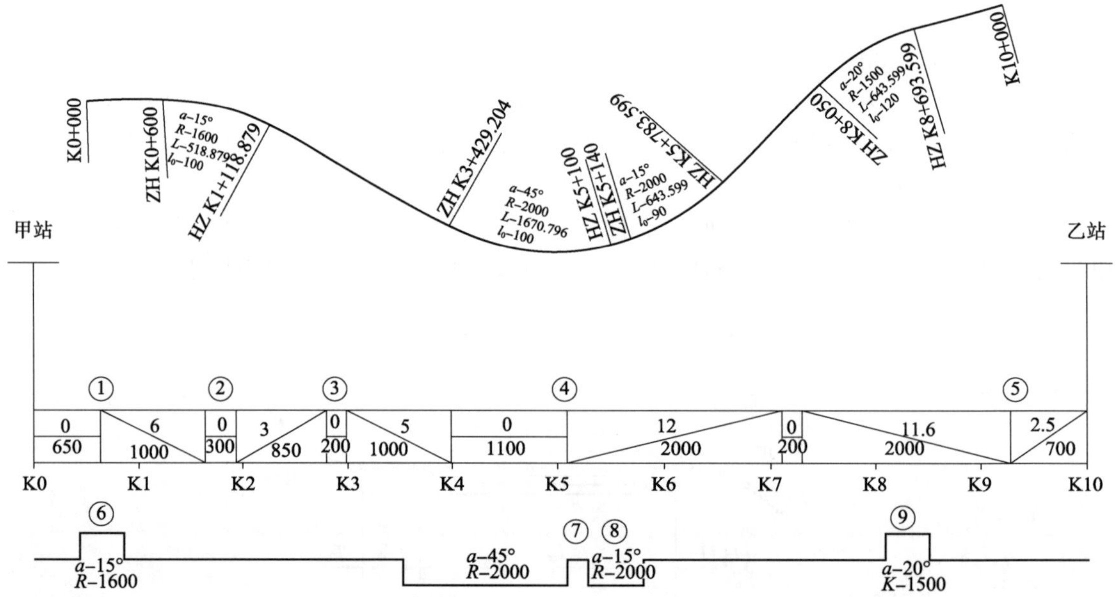


图 3-29　甲—乙区间的平纵断面图

**解**:不符之处如下:

①处变坡点,相邻坡度差为 6‰,大于 3‰应设置竖曲线,竖曲线切线长为$T_{sh}=5\Delta i=30m$,$L_{yx}=850m$ 会让所的站坪$L_z$长度为 1250m(见客货共线铁路站坪长度表),按此得$L_z/2=625m$ 位于 650±30m 的竖曲线内,可判断道岔位于竖曲线范围内,按《线规》规定,除困难情况外,竖曲线不宜与道岔重叠。

②处平坡坡长为 300m,但相邻坡段坡度差为 9‰<10‰,不符合设置分坡平段的条件,所以该坡段长度并不符合《线规》规定的最短坡长为 350m 的要求。

③处相邻坡段坡差为 8‰,并未达到设置分坡平段的要求,且该处坡长不符合坡长 200m 的条件。

④该变坡点处里程为 K5+100,相邻坡段坡差为 12‰,大于 3‰应设置竖曲线,而在平面图上看,此处属于缓和曲线路段,故此处竖曲线与缓和曲线重叠设置,不满足《线规》规定。

⑤处相邻两坡段的坡度差为 2.5-(-11.6)=14.1>12,按《线规》规定,坡度代数差太大应设置分坡平段。

⑥处在站坪范围内设置了圆曲线,《线规》规定会让站宜设在直线上,该处道岔置于缓和曲线上,车站咽喉区范围内的正线应设在直线上。

⑦此处夹直线长度为 40m,《线规》规定,困难条件下,最短夹直线长度也应不小于 50m,且该处竖曲线与缓和曲线重叠(图中未示出缓和曲线,但按要求存在缓和曲线)。

⑧处曲线路段用足最大坡度上坡,并未按《线规》规定进行最大坡度减缓,并且该处坡段长度为 2000m,此坡段与曲线的配合与用足坡度设计的思想不一致,⑨处同样存在这种问题。

## 习题

**一、简答题**

1. 曲线地段一定要进行坡度折减吗？计算速度与牵引质量在纵断面最大坡度折减设计中的意义是什么？

2. 最小半径的选择和限制坡度的选择一般在何时进行？

**二、计算题**

已知 $i_x=6$，$i_{jl}=12.5$，双机牵引地段，内燃牵引，近期列车长 800m，各坡段坡长（均以 m 计）如图 3-30 所示，此段为紧坡地段，按用足坡度设计，计算各待定坡段坡度值。

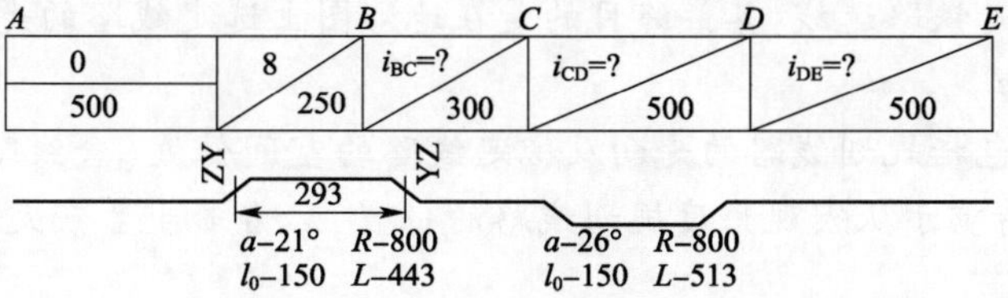


图 3-30　各坡断坡长

# 第四章　铁路选线与定线

## 本章导读

在给定的线路起讫点间选择并确定一条在技术上可行,在经济上合理,并能满足运输要求的铁路线路中心线就是铁路选线,其最终目的是在地形图上选定线路的走向,确定线路的空间位置,布置各种建筑物。

铁路选线广义上包括规划线路的走向及拟定线路的空间位置(含线路的概略位置及平纵断面的确定)。前者着重于从宏观角度规划线路的位置,后者着重于确定详细的线路位置,后者一般称为定线。

确定线路走向方案是其中的重要内容之一。应结合影响线路走向的自然因素和非自然因素以仔细研究比较,此外,接轨方案的选择也是影响线路走向的重要因素,包括主要接轨点和接轨方向的选择两个方面。

基于走向线,概略地确定线路位置,须首先划分紧坡和缓坡,根据两类不同的地形情况采用不同的定线思路。缓坡地段以航空直线为概略定线的位置,而紧坡地段以导向线作为概略定线的位置。

定线不仅仅是区间的平纵面设计,也包括车站的分布,主要是会让站、越行站、中间站的分布,应综合考虑有关路网布局、车流组织、机车交路和地方运输的要求,在地形地质技术条件可能的情况下,考虑近远期结合与地方工矿配合等因素。在确定区段站的基础上,分布中间站,保证国家对铁路所规定的远期客运和货运的输送能力,根据区间需要的通过能力,确定区间的时分标准。

选线工作涉及面广,影响因素多,技术性和政策性要求很强,需要应对的是非常复杂的自然环境和社会条件,因此,需要结合多方面因素综合考虑。

选线过程是从粗到细的过程,也是从整体到局部的过程,也是一个从面到带和从带到线的过程:首先在研究区域(面)内确定走向(带),再以走向为基础确定合理的平纵面(线)和车站位置(点)。

这个过程是方案不断比较选择的过程,从网性方案到局部方案,选线过程总是伴随着线路方案的比选。选线和定线的过程层层递进,最终确定出技术与经济均合理的线路平纵面位置是不断发现和认识的过程,工作量很大。例如,南昆铁路地势西北高,东南低,线路设计高程由南宁的78m上至红果的1725m及昆明1910m,全线大的起伏共有八次,克服线路相对高差达2010m。其中南宁至百色地形比较平缓,而百色至威舍地形陡峻,线路穿行于中山山地崇山峻岭中,河谷深切,桥隧相连;威昆段地处云贵高原的黔西南及滇中东低山山地及高原丘陵区,沿线地貌多变。线路所经地区属珠江流域西江水系,因受地质构造影响,江河迂回曲折,河谷深切呈"V"形狭谷,地质条件复杂。自1958年起至90年代初,关于线路走向、线路方案和主要技术标准问题,进行过300多段、次的研究比选,做了八大方案,累计定线长度10090km,初测2967km,完成初步设计达3086km。

铁路选线与定线作为铁路建设的基础工作，综合性大，牵涉面广，政策性强，兼具了科学性和艺术性。它是整个铁路勘测设计的关键环节，选线的质量，直接影响工程的质量和造价以及铁路的安全性、适用性、可靠性和使用寿命。因此，在学习本章时，要注重理解，不能生搬硬套，注重与实际相结合。

### 学习目标

了解确定铁路线路走向的相关因素及方法；了解两类不同地段的铁路定线的基本方法。

### 学习重点

1. 线路走向方案的选择因素；
2. 中间站的分布方法；
3. 定线的基本方法；
4. 导向线定线访求。

### 学习难点

紧坡地段的定线方法中的跨越沟谷及山嘴的定线方法。

## 单元一　线路走向的确定

线路走向的选择是铁路选线的基本工作之一，选线工作的第一步，即是选定线路的走向。其目的是合理确定设计的起讫点和线路的走向，包括铁路走向拟定及选择、车站分布、接轨点选择等内容。线路走向着重于从整体、全局进行线路走向的确定，而非详细研究线路具体位置。

### 一、影响走向选择的因素

（一）自然因素

地形、地质、水文、水源、地震、气象等自然条件，对选择线路走向影响巨大。对于严重的地质不良地区、高烈度地震区、缺水地区和高山大岭、困难峡谷等施工非常困难的自然障碍，选线时宜考虑绕避。线路走向不同，所遇到的自然条件迥异，因而其线路长度、工程量、工程费、运营费、运营效率以及寿命都各不相同。因此，提出的线路方案要根据具体情况，结合线路走向的要求，进行比选确定。

（二）线路意义及规划要求

线路的政治、经济、国防意义及其在路网中的作用是线路走向选择的主要因素。考虑铁路发展规划，线路走向应与城市总体规划、地方交通、通信、水利、工矿企业和其他工程建设相协调，布局合理。干线铁路除必须经过的控制点外，一般不宜过多展线靠近其邻近城镇，力求顺直，以缩短直通客货运输的时间和距离。例如对于政治文化经济意义较大的中心城市、工矿基地等按政治经济控制点考虑，线路必须经过，既扩大了运量，增加了运输收入，又加速了地区国民经济的发展，争取更高的经济效益；对于重载列车干线来说，通过结合自然条件，保证过境货运，兼顾其他客货运；而对地方意义的铁路，则应主要满足地区运输，线路适宜通过或尽量靠近经济控制点。

（三）工程经济合理性

设计线路时应综合考虑各方面因素，进行综合比选，确定工程形式，要求总体上相互配合，全局上经济合理，并满足项目的功能性和安全性要求。例如，南昆铁路北段线路走向选择控制因素是穿过高瓦斯隧道线路位置和区段站如何引入，比选后选择了穿过高瓦斯煤层最短隧道（长 4975m 的家竹箐隧道）的、经上西铺直接引入红果区段站的方案。

（四）客货运输要求

铁路选线应该服从客货的运输要求。线路应行经重要经济据点和工矿基地，满足客货流流向。通过客货量较大，铁路走向应尽可能顺直短捷，同时兼顾沿线中等及以上城市客流，增强吸引客流能力和对城市的客运服务水平。线路走向的选择要与整体路网规划和行经地区的其他交通体系互相配合协调。成昆铁路在成都至昆明长 1000km、宽 200km 的范围内，提出了三条走向方案，比较的重点是中线和西线：中线从内江站起，经宜宾、巧家、东川到昆明，全长 780km；西线从成都起，经眉山、乐山、峨边、西昌、德昌、广通到昆明，全长 1167km。其中西线沿途蕴藏着丰富的煤、铁、铜、铝、锌、石棉、磷、岩盐等多种金属、非金属矿产，开发前景巨大，铁路辐射范围广，包括四川、云南的 7 个地级市、地区、自治州及所属的 50 个县；沿途的川西平原和元谋至昆明，也盛产粮食和经济作物；西线客货运需求大，而中线所经过的地区没有多少重要经济据点，矿藏资源也不丰富，客货运输量较西线少。此外，西线从工业布局，巩固国防、加强民族团结等方面均较中线有利。

（五）主要技术标准

线路设计线的主要技术标准在一定程度上与线路走向的选择互为影响。如运量大，限制坡度小的铁路，就要尽量选择地形平缓的垭口通过；运量小，限制坡度大的铁路，则可以跨越较高的分水岭。同样，线路选择了不同的走向，其牵引种类、限制坡度等主要技术标准也会随之有不同的要求。

不同的技术标准都应以铁路安全可靠为基本要求，线路选线尽可能地减少高填深挖路基，以控制路基的沉降和支挡高度，尽量少用高墩，大跨桥梁以及特殊结构等技术难度大或不太成熟的技术。

（六）与地方利益的矛盾

在铁路选线中，存在线路规划与地方城镇规划相干扰的现象，与地方意见不一致，影响方案的稳定性。铁路建设关系到地方经济发展，在铁路选线及建设过程中难免会损害地方政府的部分利益，从而加大选线难度，尤其在经济发达地区，铁路选线难度更大。

（七）环境因素

铁路环境问题涉及范围较广，主要有铁路施工期和运营期对生态环境保护不当造成的各种危害，如列车运行噪声和振动，铁路污水、废气及固体废弃物，电气化铁路的电磁辐射。因此，铁路选线应避开自然保护区、缓冲区及外围保护地带，应力求避免破坏自然景观、人文景观、文物古迹及民族文化遗产。

为避免噪音对居民的影响，对于较大城市（县城以上）因设站要求适当靠近外，其他会让站及区间应远离城镇或村庄，无法绕避时应考虑设置隔音措施或扩大拆迁范围。不得以铁路经过学校或医院附近时，更应特别注意噪音污染。

此外，用地矛盾、工程安全矛盾、工程投资矛盾、施工期限矛盾等其他工程因素，对于线路的走向选择也有很大影响，有时甚至成为决定性因素。

## 二、选线原则

（一）地质选线原则

避免通过严重地质不良地段和防止发生严重工程地质病害。特别是重点工程更应坚持线路应绕避全新活动断裂或在断裂较窄处以大交角通过，必须置于“安全岛”内和绕避不良地质地段。

线路尽量以简单工程通过全新活动断层，避免以高路堤、深路堑、陡坡路基或高桥通过，如以长隧道穿越全新活动断层，选择最窄部位大角度通过，具体位置不宜距洞口过远，埋深不宜过大，结合隧道救援方案合理确定穿越位置，并根据断层活动速率的预测值，采取扩大隧道直径预留变形缝和加强结构强度等措施，应对断层发展可能产生的位移变形。

尽可能控制桥高和路基填方及切坡高度。不设傍山短隧道群，减少展线，预留限坡调整余地。隧道应“早进晚出”，确保在山坡稳定部位设置洞口，并综合考虑地形和岩土的地震动放大作用，合理定位和设防隧道出口，路基高程应高出可能出现的堰塞湖水面最大高程，避免被淹没。

（二）重大工程优先选址原则

复杂地质环境条件下的峡谷地区选线，在首先进行多方案比选确定重大桥梁、隧道工程的位置处于良好的工程地质、水文地质、环境地质条件的前提下，再进行两端连接线路方案的综合性技术经济比选。特别要防止单纯依靠地形图先选定线位，再进行工程地质勘查的做法。

隧道进洞位置的选定要根据洞口处的地形、地质状况而定，不为缩短隧道的长度而偏压、拉槽进洞，使洞口处挖深过大，破坏山体坡面的稳定和植被。跨越大江大河和技术复杂及重要的特大桥，根据河流形态、地形地质、通航、当地发展等因素，在较大范围内做多个桥位方案，应以桥位来控制线位，而对于一般的特大桥和重要大桥则以线路定线为主确定桥位，尽量使桥梁轴线与水流流向正交，减少桥渡对河道特征的干扰。

（三）环保选线原则

贯彻环境选线原则，实现铁路建设与环境保护的协调发展，是建设一流铁路的必然选择。

（四）规划选线原则

铁路设计应考虑城市建设的近远期规划，功能区划分，城市自然环境、生态特点、交通道路布局等综合考虑线路走向及车站设置，使铁路与城市协调发展。当设计部门的铁路选线方案与地方规划相冲突时，应统筹考虑各方案的利弊，兼顾各方利益。对于地方政府的不同意见，设计应从技术标准、运输组织、土地利用、环境影响、工程实施难度、工程投资、运营维护、区域经济社会发展、区域效益最大化，联络线工程、城市配套工程等方面统筹考虑，进行多方案比选论证。

（五）资源选线原则

我国人口众多，耕地资源极缺，土地是不可代替的特殊农业生产资料，节约土地是我国的基本国策。一般来说，铁路选线中，线路宜靠近山坡尽可能不不占用良田。选线中能利用荒地的，要利用荒地，不能占用耕地、林地，可利用劣质地的，不得占用好地。方案选择中须考虑铁路经过区耕地减少对农民的承受能力。

铁路选线应将资源优势转化为经济优势。如在铁路走向中有重要矿藏和旅游景点,线路应尽可能地从其附近通过,当干线靠近矿区和旅游景点时,应考虑支线的引入。

(六)横断面选线原则

在地面横坡比较陡的线路设计中,线位靠山一点可能上面挡不起或工程很大,相反又可能下挡做不起,应采用横断面选线,在平面图上确定一个上下都能做得起路基工程的带状范围。

## 三、线路走向的拟定

一般情况下,新建铁路干线线路走向已经在长远的整体路网规划中初具轮廓,但在设计线起讫点间,因城市位置、资源分布、工农业布局和自然条件等具体情况的不同,常有若干可供选择的线路走向,在勘测设计中,可以结合各个影响因素,采用逐步接近的方法,综合比选,进一步落实。

线路走向一般是在小比例尺图(1:10000 ~ 1:50000)上进行大范围的多方案研究,从面到带,拟定一切可能走向。一般要通过现场的调查研究,收集必要的地形、地质资料和经济资料,提出线路走向方案及其主要技术标准,确定经过的两类关键点:必须点和自然控制点:必须点是指与铁路意义相对应的政治、经济中心(据点)及线路起讫点(接轨点)等;自然控制点是指经过自然障碍的控制点,特大桥、复杂大桥的桥位,允许隧道穿过的垭口,绕避不良地质区域的转折点等。这些点顺序连接形成的折线作为线路走向控制线(若为缓坡地段可作为概略定线的初始位置),如图 4-1 所示。

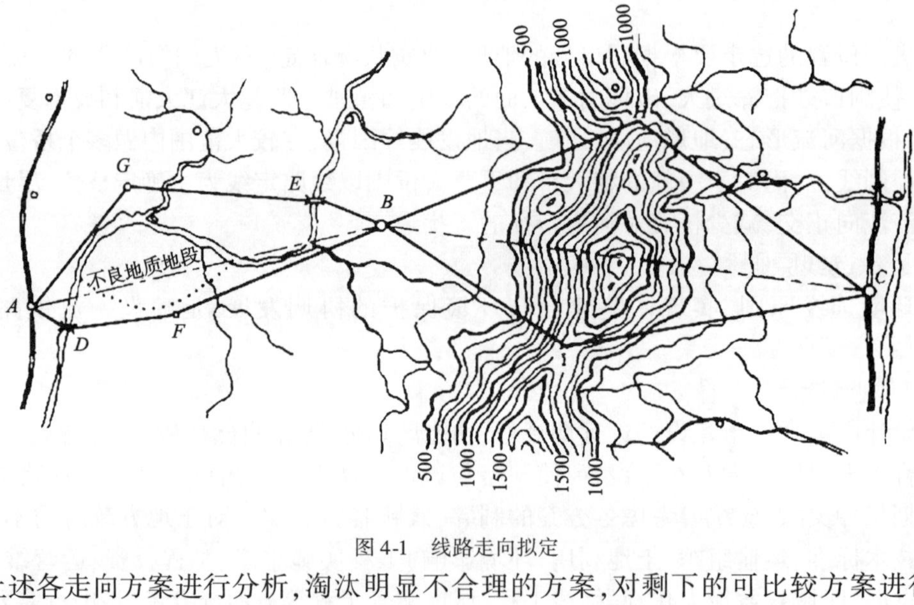


图 4-1　线路走向拟定

对上述各走向方案进行分析,淘汰明显不合理的方案,对剩下的可比较方案进行概略定线,对定线结果再进行技术和经济两方面的概略比选。一般在初步设计阶段,对已有设计任务书规定起讫点以及走向,须在大比例尺(例如 1:1000 ~ 1:2000)图上进行进一步研究。

**【工程案例 4-1】**　福平铁路规划线路走向方案研究

福平铁路位于福建省东北部沿海,福州至平潭岛的上岛铁路。

(1)影响本线线路走向的重要因素。

区域内影响线路走向的主要因素及对策和处理措施见表 4-1。

影响线路走向的主要因素及对策处理表　　表 4-1

| 因素类别 | 主要内容 | 对策和处理措施 |
| --- | --- | --- |
| 沿线城市、城镇规划 | 福州、长乐、福清、平潭等 | 线路走向和车站设置应有利于吸引客货流，并与城市规划协调配合 |
| 高速公路、主要道路 | 沈海高速、福银高速、机场高速、环城高速等 | 合理选择线位，处理好公铁关系 |
| 机场港口、军事设施 | 长乐机场、松下港、流水港、长乐军事禁区、福清军事禁区、平潭军事禁区等 | 详细调查沿线机场、港口、军事设施等，线路尽量予以绕避 |
| 环境敏感区 | 鼓山风景区、君山风景名胜区、三溪水库水源保护区、三十六脚湖水源保护区、乌龙江水源保护区等 | 贯彻"生态选线"理念，尽量避免和降低对环境敏感区的影响 |
| 海坛海峡自然条件 | 地质、气象、水文、通航要求等 | 充分利用沿岸岛屿，多方案选择桥位和隧址方案 |
| 不良地质 | 崩塌、滑坡、软土等不良地质 | 贯彻"地质"选线理念，尽量绕避不良地质地段，若采用通过，则采用成熟可靠的工程措施 |

(2)拟定的方案。

根据区域城镇分布、海坛海峡工程建设条件、地形地质、环境敏感区、平潭岛综合实验区总体规划以及向台湾岛延伸条件等因素，线路走向分别研究了经长乐北线(方案一)和经福清南线(方案二)两个走向方案(图 4-2)。

图 4-2　福平铁路线路走向方案示意图

方案一的线路走向为线路自福州站东端引出，跨闽江后引入福州南站，出站后折向东行至长乐南侧设首占站，然后折向南，跨海坛海峡进入平潭岛。本方案与机场城际铁路在福州南至首占间共线(机场城际线在首占接轨后往东至机场)。

方案二的福州至福州南段与方案一经长乐北线同线位，出福州南站后，南行至福清市，折向东行，与海坛海峡在建公路桥并行跨海坛海峡进入平潭岛。

(3)方案比选及推荐意见。

两个方案各有优劣，从福州枢纽总图布局的合理性、客流吸引条件、工程经济性、环境保护、工程地质条件及安全可靠性等多方面进行比选。

两个方案的主要工程数量及投资比较见表 4-2。

**主要工程数量及投资比较表** 表4-2

| 工程项目 | | 单位 | 方案一 | 方案二 |
|---|---|---|---|---|
| 线路长度 | | km | 82.40 | 89.68 |
| 征用土地 | | 亩 | 2431 | 3111 |
| 拆迁建筑物 | | 万平方米 | 17.94 | 21.95 |
| 路基土石方 | | 万断面方 | 356.6 | 493.6 |
| 桥梁 | 大中桥 | 座—延米 | 7-2343 | 9-2740 |
| | 特大桥 | 座—延米 | 17-37650 | 18-43005 |
| | 合计 | 座—延米 | 24-39993 | 27-45745 |
| 隧道 | $L \leqslant 1000$ | 座—延米 | 5-1877 | 6-3711 |
| | $1000 < L \leqslant 3000$ | 座—延米 | 3-5045 | 2-2837 |
| | $3000 < L \leqslant 6000$ | 座—延米 | 2-7805 | 2-9966 |
| | $6000 < L \leqslant 10000$ | 座—延米 | 1-7870 | |
| | $10000 < L \leqslant 15000$ | 座—延米 | | |
| | 合计 | 座—延米 | 11-22597 | 10-16514 |
| | 最长隧道 | m | 7870 | 5719 |
| 桥隧总长 | | km | 62.59 | 62.26 |
| 桥隧比 | | % | 76.0 | 69.4 |
| 路基长度 | | km | 19.81 | 27.42 |
| 正线铺轨 | | km | 164.80 | 179.36 |
| 主要工程费 | | 亿元 | 83.65 | 70.70 |
| 差额 | | 亿元 | 0 | -12.95 |

①从与福州枢纽总图布局的合理性分析。

方案一：枢纽形成三个客站格局。福州站主要办理南昌、南平方向客车的始发终到及合肥、南昌方向与沿海铁路间客车通过作业，福州南站主要办理温州、厦门方向的城际始发终到及通过客车作业。长乐站主要办理合肥方向始发终到及沿海铁路客专始发终到和通过客车，枢纽内客站分工合理、客货车径路灵活。具有工程可实施性强、对在建项目影响小，可实现客货分线运行及客内货外的枢纽格局，并留有枢纽继续发展空间，近远期工程能很好地结合并可模块式地逐步发展。

方案二：枢纽内维持福州站、福州南站两个客站格局。福州站主要办理向莆线、峰福线及京福台通过客车作业，福州南站主要办理福厦客专作业，两站分工不均衡，到发线能力紧张，因此方案二枢纽布局不尽合理，且无发展空间。

②从客流吸引条件及通道服务功能分析。

方案一：长乐市位于福州市以东，东临东海，人口66万，国内屈指可数的空海"两港"城市，优越的地理环境是福州市南延东扩战略腹地，未来发展前景广阔。线路经长乐，设长乐站，距规划滨海新城约6km，客流吸引条件优越，并与长乐机场城际铁路共线（福州南至首占），有利于充分发挥通道服务功能。

方案二：福清市人口121.7万，线路沿福厦线走行至福清，其通道服务功能有所重叠，吸引客流有限。

③从工程地质条件、海坛海峡建设条件分析。

方案一:线路走向与区域断层及不同岩层接触带大角度相交,隧道工程地质条件较好,长乐海积平原软土较厚,最厚达40m,路基工程地质条件相对较差;跨海坛海峡通航条件好。

方案二:部分线路走向与区域断层走向平行,隧道工程地质条件相对较差,福清冲海积平原,软土较薄,最厚为23m,路基工程地质条件相对较好;跨海坛海峡通航条件差。

因此,方案二工程地质条件相对较好,海坛海峡建设条件较好;方案一工程地质条件次之,海坛海峡建设条件较差。

④从线路长度及工程投资分析。

方案一线路长度较方案二短7.28km,主要工程投资较方案二增加12.95亿元,但是方案一可与福州至长乐机场城际铁路共线,共线段为福州南站至首占站,共线长度15.26km,投资预估算22.35亿元。

⑤从对生态环境的影响分析。

方案一:沿线生态环境敏感点主要有鼓山风景区和三溪水库水源保护区,三溪水库水源保护区线路已绕避,鼓山风景区线路部分地段侵入其边缘地带,影响不可避免。

方案二:沿线生态环境敏感点主要有鼓山风景区和三十六角湖水源保护区,鼓山风景区线路部分地段侵入其边缘地带,影响不可避免,三十六角湖水源保护区线路侵入其外围保护区,对其有一定影响。因此,方案二对生态环境的影响相对较大,方案一次之。

综上,推荐福州枢纽总图布局合理、客流吸引条件较佳、线路长度短、对环境影响较小的方案一。

## 四、接轨方案

设计线从既有线引出的接轨方案,是影响线路走向的重要因素,是走向选择中必须研究的。选线设计中,接轨站的选择主要考虑接轨点选择和接轨方向选择两个问题,但这两个问题本质上又是同一个问题,须与线路走向方案一并考虑。接轨方案的选择,要综合考虑各个方面的因素,综合分析比选确定。

(一)接轨点选择

影响接轨点选择的应考虑以下因素:

(1)路网规划。国家重要铁路干线的接轨点一般已在路网规划中确定了,选线时要依据此接轨点;一般干线和次要线路的接轨点,也需向各级政府征集意见,尽量增加路网节点连通度(与其他结点的连通程度)。

(2)线路走向。接轨方案的选择与线路走向是相互关联、相互影响的。设计时应针对不同的接轨点做出所有可能的走向设计,不遗漏有价值的方案。

(3)主要客货流方向。接轨点的选择要确保主要客货流方向顺畅,列车通过接轨点时无须改变方向,使得运距尽量缩短,运输组织高效合理。

(4)既有区段站的接轨条件。接轨条件是指接入条件、站场改扩条件、工程量、对既有铁路运营的影响等。接轨站在既有线的区段或重要车站的前方站或后方站,既可以使客货流顺畅,又能充分利用他们较完备的客货运设施,减少列车编组作业设备和机务设备的投资。若引起线路迂回,与城市规划干扰严重时,也可选择临近区段站发展余地大的中间站。

如图4-3所示阳安线西端和宝成线有在阳平关和略阳站接轨两个方案。其中略阳车站地形狭窄，车站位于半径600m曲线上，改扩建困难，此外，阳平关地区的客运以通过列车为主，通过列车的主要方向为宝鸡—成都方向，次要方向为成都—汉中方向，考虑减少折角运输的影响，选择阳平关车站接轨较合理。

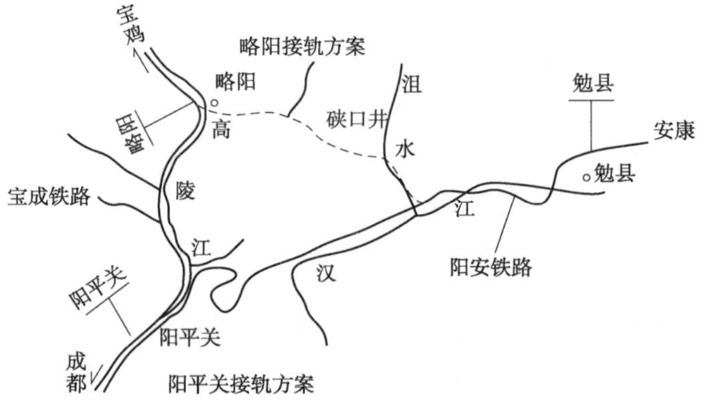


图4-3　阳安铁路西端接轨方案

【工程案例4-2】　宜万铁路在东端有花艳接轨和枝城接轨两大方案，如图4-4所示。

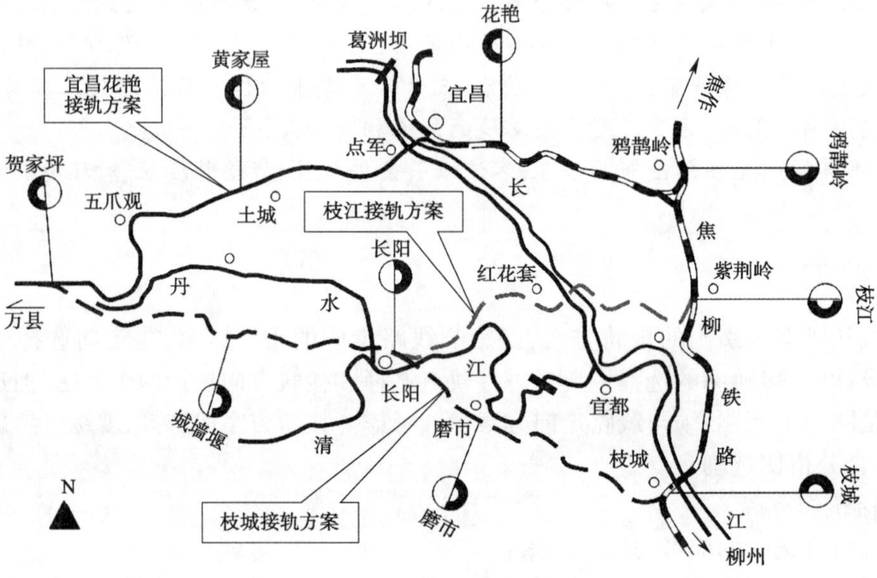


图4-4　宜万铁路东端接轨方案

方案一：枝城接轨方案。

方案二：宜昌花艳接轨方案。

方案三：枝江站接轨方案。

方案一和方案二分别可利用枝城铁路长江大桥和枝江既有机务段。

但从运输角度看，宜万铁路作为沿长江铁路通道的一部分，方案一、三接轨方案东至武汉，出现运输径路折角，不利于路网结构，而方案二虽然增加过江工程，改造鸦宜线，工程投资较大，但焦柳线荆门方向进出本线的客货运量约占进出本线总量的80%，荆门方向是本线客货运的主要流向，其吸引客货量大，宜昌接轨所形成的沿江铁路运营里程最短。

方案二符合客货流的主要流向，线路顺畅，运营里程短，较方案三短20.63km，较方案一短41.89km，远期运营费较少，此外还缓解了枝城铁路长江大桥远期能力不足的矛盾。

从区域经济的发展看，宜昌是湖北内陆腹地承东接西、南北对流的重要纽带，是葛洲坝、三峡大坝二个世界级发电站坝址所在地，对带动地区经济更具有强大的辐射力。

枝江为焦柳铁路上一个既有机务段，因此方案三运输组织便利，但是枝江远离城镇，未来路网构成和职工生活不利；而方案二由于考虑到焦柳铁路襄石段电化技改与宜万线的同步建设，进出宜万线的车可以在荆门南作业，向南的货流可以通过小运转列车(在枢纽内或技术站与其邻接区段规定范围内的几个车站间开行的非正规列车)解决。

因此，推荐方案二宜昌接轨方案。

(二)接轨方向选择

接轨点选定之后，需要确定从铁路哪一端进行线路的引入，相关的主要因素如下：

(1)主要客货流方向。选择从接轨站的哪一端引入或引出，要保证客货流向的顺直，尽量减少其折角运输。若接轨站的客货运量有多个流向时，应保证多数的客货流向顺畅，较少折角运输，可设置联络线解决其他方向的运输问题。

(2)城市规划和新线引入的条件。接轨站所在城市，一般居民居住较为密集，选择的引入方向要考虑拆迁工程量的大小。新线在引入枢纽时，不宜从编组站直接接轨，一般都是与枢纽站前方或是枢纽内的适当车站进行接入。

**【工程案例4-3】** 达成铁路东起襄渝铁路的达县车站，西至成都枢纽，对其东端接轨点的选择，进行了多方案比选(表4-3)。

**达县端接轨方案**(km)　　表4-3

| 方案 | 达县接轨方案 | | 三汇镇接轨方案 | 尖岭接轨方案 | 渠县接轨方案 |
|---|---|---|---|---|---|
| | 分修 | 并修 | | | |
| 新建长度 | 149.56 | 156.50 | 116.20 | 111.77 | 96.00 |
| 运营长度 | 149.56 | 156.50 | 156.50 | 158.87 | 168.70 |

(1)达县接轨方案：货物交流量达县方向远大于重庆方向，南充至达县间运营长度最短，运输效益就最高，但是，该方案新建线路长度较三汇镇接轨方案增长33～40km，其工程投资增加近3亿元，占全线工程总投资的23%。故此，为节省初期投资，不选择达县作为本线的接轨点(图4-5)。

(2)渠县接轨方案，运营长度最长，运输效益最劣，而且该方案不经过营山、蓬安等经济据点，对地方经济发展不利；远期该方案尚需对襄渝铁路达县至渠县间72.70km进行扩能改造，方能满足运量增长的需要；并且达县至万县铁路将在达县接轨。故也放弃此方案。

(3)三汇镇、尖岭两接轨点方案。

此两接轨方案工程投资、运输效益介于达县、渠县两接轨方案间。

①两方案近、远期对襄渝铁路的改扩建工程投资基本相当：近期三汇镇接轨方案在襄渝铁路上新增设农乐站，改扩建达县及三汇镇车站，修建联络线0.92km；尖岭接轨方案除新增农乐站、改扩建达县站外，尚需在三汇镇至流溪场间新增尖岭接轨站及联络线3.323km；远期两方案为适应运量增长均需对襄渝铁路达县至渡市间27.20km进行扩能改造。

②尖岭方案运营长度增加2.37km，但新建线路长度短4.43km(工程投资省577万元)，换算工程运营费少53.838万元/年，但该方案新增的尖岭接轨站位置荒僻，地形狭窄，远期改建受地形条件限制，约1.0km长线路通过古汉城遗址，且三汇镇接轨方案更有利于货运流向。

故达县端接轨点选择，综合比较后，采用三汇镇接轨方案。

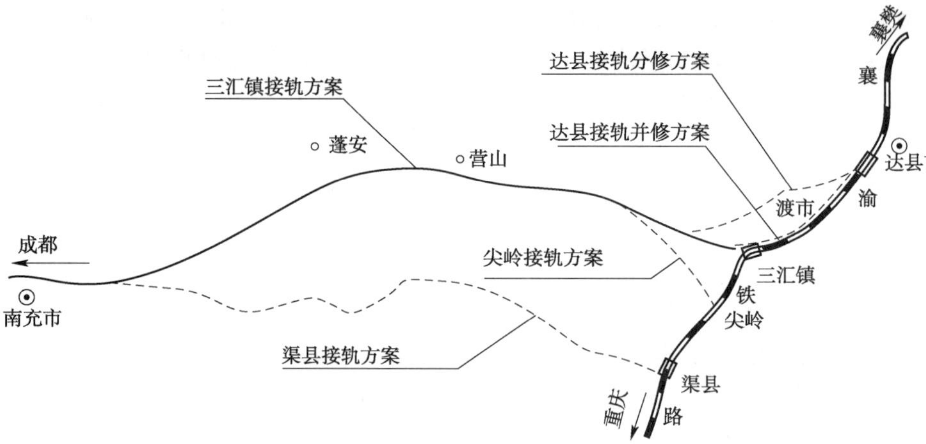


图 4-5　达县端接轨方案

## 单元二　车站分布

车站的分布影响着地区客货运输服务和当地国民经济的发展，一旦建成，车站就会因为其作业量大、人员多，有较为密集的设备和建筑物，耗费大量投资和占地而难以迁移。因此车站的设置须经过周密的考虑，一般过程是：先结合机车交路的设计分布区段站，然后结合纸上定线，在保证需要的通过能力条件下，分布一般的中间站、会让站或越行站。总体上将车站分布与区间线路位置结合才能最终完成全线选线设计任务。

### 一、区段站的分布

区段站是划分牵引区段的地点，除办理列车运转及客货运业务外，尚有机车摘挂、整备、检修等作业，其设备、人员、作业量和占地面积远大于一般的中间站，区段站的位置对线路方向、工程和运营指标、机车运用效率有很大影响，一般结合机车交路的布置，拟定几个分布方案，通过技术经济比选确定。

影响区段站分布的因素较多，主要应考虑铁路网的布局、相邻铁路区段站的位置、机车交路形式等因素，一般设置在接轨点、换重站、补机折返点、较大城镇、工矿企业所在地。由于区段站作业量大，占地广、人员多，宜选在地形、地质等自然条件较好，水、电资源方便的地点设站。

区段站的分布能在很大程度上影响线路方向的选择和工程及运营的条件。影响区段站分布的因素，主要分为以下几个方面：

(1)从车流组织合理、机车运用效率高的角度，结合接轨站的选择及机车交路的安排，综合确定区段站。可以利用既有线的基本段(或者设计线新建基本段而在既有线区段站进行折返)，并根据车流情况、既有线机务段的负荷和改建条件比选。

(2)车站应位于较大城市和工矿企业所在地，以满足客货流集散的需要。

(3)站址的选择应该与城镇的规划发展相互配合，注意节约用地，少占农田，减少拆迁工程，并为铁路的远期发展留有适当的余地。

### 二、中间站及会让站(或越行站)的车站站址分布

此类站址的分布是结合区间平纵面设计整体考虑而布置的，是线路专业的重要工作内容之一。

车站分布设计通常先确定区段站的位置,在两相邻区段站之间,再根据需要的通过能力和地方运输的需要,初步分布中间站、会让站等中小车站,再结合区间定线调整这些车站的位置。

中间站及会让站(或越行站)设置的主要目的是提高铁路区段通过能力(办理列车会车、越行及运行调整)和为沿线城乡及工农业生产服务(客货运作业)。中间站遍布铁路沿线中小城镇和农村,其规模虽不如区段站大,但数量多,建成后站址改变困难。因此,这类车站分布是铁路选线设计中的重要问题之一,为了保证选线设计的质量,铁路选线与车站分布应相互配合,全面考虑。

中间站及会让站(或越行站)的分布的基本思想是,在满足国家要求的通过能力的前提下,考虑地区规划及沿线地形、地质等自然条件,并尽可能均衡地分布车站。

(一)站间时分要求

1. 单线铁路

单线铁路站间最大往返运行时分(通过牵引计算获得)直接决定区间通过能力,设计线通过能力 $N$ 必须大于需要的通过能力 $N_{xy}$(即 $N \geqslant N_{xy}$),车站须按货物列车往返走行时分所确定的站间距分布,以满足要求的通过能力。

对于单线铁路,分布车站时应使相邻车站之间的列车往返走行时分之和($t_W + t_F$),不大于按 $N_{xy}$ 计算得出的最大区间走行时分。

通过能力:

$$N = \frac{1440 - T_T}{t_W + t_F + t_B + t_H} \quad (对/d) \tag{4-1}$$

需要的通过能力:

$$N_{xy} = (1+\alpha)\left[\frac{C \times 10^6 \beta}{365 G_j} + \varepsilon_K N_K + (\varepsilon_{KH} - \mu_{KH}) N_{KH} + (\varepsilon_L - u_L) N_L + (\varepsilon_Z - u_Z) N_Z\right] \tag{4-2}$$

式中 $C$ 为设计线年客货运量(Mt/a),其他符号意义同前。

由 $N \geqslant N_{xy}$,得:

$$(t_W + t_F)_{max} = \frac{1440 - T_T}{N_{xy}} - (t_B + t_H) \quad (min) \tag{4-3}$$

单线铁路有技术作业的中间站(指除办理列车会车、越行等作业外,还办理列车其他技术作业的车站)技术作业占用了时间,为了不影响区间的通过能力,其相邻区间的列车往返走行时分,应比站间最大往返走行时分减少:区段站相邻站间各减少 4min ,其他技术作业站如因技术作业时分影响站间通过能力,且将来不易消除其影响者,可根据需要减少相邻站间走行时分。

2. 双线铁路

双线铁路一般采用自动闭塞,车站分布与该线平行运行图的通过能力无直接关系,但因客货列车速度不同,当车站间距较大,导致以下问题:货物列车等待越行列车时分延长,旅客列车扣除系数增加,通过货物列车数减少(客车对数越多或客货车速度差越大,客车扣除系数越大)。

为平衡上述问题,提高双线铁路的通过能力、输送能力,新建双线铁路的车站分布,应根据牵引种类、客车对数、客车设计速度采用不同的标准,中站间货物列车单方向的运行时分不宜大于表 4-4 所列数值(困难条件下,个别站间的货物列车运行时分可比表中规定的数值增大 1 ~ 2min),并由此限制站间距离不能太长。

新建双线铁路站间货物列车运行最大时分(困难方向)　　表 4-4

| 路段旅客列车设计行车速度(km/h) | | 160 | 140 | | ≤120 | | |
|---|---|---|---|---|---|---|---|
| 旅客列车对数(对/d) | | — | ≤30 | >30 | ≤20 | 21～40 | >40 |
| 站间货物列车单方向运行时分(min) | 电力 | 20 | 25 | 20 | 30 | 25 | 20 |
| | 内燃 | 25 | 40 | 35 | 45 | 40 | — |

双线铁路可以明显提高通过能力,新建单线铁路的个别地段,设站引起巨大工程时,为减少工程将局部地段设计为双线区段以延长站间距离,但必须经技术经济比较。

(二)合理的站间距

1. 合理的车站分布考虑的因素

(1)车站分布要应根据地形地质水文等条件并满足上述的站间时分要求,并力求提高区间的通过能力及方便地方客货运输。南昆铁路为单线铁路预留较大能力,在原初步设计方案基础上采取增加少量车站,调整一段车站位置、加长车站到发线有效长度等,争取了区间通过能力的均衡及远期较大的牵引重量:其远期通过能力,自原设计的每天 39.5～40.5 对,调增至 40～50 对;远期牵引质量,自 3900t,预留增加至 5450t;远期年输送能力,自 2019 万 t 增加至 3150 万 t。

但车站个数过多一是增加站内设备的工程投资;二是在地形困难情况下需展长线路,增加区间线路的工程投资;三是增加列车起停次数,造成旅速降低,机车、车辆周转时间长,运营费增加。因此对过短的时间距离应做适当限制:《线规》规定:新建铁路最小站间距离:单线不宜小于 8km ,双线不宜小于 15km,枢纽内站间距离不得小于 5km。

(2)与城市或区域规划相协调,满足地方运输的需要。办理客货运业务的中间站,应根据调查的客货运量,结合该地区其他运输方式的发展情况合理分布。

(3)适当考虑站间通过能力的均衡性,以减少车站数目。但机械地按站间最大往返时分分布车站,导致车站设在地形困难或地质不良地段时也将引起巨大工程。困难条件下个别区间站间距离,允许单、双线分别略短于 8km、15km。

(4)远期为双线、近期为单线的新建铁路,宜按双线标准分布车站。按双线分布,车站分布较稀,站间距离长,使得近期单线不能满足通过能力需要,此时可采用增加会让站、双插、局部双线等措施过渡;如确有技术经济依据,也可按满足近期单线运量要求分布车站,远期双线后再关闭部分车站。过渡工程设计应远近结合,尽量减少废弃工程。

(5)改建既有线或增建二线时,可关闭作业量较小的车站。前提是不影响通过能力和提高铁路运输效率和经济效益。

2. 中间站、会让站或越行站分布设计的一般步骤

影响中间站、会让站或越行站分布的因素错综复杂,要始终坚持点(车站)线(区间线路)结合、工程与运营条件及地方运输兼顾的原则,一般是先结合机车交路的分布区段站,然后结合纸上定线,在保证需要的通过能力的基础上,分布一般的中间站、会让站或越行站。为了不遗漏好方案,应反复调整逐步接近。车站分布设计的一般步骤如下:

(1)概略分布。根据需要的通过能力与沿线具体情况,借助地形图对区段内的中间站分布进行总体安排,找出可考虑设站的大致地段。

在单线铁路的紧坡地段,一般按用足坡度设计,可以将区间的允许的最大往返走行时分$(t_w+t_f)_{max}$,转化为两车站间平面上的最大距离 $L_y$,车站分布时,使站间距离不大于 $L_y$,从而在

定线时利用此最大站间距离直观地概略分布车站。下面说明此种情况下 $L_y$ 的求算方法。

紧坡地段除站坪范围设计较缓坡度外，其余地段一般为用足最大坡度的单面坡形状，如图 4-6 所示。因此令该坡度为考虑了折减后的定线坡度 $i_d$：

$$i_d = i_{max} - \Delta i \tag{4-4}$$

式中，$\Delta i$ 为概略估计的该区间坡度折减的平均值，视地形、地质困难情况可取 $(0.05 \sim 0.15) i_{max}$（‰）。

设车站站坪坡度为 $i_z$，站坪长度为 $L_z$，区间定线坡度 $i_d$，按均衡速度法计算站坪范围内和定线坡度上每公里的往返走行时分，并考虑一对列车起动、停车各一次。参照图 4-6 可列出方程式：

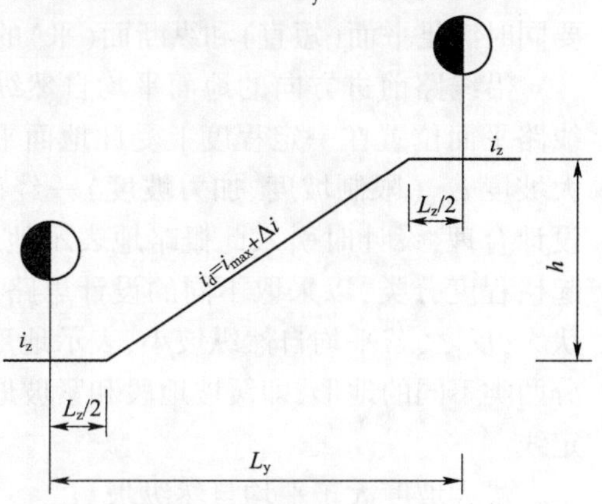

图 4-6 紧坡地段规划纵断面

$$t_{WF(i_d)}(L_y - L_z) + t_{WF(z)} L_z + (t_q + t_t) = (t_W + t_F)_{max} \tag{4-5}$$

可得：

$$L_y = \frac{(t_W + t_F)_{max} - t_{WF(z)} L_z - (t_q + t_t)}{t_{WF(i_d)}} + L_z \tag{4-6}$$

式中：$L_y$——允许的最大站间距离(km)；

$(t_W + t_F)_{max}$——允许的最大区间往返走行时分(min)；

$L_z$——站坪长度(km)；

$t_{WF(i_d)}$——按区间定线坡度 $i_d$ 求得的每千米往返走行时分(min/km)；

$t_{WF(z)}$——按站坪坡度 $i_z$ 的加算坡度求得的每千米往返走行时分(min/km)；

$t_q$、$t_t$——出站、进站起动及停车附加时分(min)。

在紧坡地段分布车站要注意对区间线路留有余地。在跨越深沟或河谷向下游展线时，如两岸地形地质条件接近，最好把车站设在过沟之后，以利降低桥高。越岭线靠近垭口的车站一般应设在地形纵坡较缓、展线条件较好的一侧。

(2)找出若干个可能的站址，从中初步选出可行且较合理的站址方案，作为后续决策的站址备择方案。

(3)对站间线路进行定线。

(4)计算各站之间的行车时分，保证必要的通过能力。若通过能力不能满足则须根据点线结合的原则，调整车站的位置。

## 单元三　定 线 方 法

定线工作政策性强、涉及面广，不同的设计阶段都有定线工作。从大的走向确定后线路方案研究到定测后线路的修改设计都需要定线，只是在研究的范围和定线的精细程度上有所不同。确定了线路的走向及主要技术标准后，就可以具体地选定线路中心线的空间位置，即确定线路的平面位置，同时确定线路的纵断面，并在定线的同时，合理地分布车站和设计车站的平面和纵断面。

### 一、定线地形的划分

地形条件对定线有较大的影响，特别是在山区，若在平面上按短直方向定线，则高程差就大,工程量就很大;反之,若在纵断面上要求坡度平缓,则在平面上就需要迂回绕行。因此,想要同时满足平面(短直)和纵断面(平)的要求,往往是困难的,可能会相互矛盾。

沿线路前进方向的地面平均自然纵坡是一段起伏相似的地形范围内地形的平均坡度,线路平面位置在一定程度上受此地面平均自然纵坡和设计线最大坡度的影响,设计线的最大坡度 $i_{max}$(限制坡度、加力坡度)一经确定,地形概略地确定了线路位置。为使平、纵断面设计合理,设计时引入此概略地表示地形起伏程度的地面平均自然纵坡 $i_{pz}$ 对地形按不同的起伏程度分类,以采取不同的设计思路。如果平均自然纵坡大,表示地形高程差较大,地形起伏大,反之,若平均自然纵坡小,表示地形平缓。通过将 $i_{pz}$ 与设计的最大坡度 $i_{max}$ 的比较来区分两类不同的地形,即缓坡地段和紧坡地段,对两类不同的地形,采用不同的思路或方法进行定线。

最大坡度大于平均自然纵坡($i_{max} > i_{pz}$),表明地形相对于设计线的最大坡度而言比较平易,线路位置的确定受地面高程影响小,可以向短直方向前进,对于个别的高程障碍,只需绕避或以桥隧穿越即可。这种地段称为缓坡地段。

最大坡度小于或等于平均自然纵坡($i_{max} \leqslant i_{pz}$),表明地形相对高差较大,绕避困难,线路必须展线延伸以克服高程障碍,但展线延伸须顺应地形的变化。这种地段称为紧坡地段。

由于紧坡和缓坡地段的定线原则截然不同,因此,采用的定线原则及方法也不同。

## 二、缓坡地段的定线

在缓坡地段,地形平缓,定线较为容易,选线时以航空直线作为概略定线的位置,线路越逼近航空直线,线路越短直,但为了节省工程量,则应适当地绕避障碍。因此,缓坡地段定线要点如下:

(1)障碍物及早绕避。

因绕避前方障碍而使得线路偏离了短直方向,必须尽早进行绕避,躲避障碍时,偏角要小,半径要大,每个转角都充分依据。如图4-7绕避湖泊时的两种方案,实线方案较好,因为虚线方案在全长范围内虽然很少偏离短直方向,但其曲线数目,总转角和线路总长都较实线方案增多。

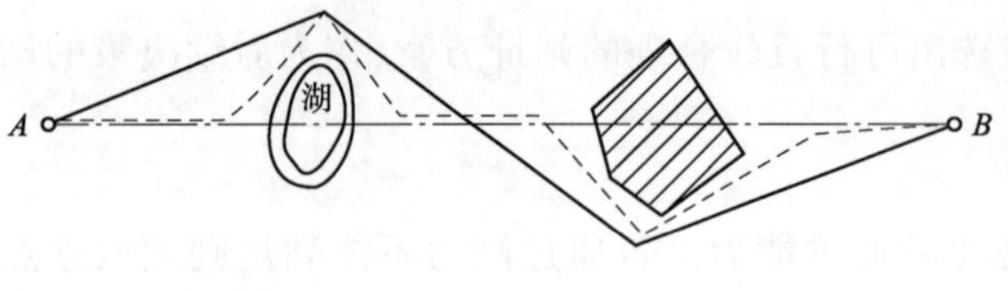


图 4-7 绕避障碍

(2)曲线中部正对障碍物。

线路绕避山咀,或跨越沟谷以及其他的障碍时,使曲线的交点与主要障碍物正对。从图4-8 可以看出,曲线正对障碍物(实线方案),可与等高线比较好地保持一致,与未正对障碍物的方案(虚线)比土石方量减少。

(3)尽量采用推荐半径中的较大半径曲线。

缓坡地段定线,由于没有特殊的高程障碍,应在不过多增加工程数量的前提下,尽量以直线定线,设置每一个曲线都应有充分的理由,并且应结合地形,尽量采用适应磨耗要求和舒适性要求的大半径。缓坡地段线路展长的程度,是由线路的意义,运量的大小,地形、地质条件决定的。路网干线,应该力求顺直;地方铁路,就要力求降低造价并靠近城镇。展线系数一般如下:平原地区为1.1,丘陵地区为1.2~1.3(展线系数是一般指平面上两点间定线距离与两点间的直线距离的比值,用以反映线路接近于航空直线的程度)。

(4)采用较长坡段(大于列车长度),并尽量采用无害坡度。

在缓坡地段加长坡长而对工程量影响不大，但采用较长坡长和无须制动的无害坡度有利于列车运营费的节省。

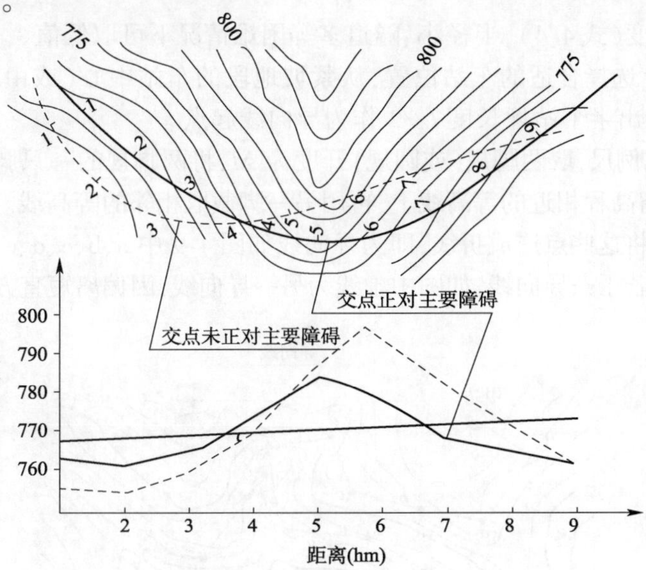


图4-8　平面曲线合理位置

(5)力求降低总的拔起高度。

缓坡地段在设计时应尽可能减少拔起高度，以降低总能耗。但是在绕避高程障碍时，若不做一定程度的拔起，则造成线路延长，应做分析比选。

(6)方向要顺直。

定线时注意使线位与最近一个控制点的短直方向一致，车站设置不应显著偏离航空线方向而引起线路展长。

(7)应少占农田，不占良田。

线路经过农田地段宜傍山而行，在不过多破坏植被的情况下，可减少农田占用，并有利于土石方平衡。此外，线路不应与道路、干渠争道。

## 三、紧坡地段的定线

当线路遇到巨大高程障碍(如跨越分水岭)时，若按短直方向定线，就不能达到预定的高度，紧坡地段为了解决高程问题，若低于最大坡度定线将导致线路额外展长，为争取高度，通常用足最大坡度定线。这种在紧坡地段用足最大坡度，结合地形展长线路的过程称为展线。

(一)导向线定线法

展线的具体实现是与采用了紧坡地段的定线方法——导向线定线法。导向线是指既用足最大坡度，又在导向线与等高线相交处高程相同的一条折线。每段折线与相邻的两根等高线交点处高程均与其等高线高程相同，故导向线填挖为零。若线路位置与导向线完全一致，将无填挖高程量，但铁路线路本身特点决定其不可能与导向线一致，但可将导向线作为线路定线的概略位置，作为线路的参考位置。因此，紧坡地段线路的概略位置可借助导向线来拟定，以此作为用足最大坡度而又适合地形、填挖最小的线路概略平面。

导向线是利用两脚规在地形图上定出来的，一般的定线步骤如下：

(1)根据地形图等高距 $\Delta h$(m)，计算出线路上升 $\Delta h$ 需要引线的距离——定线步距 $\Delta l$(km)。即：

$$\Delta l=\frac{\Delta h}{i_d}\quad (\mathrm{km}) \tag{4-7}$$

式中：$i_d$——定线坡度(式 4-4),半径小、隧道多等困难情况下可取低值。

(2)在地形图上选择合适的车站位置,从紧坡地段的车站中心(或由预定的其他控制点)开始,向前进方向绘出半个站坪长度 $L_z/2$ 作为导向线起点。

(3)按地形图比例尺,取两脚规(或圆规)开度为 $\Delta l$,将两脚规的一只脚,定在起点或其附近地面高程与设计路肩高程相近的等高线上,再用另一脚截取相邻的等高线。如此依次前进,在等高线上截取很多点,将这些点连成折线,即为导向线如图 4-9 中 a、b、c、d、e……所示。在同一起讫点间,有时可定出若干条导向线,如图中虚线为另一导向线,因偏离短直方向予放弃。

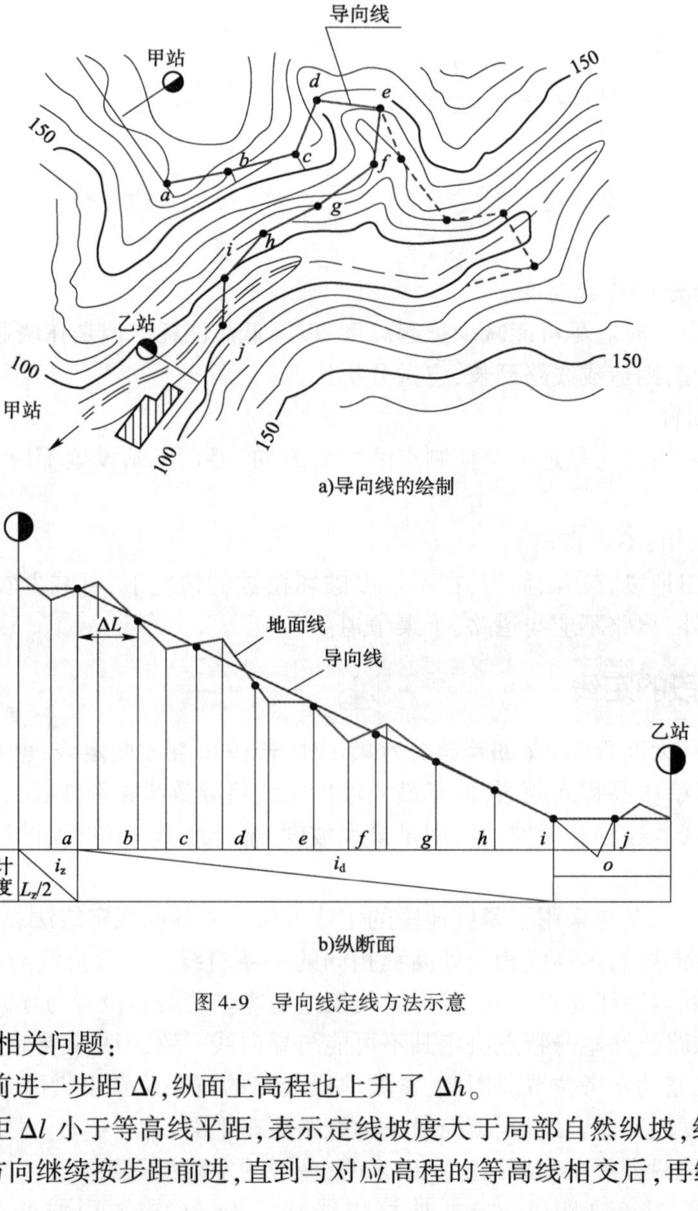


图 4-9　导向线定线方法示意

绘制导向线的相关问题：

(1)平面上每前进一步距 $\Delta l$,纵面上高程也上升了 $\Delta h$。

(2)如定线步距 $\Delta l$ 小于等高线平距,表示定线坡度大于局部自然纵坡,线路不受高程控制,应向线路短直方向继续按步距前进,直到与对应高程的等高线相交后,再继续按普通方法绘制导向线。

(3)线路跨越沟谷处需设置桥涵,导向线不必降至沟底,可直接向对岸引线,如图 4-9 中

所示 $i$ 至 $j$ 点。线路穿过山咀处要开挖路堑或设置隧道,导向线也不必升至山脊,可直接跳过山咀。对于这两种情况,应注意虽然两脚规没有与等高线连续相交(跳过这些等高线,两脚规直接跨越),但两脚规前进了几个 $\Delta l$,高程上也上升或下降了几个 $\Delta h$,因此,与对面等高线相交时,必须选择对应高程等高线作为继续绘制导向线的起点。例如,设两脚规在跨越前的起点等高线高程为 $H_0$,经过 $n$ 个步距后,应选择对面高程为 $H = H_0 + n \cdot \Delta h$ 的等高线。

(4)导向线是一条连续的折线,仅表示线路的概略走向,为了定出平顺的线路平面,须以导向线为基础,借助于铁路曲线板和三角板,在符合技术规范的前提下,定出圆顺的线路平面,如图 4-10 所示。

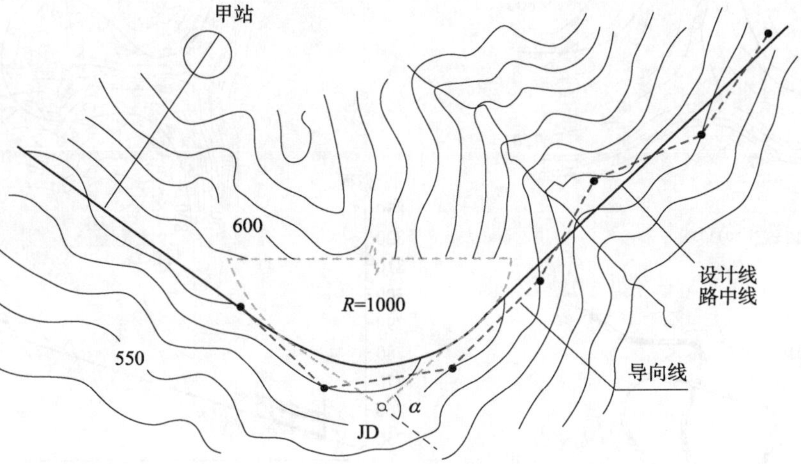

图 4-10　以导向线为基础选择曲线半径

(5)导向线应绕避不良地质地段,并使导向线趋向前方控制点(或车站)。

(二)展线形式

为了克服巨大高差需迂回展线时,根据不同的地形和地质等条件确定的导向线,最终用直线和曲线组合成各种形式的迂回线,大致有以下几种形式:套线、灯泡线、螺旋线(图 4-11)。

当沿河谷定线时,遇到主河谷坡度大于最大坡度,而侧谷又比较开阔时,常常在侧谷内形成套线,简单套线,由三个曲线组成,每一曲线的转角均不大于 180°。在谷口狭窄的侧谷内,适应谷口狭窄地形,形成了灯泡线,它由三个或三个以上的曲线组成(若为三个曲线则中间一个曲线的转角一般为 180°~360°)。从图 4-11 可以看出,灯泡线形式(实线方案)比套线(虚线方案)节省了两座隧道并减少土石方工程。沿河谷展线的越岭线路,常在可利用的侧谷连续展线以争取高度,套线和灯泡线交错使用,如图 4-12。螺旋线地形特别困难的地段,线路可以迂回 360°成环状,称螺旋线,在上下两线交叉处,可以用跨线桥或隧道通过。

从山岳地区铁路建设的实践中,总结出的展线规律是:硬展不如顺展,晚展不如早展。小范围内来回盘旋,不如大范围的开阔展线。

定线完成后,线路平面、纵断面须反复研究,尽量改善以减少工程量。小的改动是凭经验判断,较大的改动需要通过技术经济比较确定。因平、纵、横断面设计三者是互相影响、互相制约的,改动任一方,都要检查另两方所起的变化及其合理性。线形设计改善的方法比较灵活,包括改变设计坡度或坡长、移动或扭转平面位置、调整偏角或曲线等。

(三)紧坡地段定线要点

(1)用足坡度。

展线时，如果线路坡度不用足，一定会增长线路的长度。

(2)可在适当位置留有余地。

若在长距离内机械地全部用足最大坡度，会给将来为改善线路的运营条件而进行的局部改线带来困难。改线地段的限坡不能与原地段前后一致，故应在坡度设计上选择适当地点留有余地，例如在车站及桥隧两端位置设置缓坡。

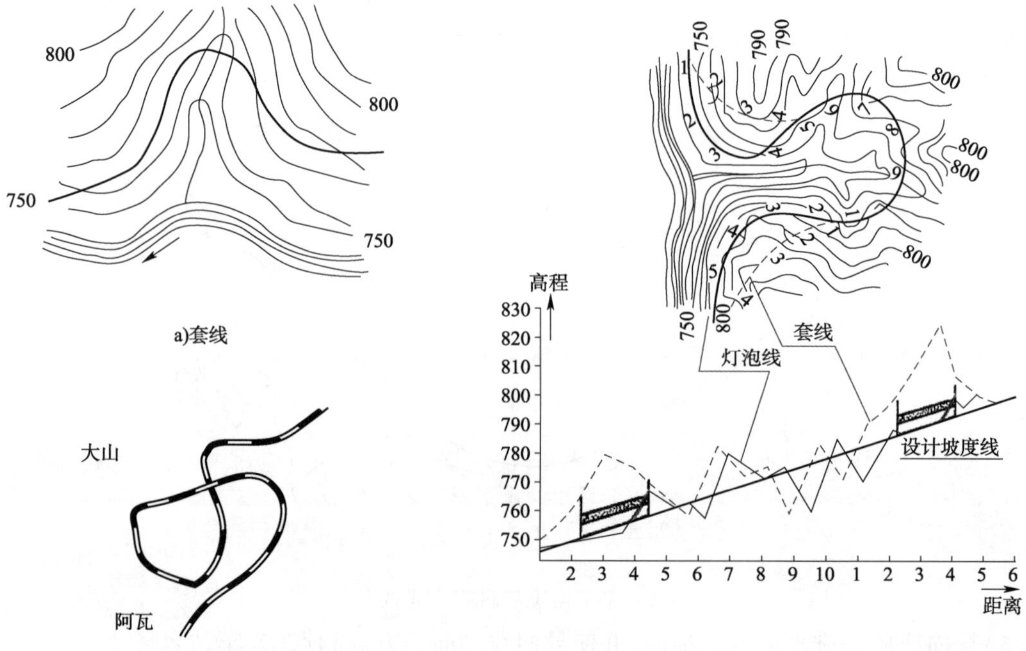


b)螺旋线(包括隧道和桥梁螺旋线，此图为成昆线上的一段)

c)灯泡线

图 4-11 展线的几种形式

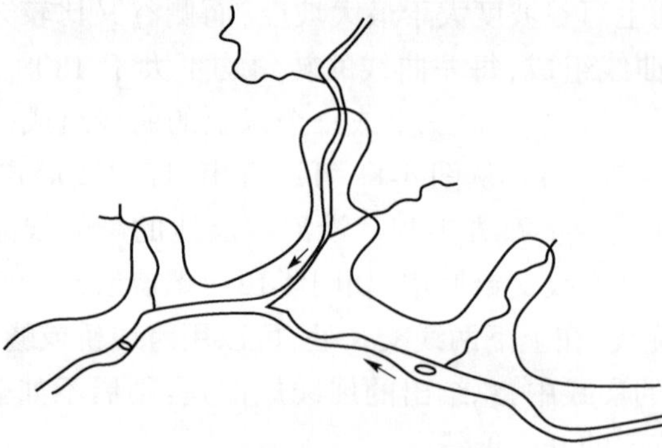

图 4-12 线路伸入侧谷

(3)不设反向坡。

展线地段一般不因局部地形下降而采用反向坡度，以免损失高度，引起线路额外展长和运营支出增加。如南昆铁路，罗平、师宗、陆良及宜良北等几个县级站均位于高原盆地，两端均须越岭引线，这些地段易位于凹形纵断面底部。为减少高程损失，避免额外的人工展线，而从盆地边缘经过，并注意少占农田及与城镇发展规划结合，减少了对城市的干扰。

(4)由难到易。

紧坡地段,一般应从困难地段向平易地段引线。因为垭口位置须要事先比选确定,从预定的越岭隧道洞口开始向下引线具有明确的高程和位置。若受山脚控制点(如高桥或车站等)控制时,也可由下向上定线。

(5)硬展不如顺展,晚展不如早展,小范围内展不如大范围展。

这是实践中总结出的展线规律。“晚展不如早展”是指展线应从上到下进行(不是沿里程方向的早与晚),并应掌握好展线时机,展晚了,有可能使部分线路位置高程太高,工程量和难度加大;“硬展不如顺展”是指展线应避免直接用隧道(甚至是回头长隧道)代替低费用的路基。例如,水柏线的北盘江大桥至松河隧道间,航空距离仅 13.6km,却要拔起 574m 的高程。经比较采用了营盘展线方案,线路从松河隧道进口端向北盘江方向(与里程方向相反)从上而下,在营盘附近一有展线条件时,立即连续 2 次回头螺旋展线,体现了早展,线路降低后使茅草坪车站设在了较好的地形条件上,之后再次顺地形回头螺旋展线接上北盘江大桥。这一展线不仅充分利用了地形,体现了顺展的手法,还很好地解决了站间距离问题。

定线完成后,线路平面、纵断面须反复研究,尽量改善以减少工程量。小的改动是凭经验判断,较大的改动需要通过技术经济比较确定。因平、纵、横断面设计三者是互相影响、互相制约的,改动任一方,都要检查另两方所起的变化及其合理性。线形设计改善的方法比较灵活,包括改变设计坡度或坡长、移动或扭转平面位置、调整偏角或曲线等。

## 单元四　一般地形的定线

### 一、河谷地段定线

流水的垂直侵蚀和旁蚀(流水拓宽河床的作用)导致了山区河谷的不同造型。只要河流有很小的弯曲,在凹侧就会形成悬崖峭壁,另一侧形成伸出的缓坡山嘴,由此而形成了由冲积物组成的河漫滩。

不同河段地貌的总体特征是:上游河段多在山区,河床坡度大,河道顺直呈“V”断面,断续有阶地,地质下切作用强,基岩出露,形成崩塌,岩堆多;中游河段地形较宽广,河床坡度中等,河道较弯曲,断面呈梯形,阶地和漫滩地发育,旁蚀和搬运作用强,基岩出露较多,形成滑坡泥石流较多;下游河段地形宽广,河床坡度小,少有基岩出露,河道形成曲流,河口形成三角洲,有不同级数阶地,沉积作用强形成巨厚的沉积层。

河谷定线就是沿着河谷选择线路位置。由于我国山岳地区地形险峻,地质复杂,为工程简易,一般山地铁路往往沿河谷定线。在山区铁路网中,河谷线路占的比重较大。沿河谷定线具有许多优点:

(1)河谷内地形开阔地质条件较山坡好。

(2)河谷坡度平缓,地面标高逐渐变化,不会出现向上游方向的反向下坡,还可利用河谷中支流的侧谷展线。

(3)大多数城镇处于河流两岸,设站有利于提高铁路的效益。

(4)河谷内水源方便。

但山区河谷不可能都很理想,河谷线也存在一定的缺点:

(1)增加一定的工程量河谷内支流多,桥涵工程增大;河岸的横坡较大时,增加支挡工程;

条件好的地段则占用农田较多。

(2)河谷随河流弯曲，使路线延长。若路线取直，则需开挖隧道或架桥。

(3)河谷地区地质较差地质构造变化剧烈，断层、褶皱比较发达，山坡多为破碎岩堆构成；河谷内一般有冲积土壤，稳定性较差；河流冲刷严重地段，危害路基安全。

因此，沿河谷定线时，首先应研究地区水系分布情况，对拟通过河谷的地形、地质与水文条件作深入的调查研究，须着重解决以下问题。

(一)河谷选择

山区的主河流及其支流的终端，通常都和山岭的垭口相连，往往有几条不同的河流通向同一个越岭垭口。在大面积选线时，为了选出合理的线路走向，要认真研究水系的分布，优先考虑接近线路短直方向的越岭垭口及两侧的河谷。尽量利用与线路走向基本一致的河谷，偏离线路的河谷应及早放弃。

在选择河谷时，还要注意选择河岸横向坡度比较平缓的河谷；支流较少的河谷；河流源头较缓的河谷；地质条件较好的河谷；交通运输、施工条件较为有利的河谷。此外，还要研究河谷的纵坡，一般情况下，定线所采用的最大坡度值是有限的，但各种河流的纵坡变化较大，即使同一河流，各段纵波的陡缓也不一致，如山区河流，靠近分水岭就比下游河段纵坡要陡。因此，对于平缓河段，采用的限制坡度应接近或略大于河谷纵坡，而对于个别纵坡陡峻的河段，则采用展线或设置加力坡度的办法解决。

(二)岸侧选择

河谷选定后，还要进一步研究线路设在河谷哪一岸。考虑以下因素：

(1)地质、地形在山区河谷中，常有处于滑动中的平缓地带，选线时应不被表面的地形条件所迷惑。又如山体为单斜构造时，应注意岩层的倾向，在选线时应慎重对待。如图4-13所示，虽然左岸地面横坡较缓，但因岩层倾向河谷，容易产生顺层滑坡，反不如将线路设在横坡较陡，但山体稳固的右岸为好。

当河谷两岸地质条件差异不大时，线路应选在地形平坦顺直、支沟较少和不受水流冲刷一岸的阶地上，如图4-14所示。当需要展线时，应选择在支沟较开阔，利于展线的一岸。

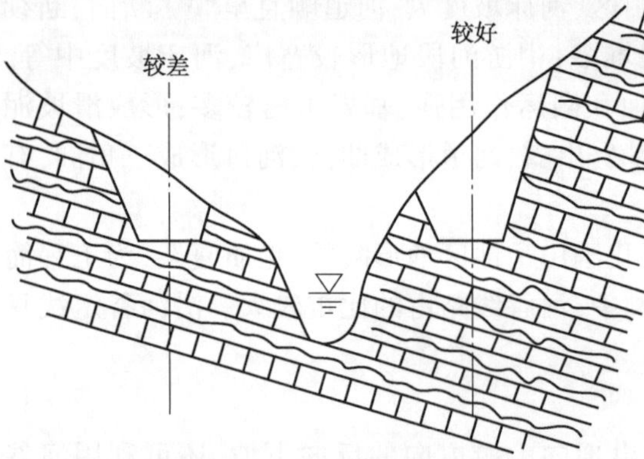

图4-13　岩层倾向对线路的影响

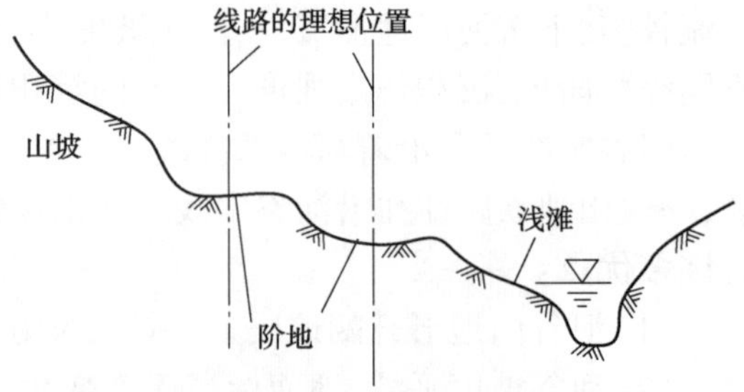

图4-14　河岸上线路位置的选择

(2)城镇的发展规划时，线路一般宜选择在村镇较多、人口较密、工矿企业所在的一岸，但又要注意避免大量拆迁和妨碍城镇发展。

通常河谷有利的岸侧，不会始终局限于一岸。应选择有利的地点跨河改变岸侧；与公路频繁干扰时，也可分设两岸。

朔黄铁路定测中发现北峪口村附近滹沱河右岸有约 60000m³ 的错落体，为避开错落体，对该段线路又研究了两跨河绕避北峪口村（简称跨河绕村方案）、两跨河中穿北峪口村（简称跨河拆村方案）和不跨河长隧道（简称长隧道方案）3 个方案。长隧道方案线路虽然顺直，但工程投资较其他两个方案多 4000 多万元；跨河绕村方案线路展长 300m；跨河拆村方案线路较顺直，且工程投资最省，故推荐跨河拆村方案（图 4-15）。

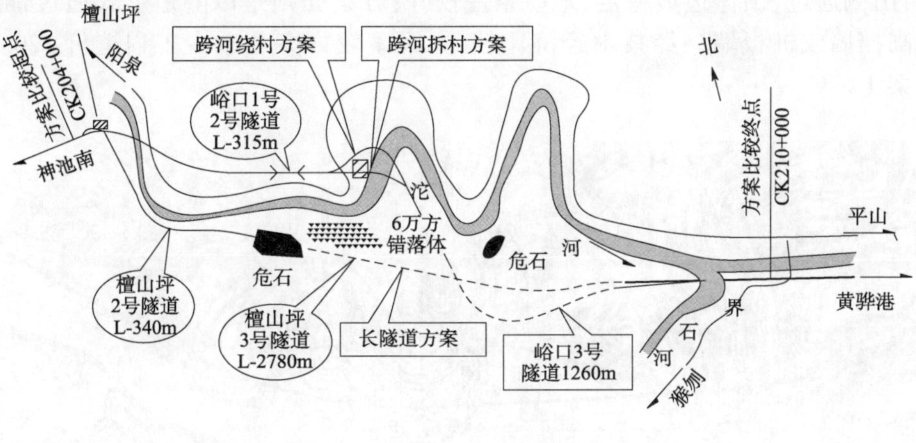


图 4-15　北峪口河岸选择方案示意

（三）线路位置的选择

沿河谷定线，在岸侧选定之后，就必须确定线路中心线的具体位置，即靠山一些或靠河一些。线路位置往往差异几十米甚至几米，就会对铁路的安全和工程量带来很大影响。线路合理位置的选择，可分以下情况加以分析研究：

（1）河谷较开阔，横坡较缓且地质良好时，理想的线路位置为不受洪水冲刷的阶地。

（2）在滑坡、断层等不良地质地段或冲刷严重的地段，以路基通过不能保证线路安全时，应考虑内移线路做隧道方案。例如，成昆铁路迤资至浮漂段线路沿金沙江右岸南行，受元谋—绿汁江大断裂的影响，岩层破碎，不良地质发育。迤资段的危岩落石、陡坡堆积及泥石流严重威胁着线路的安全，浮漂段又存在深厚的堆积层、严重的山体开裂以及受江水冲刷而形成的不稳定陡坎。为绕避不良地质、保证施工运营安全，分别对线路进行内移，采用 2726m 的迤资隧道取直方案和 4273m 的浮漂长隧道方案。

（3）在滑坡和岩层破碎地带，当线路靠山有困难时，可考虑外移设桥通过；在陡崖地带，若线路靠山建隧道因埋深不足、修深路堑边坡过高时，也可将线位外移设旱桥通过。外移设桥时，应与内移线路加长隧道增加覆盖层厚度方案进行比选。如内昆铁路开厂沟 2 号特大桥栈桥方案。线路原以沿河路基走行于横江右岸，但该段地形陡峻，部分陡岩节理发育，危岩落石、岩堆发育，边坡稳定性差，因此可采用内移改隧或外移设桥的方法，由于此处必须设站，内移改隧设站困难，故将线路外移设 580m 顺河桥。

（4）选择河岸应同时研究跨河桥渡的位置。例如，在渝利线跨越长江上游山区河段的选线中提出了四种桥位方案。首先考虑各桥位河段的特点，韩家沱桥位和方家咀桥位水流顺畅、上下游河道中无山嘴、石梁、汇流等对水流的干扰，河段河槽狭窄、岸线稳定；老虎梁桥位和清溪桥位河道微弯，上下游河道中多山嘴、石梁，水流相对复杂，河面较宽。由此可见韩家沱桥位和方家咀桥位的线路跨越位置较好，又考虑到韩家沱桥位方案线路较为顺直，线路较短，投资较少，故选定为最终桥位。

(5)河谷十分弯曲时,可根据山嘴或河湾的实际情况,大体上有绕行或取直两类方案。

对于线路遇到山嘴时,有以下两种定线方法:

一为沿山嘴绕行,这种方案由于线路展长,在紧坡地段有利于争取高度(如遇连续小半径及隧道群的情况下,则不一定能争取高度),但易受不良地质的危害和河流冲刷的威胁,线路安全条件较差。(图4-16)为某线路经过筋竹镇某山坡时,方案Ⅰ基本沿山嘴而行,绕过大山,沿山侧通过,山体边坡稳定,地质条件较好;方案Ⅱ则是以隧道形式通过,隧道前后需作深堑高挡墙或桩板墙。经技术经济比较,方案Ⅰ较方案Ⅱ减少工程造价320万元,最终采用方案Ⅰ。

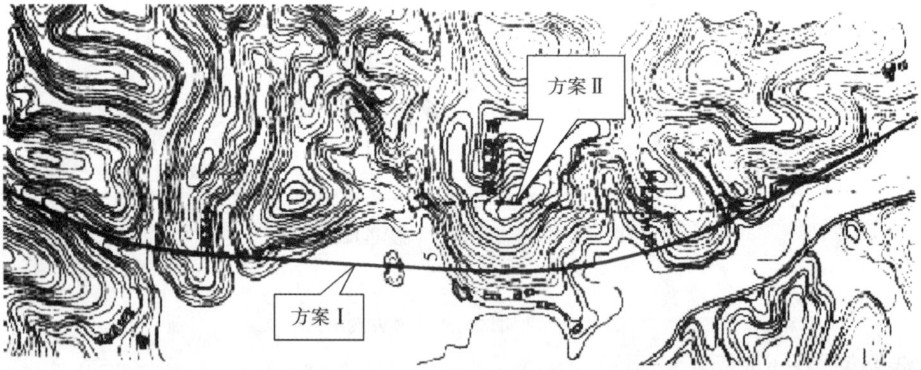


图4-16 筋竹某段线路平面示意图

另一方法为以路堑或隧道取直通过,这种线路短而顺直,安全条件较好,但当隧道较长时,工程费用较大,且为内燃牵引时,长大隧道的通风条件较差。如图4-17所示为某线在归义的一段线路,方案Ⅰ线路外绕山嘴,经村庄,跨过209国道,虽桥隧工程较小,但线路增长140m,拆迁工程量大,线路经过软土地区,占农田多,不如方案Ⅱ直接以隧道取直通过。经技术经济比较,方案Ⅱ较方案Ⅰ工程造价低58万元,且线路短直,安全条件好,对长期运营有利,最终采用方案Ⅱ。因此在选择时应全面分析,综合比选。一般在取直方案与绕行方案工程量相等或接近的情况下,以采用取直方案为宜。

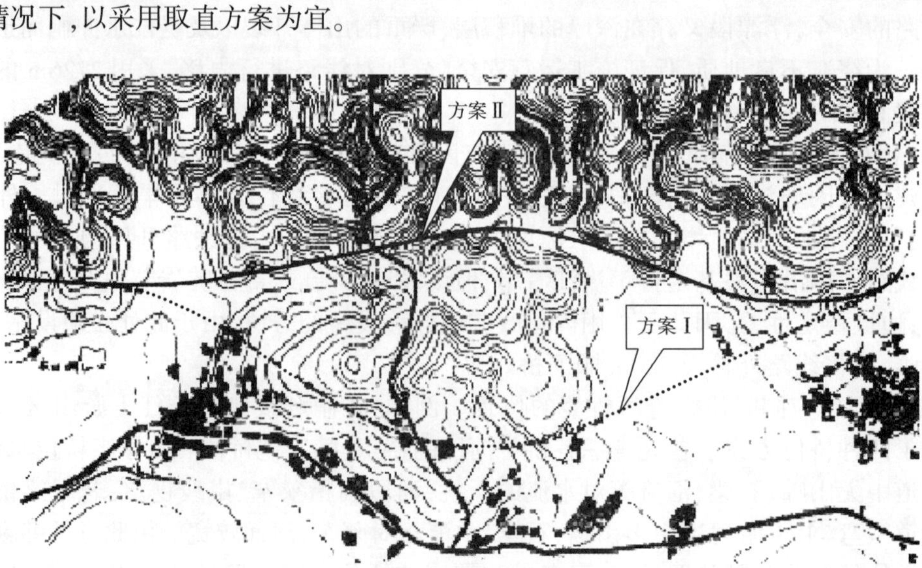


图4-17 归义某段线路平面示意图

对于线路遇到河湾时,有沿河绕行、建桥跨河和改移河道三种方案,如图4-18所示。

沿河绕行方案,线路迂回,岸坡一般较陡,水流冲刷严重,路基防护工程量大,线路安全条件差。跨河建桥或改河方案,截弯取直,线路短、安全条件好。改河方案应结合支农造田一并考虑,综合比选。

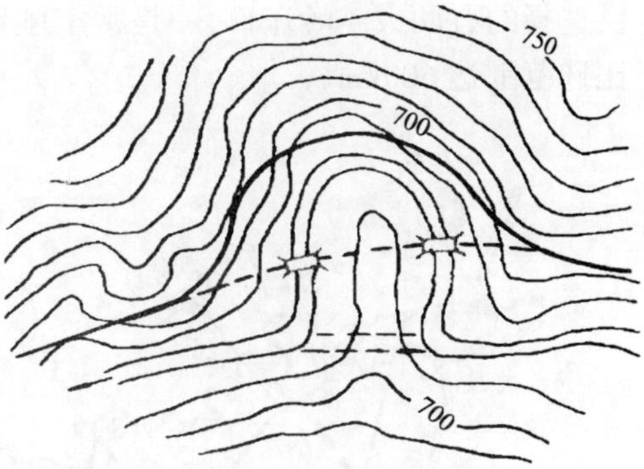

图4-18 河湾地段定线方案

## 二、越岭地段定线

分水岭是分隔相邻两个流域的山岭,河水从分水岭流向两个相反的方向。当线路需要从某一水系转入另一水系时,必须穿越分水岭。越岭地区高程障碍大,一般需要展线,地质复杂,工程集中,对线路的走向、主要技术标准(特别是限制坡度和最小曲线半径)、工程数量和运营条件等影响极大,如图4-19所示。

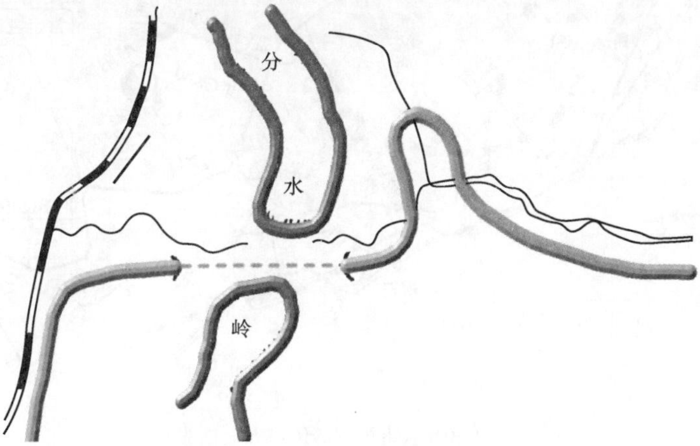

图4-19 越岭线路

越岭隧道穿越地段,一般山峦起伏、地势陡峻、地质复杂,自然条件变化很大,其中分水岭垭口的高低,山梁的厚薄、山坡的陡缓以及垭口两面的沟台地势,主、支沟台地分布情况等,对构成越岭方案的越岭位置、隧道长度、展线条件三个密切相关的因素影响大。

越岭方案的选择,以选择越岭垭口为突破口,解决越岭垭口、越岭高程(长度)、两侧展线这三个既相互依存又互相制约的问题。

### (一)越岭垭口的选择

一个大型的分水岭,往往有不少的垭口,越岭垭口是越岭线路的主要控制点,越岭垭口往往确定了线路走向。应通过大面积大范围的研究,寻找可能穿越的各个垭口进行研究。一般利用小比例尺的航测照片或地形图根据线路方向和克服高程的不同要求及条件,进行大面积纸上选线,而后对这些方案进行同等的调查研究,特别是区域工程地质的调查、测绘,明确其对隧道位置的影响。

垭口的选择主要考虑以下因素:

(1)具有两侧开阔、平缓的山体的低高程垭口,有利于缩短线路长度;

(2)山体较薄、地质条件以及引线条件好的垭口。

根据西平线(西安至平凉)总体走向方案研究,永寿梁地区(永寿梁为西平线的分水岭)可供选择的有两大越岭垭口，一是常宁垭口，二是312国道垭口(图4-20)。两大越岭垭口方案比选范围达$600km^2$。

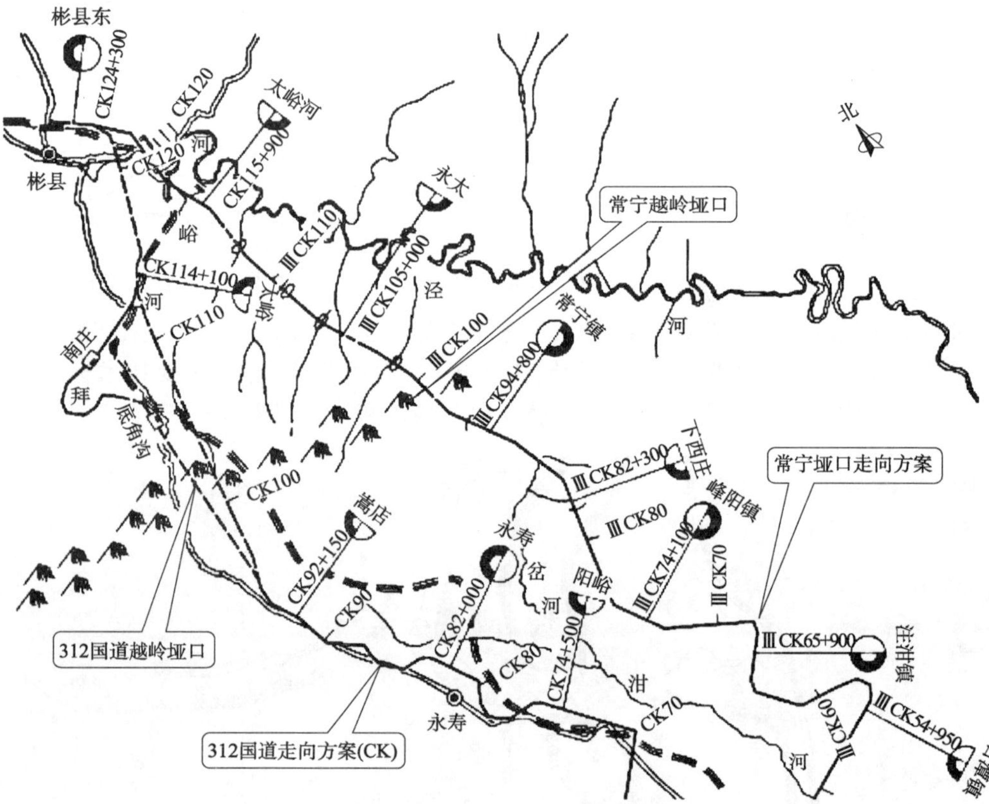


图4-20　永寿梁越岭垭口方案比选

地质勘查结果表明：从地形条件看，近东西向展布的永寿梁西高东低，西部永寿梁塬面相对完整宽缓，深切冲沟较少，具备设置长大深埋隧道的条件，东部永寿梁塬面零乱破碎，大型深切冲沟发育，只能采用中长隧道群越岭方案。从地质条件看，西部312国道垭口方案为高垭口特长深埋隧道方案，避开了分水岭地区的滑坡，隧道洞身为Ⅲ、Ⅳ级围岩为主的石质隧道，工程地质条件较好。东部常宁垭口方案为低垭口中长隧道群方案，走行于永寿梁梁体尾部及泾河峡谷冲沟区，横切泾河南岸黄土"V"形冲沟，滑坡、错落等沿沟成群分布。在选线过程中虽最大限度地对不良地质体予以了绕避，但仍有赵家沟古滑坡、佛爷沟古滑坡等多处重大不良地质体难以绕避。因此，采用西部312国道垭口方案比较有利。

(二)越岭高程的选择

越岭垭口一般都用隧道通过，越岭高程选择，实际上越岭隧道位置、高程和长度的选择。

高程愈高隧道愈短，但两端引线愈长。从工程而言，理想的越岭高程应使引线和隧道总的建筑费用最小；就运营而言，越岭高程愈低、引线愈短愈有利。垭口两侧的地面坡度多为上陡下缓，故选择隧道高程多以地面坡度陡缓过渡部分作为研究的基础。

越岭高程选择，除取决于垭口的高程、地面自然坡度、地质条件外，还与设计线的运量、限制坡度(或加力坡度)以及隧道施工技术水平有关。在选择越岭高程时，应结合上述条件，拟定不同位置、高程及长度的隧道方案，经技术经济比较确定。

**【工程案例 4-4】** 成昆铁路越岭高程选择直接影响隧道长度。

成昆铁路越西至泸沽段需跨越成都—西昌间的分水岭—小相岭，当时研究了四套越岭方案：

(1)沙木拉打方案：该方案溯大渡河支流牛日河穿越沙木拉打垭口，再沿孙水河、安宁河至西昌。该方案上下行设计坡度均为13‰，四套方案中，该方案越岭隧道最短(6389m，但是当时全国最长的隧道)，线路最长(141.5km)，坡顶标高最高(2244m)。

(2)瓦吉木方案：该方案上下行设计坡度均为13‰，线路走向与沙木拉打方案基本相同，只是降低了越岭隧道位置，线路引到尼波后就不再爬坡而提前进洞，该方案越岭隧道长14500m，坡顶标高2077m，线路长109.3km。

(3)小相岭方案：该方案上下行设计坡度均为13‰，线路沿锋档沟，经中所坝，至安乐，翻越小相岭，该方案越岭隧道长19500m，坡顶标高1825m，线路长73.2km。

(4)阳糯雪山方案：该方案上下行限制坡度为6/13‰，线路经王家屯、白泥湾，在南星沟进洞，在沙子坝出洞，沿安宁河至泸沽。该方案越岭隧道长25750m，坡顶标高1820m，线路长83.5km。

以上四大方案的比较见成昆铁路越西至泸沽段越岭方案比较表(表4-5)、成昆铁路越西至泸沽段越岭方案线路平面示意图(图4-21)。

结合当时政治、经济、技术(特别是当时隧道施工技术)、地形、地质、工期等条件，最后选定最短的隧道方案—沙木拉打方案。如果换至今日再选此段线路，以今天国家的财力物力和先进的隧道施工技术，则两项长隧道方案无疑具有充分的可比性，因为这两套长隧道方案可缩短线路60~70km，年节约运营费600~700万元(1960年的价格)。

**越西至泸沽段越岭方案比较表** 表4-5

| 项目 | | 单位 | 沙木拉打 | 瓦吉木 | 小相岭 | 阳糯雪山 |
|---|---|---|---|---|---|---|
| 线路长度 | | 公里 | 141.5 | 109.3 | 73.2 | 83.5 |
| 设计坡度 | | ‰ | 13/13 | 13/13 | 13/13 | 6/13 |
| 展线系数 | | | 2.34 | 1.80 | 1.21 | 1.38 |
| 拔起高度 | 上行 | 米 | 636 | 469 | 220 | 212 |
| | 下行 | 米 | 693 | 527 | 277 | 269 |
| 坡顶标高 | | 米 | 2244 | 2077 | 1825 | 1820 |
| 越岭标高隧道北口/南口 | | 米 | 2243/2188 | 2077/1950 | 1815/1782 | 1800/1761 |
| 越岭隧道长度 | | 米 | 6389 | 14500 | 19500 | 25750 |
| 隧道长度 | | 座/公里 | 62/28.1 | 27/24.0 | 11/25.4 | 12/33.5 |
| 大中桥 | | 座/公里 | 56/7.3 | 54/5.9 | 9/1.3 | 18/3.0 |
| 车站 | | 个 | 14 | 8 | 8 | 4 |
| 工程费 | 单线 | 亿元 | | 0.85 | 1.29 | 1.32 |
| | 复线 | 亿元 | 2.31 | 2.19 | 2.18 | 2.85 |
| | 合计 | 亿元 | 2.31 | 3.04 | 3.47 | 4.17 |
| 机车车辆购置费 | | 万元 | 1868 | 1422 | 849 | 877 |
| 年运营费 | | 万元 | 1111 | 835 | 463 | 368 |

注：根据1960年资料。

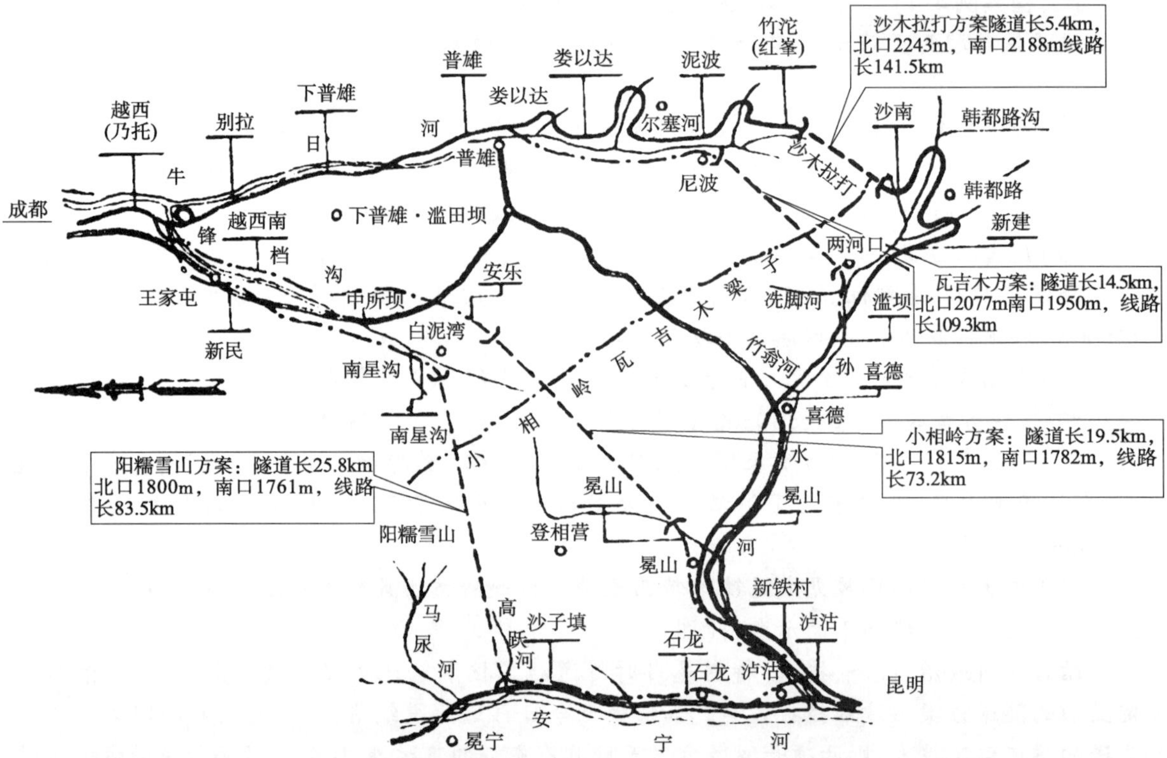


图4-21　成昆铁路越西至泸沽段越岭方案线路平面

【工程案例 4-5】　在太岳山越岭隧道方案研究时，存在长、短隧道两种方案图4-22。

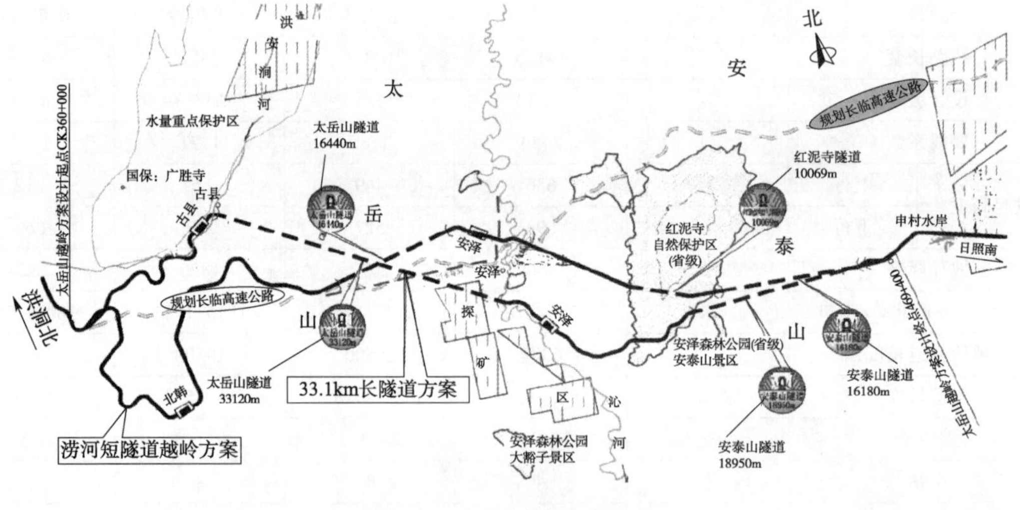


图4-22　太岳山越岭方案示意

方案一(长隧道方案)：该方案自比较起点 CK360+000 起，出古县站线路转向东南，跨过洪安涧河后以 33.12km 的隧道穿越太岳山，出隧道及出安泽站后线路转向东，以 18.95km 隧道翻越安泰山，之后到达方案比较终点 CK469+400。

方案二(短隧道方案)该方案自比较起点起，展线至北韩乡设北韩站，出站后展线，并以 16.44km 隧道翻越太岳山，之后设安泽站，而后以 10.29km 和 16.18km 两个隧道翻越太岳山余脉，到达方案比较终点。

通过各综合比较,短隧道方案虽然工程投资贵2.8亿元,但其没有控制工期的长隧道工程,工程风险、工期风险小,隧道运营养护及救援较方便,且绕避了安泽县规划建设的煤电工业区和配套建设的两个煤矿,安泽站位也符合地方规划,因此选择该方案。

(三)越岭引线定线

理想的越岭线路位置应该是:两侧展线少、主要技术标准和地质条件都较好的位置。定线一般过程是,基于确定的洞口位置,沿通向此位置的河谷,用足最大坡度,以隧道或路堑(注意调整纵坡和标高避免出现深长路堑)通过垭口,再沿分水岭另一侧的河谷向下游定线。

越岭引线因克服高度大,地形、地质条件复杂,桥隧集中,工程一般都较大。应注意以下问题:

(1)不同限坡的综合比选。越岭引线采用的限制坡度对引线长度、工程投资、运营指标有直接影响,应综合比选不同越岭位置的隧道方案与不同限坡的引线方案的组合。

(2)加力牵引的比选。越岭地区高差大,为避免大量人工展线,除应研究低高程的长隧道越岭方案外,还应根据情况增加多机牵引的加力坡方案的比较。

(3)应从垭口往两侧(从高处往低处)定线。垭口两侧自然坡度一般是上陡下缓,在上游应尽量利用支沟侧谷合理展线,使线路尽早降落到工程简易的河谷或平原地区。遵循晚展不如早展,早展不如巧展。

## 三、平原、丘陵地区定线

在平原地区选线,虽然地形平坦,但村庄稠密,农业发达,水渠交错、道路纵横、电力线、通信线交叉频繁。而丘陵地区丘岗连绵、起伏不大,但一般工农业都比较发达。在平原、丘陵地区定线,占地及拆迁问题比较突出,虽然地质条件一般比较简单,但可能复杂。一般需要考虑以下因素:

(一)线路尽量顺直

平原、丘陵地区定线,一般不受高程障碍控制,应使线路尽量顺直,以靠近航空线最为理想。在荒凉的平原地区,人烟稀少,地形平坦,以采用长直线通过为宜,但必须以适应地形地物为原则,不可违背实际情况,硬将线路拉直拉长,以免造成后患。线路需要穿过村庄,不应从村庄中心穿过,以免造成居民长期不便和发生伤亡事故。

选线时遵循控制点间连折线的原则,先将线路总方向内必须经过或必须绕避的主要据点(如城镇、工矿企业、文物风景区等)作为大的控制点;然后在大控制点之间确定行经区和绕避区,从而建立起一系列中间控制点。

(二)尽量减少拆迁和占地

设法避免拆除民房,特别是较大的村庄和较新建筑物,但又必须保证线路质量,根据线路等级避免拆迁建筑物而恶化线路平面;在地形有利时,铁路宜靠近山坡,尽量不占良田或少占良田,不破坏农田水利系统。

(三)注意适应水文条件的要求

平原和低缓丘陵地区的地势较低,地下水位较高,选线时应调查沿线的历史洪水线,尽可能沿地势较高处布线。当线路遇到大面积的软土分布地段时,一般应绕避,如避开不了,应对基底采取换填、砂井、粉喷桩、反压护道、强夯等加固措施进行处理,解决地基承载力不足的问题。平原地区路基填筑高度一般考虑取土困难,不希望太高,但应考虑满足内涝水位要求,一般应控制在1.5m左右(若路基高度更低,则应付出更多的基底处理费用)。

在经济发达及土地资源宝贵地区,以桥代路往往也是不错的选择。宁启线南通东至启东段曾选取在无较大控制标高点控制的 CK343 +940 ~ CK345 +140 段研究以桥代路方案,经济分析比较,如表 4-6 所示。比较内容按全部为路基(平均路基填土高度 5m)和全部为桥梁(墩高约 10m,桥长 1200m)。路基方案除了路基投资外,还要考虑征地、拆迁、取土占地、涵洞、防护栅栏等的投资。从表中可见,虽然桥梁方案增加了投资 420.2 万元,但是节省了项目占用土地约 108 亩,即多付出了 3.88 万元/亩的代价,但保护了农田这种不可再生资源,且墩高满足通行要求,避免了频繁的路桥过渡。所以,推荐采用桥梁方案。

**路桥设置方案经济比较** 表 4-6

| 方案名称 | 征地(亩) | 拆迁($m^2$) | 取弃土占地(亩) | 投资(万元) | 投资差(万元) |
| --- | --- | --- | --- | --- | --- |
| 桥梁 | 29.8 | 2520 | 0 | 3926.9 | 420.2 |
| 路基 | 58 | 5556 | 80 | 3506.7 | |

(四)处理好线路与桥位的关系

(1)大桥桥位往往成为线路的控制点,应结合线路走向,将大河桥址选在主流集中、河槽稳固和基础较好的河段。路基应有足够的高度,并做好导流建筑物与路基防护工程。一般情况下,桥位中线应尽可能与洪水的主流流向正交,桥梁和引道最好都在直线上。

(2)小桥涵位置应尽量服从线路走向。遇到斜交过大或河沟过于弯曲时,改河或适当调整线路位置,以调整桥轴线与水流流向的夹角。

(3)桥涵设置要保证农田排灌和交通的需要,涵洞等须有一定的数量,低洼地段即使无明显水道,也应设置排涝桥涵。

(4)平原地区通航的河流,若采用较小的限坡能保证通航所需的净高,则尽量采用较小的限坡方案,以提高全线的牵引质量。

## 单元五 桥涵、隧道等地段的定线

一般来说,较大车站、技术复杂的特大桥和长隧道,往往决定线路的位置,而数量众多的中间站,一般大、中桥和隧道,则是依所选定的线路而设置,但为了保证这些建筑物的安全和经济合理,也可能需要将线路位置作局部改移。总之,线路与各种建筑物的关系,是整体与局部的关系,二者必须密切配合。

### 一、桥涵地段

(一)桥涵分布

大、中桥一般按线路走向确定桥位,可做局部改动;特大桥及水文地质条件较复杂的桥位应与线路走向并重,既考虑线路走向,也考虑桥位条件;特别复杂的桥位方案,定线应服从桥位引线。

必须保证一定数量的横向排水结构。在平坦地区,如果长距离没有明显的水道,相隔一定距离也必须设置桥涵以排除地表水。在漫流地区,有时还应采用一河多桥的方案,并配合相应的导流建筑物。

天然河道不应轻易改移。如确能改善桥涵工作状况或有显著经济效益时,方可改移河道或裁弯取直,但应考虑由此而产生的河流水力条件变化的影响。桥址中线宜与洪水流向正交,应避免在桥头形成水袋而产生三角回流,影响线桥安全。通航河流上,桥址中线应与航线正交。当不能避免斜交时,应适当加大通航孔径。

（二）选择合适的跨越地点

由于跨地段不同，其地质情况、水文特征与两岸引线条件可能不同，定线时应选择合适的跨越地点，以便节省桥涵造价并使线路与桥涵建筑物获得最佳的配合。在不改变线路走向前提下，尽量做到：

(1)地质条件好。理想的条件是：基岩埋藏浅，岩性坚硬，整体性好，倾斜度不大。如基础不能置于基岩时，则应当选择承压力大、抗冲性强的地段作为桥址，应尽量避免在断层、岩溶等不良地质地段建桥。

(2)水文条件好。跨河桥位应在河床稳定，河道顺直、河面较窄之处跨越。同时，应使线路与水流向正交，必须斜交时，也应尽量使桥梁轴线与水流方向的交角大些（斜交角不小于45°）。对于通航河流，则应选在航道稳定的顺直地段，避免在浅水或可能淤积的地方设桥。

(3)桥头引线条件好。在桥隧毗连地段，采用架桥机架设桥梁时，线路平、纵断面设计和隧道洞门的位置应考虑架桥机架梁时施工的便利。特大桥头引线的曲线尽量不伸进桥上，不可避免时，其长度要尽量缩短。避免河道水流发生变化，通航复杂，增加了航行的难度。

(4)控制既有桥的间距。相邻桥太近，河道水流发生变化，使得通航复杂，增加了航行的难度。两座相邻桥轴线间距，Ⅰ～Ⅴ级航道应大于代表船队长度与代表船队下行5min航程之和，Ⅵ级和Ⅶ级航道应大于代表船队长度与代表船队下行3min航程之和。不能满足此要求，且其所处通航水域无碍航水流时，可靠近布置，但两桥间相邻边缘距离应控制在50m以内，且通航孔必须相互对应。水流平缓的河网地区两相邻桥的边缘距离，经论证可适当加大。

（三）合理选用大跨高桥以改善线路

大跨、高墩桥梁施工技术的进展，有利于在地形、地质复杂地区选择较理想的桥位。线路穿越峡谷地区的较大河流时，由于山高谷深，桥梁往往位于纵断面凹形地段，桥高则线路顺直，桥低则需展长线路。采用大跨度桥可减少墩数、降低墩高或避开深基础和不良地质地段。

（四）涵洞设计要求

涵洞的分布一般应根据现场勘察来确定，尤其是影响农田灌溉和人畜交通的涵渠必须与当地政府有关部门协商确定。凡线路跨越的水沟，一般都应设置涵洞或小桥。天然沟谷的平面和纵坡一般不宜轻易改动。只有当沟谷洪水流量较小，改沟工程量不大且不致产生淤塞或冲刷时，才允许将水流引向邻近的桥涵排出。平坦地区沿线很长的地段没有明显河沟时，可考虑在有利排洪的地点设置涵洞，使桥涵的距离适当，排洪通畅，确保路基安全。

分布涵洞时，应不改变或少改变现有的灌溉系统，以免影响既有农用灌溉。灌溉涵洞的出水口高程应与当地农田水利部门协商确定。排洪涵洞还应考虑涵前积水不致淹没上游村舍农田。

(1)平原区涵位。涵洞设于河沟中心时，一般应与路线方向正交，并尽可能使进口对准上游沟心；涵洞若设置于灌渠线上，应保证灌渠水流畅通；当线路经弯曲河沟或多支汊河沟时，可裁弯取直、改沟设涵或改沟整流设沟。

(2)山岭区涵位。山区河沟坡陡流急，洪水迅猛，应顺沟设涵。一般不宜改沟设涵，不强求正交。傍山内侧截水沟及路基排水沟出口处应安排涵洞以便水流能从路基一侧排至另一侧。

## 二、隧道地段

隧道是一种地下建筑物，它的施工条件和工作状态，在很大程度上取决于地质条件。故宜避开不良地质地段，为施工和养护工作创造良好的条件。定线时，必须使线隧配合，以求获得最佳的效果。

沿河峡谷，地形曲折陡峻，隧道位置一般有以下几种情况。

(1)隧道外移靠河。隧道可短些，但河谷地区受地质构造和水流冲刷等影响，往往出现地形和地质均较复杂的情况，特别是在山区河谷地区，往往河流弯曲、沟谷发育、支沟密布，河谷两岸常有台地和陡峭的山坡，并常伴有崩塌、错落、岩堆、滑坡、泥石流、河岸冲刷等不良地质现象，因此往往线路展长且弯曲。

(2)隧道傍山。可能出现洞壁过薄，隧道浅埋偏压，而引起塌方，且洞口可能出现高陡边坡容易坍塌，往往隧道短而多，或桥隧相连，此时应采用短隧道群与长隧道方案比选，条件相近时应优先选用长隧道。

(3)隧道进一步向山靠，则隧道长，造价提高，但线路顺直，运营条件较优。实践证明，在地形陡峻、地质条件较差的地段，“当线路以隧道通过时，线路宜向山侧内移”，尽量减少浅埋和洞壁过薄的不良影响。

在选择洞身位置的同时，还应重视洞口位置的选择。洞口附近，一般岩石风化破碎，洞口避免出现高边坡、高仰坡，“隧道宜早进晚出、正穿避斜、穿梁避沟、穿硬避软”。

## 三、铁路与道路交叉

结合铁路运量逐年增加，行车速度逐渐提高的特点，为减少意外人身事故发生及行车安全，新建、改建铁路原则上不设置平面交叉(既有铁路与道路的平面交叉应逐步改为立体交叉)。因特殊情况需要设置的，经铁路局同意，并满足以下条件：

(1)线路不通过动车组列车；线路允许通过的旅客列车运行速度120km/h以下、货物列车运行速度80km/h以下且货物列车牵引质量5000t以下；

(2)Ⅱ、Ⅲ级铁路与道路交叉；

(3)道口之间距离大于2km，并且无绕行条件；

(4)道口宜设在瞭望条件良好的地点；

(5)应当正交，斜交时交叉角应大于45°；

(6)道路平面线形应为直线且从最外侧钢轨算起的道路最小直线长度一般不应小于50m；

(7)铁路道口设置位置应在铁路车站以外，桥梁、隧道两端及进站信号机100m以外，区间或专用线道岔两端50m以外；

(8)符合当地城市规划及土地使用要求。

## 四、高压输电线路对选线的影响

与高压输电线路的交叉干扰是铁路选线不可忽视的问题。通常称35~220kV的线路称为高压输电线路，330~500kV的线路称为超高压输电线路。110kV以上的输电线路是国家电网的主要干线(除了输电线路，担负分配电能任务的线路称为配电线路，其电压等级有：380V/220V、6kV、10kV，其中把1kV以下的线路称为低压配电线路，1~10kV线路称为高压配电线路)。

高压输电线路由于自然灾害等原因，如风灾、水灾引起的倒杆(塔)脱线等会严重地危及铁路行车安全。选线时在不改变线路走向及增加线路不长的情况下应尽量绕避，绕避不了时可交叉通过，但交叉点要选在电线较高、杆（塔）间无接头和距杆（塔）较远的地方。交叉角宜正交，无条件时不宜小于45°。

交叉时，注意线路与杆或塔的平面距离及轨顶与高压线的竖向距离，并不在出站信号机以内交叉。铁路与高压输电线路（10kV除外）平行时从杆（塔）外缘至铁路中心最小水平距离为杆（塔）高加3m；交叉时为30m。10kV输电线路不管平行或交叉其杆距均应不小于3m。高压输电导线在最大弛度时距轨顶或承力索的最小高度见表4-7（弛度或弧垂是指导线上任一点到悬挂点连线之间在铅直方向的距离）。

高压输电导线距轨顶最小高度表　　表4-7

| 电压(kV) | 非电化铁路(m) | 电化铁路(m) |
|---|---|---|
| 110 | 7.5 | 11.5 |
| 220 | 8.5 | 12.5 |
| 330 | 9.5 | 13.5 |
| 500 | 14.0 | 16.0 |
| 750 | 19.5 | 21.5 |

## 单元六　不良地质条件下的定线

线路行经地区的工程地质条件对铁路建筑物的稳定性和经济合理性有决定性的影响，在线路方案选择、设计中，必须重视地质条件并且尊重地质规律，选线时应考虑以下原则：

1. 避让的原则

条件允许时对不良地质进行避让是最为经济、最为安全的方法，符合国家对自然灾害“防治结合、以防为主”的总体指导原则及防灾减灾总体精神的要求，是地质选线必须遵循的首要原则，只有在无法避让时，方可考虑进行工程处治。

2. 可行性原则

山区公路由于受地形条件限制，很多情况下可能无法避让不良地质，因此选线时，尽量在明确地址潜在危害的基础上选择有利地质区域通过，保证的实施方案具有技术上的可行性。

3. 安全性原则

施工阶段的安全和后期营运阶段的行车安全及工程构造物安全是铁路设计必须考虑的因素之一。

4. 经济性原则

选线应结合具体处治方案进行经济比较，使总的造价降低。

常见的不良地质现象有滑坡、泥石流、沼泽、地震以及水库地区，下面举例说明不良地质条件下的定线要点。

### 一、滑坡地区定线

滑坡是指斜坡上的土体或岩体受河流冲刷、地下水活动、地震及人工切坡等因素影响，在重力作用下，沿着一定的软弱面或软弱带，整体地或分散地顺坡向下滑动的自然现象。

线路行经滑坡地段时，应尽早绕避。无法绕避时，定线时，先查明滑动层的位置和形状，确定滑坡产生的根源，判明滑坡的稳定性，然后采取以下措施通过滑坡地段：

(1)在滑坡上方以浅路堑通过；

(2)在滑坡下方以低路堤通过;

(3)在滑动面下以隧道通过;

(4)当滑动层不太厚时可采用大跨高架桥通过;

(5)当滑动量不大时,可清除全部滑动土体后通过。

当采用以上方式通过滑坡地段时,应当结合边坡失稳的因素和滑坡形成的内外部条件,采取上锚下挡、设置天沟、整治地表水等治理措施以保证铁路的安全。

## 二、泥石流地区定线

泥石流是指在山区或者其他沟谷深壑,地形险峻的地区,因为暴雨暴雪或其他自然灾害引发的山体滑坡并携带有大量泥沙以及石块的特殊洪流。泥石流具有突然性以及流速快,流量大,物质容量大和破坏力强等特点。

泥石流对铁路的危害主要有以下几种方式:泥沙的淤积和堵塞危害、冲刷下切危害、堵江淹没危害和大石块的冲击破坏等。

定线时,在条件允许的情况下,首先应当提前绕避。若实在无法绕避的,先确定泥石流的范围和流量,查明泥石流发生的原因,再采取以下措施通过泥石流地区:

(1)采用大跨高架桥通过;

(2)采用隧道从泥石流沟底下通过;

(3)修建渡槽、明洞引泥石流排往铁路桥下方;

(4)在铁路桥两岸,修建导流堤;

(5)修建拦砂坝和沟底铺砌,起到拦截和减轻泥石流的冲刷危害。

## 三、沼泽地区定线

沼泽是指地表过湿或有薄层常年或季节性积水,土壤水分接近饱和,生长有喜湿性和喜水性沼生植物的地段。广义的沼泽泛指一切湿地;狭义的沼泽则强调泥炭的大量存在。在高纬度地区,随着泥炭的逐渐积累,基质中的矿质营养由多而少,而地表形态却由低洼而趋向隆起,植物也相应发生改变。沼泽发育过程由低级到高级阶段,根据沼泽土壤中水的来源划分为低位沼泽、中位沼泽、高位沼泽。

沼泽地区定线时,应首先判断沼泽地的范围和淤泥厚度,当范围广、淤泥厚时可提前绕避该区域;当淤泥厚度不大时,可选择沼泽最窄最浅的地点通过,并选择沼泽底没有横向坡度或坡度较小的地段通过。

## 四、水库地区定线

水库是指能拦截一定水量,起径流调节作用的蓄水区域,一般为河流上建设拦河闸坝后造成的人工蓄水工程。天然湖、泊、洼等可视为“天然水库”。水库坍岸、淤积和地下水壅升是影响水库地段铁路选线的三个主要因素。

(1)水库坍岸。水库建成蓄水后,蓄水量逐渐增加,沿河库岸工程、水文地质条件被相继改变,出现水库坍岸岸坡受库水浸润和波浪的冲蚀,失去了原来的自然平衡条件,逐渐发生坍塌、滑坡,使岸线不断后退。

(2)水库淤积。水库淤积与河流来沙量大小有关。新建的、高水位运用的多年调节水库(将丰水年的水量积蓄在库内供枯水年应用),河流上游来沙绝大部分淤积在库中,而排往坝址下游的则很少；既有低水位运用的季调节水库（主汛期洪水和泥沙排走，而汛末洪水及非汛期清水积于库内），上游来沙绝大部分排往坝址下游，淤积在库中的则很少。水库淤积将会引起过水断面的变化和库底标高的提升，在洪水流量不变的情况下，库区洪水位必然上升，库区地段的路基和桥梁的设计高程应提高。

（3）地下水壅升。水库蓄水后会引起库岸地下水壅升，库内水位的涨落会引起库岸地下水的变化，地下水壅升与变化会导致库岸滑动与坍塌、地基土强度降低、库岸凹地沼泽化和土壤盐渍化，从而产生不良工程地质现象和危害。

水库地段定线的设计应注意的问题是：

（1）线路走向与水库平行：线路位置有条件时宜在水库左右两侧选择彻底躲开水库坍岸影响的方案，如图4-23所示。①线路位置应选在最终坍岸线以外，并留有适当安全距离；②在无坍岸地段（基岩或宽阔浅滩），线路位置应选在洪水泛滥线以外；③若必须通过水库淹没区时，路基最低路肩设计高程应按"水库淤积后相应于铁路路基设计洪水频率回水位高程＋波浪侵袭高度＋壅水高度（含水库回水及边岸壅水）＋安全高度"设计；④个别地段能保证线路稳定且能节省工程投资时，方可考虑局部线路以最短的线路长度通过坍岸范围。

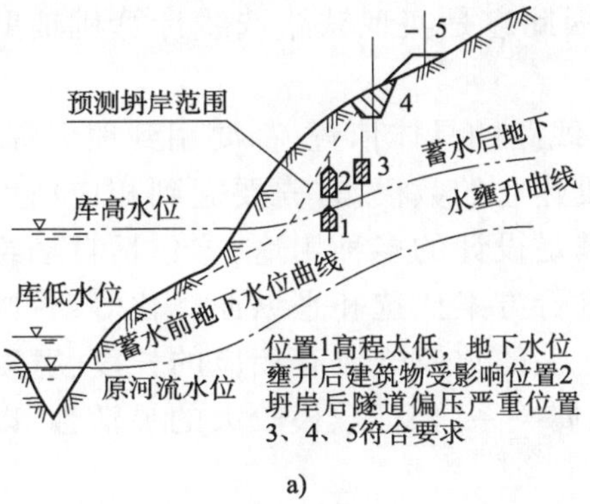

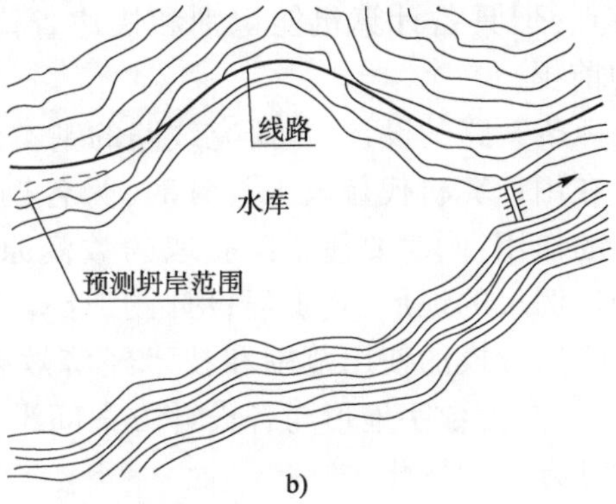


图4-23　水库坍岸对线路位置的影响

（2）线路走向与水库垂直：①其线位（或桥位）应选在水库上游回水曲线以上，或水库下游集中冲刷范围以外，或20倍水坝上下游最大水位差以远河段通过；②若必须跨越水库，桥位应选在水库最窄、库岸稳定（无坍岸）、地质条件良好、泥沙淤积较少和水深适度地段。

（3）在坍岸线和洪水泛滥线外适当距离并尽量躲开地质不良地段，线路宜选在基岩出露较多、河岸平缓、边坡相对稳定及地质条件较好的一岸；为避免或减缓风浪对岸坡的冲刷，线路宜选在背离主导风向库岸一侧或顺风向的库岸两侧。

例如，锡乌铁路在通过霍林河水库地段时，考虑水库附近地形情况以及水库坍岸、淤积和地下水壅升等对铁路选线的影响，线路选择于霍林河水库北岸通过，如图4-23所示。

## 单元七　计算机辅助线路设计

铁路线路设计是一个涉及面很广、政策性很强的综合性工作，是一项关系到交通工程全局的总体性工作,研究计算机辅助设计(简称 CAD)技术在这一领域的应用具有其重要的意义。在线路设计中采用 CAD 技术,具有以下明显的特点:

(1)提高设计工作效率,缩短设计周期;

(2)提高设计质量,在数据库、程序库、图形系统支撑下,有利于继承原有设计经验、设计成果,计算机的高速、准确与人工交互设计相结合,可以方便地进行设计方案比选;

(3)使设计人员从烦琐重复性的设计工作中解放出来,以便集中精力于设计和决策;

(4)有利于设计成果的标准化。

作为一个完整的计算机辅助设计系统,线路选线 CAD 系统应包括设计方案的构思与形成、方案的比较与选择、工程的计算与优化、设计图表的绘制与设计文件的输出等一系列工作。从这个过程来看,CAD 不只是单纯的工程计算分析,也不是单纯的计算机自动绘图,而是二者的相互渗透与紧密结合。

## 一、数字地面模型

数字地面模型(Digital Terrain Model)简称数模或 DTM。DTM 是用数字表示地形图的一种方法,它是将表示地形平面坐标和高程的数据 $x$、$y$、$z$,以及表示地物、地类、地形特征的编码,按一定格式和顺序排列存放于计算机内的信息。它与地形图比较,不具备直观的特点,但具备计算机能识别和快速查询的特点。因此它是实现铁路选线计算机辅助设计的前提。

一条铁路的设计,从研究线路的基本走向到确定线路的具体依置,都要用到地形资料。因此在用计算机代替人工设计时,为各勘测设计阶段建立的数模,首先要起到相应精度地形图的作用;同时要使一次获取的数模原始数据能满足设计的多种用途,这包括自动绘制各种比例尺的地形图、工程设计图、计算工程数量、进行方案比选和平纵面优化等;否则将大大降低数模的使用范围和技术经济效果。因此,建立的数模既要有相应的长度、宽度和精度,又要使数字地形与各设计方案间没有固定的从属关系,保证数模较大的灵活性,以适应设计方案的变化。

研究数模主要解决数据采集、存储、处理、检索、显示和输出等问题。主要目的是检索任意点的高程和生成等高线地形图、线路纵横断面图。数据存储是数模研究的核心,它与数模种类有直接的关系,不同类型数模的数据存储结构方式是不同的。

(一)数模种类

数模种类有多种,主要有:

(1)格网数模。它是将地形范围划分成等边长的网络、记录网格节点的高程及有关参数、检索某点高程时,根据该点坐标 $x$、$y$ 计算它所在方格位置,用所在方格四周有关节点的高程、按一定方法内插出它的高程,如图 4-24 所示。

(2)离散点数模。将地形范围按等边长划分成格网,将所有地形点按坐标值 $x$、$y$ 的大小排列划分成行、列编号,记录方格网的有关参数、每个方格内地形点起始号和个数、地形点坐标高程。检索某点的地面高程时,根据该点坐标查出它所在行列,提取相应范围内的地形点数据 $(x,y,z)$,内插出该点高程。

(3)三角形数模。将地形范围内所有地形点数据顺序排列,按平面坐标连接成彼此共边、不相重叠的三角形。检索某点高程时,根据它的坐标查它所在三角形,提取所在三角形三个顶点的坐标和高程,内插该点高程,如图 4-25 所示。

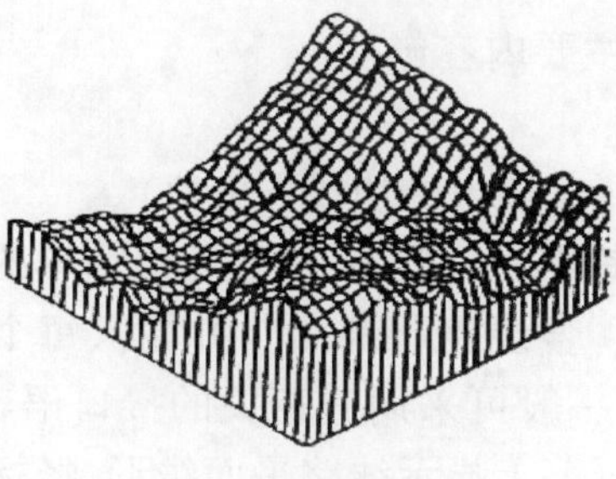

图4-24　网格数模

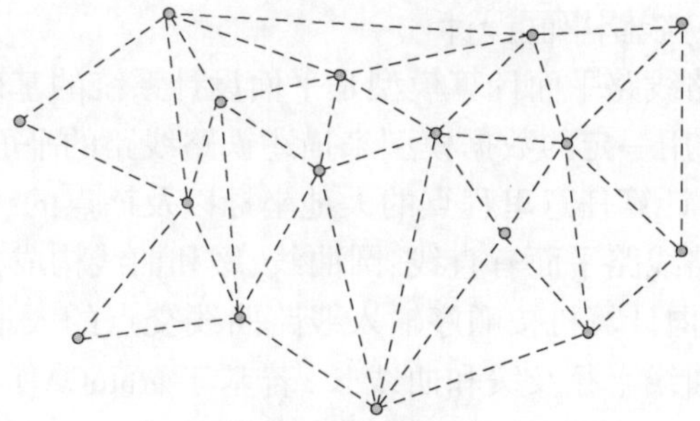

图4-25　三角形数模

（二）数据准备

数字地面模型的建立需完成以下的数据准备工作：

1. 数据采集

为了满足线路CAD设计多种用途的需要，一次获取的数模原始数据除地面高程外，还应包括各种地物、土壤和地质等综合地理信息，包括各种地形特征的位置和边界，如河流、道路、湖泊、居民点、地质情况等，这些信息对线路方案有较大的影响，存储在计算机内，根据实际需要随时调用。

数字地面模型的数据来源主要有两个方面：一是直接取自地形表面，二是间接取自地形表面的模拟模型。根据数据获取的方法不同，数据来源可分为以下四种：

（1）由现有地形图上采取。最简单的方法是在数字化台上手工跟踪等高线，现在常用的方法是使用扫描装置采取。

（2）从摄影测量立体模型上采取。大多数立体测图仪、解析测图仪的数字化系统都能从遥感相片上采取数据。自动化的摄影测量系统则采用自动影像相关器，沿着扫描断面产生高密度的高程点。

（3）野外实地测量。在实地直接测量地面点的平面位置和高程，一般使用全站仪进行观测。

（4）由遥感系统直接测得。如航空和航天飞行器搭载雷达和激光测高仪获得的数据。

2. 数据预处理

通过上述方法获得的地形数据在建模前还需进行预处理，主要包括两部分：滤波及压缩。

滤波：为防止测图过程中错误的点直接参与构建DTM，可在提取地形数据时设置"点滤波器"，由设计者设定线路行经地区的高程合理范围（$H_{min} \sim H_{max}$），将未在合理范围内的点过滤出来。

压缩：在制图过程中，为保证等高线圆顺。地形点往往取得很密，提取下来的数据通常呈海量；若将这些数据直接建模，会占用计算机大量的空间和时间，因此，必须考虑海量数据的压缩问题。在实际建模中通常采用以下方法：剔除坐标一致或相近的点；删除等高线上非特征点数据；利用坐标平移压缩点列坐标串数据。

## 二、线路平、纵、横的机助设计

铁路线路设计计算机辅助系统包括铁路平面和纵断面设计系统，同时，路基横断面设计负担重，且利用横断面的自动设计可以迅速计算线路土石方量的大小，有助于评估定线质量，因此，横断面辅助设计系统一般也包含在铁路线路计算机辅助系统中。

(一)线路平面设计

铁路线路平面计算模型是平面设计系统的基础,其主要内容包括:

(1)用一定的数据模型来描述铁路线路的平面位置;

(2)计算任意里程点的大地坐标以及该点的线路方向(该点的切线方位角)。

铁路线路平面有直线、圆曲线、缓和曲线构成,描述铁路平面的方法很多,最简单的就是坐标法,即向计算机按顺序输入线路曲线交点的大地坐标(含线路起终点),并输入每个交点所对应的曲线半径及缓和曲线长,若基于 AutoCAD 开发,一般可采用其相关的接口语言(例如 Autolisp、ARX 语言等)写出计算源程序,在 AutoCAD 的屏幕上显示线路平面线形,经标注里程及曲线要素后,再插入本线所经地区的带状地形图,即绘出了一幅完整的线路平面图。

(二)线路纵断面设计

输入了线路平面数据后,可计算出线路任一指定里程的大地坐标,此时若已经构建了数字地面模型,可在其上内插出该点的地面高程(若有实际测量的高程也可直接使用)。利用逐桩高程数据即可在计算机屏幕上按一定的比例显示出沿线路中心线的地面剖面线,这是进行线路纵断面设计的基础。

在计算机上进行纵断面设计可采用两种方式:一种是由人工输入纵断面变坡点信息,由计算机根据这些数据在屏幕上显示出纵断面设计线;另一种方式是由人工在屏幕上直接拉坡产生纵断面设计线。

(三)线路横断面设计

路基横断面设计涉及大量数据计算,人工设计操作相当烦琐,同时,由于地形、地质条件千差万别,使得横断面设计的灵活性较大,各种断面形式多而复杂,但是横断面设计有一定规律可以遵循(例如连续地段的路基面宽度或边坡相同),可以实现横断面的自动设计,可大大提高设计效率。

在纵断面设计中,取得了路线中心线上各里程的地面高程,再根据纵断面设计线得到该里程处的设计高程,从而得到该处路基中心的填挖高。为了进行横断面设计,必须先获得各横断面里程处对应的地面线数据,该数据在可研阶段通过数模内插得到,在初步设计和施工图设计阶段则采用现场实测数据。

为了满足各种情况下横断面设计自动戴帽的要求,需先设置一个带参数的标准路基横断面。这个横断面一半为路堤标准横断面,一半为路堑标准横断面,如图 4-26 所示。横断面设计一般左、右侧分别进行,其实质就是依据中心填挖高,将标准横断面与横断面地面线组装在一起。路基横断面的边坡设计线与地面线的交点即为填方路基的坡脚或挖方路基的坡顶,这就是戴帽子。其一般步骤是:先在路基横断面地面线图上,按中心填挖高,画出路基面宽度线,如图 4-27 所示;再按路肩处的填挖情况,判断该断面的填挖类型。

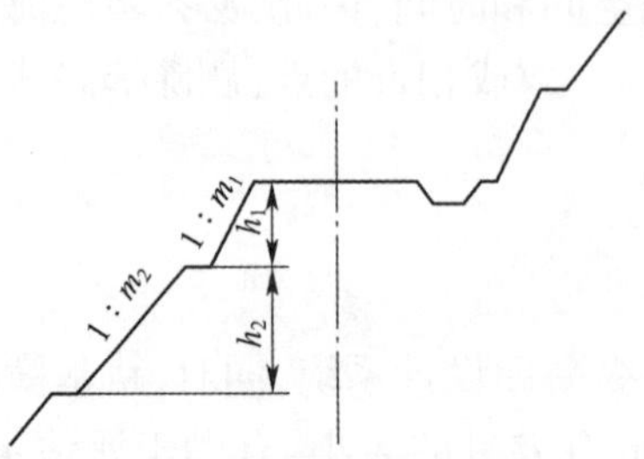


图 4-26　路基横断面设计模板

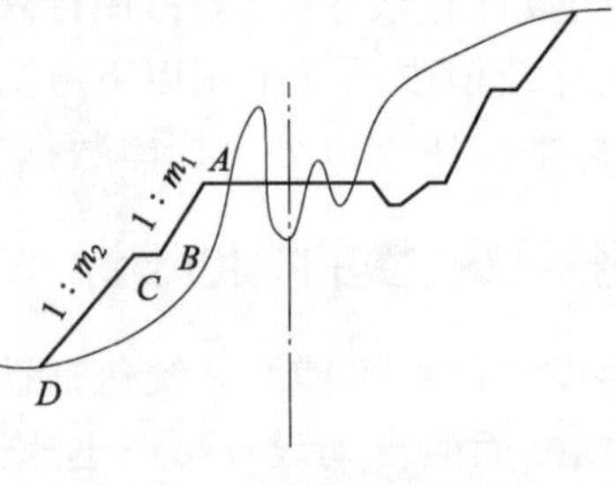


图 4-27　横断面填挖判断

## 习题

**一、简答题**

1. 什么是紧坡地段？什么是缓坡地段？其定线的基本方法是什么？

2. 影响线路走向的因素有哪些？

3. 在缓坡地段定线，为绕避障碍而使线路偏离短直方向时，是否须尽早绕避前方障碍，力求减小偏角？

4. 在陡坡地段增设车站会对工程的影响？

5. 导向线导线法应注意哪些问题？

6. 河谷线定线要点有哪些？

7. 越岭线定线要点有哪些？

**二、选择题**

1. 以下(　　)不是紧坡地段的定线要点。

A. 展线时用足坡度并留有余地　　B. 由困难地段向平易地段定线

C. 展线时一般不采用反方向坡度　　D. 及早绕避障碍物

2. 客货共线铁路车站分布的一般过程是(　　)。

A. 中间站和区段站同时分布　　B. 先分布区段站后分布中间站

C. 先分布中间站后分布区段站　　D. 按先后顺序分布

# 第五章　方 案 比 选

## 本章导读

本章分为三个单元。

单元一介绍了方案比选的意义、可进行比较的方案必须满足的条件、方案比较的主要内容、主要经济指标和不同研究及设计阶段的方案比选内容。

单元二介绍了铁路方案的完整的建设投资费用和运营费用的计算,其中建设投资包括土建工程投资、机车车辆购置费等。运营费包括与行车量有关的和与运量无关的两个部分。其中与行车量有关的运营费,首先介绍了列车数及耗电量、耗油量计算方法,介绍了牵引机械功和阻力机械功的概念,最后才介绍了这些概念相关的运营费的计算方法。要求了解计算方法,理解公式中各项的含义。

单元三介绍了铁路效益基本相同时的方案技术经济比较方法,分别是投资回收期法、年换算费用法和费用现值法及费用年值法。要求掌握计算方法,并能应用公式进行相关计算。

学好本章的内容,首先要理解铁路选线的本质就是个不断进行方案比较的过程。从大方案到小方案,伴随着从粗到细,从全面到局部,不断地进行方案比较,从而逼近最优线路方案。

其次,比较时应当注意较大的方案,不仅要考虑工程费,而且还要考虑运营费。

再次,应当注意,经济比较虽然很重要,但是也不应将经济条件作为线路方案取舍不是唯一的依据,经济性仅仅是方案决策的一个重要方面而已。只有投资合理、社会综合效益最大化的线路方案才是最优方案。在经济性的比较中,应灵活结合项目所处的区域、地形、地质特点等条件综合分析、比选,同时还要从项目的功能定位、相关路网的协调性、吸引客流、列车的开行方案等方面综合分析比选确定,才能使方案在满足使用功能的前提下更加趋于经济合理。

线路设计中所涉及的各种主要技术标准的选择,如单双线、牵引种类、铁路等级,以及线路走向、平纵横位置、接轨站的选择、中间站分布等,均须从工程费、运营成本、维修费用、能源消耗以及对沿线工农业生产的影响等方面,进行综合分析比较和论证、选优。具体的须进行比较的技术经济指标有:线路总长度,土石方工程量,通过能力和输送能力,主要材料、人工和能源消耗量,建设工程费,维修费,投资回收期,净现值及内部收益率等。

线路方案比较,主要是比较方案技术上的可能性和经济上的合理性,解决能不能这样建铁路的问题和怎样建得更合理的问题。

铁路方案经济研究的基本任务在于,通过对方案经济效果的研究,为规划、设计、修建、运营和维修提供决策依据,以达到铁路本身和国民经济都取得尽可能好的经济效果。

## 学习目标

了解不同阶段线路方案评价的内容,掌握方案评价的基本方法。

**学习重点**

方案经济评价的基本方法。

**学习难点**

运营费的计算。

# 单元一　线路方案比选

## 一、线路方案比选概述

铁路设计的总目标，是以尽可能低的投资完成要求的运输能力，形成尽可能好的运营条件，降低运营费用，并注意降低铁路建设与运营对环境的影响，为公众提供便利的运输工具，创造良好的社会效益。在线路方案比选中，重视投资控制是必须的，但不能把投资作为唯一的要素考虑，过分考虑工程投资，就可能忽略工程项目的社会综合效益。只有投资合理、社会综合效益最大化的线路方案才是中选方案。

不同的设计方案采用的技术措施不一样，其工程效果、运营效果和经济效益就会不同，可进行比较的各个方案，均存在各自的优缺点，需要进行全面分析，对筛选出的几个方案进行技术经济对比，选择最合理的方案。

方案比选，即方案比较与选择，在线路具体设计时，首先须通过调查研究与现场勘测，提出各种可能的方案，根据工程、技术、经济、环境、政治及社会等各方面因素分析研究，经论证比选后确定最佳方案。这是寻求正确决策的必要手段，也是铁路设计中的一个关键环节，是可行性研究和初步设计的重要内容。

可进行比较的方案必须满足以下基本条件：

①能完成规定的运输任务；②没有将有比较价值的方案遗漏；③技术上是可行的；④保持比较的经济数据精度一致，各方案应采用同一设计阶段的数据；⑤效益与费用的口径要一致（必要时应考虑相关效益和相关费用），如果方案间各种费用和效益发生的时间不一致，应采用动态方法进行经济指标的计算。

线路方案及接轨点方案，往往决定和影响了线路的走向和位置，在铁路设计中，线路方案比选是铁路方案比选必不可少的研究内容。

为方案比选而进行的经济计算，基本线路方案不仅考虑工程和运营费用，还应计算国民经济的效益；对于运输收入基本相同、社会和环境影响基本一致的局部方案进行比较时，可只比较工程投资和运营费用；对于运营条件也基本相同的局部方案之间的比选，可以只计算工程费用。

除了经济效益和社会效益上的比较外，技术特征比较是线路方案比较的另一重要方面，在线路局部方案比较中尤为重要，主要反映各方案在工程技术和运营技术方面的优劣，比较内容包括运输组织、地质条件、城市规划、工期控制、建设条件、环境保护、越岭引线条件、施工难度、养护维修方便等。

线路重大方案比较的最终结论取决于对各方案在经济、技术、社会、环境等多因素的综合评价，其中包含经济与非经济指标、定量与定性因素。当各方案直接难以决策时，可借助于多目标决策、模糊综合评判等现代科学技术理论和方法。

线路方案比选时，技术经济指标的内容根据新建铁路、改建铁路或增建第二线方案的性质确定的。“新建铁路线路方案技术经济指标表(表5-1)”可供方案比选时参考(表中所列项目可根据具体情况增减)。

**新建铁路线路方案技术经济指标表** 表5-1

| 顺序 | 指标名称 | | | | 单位 | 方案Ⅰ | 方案Ⅱ |
|---|---|---|---|---|---|---|---|
| 1 | 技术指标 | 线路长度 建筑长度/运营长度 | | | km | | |
| 2 | | 展线系数 | | | | | |
| 3 | | 最大坡度 限坡/加力坡 | | | | | |
| 4 | | 最大坡度地段长度 限坡/加力坡 | | | km | | |
| 5 | | 拔起高度 上行/下行 | | | m | | |
| 6 | | 最小曲线半径 | | | m | | |
| 7 | | 地质不良地段 | | | 处/km | | |
| 8 | 运营指标 | 牵引质量 | | | t | | |
| 9 | | 通过能力 | | | 对/d | | |
| 10 | | 输送能力 | | | Mt/a | | |
| 11 | | 往返走行时分 控制站间/全线 | | | min/h | | |
| 12 | 工程指标 | 车站 | 区段站 | 机务段 | 个 | | |
| | | | | 折返段 | | | |
| | | | 中间站 | 中间站 | | | |
| 13 | | 土石方 | 填方 | 土方 | $10^4 m^3$ | | |
| | | | | 石方 | | | |
| | | | 挖方 | 土方 | | | |
| | | | | 石方 | | | |
| 14 | | 桥梁 | 总座数/总长度 | | 座/m | | |
| | | | 其中特大桥座数/总长度 | | | | |
| 15 | | 涵洞 | 总座数/总横延米 | | 座/m | | |
| 16 | | 隧道 | 总座数/总长度 | | 座/m | | |
| | | | 其中长隧道座数/总长度 | | | | |
| 17 | | 施工劳动力 | | | 万工天 | | |
| 18 | | 用地 | | | $hm^2$ | | |
| 19 | 经济指标 | 投资<br>其中:工程费<br>机车车辆购置费 | | | 万元 | | |
| 20 | | 造价 | | | 万元/km | | |
| 21 | | 运营费 | | | 万元/a | | |
| 22 | | 换算工程运营费(年换算费用) | | | 万元/a | | |
| 23 | | 投资回收期 | | | a | | |

## 二、不同研究及设计阶段的线路方案比选

铁路方案比选牵涉面广，在不同的阶段解决的问题不一样，考虑的重点也不一样。在正式交付施工图设计之前，铁路前期研究及设计的过程中，不同阶段都将形成不同的方案，每个阶段方案研究侧重点也不同，通过多轮比选最终的施工图设计基于确定的最终方案进行。从广义上讲，铁路设计过程就是个比较的过程。

在不同阶段，线路方案比选所涉及的范围有所不同，不同层次的方案比较，所涉及的比较指标和所采用的方法会有所不同。例如影响路网形状及对地区发展有明显不同影响的线路大方案比选的接轨点或线路走向比较，一般在较广的范围内进行，涉及技术、经济、环境、社会等各方面；而局部线路方案，如河谷左右岸的选定、线路绕行还是设置桥隧等，其比选则在较小的范围内进行，仅进行工程及运营特征的比较，甚至可能只进行工程数量的比较。

### （一）预可研阶段

线路专业根据制定的中长期建设项目规划，经过踏勘调研，收集必要的地形地物等相关资料，拟定各种大方案并分析确定主要方案，为项目决策和编制设计任务书提供依据。

结合线路可能经过的省、市、自治区及有关部门的意见，对新建铁路的接轨站、终点站及基本走向方案，既有线各种改扩建方案，进行技术经济的全面分析比较，经论证和综合评价，确定主要方案，为项目决策和编制设计任务书提供依据。主要比选内容包括：

（1）接轨点和枢纽（地区）引入方案（含联络线及疏解线）的比选；

（2）通过主要城市和经济据点方案的比选；

（3）线路走向方案的比选；

（4）线路主要局部方案（包括重大桥渡、越岭隧道方案、邻近或穿越特殊环境功能区方案等）的比选。

### （二）可行性研究阶段

在预可行性研究的基础上，经过初测、收集基础资料，重点对主要方案、局部方案进行研究论证和筛选工作，提出采用方案（贯通方案）和主要比较方案。技术经济比较含所有工程的工程量、估算指标、投资等，较大方案还要进行运营费比较。

对新建铁路而言，线路方案比选内容包括：

（1）接轨方案或引入枢纽（地区）方案的比选（从服务运输及技术、经济等方面）。若接轨方案与重大线路方案关系密切，应合并综合比选。

（2）重大线路方案的比选（重大线路方案是指地形、地质条件复杂，距离较长、影响较大的线路方案。应说明其概况、各方案的技术经济比较、方案评价、环境要求的相关内容及推荐意见）。

（3）线路局部方案。结合推荐方案进行比选，提出推荐意见。若涉及既有线改建，须研究增建第二线左右侧位置或预留第二线位置、绕行线比选及各种改建局部方案（技术经济比较表应含所有工程的工程量、估算指标、投资等，较大方案应有运营费比较）。

以上比较均应有相关示意图和技术经济比较表。此外，预可研和可研阶段均应研究相邻线主要技术标准（含现状、规划或改建线路标准）及比选本线主要技术标准。

### （三）初步设计阶段的比选

在定测、勘察及实地调查的基础上，本阶段着重研究审查可行性研究意见认为本阶段需进一步研究、线路局部位置的改善方案（技术经济比较表应作全部工程内容的比较，全面反映工程数量、指标、费用等内容）。

局部改善方案包括的内容较多,例如:地方要求车站位置少量移动的局部方案;减少农田占用和拆迁房屋的线路方案等;增设立交的不同净高要求引起的线路纵断面或平面改动方案;线路位于低缓山坡,涵洞净高不够引起的线路平、纵断面改动方案;沿线路左、右岸及裁弯取直方案改善方案;个别地段曲线半径改善方案;桥梁、隧道、重点路基工程基不良地质地段的改善方案;路基加固、防护而影响线路位置的方案;不同桥位、高桥与高填、设桥与改河方案;隧道与明挖的比较方案;道口平、立交及改移道路方案;铁路用地改善方案。

方案比较一般在以上各个阶段解决,施工图设计阶段则根据比较得出的结论完成施工图设计。

## 单元二　铁路方案的资金组成

工程投资虽然不应作为决定方案取舍的唯一依据,但在方案比选中对方案取舍具有重要影响,在其他方案无明显优势时,首先选择投资合理、社会效益和经济效益最大化的线路方案。

项目投资决策是一个通过对拟建项目的必要性和可行性的技术经济论证,以及对不同建设方案的技术经济比较,做出判断,选择合理方案的过程。铁路项目投资决策的一般过程为:

(1)确定拟建铁路要达到的运输要求;

(2)提出若干个有价值的方案;

(3)通过方案比选,选出最佳方案;

(4)对最佳方案进行经济评价,说明经济上可行。

多方案比选及经济评价是其中的重要步骤。经济分析与计算是方案比较的基础,而方案比较是经济评价及方案决策的基础。铁路工程项目投资决策正确与否,直接关系到铁路项目建设的成败,关系到铁路项目造价的高低及投资效果的好坏。

铁路项目决策一般基于铁路项目可行性研究的结果。根据审定的项目建议书,可行性研究对投资项目在技术、工程、经济、社会和外部协作条件等方面的可行性和合理性的全面地分析论证。通过可行性研究中做出的多个线路大方案及多方案的比选,推荐大方案。为了做好此项工作,深入调查研究,收集大量数据,进行技术与经济两个方面的综合预测与论证评价是必不可少的。对拟建铁路的经济评价是可行性研究中的一个重要研究内容,经济评价一般通过对推荐方案的单方案检验,利用经济评价指标的判断准则来确定其可行性。所谓单方案检验是指对初选的方案,计算铁路的预期收益、费用,以及其经济评价指标来确定项目的可行性。其主要步骤如下:

(1)确定项目的现金流量情况,编制项目现金流量表或者绘制现金流量图;

(2)计算项目的经济评价指标;

(3)根据计算出的指标及相对应的判别准则来确定项目的可行性。

多方案比选可以像单方案检验一样,计算各个方案的全部经济效益与费用,进行全面的分析对比,但常常仅计算其中的关键因素,进行局部的分析对比,但多方案比选要遵循效益与费用计算口径一致的原则,满足各个方案间的可比性。

全面的工程经济分析,需将投入的资金、花费的成本、获取的收益,均可看成是以资金形式体现的铁路项目资金流出或资金流入。在整个计算期(建设和运营期间),各时点 $t$ 上发生的资金流出或资金流入称为现金流量,其中流出系统的资金称为现金流出,用符号 $CO_t$ 表示;流入系统的资金称为现金流入,用符号 $CI_t$ 表示;现金流入与现金流出之差称之为净现金流量,用符号 $CI_t - CO_t$ 表示。

铁路建设项目经济评价计算期,包括建设期和运营期。建设期应参照项目建设的合理工期或项目建设进度计划合理确定;运营期应根据项目特点参照项目的合理经济寿命确定。根据行业特点,一般铁路建设项目的经济评价计算期采用30年。对于一些特殊项目,可结合项目特点选择不同的计算期。

## 一、建设投资

建设投资是铁路建设项目长期固定投资,是建设项目从立项到建成交付使用前的预期开支或实际开支的全部固定资产投资费用,包括固定资产投资、无形资产投资、其他资产投资。无形资产投资以拥有的专利权、非专利技术、商标权、土地使用权等作为投资,其他资产投资是指除了流动资产、长期投资、固定资产、无形资产以外的其他资产,包括筹建期间的管理单位人员工资、办公费、培训费、差旅费等。

固定资产投资是投资的主要部分,是指形成铁路建设项目所需要的固定资产的所有购置费支出。具体包括:土建工程投资、运营初期的机车车辆购置费、建设期贷款利息及铺底流动资金。

### (一)土建工程投资

土建工程按投资构成的性质分为静态投资和动态投资两部分,也可按费用发生的工程类别分(表5-2)。

**铁路固定资产投资** 表5-2

<table>
<tr><td rowspan="9">静态投资</td><td rowspan="6">建安工程费</td><td rowspan="4">直接费</td><td colspan="2">直接工程费</td></tr>
<tr><td rowspan="3">间接工程费</td><td>施工措施费</td></tr>
<tr><td>特殊措施费</td></tr>
<tr><td>大型临时设施和过渡工程费</td></tr>
<tr><td>间接费</td><td colspan="2">企业管理费、利润、规费</td></tr>
<tr><td>税金</td><td colspan="2"></td></tr>
<tr><td>设备购置费</td><td colspan="3">一切需要安装与不需要安装的生产、动力、弱电、起重、运输等设备(包括备品备件)的购置费</td></tr>
<tr><td>其他费</td><td colspan="3">土地征用及拆迁补偿、建设单位管理费、前期工作费、生产准备费等</td></tr>
<tr><td>基本预备费</td><td colspan="3">设计中难以预料的工程费用</td></tr>
<tr><td rowspan="2">动态投资</td><td colspan="4">工程造价增长预留费</td></tr>
<tr><td colspan="4">建设期贷款利息</td></tr>
<tr><td>机车车辆购置费</td><td colspan="4"></td></tr>
<tr><td>铺底流动资金</td><td colspan="4"></td></tr>
</table>

#### 1. 静态投资

静态投资是构成铁路建设项目固定资产投资的主要部分,包括建筑工程费、安装工程费、设备购置费、其他费、基本预备费。

建筑工程费:主要包括路基、桥涵、隧道及明洞、轨道、通信、信号、信息、电力、电力牵引供电、房屋、给排水、机务、车辆、动车、站场、工务、大型临时设施和过渡工程、拆迁工程以及属于建筑工程范围内的管线敷设、设备基础、工作台等(含)。

$$建筑工程费=\sum(项目单价\times相应项目的工程数量)(万元)$$

建筑工程费和安装工程费统称建安工程费,是铁路建设的主要费用,包括直接费、间接费、税金。

(1)直接费包括直接工程费、施工措施费和特殊施工增加费。直接工程费是其中最主要的费用,包括人工费、材料费(含运杂费)和施工机械使用费、填料费(购买填筑用料的费用);施工措施费包括冬雨夜增加、小型临时设施、工具用具及仪器仪表使用、工程定位复测、场地清理、安全与文明施工、施工环境保护等方面的费用;特殊施工增加费是指风沙、高原等地区施工增加及行车干扰施工增加费。

各项工程项目的工程数量计算,按费用发生的工程类别逐项计算,在前期一般进行估算。

拆迁及征地:按正线公里及类似线路的综合指标计算工程费,对于建筑物密集、拆迁数量巨大的地区,应该按踏勘调查资料估列工程数量和调查单价计算工程费。

路基工程:土石方数量以断面方计,并按挖方和填方分别列出;挡墙及路基加固、防护等工程数量按圬工方计,用地以亩计。

桥涵工程:特大桥、大桥、中桥、小桥涵等工程根据线路平面、纵断面图、结合踏勘调查资料,从河床宽度、河岸宽度、填土高度等条件和农田灌溉、乡村通道需要等综合考虑,确定桥涵工点及其长度,采用延长米计算工程费;高墩特大桥、公铁两用桥以及地质复杂,墩高 50m 以上和新技术、新结构等工艺较复杂,采用各分部结构数量计算工程费。

隧道及明洞工程:隧道工点及其长度,根据线路平、纵断面图及该区域的地层构造,结合踏勘调查资料研究确定,以延米计。

轨道工程:新铺轨道按正线、站线铺轨公里及道岔组数计算;既有线改建工程按起落线路、拆铺线路、改移线路等公里数计算工程数。

辅助运营设备(通信、信号、电力、房屋),以及其他运营生产设备及建筑物:包括给排水、机务(整备、检修设备等)、车辆(车辆段、客整所、列检所、站修所等)、站场建筑设备(站场设备、站区建筑、站场机械设备)、工务(工务修配设备等),一般按正线公里、站、组或处计算工程数量。

(2)间接费包括企业管理费、规费(五险一金等)、施工企业获得的利润。

(3)其他费:主要是与建设单位、监理单位、设计单位和质量监督机构等单位的费用,包括土地征用及拆迁补偿费、建设管理费、研究试验费、勘察设计费、软件开发与购置费、生产准备费(职工培训费、办公和生活家具购置费、工器具及生产家具购置费)和与施工单位有关的费用(施工机构调遣费、配合辅助工程费)等。

(4)基本预备费:又称不可预见费,在建设中预先预留的以供可能发生的难以预测的费用,主要指设计变更及施工过程中可能增加工程量的费用。

基本预备费 = (建筑安装工程费 + 设备购置费 + 其他费) × 基本预备费率

### 2. 动态投资

动态投资包括涨价预备费用和建设期投资贷款利息。

### 3. 工程造价增长预留费

指估算或概预算编制期至竣工期间,由于价格因素的正常变动,材料、设备价格上涨和人工费标准提高,以及其他各项费用标准的调整,预计增加的预留工程投资,一般按年平均涨价率计列。建设期分年度计算后再累加,按国家公布的工程造价年上涨指数计算。计算式:

$$E = \sum_{t=1}^{N} F_t \cdot [(1+p)^{c+t} - 1] \tag{5-1}$$

式中:$E$——工程造价增长预留费(万元);

$N$——施工总工期（年）；

$F_t$——施工期第 $t$ 年的年度投资额（万元）；

$c$——文件编制年至开工年年限（年）；

$p$——工程造价年增长率。

**【例 5-1】** 某新建铁路项目，投资估算编制年为 2008 年，开工施工年为 2010 年，2011 年竣工，各年投资计划额如下：第一年投资 3.2 亿元，第二年 3.6 亿元，工程造价年增长率上涨率为 5%，求建设项目建设期间涨价预备费。

**解：** $p=0.05$，$c=2$（编制估算文件所采用的材料设备价格等是上年水平）。

第一年涨价预备费为：

$$E_1=F_1[(1+p)^3-1]=3.2\times0.157625=0.5044 \text{ 亿元}$$

第二年涨价预备费为：

$$E_2=F_2[(1+p)^4-1]=3.6\times0.2155=0.7758 \text{ 亿元}$$

所以，建设期的涨价预备费为：$0.5044+0.7758=1.2802$ 亿元

4. 建设期投资贷款利息

建设项目分年度使用国内贷款，在建设期应归还的贷款利息。铁路新建项目在建设期间基本上没有运营收入，该阶段的借款利息应包括在总投资中。

建设期投资贷款利息 = Σ（年初付息贷款本金累计 + 本年度付息贷款额 ÷ 2）× 年利率

即：

$$S=\sum_{n=1}^{N}\left[\sum_{m=1}^{n}(F_m\cdot b_m)-F_n\cdot b_n/2\right]\cdot i \tag{5-2}$$

式中：$S$——建设期投资贷款利息；

$N$——建设总工期；

$n$——施工年度；

$m$——还息年度；

$F_n$、$F_m$——在建设年度的第 $n$、$m$ 年的分年度资金供应量；

$b_n$、$b_m$——在建设的第 $n$、$m$ 年份还息贷款占当年投资比例；

$i$——建设期贷款年利率。

**【例 5-2】** 某新建铁路项目，建设期为 3 年，贷款时间为：第 1 年 30000 万元，第 2 年 60000 万元，第 3 年 40000 万元，各年度投资贷款比例为 50%，年利率为 6%，计算建设期利息。

**解：** 在建设期，各年利息计算如下：

第 1 年应计利息 = 30000 × 50%/2 × 6% = 450（万元）

第 2 年应计利息 =（30000 × 50% + 60000 × 50%/2）× 6% = 1800（万元）

第 3 年应计利息 = [（30000 + 60000）× 50% + 40000 × 50%/2] × 6% = 3300（万元）

建设期利息总和为 5550 万元。

（二）机车车辆购置费（包括动车的购置费）

按初期运量所需要的新增机车车辆的购置费。按设计确定的初期运量所需要的新增机车车辆的型号、数量及编制期机车车辆购置价格计算。

机车车辆购置费 = 机车购置费 + 补机购置费 + 车辆购置费　（万元）

1. 机车购置费

机车购置费 $A_j$ 按机车台数乘以机车的单价得到，首先要确定需购置的机车台数。

机车台数主要与机车的全运转时间 $T_j$ 和每天需要牵引的列车对数有关。当各方案的机车车辆小时相差不大,或线路长度较短时,机车车辆购置费和货物滞留费,均可不计。旅客列车的机车和客车费用一般在方案比选时不计,当旅客列车对数比重较大时可另行计算。

机车交路内,一台机车一天若能完成 $n$ 个机车全运转时间 $T_j$,即可牵引 $n$ 对货物列车(或客车),那么 $N_h$ 对列车的牵引需要机车台数为:

$$N_j = \frac{N_h}{n} = \frac{N_h}{(1440 - T_T)/T_j} \quad (台) \tag{5-3}$$

其中机车全周转时间 $T_j$ 是机车每完成一次往返牵引作业平均所需的时间,包括机车在路段上的上、下行旅行时间、机车在本段(及所在站)停留时间、机车在折返段(及所在站)停留时间(整备作业时分,含机车在段内作业完毕后,等待出段牵引列车的额外停留时间)。

$$T_j = \frac{t_1 + t_2}{\beta_L} + (t_{jz} + t_{zz} + 2t_{jd})n_j$$

机车购置费 $A_j$ 为:

$$A_j = N_j \cdot r_j \cdot a_j = \frac{T_j}{1440 - T_T} \cdot N_h \cdot r_j \cdot a_j \quad (万元) \tag{5-4}$$

式中:$t_1$、$t_2$——列车上、下行走行时分,不包括起停附加时分(min);

$\beta_L$——旅速系数;

$t_{jz}$、$t_{zz}$——机车在机务段、折返段整备作业时分(min),内燃、电力机车一般采用150min;

$t_{jd}$——机车等待列车时分(min);

$N_h$——区段内货物列车对数(对/d);

$n_j$——机车交路数目;

$r_j$——机车备用系数,一般采用1.2;

$a_j$——机车价格(万元/台)。

2. 补机购置费

当全区段采用加力牵引时,补机的购置费与本务机车相同。局部地段采用补机时,其购置费 $A_{bj}$ 类似于式(5-4)可按下式计算:

$$A_{bj} = \frac{T_{bj}}{1440 - t_{zb}} N_h r_j a_j \quad (万元) \tag{5-5}$$

式中:$t_{zb}$——每昼夜补机整备作业所需总时分(一般为60~70min)及交接班时间,根据所需作业次数和一次作业时分估定(min);

$T_{bj}$——补机周转时间。

$$T_{bj} = \frac{t'_b + t''_b}{\beta_L} + t_d + t_{zb} \quad (min) \tag{5-6}$$

式中:$t'_b$、$t''_b$——补机往返走行时分,不包括起停附加时分(min);

$t_d$——补机等待出发时分(min),双方向使用补机时,采用 $2t_d$。

3. 车辆购置费

客车、货车、动车组运用车辆总数(分别用 $M_h$、$M_k$、$M_{dv}$ 表示),根据每天的货物列车对数 $N_h$、客车对数 $N_k$ 及动车组对数 $N_{dv}$ 其分别按如下三式计算($t_1$、$t_2$ 同前):

$$M_h = \frac{\dfrac{t_1 + t_2}{\beta_1} + t_q n_q}{1440 - T_T} N_h \cdot m \quad (辆) \tag{5-7}$$

式中：$t_q$——车辆在区段站停留时分(min)；

$n_q$——区段站数目；

$m$——列车编挂辆数(辆/列)。

$$M_k = \frac{\frac{t_1 + t_2}{\beta_1} + (t_s + t_z)}{1440} N_k \cdot m \quad (辆) \tag{5-8}$$

式中：$t_s$、$t_z$——旅客列车在始发站、终点站停留作业时间。

$$M_{dv} = \frac{\frac{t_1 + t_2}{\beta_1} + \sum_{n_d} t_{dj}}{1080} N_{dv} \cdot \mathrm{m} \quad (辆) \tag{5-9}$$

式中：$\sum_{n_d} t_{dj}$——动车组在 $n_d$ 动车段(所)的整备作业时间(min)；

$M_{dv}$——速度为 $V$ 的动车车辆数(辆)；

$N_{dv}$——速度为 $V$ 的列车对数(对/d)；

1080——高速铁路每天运营时间，一般按 18h 计算(min)。

根据以上所计算的车辆总数 $M$，可得车辆购置费 $A_L$：

$$A_L = M \cdot a_L \cdot (1 + \gamma_L) \quad (万元) \tag{5-10}$$

式中：$A_L$——客车、货车、动车组车辆购置费(万元)；

$\gamma_L$——客车、货车、动车组车辆检修备用系数，货车 0.23，客车 0.16，动车组 0.16；

$a_L$——客车、货车、动车组车辆平均价格(万元/辆)。

(三)铺底流动资金

流动资金与固定资金相对，用于购买原材料、燃料、支付工资和其他生产费用的资金，用于铁路新建项目的流动资产投资。流动资金的实物形态是流动资产，流动资金也是流动资产的一部分。铁路建设项目所需流动资金包括建设期铺底流动资金和运营期投入的流动资金。

铺底流动资金是新建铁路项目投产初期所需，是保证正常运营所需投入的流动资金，用于投产初期购买原材料、燃料、动力，支付职工工资和其他有关费用。铺底流动资金与机车车辆购置费一样是在竣工验收后投产运营所需的与基础设施投资相关的必要配套投资。

目前铁路规定：新建单线，Ⅰ级铁路，8.0 万元/正线公里，Ⅱ级铁路，6.0 万元/正线公里；新建双线，12.0 万元/正线公里。

为保证铁路项目投入运营所需的流动资金，铁路运营初期需要的流动资金于建设期最后一年末投入。

铁路建设项目投入运营后，总投资各构成部分分别形成固定资产、无形资产、递延资产(其他资产)以及流动资产。

## 二、运营费

铁路主要设计方案的经济比选中所使用的运营费(运输支出)按年计算，称年运营费($E$)。运营费根据费用性质是否与运量或行车量有关而分为与运量变动有关的支出(与行车量有关的运营费 $E_x$)和与运量无关的固定支出(固定设备运营费 $E_g$)两个部分。$E_x$ 是指随客、货运输量的增减有一定变化的费用；$E_g$ 为与运量无关支出，是指在一定运量范围内，保持相对稳定的费用，如线路的维修费用等固定设备维修费。

$$E = E_x + E_g$$

线路长度差别大,采用的技术条件(如牵引种类、单双机牵引、限制坡度等)不同以及行车组织方式不同的方案比较时,线路的运营费有较大差别,需要根据具体情况计算;而对于局部方案,技术条件相同,运营方式差别不大,运营费差别不会太大,一般不必计算,其差别体现在线路里程和工程数量上即可。因此,新建铁路项目方案选择时,方案比选的一般要求是:

(1)主要方案或地域条件差异较大的线路局部方案的比选,一般采用工程费、运营费换算的办法,结合定性分析来选定方案。

(2)一般的局部方案比选,直接采用主要工程数量和占用农田等费用,通过定量分析选定方案。

(一)与行车量有关的运营费

1. 计算参数

(1)货物列车数的计算

行车量主要体现在每天开行的各方向的列车数。

货物列车每天的列车数($N_L$)根据已定的机车类型、限制坡度、牵引质量和货运量(不考虑波动系数)进行计算。双向列车数及编组相等时,列车对数为:

$$N_L = \frac{C \times 10^4}{365G \cdot K_j} \quad (\text{对/d}) \tag{5-11}$$

式中:$C$——单向年货运量(万 t/a);

$G$——牵引质量(t);

$K_j$——净载系数。

双向列车数不相等时,空列车的运营费不同,所以重、轻车方向应分开计算。

重车方向一般不考虑回送空车,如个别线路重车方向有大量空车回送时,则另行计算排空列车数。

重车方向:

$$N_z = \frac{C_z \times 10^4}{365G \cdot K_j} \quad (\text{列/d}) \tag{5-12}$$

轻车方向有两种可能:整列排空方式和空重车混编方式。对于前者,往返成对运行,轻车方向的重列车数和排空列车数为:

$$N_q = \frac{C_q \times 10^4}{365G \cdot K_j} \quad (\text{列/d}) \tag{5-13}$$

$$N_{pk} = N_z - N_q \quad (\text{列/d}) \tag{5-14}$$

式中:$C_z$、$C_q$——重车和轻车方向的年货运量(万 t/a);

$N_z$、$N_q$——重、轻车方向的满载列车数(列/d);

$N_{pk}$——轻车方向排空列车数(列/d)。

对于空重车混编方式,轻车方向列车数为:

$$N_q = \frac{C_q \times 10^4 + 365G \cdot (1 - K_j) \times N_z}{365G_q} \quad (\text{列/d}) \tag{5-15}$$

式中:$N_q$——轻车方向空重混编列车数(列/d);

$G_q$——轻车方向空重车混编列车的牵引质量(t)。

若要求上下行列车成对运行,当 $N_q < N_z$ 时,仍出现排空列车。

(2)旅客列车数的计算

旅客列车均为成对运行,旅客列车对数应经过经济调查和客运量预测后确定。通常采用客运量调查预测结果,客车数可按下式计算:

$$N_k = \frac{\beta_k A}{365\gamma_k} \tag{5-16}$$

式中:$A$——预测的单方向年度客流量(人);

$\gamma_k$——列车平均定员(人);

$\beta_k$——月客流波动系数。

(3)电力牵引的耗电量计算

与通过列车数(行车量)有关的耗电量或耗油量与线路条件直接相关,可基于牵引计算中的数解法或均衡速度法,应视方案比较的具体情况确定相应的方法。由于前者较后者精确但复杂,后者计算简便,当动能因素对方案影响不大时,可使用均衡速度法。因此,在建设项目前期工作阶段或精度要求不高时,可以均衡速度法为基础,计算各个坡段下单方向每列车每公里的走行时分、耗电(油)量等,从而计算出列车走行费。随着计算机的普及,数解法计算能耗的方法也易于实现,以下主要介绍数解法计算能耗的方法。

电力牵引时,总耗电量 $V$ 包括牵引运行耗电量 $V_q$(kW·h)与惰行、制动及停站自用电量 $V_o$(kW·h):

$$V = V_q + V_o \tag{5-17}$$

牵引运行时耗电量为:

$$V_q = \frac{U_\omega \sum[(\lambda_y I_p + I_{po})t]}{60 \times 10^3} \quad (\text{kW} \cdot \text{h}) \tag{5-18}$$

式中:$U_\omega$——受电弓处电压,取25000V;

$I_{po}$——牵引运行机车自用电有功电流,4轴和6轴机车取6A,8轴机车取7.5A;

$t$——每一速度间隔所对应的牵引运行时分(min),可在 $t=f(s)$ 曲线上查得,或用数解法求得;

$I_p$——每一速度间隔内的平均有功电流(A)。

根据 $V=f(s)$ 曲线上每一速度间隔的平均速度 $V_p$ 查有功电流(韶山3型见图5-1)。牵引力取外轮廓线时,$I_p$ 也采用外包线 $I_p$ 值。$\lambda_y$ 为牵引力使用系数(取0.9)。

惰行、制动及停站时,自用电量 $V_o$ 按下式计算:

$$V_o = \frac{U_\omega I'_{po} \sum t}{60 \times 10^3} \quad (\text{kW} \cdot \text{h}) \tag{5-19}$$

式中:$I'_{po}$——惰行、制动时机车自用电有功电流。惰行、空气制动及停站时取2A,电阻制动时4轴、6轴机车取10A,8轴机车取13A。

(4)内燃机车的耗油量计算

内燃机车运行的能耗 $V$ 除了包括牵引运行时的耗油量 $V_q$ 外,尚包括内燃机车惰力运行、制动运行或在车站停留时,柴油机空转耗油量 $V_o$,分别按以下两式计算:

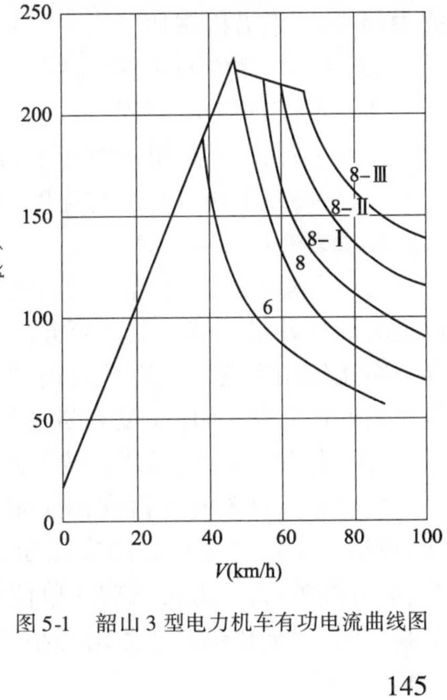

图5-1　韶山3型电力机车有功电流曲线图

$$V_q = \sum (e_y t) \quad (kg) \tag{5-20}$$

式中：$e_y$——牵引运行单位时间燃油消耗量（kg/min），按手柄位及计算段的平均速度确定；

$t$——对应计算段平均速度的运行时分（min）。

$$V_o = \sum (e_o t) \quad (kg) \tag{5-21}$$

式中：$e_o$——柴油机空转单位时间燃油消耗量（kg/min），它与柴油机转速有关，*DF4B* 型货运机车可查表5-3。

**东风4*B*（货）型内燃机车空转单位时间耗油量** 表5-3

| 柴油机转速（r/min） | 430 | 468 | 506 | 544 | 582 | 620 | 658 | 696 |
|---|---|---|---|---|---|---|---|---|
| 燃油消耗量（kg/min） | 0.35 | 0.38 | 0.41 | 0.46 | 0.51 | 0.55 | 0.61 | 0.68 |
| 柴油机转速（r/min） | 734 | 772 | 810 | 848 | 886 | 924 | 962 | 1000 |
| 燃油消耗量（kg/min） | 0.73 | 0.82 | 0.89 | 0.97 | 1.08 | 1.18 | 1.24 | 1.39 |

（5）牵引机械功计算

牵引机械功是机车牵引力在运行中所做的功，用平均牵引力与走行距离的乘积计算。

$$A_q = \sum (F_i \cdot \Delta s_i) \quad (J) \tag{5-22}$$

式中：$A_q$——列车在甲、乙站间运行的牵引机械功（J）；

$F_i$——各计算段的平均牵引力（N）；

$\Delta s_i$——各计算段的距离（m）。

（6）阻力机械功计算

阻力机械功 $A_z$ 是由机车车辆所受到的阻力对应的功，用于克服列车的基本阻力、曲线阻力和制动力，根据能量守恒，由牵引机械功、列车的位能和动能而求得。

牵引机械功 $A_q$ 用以克服阻力机械功 $A_z$ 并积累列车的位能和动能。两站间的阻力机械功由：

$$A_q = A_z + 1000(P+G) \cdot g(H_2 - H_1) + 41.7(P+G) \cdot (V_2^2 - V_1^2)$$

得：

$$A_z = A_q - 1000(P+G) \cdot g(H_2 - H_1) - 41.7(P+G) \cdot (V_2^2 - V_1^2) \quad (J) \tag{5-23}$$

式中：$A_z$——阻力机械功（J）；

$H_1$——甲站中心高程（m）；

$H_2$——乙站中心高程（m）；

$V_1$——列车通过甲站时速度（km/h）；

$V_2$——列车通过乙站时速度（km/h）。

2. 运营费的计算方法

与行车量有关的运营费支出包括机车车辆修理、燃料或电能费、乘务员工资等运营支出，以能时消耗计量。按以上计算方法计算出一趟列车的能时耗费量后，乘以有关文件（《铁路设计方案比较用运营支出定额及编制说明》）规定的定额指标，即可得到列车运行一次的与行车量有关的运营费，再用年度客货运量折算成的列车数相乘后可得方案的与行车量有关的年运营费 $E_y$（货物列车、旅客列车按下式分别计算）。

与行车量有关的运营支出定额（完成工作所需消耗的人力、材料、机械台班等的数量标准）包括与能量消耗有关的支出定额和与时间消耗有关的支出定额，前者包括列车耗电、耗油、牵引机械功、阻力机械功的单位耗费或维修的价格；后者包括机车和车辆单位工作时间的维修费用、列车和机车乘务组每小时工资等。

$$E_y = 365N_L \cdot \left[V \cdot e_1 + A_q e_2 + A_z e_3 + Ve_4 + (e_5 + e_6 + e_7 + e_8 + e_9 m)\frac{T}{\beta_L}\right] \cdot 10^{-4} \quad (万元/a) \tag{5-24}$$

式中：$N_L$——列车对数(对/d)，按计算年度客、货运量分别计算(不计波动系数)；

$e_1$——与能耗有关的机车维修费支出定额［元/(kW·h)或元/吨油］；

$e_4$——电力或燃油单价［元/(kW·h)或元/吨油］；

$e_2$——与牵引功有关的机车维修费支出定额［元/(kN·km)］；

$e_3$——与阻力功有关的机车、车辆维修费支出定额［元/(kN·km)］；

$e_5$——与时间有关的机车维修费支出定额（元/h）；

$e_6$、$e_7$——机车、列车乘务组小组工资（元/h）；

$e_8$——列车运行小时支出定额（元/列车小时）；

$e_9$——与时间有关的车辆维修费支出定额(元/车辆小时)；

$m$——列车编组辆数；

$\beta_L$——旅速系数；

$T$——运行时间(h)。

(二)固定设备维修费 $E_g$

固定设备维修费 $E_g$ 包括正线维修费、站线维修费、车站维修费、信联闭和通信设备维修费及供电设备维修费，可按下式计算。

$$E_g = [(e_{zx} + e_{xl} + e_w)L_{zx} + e_{df} \cdot L_{df} + e_{bz} \cdot L_{bz} + e_q \cdot L_q + \sum e_c \cdot N_c + e_b \cdot N_b] \times 10^{-4} \quad (万元/a) \tag{5-25}$$

式中：$e_{zx}$、$e_{xl}$、$e_w$——正线、信联闭与通信设备及接触网的年维修费定额（元/km）；

$L_{zx}$、$L_{df}$、$L_{bz}$、$L_q$——正线、到发线、编组线及其他线的长度(km)；

$e_{df}$、$e_{bz}$、$e_q$——到发线、编组线、其他站线的年维修费定额（元/km）；

$N_c$、$e_c$——各类车站数目及其年维持费定额（元/站）；

$N_b$、$e_b$——牵引变电所数目及其年维修费定额（元/所）。

## 单元三　经济评价的基本方法

多方案的经济比选就是对所提出的多个备选方案，通过选择适当的经济评价方法与指标，来对各个方案的经济效益进行比较，最终选择出具有最佳投资效果的方案。

根据前期的投资和后期支出的运营费时间的差异，方案经济比较可分为静态和动态两类，静态评价不考虑货币的时间价值，动态评价考虑货币的时间价值。

静态评价：计算简单，适用于局部方案和精度要求较低的短期投资项目。

动态评价：计算复杂，适用于项目最后决策前的详细可行性研究。

方案的经济评价指标是多种多样的，从不同角度反映项目的经济性，主要包括三类指标：时间型指标(例如投资回收期、差额投资回收期)、价值型指标(例如净现值、净年值、费用现值、费用年值)和效率型指标(例如投资收益率、内部收益率)。

方案经济比选的定量分析方法也可以从项目所获得的效益与费用(效益比选方法)或只从费用(费用比选方法)两个角度进行评价。

(1)效益比选方法。例如净现值比较法、净年值比较法、差额投资内部收益率比较法。

净现值是项目计算期内的历年效益的现值之和减去历年费用的现值之和后，所得的差值。净现值比较法，比较备选方案的财务净现值或经济净现值，以净现值大且非负的方案为优，比较净现值时应采用相同的折现率。

净年值是指按给定的折现率，通过等值换算将方案计算期内各个不同时点的净现金流量分摊到计算期内各年的等额年值。净年值比较法，比较备选方案的净年值，以净年值大的方案为优。比较净年值时应采用相同的折现率。

两个方案的各年现金流量差额的现值之和等于零时的折现率，称为差额投资内部收益率（$\Delta IRR$），$\Delta IRR$ 也可以看成是两个方案净现值相等时的折现率。差额投资内部收益率法，就是根据两个方案的各年现金流量计算出 $\Delta IRR$，将其与设定的基准收益率（$i_c$）进行对比，当 $\Delta IRR > i_c$时，选择投资大的方案，反之，选择投资小的方案。在进行多方案比较时，先按投资大小，由小到大排序，再依次对相邻方案两两比较，从中选出最优方案。对于只能选择其中之一的多个互斥方案时，直接用净现值法选择方案比两两比较的方法更为方便。

（2）费用比选方法。有费用现值比较法、费用年值比较法等。

费用现值比较法，对比各方案的总费用现值，以费用现值较低的方案为优，而费用年值比较法，则是对比各方案的费用年值，以费用年值较低的方案为优。

在项目无资金约束的条件下，一般采用净现值比较法、净年值比较法和差额投资内部收益率法。寿命相同常采用现值比较法和差额投资内部收益率法；寿命不同常采用净年值比较法。

而当方案效益相同或基本相同时，可采用最小费用法，即费用现值比较法和费用年值法（寿命相同常采用现值比较法；寿命不同常采用费用年值法）。

铁路方案的经济评价，各个方案收益可以视为基本相同时，以投资额和运营费为主要支出，采用费用类方法为主选择最合理的方案。以下主要介绍费用类方法。

## 一、差额投资回收期法

（一）投资回收期

投资回收期（或投资偿还期）$T$ 是指以项目的净收益（包括利润和折旧）抵偿全部投资所需要的时间。投资回收期反映了项目投资回收能力，方案的回收期越短，则投资效果越好。

$$\sum_{t=1}^{T}(CI-CO)_t=0 \tag{5-26}$$

式中，$T$ 为投资回收期，$CI$、$CO$ 分别是现金流入和流出量，$(CI-CO)_t$为第 $t$ 年的现金流量。

$$T=T_0-1+\frac{\text{第}(T_0-1)\text{年累积净现金流量的绝对值}}{\text{第 }T_0\text{ 年净现金流量}}$$

$T_0$——累积净现金流量首次为正值或零的年份。例如，如下的现金流量表（表 5-4）中，投资回收期的计算如下：

表 5-4

| 项目 \ 年份 | 0 | 1 | 2 | 3 | 4 | 5 | 6 | 7 | 8 | 9 |
|---|---|---|---|---|---|---|---|---|---|---|
| 净现金流量 | -8000 | -2000 | -2000 | 1200 | 1500 | 1800 | 2400 | 2600 | 2800 | 3000 |
| 累计净现金流量 | -8000 | -10000 | -12000 | -10800 | -9300 | -7500 | -5100 | -2500 | 300 | 3300 |

$$T=8-1+\frac{2500}{2800}=7.89\text{ 年}$$

在投资项目各期现金流量相等的情况下：

$$T = \frac{C}{P_r} \tag{5-27}$$

式中：$C$——投资额；

$P_r$——年现金流量（年净收益），包括利润、税金和折旧等。

投资回收期的倒数定义为投资效果系数 $\Delta = 1/T$，表示单位投资额的年净收益大小，又叫作投资收益率。

根据行业一般情况设定可接受的投资项目最低标准的受益水平的基准收益率（基准投资效果系数）$\Delta_j = 1/T_j$，对应的回收期称为基准投资回收期 $T_j$。

判断一个方案是否可行，可以根据所计算出的投资回收期与此行业或部门的基准投资回收期比较，若小于或等于行业或部门的基准投资回收期，则认为项目是可以考虑接受的，否则不可行。

$T > T_j$，方案可接受；$T < T_j$，方案予以拒绝。

（二）差额投资回收期

投资回收期需要计算收益，然而当铁路各个方案间收益相差不大时，假定收益相同，此时方案的比较，可采用差额投资回收期法。

如果方案的运营费和工程费都最低，自然是最经济的，但是，在一般情况下，往往是投资较高的方案，运营条件好，运营成本较低；反之，投资较低则运营成本较高。在不计利息的前提下，一个方案比另一个方案多支出的投资，用运营条件好的方案每年节省的运营费的来弥补多投入的部分所需要的年限，称为差额投资回收期（追加投资偿还期），假设年净收益相同（或效用相同），并设 $E_1 \leqslant E_2$，$C_1 \geqslant C_2$，其计算公式为：

$$T_c = \frac{C_1 - C_2}{E_2 - E_1} \tag{5-28}$$

式中：$T_c$——差额投资回收期（a）；

$C_1$、$C_2$——分别是投资大的和投资小的两个方案的投资额（元）；

$E_1$、$E_2$——分别是投资大和投资小的两个方案第 10 年的运营费（元/a），$E_2 > E_1$。

基准投资回收期 $T_j$ 是评价偿还期长短的依据，当 $T_c < T_j$ 时，表明追加的这部分投资产生经济效益是好的，投资较高的方案有利；如 $T_c > T_j$，表明追加投资也没有使投资回收期低于基准回收期，追加投资的意义不大，则投资较低的方案有利。因此可以采用两个方案计算出来的差额投资回收期与基准投资回收期进行比较来决定方案的取舍。

**【例 5-2】** 某铁路项目有三个局部可行方案供选择，设 $T_j = 16.7$ 年，其投资额与年经营成本如下：

第一方案：$C_1 = 1000$ 万元，$E_1 = 123$ 万元；第二方案：$C_2 = 1100$ 万元，$E_2 = 115$ 万元；第三方案：$C_3 = 1250$ 万元，$E_3 = 105$ 万元。试选择最优方案。

**解：**先将第二方案与第一方案相比较：

$$T_{c1} = \frac{1100 - 1000}{123 - 115} = 12.5 < 16.7 \text{ 年}$$

所以，投资较大的第二方案优于第一方案，第一方案被淘汰。再将第三方案与第二方案相比较：

$$T_{c2} = \frac{1250 - 1100}{115 - 105} = 15 < 16.7 \text{ 年}$$

可见,投资较大的第三方案比第二方案优越,故选择第三方案为最优方案。

以上是仅采用运营第十年的运量计算运营费,实际上运营费用与行车量直接相关,每年并非相等,年运营费逐年变化。可按下式将各年的运营费均考虑,计算出差额投资回收期。

$$C_1 - C_2 = \sum_{t=1}^{T}(E_{2t} - E_{1t}) \tag{5-29}$$

式中,$E_{1t}$,$E_{2t}$分别为投资大和投资小的两个方案第 $t$ 年的运营费。

上述没有考虑资金的时间价值,若还需要考虑资金的时间价值时,则差额投资偿还期按下式解算:

$$\sum_{t=1}^{m}\frac{C_{1t} - C_{2t}}{(1+i_c)^t} = \sum_{t=m+1}^{m+T}\frac{E_{2t} - E_{1t}}{(1+i_c)^t} \tag{5-30}$$

式中:$T$——差额投资偿还期(年);

$i_c$——计算财务净现值的折现率(取企业或行业可接受的投资项目的基准收益率,它是项目在财务上是否可行的最低要求,铁路一般取6%);

$m$——设计线建设工期(年)。

采用差额投资回收期法,如果参与比较的可行方案较多,一般需要两两比较、淘汰,计算和比较的次数多,而且差额投资回收期法只考虑了投资回收期之前的现金流量,对于方案在此以后的情况没有考虑,可以用来比较方案间的优劣与好坏,对于其中某一较优方案本身的经济性和可行性无法判断。

## 二、最小费用法

### (一)年换算费用法

差额投资回收期需要将每两个方案作为一组进行比较,方案多时应用不便。几个等效益的多方案进行经济比较时,常采用年换算费用法:将投资费用换算为年度支出费用与年运营费之和的年换算费用 $K$,以最小者为优。

$$K = \Delta_j \cdot C + E \tag{5-31}$$

其中投资费用换算为基准投资回收期内的年度支出费用 $\Delta_j \cdot C$。

在多方案的经济比较中,以年换算费用 $K$ 最小的方案最经济。

**【例5-3】** 表5-5为铁路线路在越岭地段的四个方案比较表。试用年换算费用法评出经济上最优方案,基准收益率取0.06(单位:万元)。

表5-5

| 项目 | 方案一 | 方案二 | 方案三 | 方案四 |
|---|---|---|---|---|
| 工程费 | 24530 | 22110 | 24653 | 22500 |
| 年运营费 | 3660 | 4272 | 3256 | 3932 |

**解:**根据公式(5-31),计算四个方案的年换算费用:

$$K_1 = E_1 + \Delta_j \cdot C_1 = 18378(\text{万元})$$
$$K_2 = E_2 + \Delta_j \cdot C_2 = 17538(\text{万元})$$
$$K_3 = E_3 + \Delta_j \cdot C_3 = 18047.8(\text{万元})$$
$$K_4 = E_4 + \Delta_j \cdot C_4 = 17432(\text{万元})$$

从上式中得到:$K_4 < K_2 < K_3 < K_1$,第四个方案的年换算费用最小,因此,第四个方案最优。

差额投资偿还期法和年换算工程运营费法是静态的经济比较方法，既未考虑资金的时间价值，亦未确切反映运量逐年增长、年运营费逐年增加的实际情况和计算期终止年度各方案残值的差异；也不能体现施工期限不同和运营收入不同时，对不同方案的影响。利用传统方法进行线路方案的经济比较，往往使投资较大的方案容易中选，不利于节约投资。

（二）费用现值法

从新建铁路的现金流量示意图（图 5-2）可看出，各个年度支出费用均不同，当考虑时间价值时，不能简单相加，按动态法思想将这些费用按基准收益率折算到基准年（建设期年初）的费用现值，对各个方案的费用现值进行比较，最小者最优，这就是费用现值法。它是一种考虑资金时间价值的年度费用法。

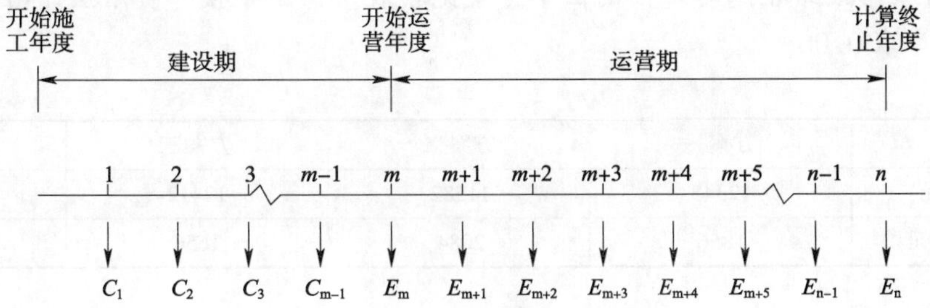


图 5-2　现金流量

费用现值 $K$ 为：

$$
\begin{aligned}
K &= \sum_{t=0}^{n} CO_t \cdot (P/F, i_c, t) \\
&= \sum_{t=0}^{n} (C+E)_t (P/F, i_c, t)
\end{aligned}
\tag{5-32}
$$

式中：$CO_t$——第 $t$ 年的流出现金；

$C_t$——第 $t$ 年的投资；

$E_t$——第 $t$ 年的运营费；

$i_c$——基准收益率；

$t$——第 $t$ 年（$t=0$，为建设期年初）；

$n$——计算期，包括建设期和运营期。一般采用 25 ~ 30a；

$(P/F, i_c, t)$——整付现值系数，$(P/F, i_c, t) = 1/(1+i_c)^t$。

上式若存在计算期末可回收的固定资产残值和计算期末可回收的流动资金，则应在上式中扣减，并进行折现。

（三）费用年值法

费用年值法是将建设期内各年度的投资和运营期内各年度的运营费均折算为计算期内的等额年值，年总费用最低的方案为最优方案。

若不考虑计算期末可回收的固定资产残值和可回收的流动资金，各年度投资和各运营年度的运营费的现值折算为等额年值 $A_{CE}$ 的表达式为：

$$
\begin{aligned}
A_{CE} &= \left[\sum_{t=0}^{n} CO_t \cdot (P/F, i_c, t)\right](A/P, i_c, n) \\
&= \left[\sum_{t=0}^{n} (C+E)_t (P/F, i_c, t)\right](A/P, i_c, n)
\end{aligned}
\tag{5-33}
$$

式中：　$A_{CE}$——各年度投资折算为开始施工年度的现值。

$(A/P, i_c, n)$——等额分付资本回收系数，$(A/P, i_c, n) = i_c(1+i_c)^n/[(1+i_c)^n - 1]$。

## 习题

### 一、简答题

1. 可进行比较的方案必须满足的基本条件是什么？

2. 简述方案技术经济评价的技术指标。

### 二、计算题

表 5-6 为铁路线路在越岭地段的四个方案比较表。试用年换算费用法评出经济上最优方案，基准收益率取 0.06。

表 5-6

| 项目 | 方案一 | 方案二 | 方案三 | 方案四 |
|---|---|---|---|---|
| 工程费(万元) | 12345 | 11582 | 12412 | 11900 |
| 年运营费(万元) | 1856 | 2084 | 1656 | 1982 |

# 第六章　车站设计

## 本章导读

车站(或枢纽)设计,是铁路设计的重要组成部分,特别是会让站、越行站及中间站在线路上分布广,其站址选择与选线设计同时进行,互相影响。

车站是设有配线,办理列车的到发、会让、越行、解体、编组以及客货运业务的地点。车站按其技术作业及作业性质的不同,可以分为会让站、越行站、中间站、区段站、编组站、客运站和货运站。旅客的乘降、货物的托运、装卸、交付、保管,都必须通过车站才能实现。

铁路选线设计一般涉及较多的是会让站、越行站和中间站,它们的设置目的不仅仅在于为沿线城乡及工农业生产服务,更主要的是为了提高铁路的通过能力。

通过本章的学习,了解车站的基本配置、作业、主要设备,进而掌握会让站、越行站和中间站的基本设计方法。

## 学习目标

掌握会让站、越行站及中间站的基本设计方法。

## 学习重点

本单元的重点在于了解会让站、越行站及中间站的基本知识,掌握此类车站的基本设计方法和设计要点。

## 学习难点

有轨道电路的警冲标及信号机的位置对道岔布置的影响。

## 单元一　站场设计基础知识

### 一、线路种类及编号

(一)线路种类

铁路线路范围由区间与分界点组成。无配线的分界点是指非自动闭塞的线路所和自动闭塞区段的通过色灯信号机,而有配线的分界点就是车站。两个车站之间的线路一般称为区间,而两个技术站(区段站、编组站的总称)之间的线路称为区段。

铁路线路按用途可分为正线、站线、岔线、段管线及特别用途线,具体如图 6-1 所示。

(1)正线是指连接车站并贯穿或伸入车站的线路(直接与区间连通的线路)。

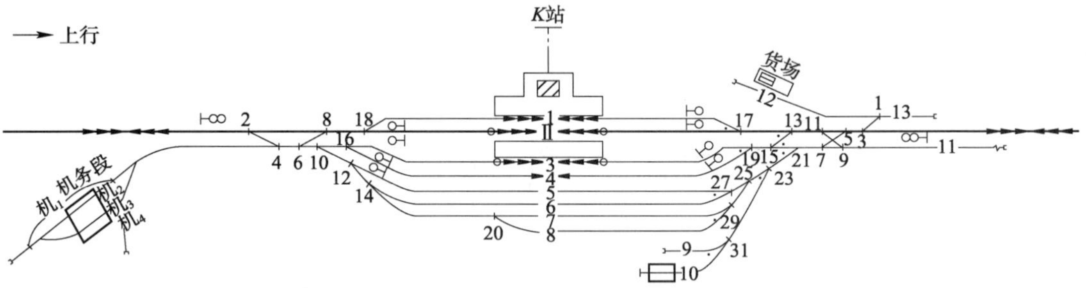


图 6-1　车站线路详图

Ⅱ－正线;1、3、4-到发线;5、6、7、8-调车线;9、10-站修线;11、13-牵出线;12-货物线;机 1-机车走行线;机 2、机 3-整备线;机 4-卸油线;2、14、15、16、17、18、19、20、21、23、25、27、29、31-岔道编号

(2)站线是指车站内除正线外的线路,包括到发线、牵出线、调车线、货物线以及站内指定用途的其他线路。到发线是供接发旅客和货物列车的线路;调车线和牵出线是解体或编组车列的线路;货物线是办理货物装卸作业的线路;站内指定用途的其他线路,主要有机车走行线、机待线、禁溜线、车辆站修线、驼峰迂回线、存车线等。

(3)岔线是指在站内或区间接轨,通向路内外单位的专用线。

(4)段管线是指铁路机务段、车辆段、工务段、电务段等专用并由其管理的线路。

## (二)股道及道岔编号

### 1. 股道编号

单线铁路从站房向对侧依次编号,位于站房左右或后方的线路,在站房前的线路编完后,再由正线方向起,向远离正线顺序编号;双线铁路应从正线向两侧顺序编号,上行进路方向为双数,下行进路方向为单数。编号时,正线用罗马数字,站线用阿拉伯数字,如图 6-2 所示。

### 2. 道岔编号

以站房中心为界,先主要线路,后次要线路依次编号。上行列车到达一端开始顺序编为双数,下行列车到达端编为单数,渡线道岔、交分道岔等处的相连接的道岔应连续编号,见图 6-3。

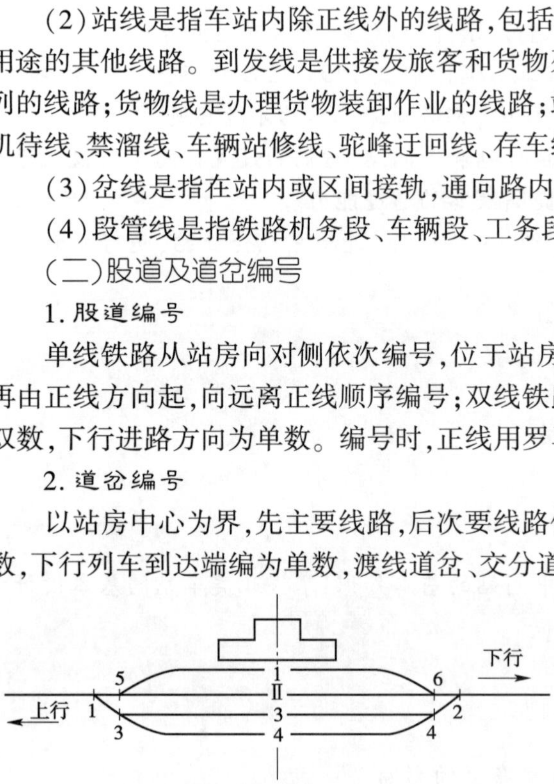


图 6-2　股道编号

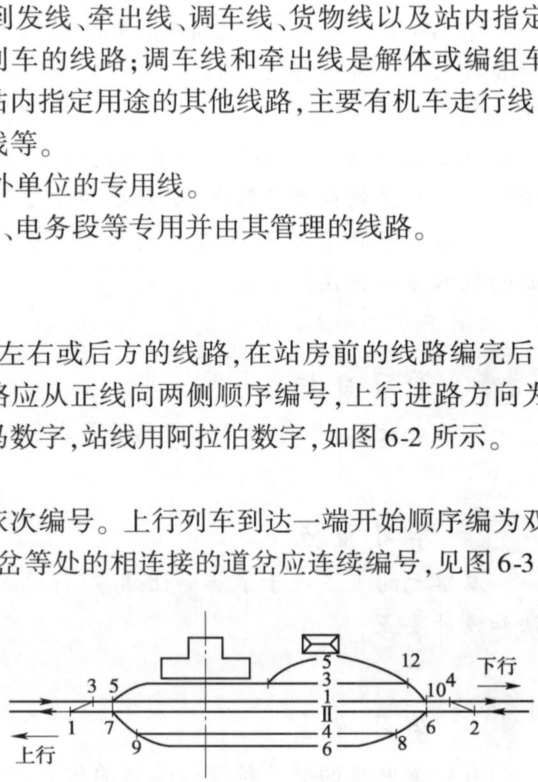


图 6-3　道岔编号

## (三)车站股道有效长

车站线路的长度分为全长、铺轨长和有效长。全长是线路一端的道岔基本轨接头至另一端道岔基本轨接头的长度(图 6-4)。如为尽头式线路,则指道岔基本轨接头至车挡的长度。线路全长减去该线路上所有道岔的长度,叫作铺轨长度。

线路股道有效长是车站设计的一个重要控制标准,是指在线路全长范围内可以停留机车车辆而不妨碍邻线行车部分的长度。控制有效长起止范围的标志是(图 6-5):

(1)警冲标;

(2)出站信号机(或调车信号机);

(3)道岔尖轨始端(无轨道电路时)或道岔基本轨接头处的钢轨绝缘(有轨道电路时);

(4)车挡(为尽头式线路时)。

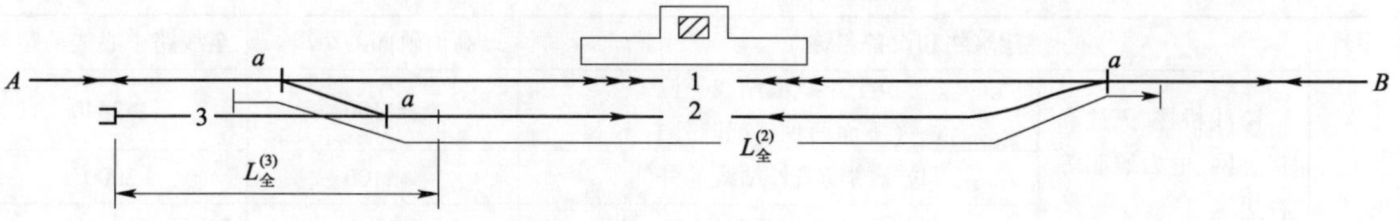


图 6-4　全长示例

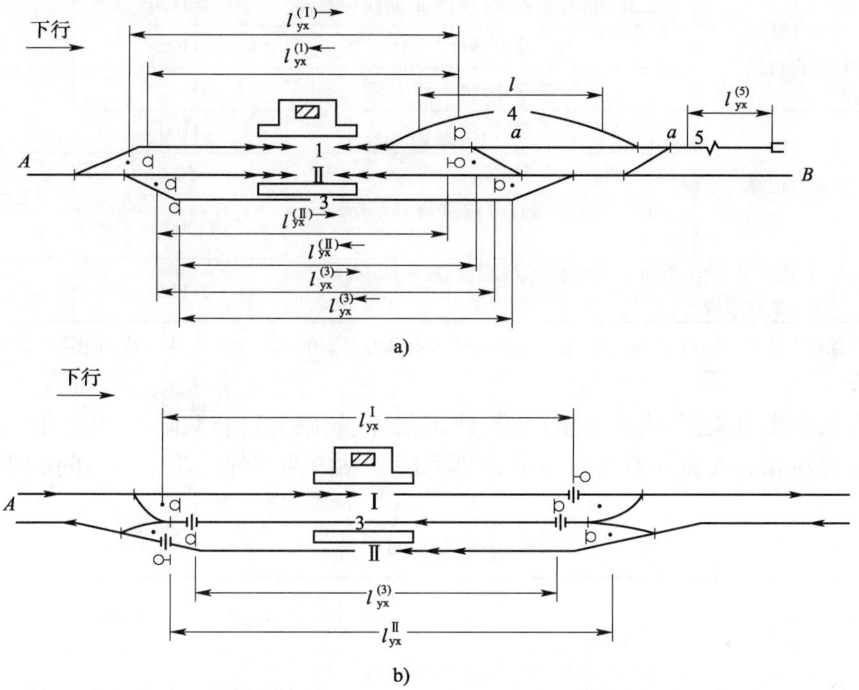


图 6-5　线路有效长的确定

根据具体情况采用上述标志确定各个股道上下和下行的有效长，各有效长均不会相同，通常车站有效长采用其中最短的那个股道有效长。

上述车站平面图中在股道上所标注的箭头表示列车进路，股道固定由一个运行方向使用是单进路，而股道可以由两个运行方向使用，是双进路（单线铁路一般设计为双进路，双线铁路一般设计为单进路）。

站间区间的划分规定：单线铁路，车站范围以两端进站信号机柱的中心线为界。复线铁路，上下行正线分别确定，一端以进站信号机柱中心线，另一端以站界标的中心线为界。站界标一般设在列车运行方向左侧最外方顺向道岔（或对向道岔的警冲标）外不少于 50m 处（出站道岔为顺向时由尖轨尖算起，对向时由警冲标位置算起），或邻线进站信号机相对处。对（逆）向道岔是指机车车辆先经过尖轨再经过辙叉的道岔，对着尖轨，而顺向道岔则相反。

## 二、车站限界及线间距

### （一）车站限界

在站内直线地段，根据限界要求，线路中心至建筑物（设备）的距离应符合表 6-1 的要求。

**主要建筑物和设备至线路中心线的距离(mm)**　　表 6-1

| 序号 | 建筑物和设备名称 | | 高出轨面的距离 | 至线路中心线的距离 |
|---|---|---|---|---|
| 1 | 跨线桥柱、天柱和接触网、电力照明等杆边缘 | 位于正线或站线一侧<br>(下面两种情况除外) | ≥1100 | ≥2440 |
| | | 位于站场最外站线的外侧 | ≥1100 | 3000 |
| | | 位于最外梯线或牵出线一侧 | ≥1100 | 3500 |
| 2 | 信号机和水鹤边缘 | 位于正线或通行超限货物列车的站线一侧 | ≥1100 | ≥2400 |
| | | 位于不通行超限货物列车的站线一侧 | ≥1100 | 2150 |
| 3 | 货物站台边缘 | 普通站台 | 1100 | 1750 |
| | | 高站台 | ≥4800 | 1950 |
| 4 | 旅客站台边缘 | 高站台 | 1100 | 1750 |
| | | 普通站台 | 500 | 1750 |
| | | 位于正线或通行超限货物列车站线一侧的站台 | 300 | 1750 |
| 5 | 车库门、转车盘、洗车架和专用煤水线、洗罐线、加冰线、机车走行线上的建筑物边缘 | | ≥1120 | ≥2000 |

注:车站改建确有困难,高柱信号机边缘距正线中心线的距离可为 2100m,至到发线中心线的距离可保留 1950m。

## (二)车站线路间距

车站线间距离取决于:机车车辆限界、建筑限界、超限货物装载限界、相邻股道间办理作业的性质和设置在相邻线路间有关设备的计算宽度。站内两相邻线路中心线间的距离应符合表 6-2 的要求。

**车站线间距(mm)**　　表 6-2

| 序号 | 名称 | | 标准距离 |
|---|---|---|---|
| 1 | 正线间、正线与其相邻线间 | | 5000 |
| 2 | 到发线间(包括中间无站台的旅客列车到发线),调车线间 | | 5000 |
| 3 | 次要站线间(换装线除外) | | 4600 |
| 4 | 装有高柱信号机的线间 | 相邻两线均通行超限货物列车 | 5300 |
| | | 相邻两线只有一线通行超限货物列车 | 5000 |
| 5 | 装有水鹤的线间 | 相邻两线均通行超限货物列车 | 5500 |
| | | 相邻两线只一线通行超限货物列车 | 5200 |
| | | 相邻两线均不通行超限货物列车 | 5000 |
| 6 | 客车车底停留线间 | | 5000 |
| 7 | 客车整备线间 | 线间无照明和通信等电杆 | 6000 |
| | | 线间有照明和通信等电杆 | 7000 |
| 8 | 货物直线换装的线路间 | | 3600 |
| 9 | 牵出线及其相邻线间 | | 6500 |
| 10 | 调车场各线间 | | 6500 |
| 11 | 调车场设有制动员室的线束间 | | 7000 |
| 12 | 梯线及其相邻线间 | | 5000 |
| 13 | 中间有或预留有电力机车接触网支柱的线间 | | 6500 |

注:1. 客、货列车通过正线与有列检作业的相邻线间,线间距应加宽至 5500mm,改、扩建车站,在困难条件下,可采用 5000mm。

2. 不配属调机的中间站的牵出线与相邻正线的线间距可采用 5000mm,配属调机的牵出线(编组站除外)改、扩建困难时,与相邻正线的线间距也可采用 5000mm,但线间设高柱信号时不应小于 5300mm。

在车站线路的曲线地段,由于车辆在曲线上时,车辆中部向曲线内侧凸出,而两侧向外侧凸出,及相邻曲线的外轨超高高度不同,为了保证列车安全,曲线地段建筑物和设备至线路中心线的距离及线间距应适当加宽。表6-3 为考虑上述因素的曲线车站线距加宽及基本建筑限界加宽值。

**曲线车站线距加宽及基本建筑限界加宽** 表6-3

<table>
<tr><td colspan="3">曲线半径 $R$(m)</td><td>2000</td><td>1500</td><td>1000</td><td>800</td><td>700</td><td>600</td></tr>
<tr><td colspan="3">行车速度 $v_{max}=4.3R^{\frac{1}{2}}\leqslant 120$km/h</td><td>120</td><td>120</td><td>120</td><td>120</td><td>114</td><td>105</td></tr>
<tr><td colspan="3">外轨超高 $h=7.6v_{max}^2/R\leqslant 150$mm</td><td>55</td><td>75</td><td>110</td><td>135</td><td>150</td><td>150</td></tr>
<tr><td rowspan="3">车站线间距加宽值(mm)</td><td colspan="2">外侧线路无超高,或超高小于等于内侧线路超高时</td><td>45</td><td>55</td><td>85</td><td>105</td><td>120</td><td>140</td></tr>
<tr><td colspan="2">外侧线路超高大于内侧线路超高时</td><td>80</td><td>105</td><td>155</td><td>195</td><td>220</td><td>240</td></tr>
<tr><td colspan="2">外侧线路有超高而内侧线路无超高时</td><td>115</td><td>155</td><td>230</td><td>290</td><td>320</td><td>340</td></tr>
<tr><td rowspan="6">建设物突出部分至线路中心的加宽值(mm)</td><td colspan="2">建筑物在曲线外侧时</td><td>20</td><td>30</td><td>45</td><td>55</td><td>65</td><td>75</td></tr>
<tr><td colspan="2">建筑物在曲线内侧,曲线无超高时</td><td>20</td><td>25</td><td>40</td><td>50</td><td>60</td><td>70</td></tr>
<tr><td rowspan="4">建筑物在曲线内侧,且曲线有超高时,各高度处(mm)</td><td>$H=3000$ 处</td><td>130</td><td>175</td><td>260</td><td>325</td><td>360</td><td>370</td></tr>
<tr><td>$H=1100$ 处</td><td>60</td><td>80</td><td>120</td><td>150</td><td>170</td><td>190</td></tr>
<tr><td>$H=(50-0.6h)$ 处</td><td>35</td><td>50</td><td>70</td><td>90</td><td>100</td><td>110</td></tr>
<tr><td>$H=(30-0.6h)$ 处</td><td>30</td><td>40</td><td>60</td><td>70</td><td>80</td><td>90</td></tr>
</table>

注:表中 $0.6h$ 表示因曲线外轨超高 $h$ 而引起的站台高度相对降低值。

## 三、道岔连接

### (一)道岔辙叉号数的选用

正线道岔的列车直向容许通过速度不应限制路段旅客列车设计行车速度。旅客列车设计行车速度为 160km/h 路段,正线道岔应采用可动心轨辙叉单开道岔。

新建铁路正线不应采用复式交分道岔,改建铁路正线困难条件下需要采用时不应小于 12 号。

正线应采用混凝土岔枕的道岔,站线宜采用混凝土岔枕的道岔,改建铁路设计速度小于或等于 120km/h 的线路,困难条件下,可采用木岔枕道岔。

道岔号数的选用应符合下面的规定:

(1)列车直向通过速度为 100km/h 的路段内,正线道岔不应小于 12 号。困难条件下,改建的区段站及以上大站可采用 9 号。

(2)列车直向通过速度小于 100km/h 的路段内,侧向接发列车的会让站、越行站、中间站的正线道岔不得小于 12 号,其他车站可采用 9 号。

(3)列车侧向通过速度超过 80km/h 的渡线道岔,应根据线间距、道岔间的夹直线长度等选用大号码道岔或特殊设计。

(4)列车侧向通过速度超过 50km/h,但不大于 80km/h 的单开道岔不宜小于 18 号。

(5)列车侧向通过速度不超过 50km/h 的单开道岔不得小于 12 号。

(6)侧向接发旅客列车的道岔,不应小于 12 号,困难条件下,非正线上接发旅客列车的道岔,可采用 9 号对称道岔。

(7)其他线路的单开道岔或交分道岔不应小于 9 号。

(8)驼峰溜放部分应采用 6 号对称道岔和 7 号对称三开道岔;改建困难时,可保留 6.5 号对称道岔。到达场出口、调车场尾部、货场及段管线等站线上,可采用 6 号对称道岔。

车站布置中,常常使用道岔的前长和后长等数据,单开道岔主要的前长和后长等见表 6-4。

**常用单开道岔主要尺寸** 表 6-4

| 道岔号数 | 辙叉角 $\alpha$ | 导曲线中心线半径 $R$ (mm) | 道岔始端至道岔中心距离 $a$ (mm) | 道岔中心至辙叉跟端距离 $b$ (mm) | 道岔全长 $L_q$ (m) | 侧向通过道岔允许速度 (km/h) |
|---|---|---|---|---|---|---|
| 9 | 6°20′25″ | 180000 | 13839 | 15009 | 28848 | 30 |
| 12 | 4°45′49″ | 330000 | 16853 | 19962 | 36815 | 45 |
| 18 | 3°10′12.5″ | 800000 | 22667 | 31333 | 54000 | 75 |
| 客专 18 | 3°10′47.4″ | 1100000 | 31729 | 37271 | 69000 | 80 |
| 客专 42 | 1°21′50.13″ | 5000000 | 60573 | 96627 | 157200 | 160 |
| 客专 62 | 9°55′26.56″ | 8200000 | 70784 | 130216 | 201000 | 220 |

(二)道岔与道岔连接

股道布置时,应力求相邻道岔尽量紧凑,这是为减少工程量及机车车辆在车站内的行走距离,缩短咽喉长度的需要。

短轨的插入:虽然两相邻道岔尽量紧凑,但相邻两道岔之间一般不直接连接。若直接连接,影响行车平稳和道岔的使用寿命,故应插入一段短轨,其长度 $f$ 随道岔排列形式和所在位置而有所不同,对于Ⅰ级和Ⅱ级铁路,不应小于表 6-5 中的数值。

道岔的排列形式主要有:异侧对向、同侧对向[表 6-5a)]、异侧顺向、分支顺向、同侧顺向和异侧背向[表 6-5b)]

**两相邻道岔间插入钢轨的最小长度**(两对向单开道岔间插入钢轨的最小长度)(m) 表 6-5a)

| 道岔布置 | 线别 | | 有列车同时通过两侧线时 | | 无列车同时通过两侧线时 |
|---|---|---|---|---|---|
| | | | 一般情况 | 特殊情况 | |
| 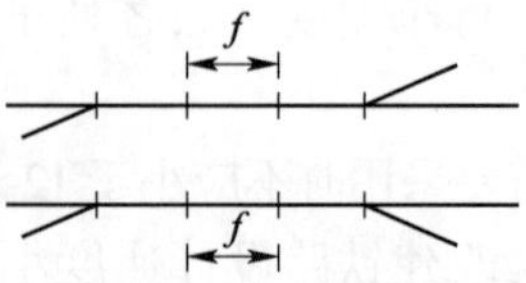 | 正线 | 直向通过速度(120km/h < $v$≤160km/h) | 12.5 | 12.5 | 12.5 |
| | 正线 | 直向通过速度($v$≤120km/h) | 12.5 | 6.25 | 6.25 |
| | 到发线 | | 6.25 | 6.25 | 0 |
| | 其他 | | — | — | 0 |

**两相邻道岔间插入钢轨的最小长度**(两顺向单开道岔间插入钢轨的最小长度)(m) 表 6-5b)

| 道岔布置 | 线别 | | 木岔枕道岔 | 混凝土岔枕道岔 |
|---|---|---|---|---|
| 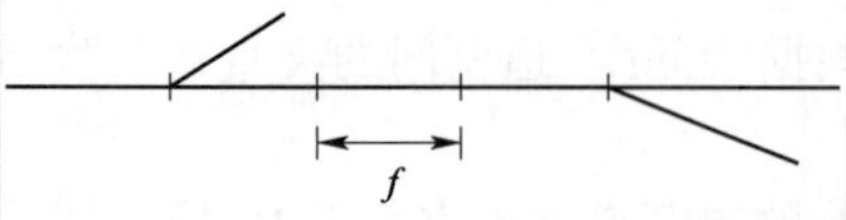 | 正线 | 直向通过速度(120km/h < $v$≤160km/h) | — | 12.5 |
| | 正线 | 直向通过速度($v$≤120km/h) | 6.25 | 8.0 |
| | 到发线 | | 4.5 | 8.0 |
| | 其他站线和次要线 | | 0 | 8.0 |
| 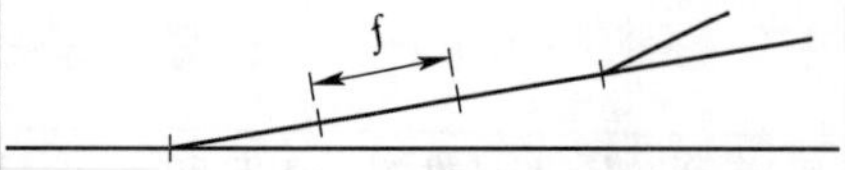 | 到发线 | | 4.5 | 8.0 |
| | 其他站线和次要线 | | 0 | 8.0 |

续上表

| 道 岔 布 置 | 线 别 | 木岔枕道岔 | 混凝土岔枕道岔 |
|---|---|---|---|
| 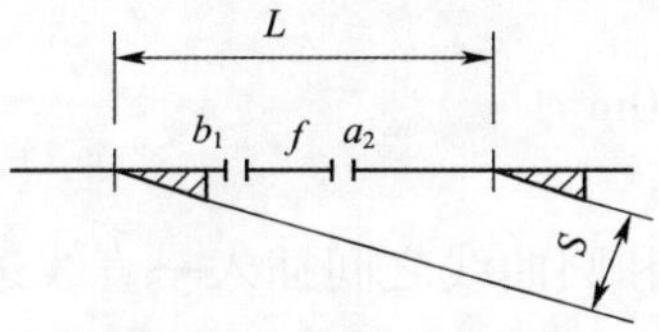  | $L=\dfrac{S}{\sin\alpha}$ <br> $f=L-(b_1+a_2)-\Delta$ | | |
| 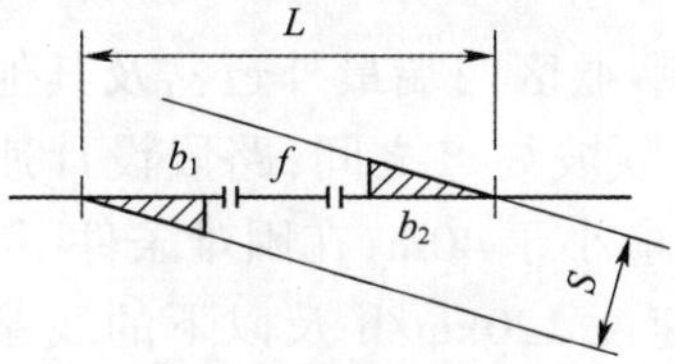  | $L=\dfrac{S}{\sin\alpha}$ <br> $f=L-(b_1+b_2)-\Delta$ | | |

注：1. 在其他站线和次要站线上，木岔枕与木岔枕相接时，如一组道岔后顺向并连两组 9 号单开或 6 号对称道岔时，其中至少一个分路的前后两组道岔间应插入不小于 4.5m 长的钢轨。

2. 正线上两对向单开道岔有正规列车同时通过两侧线时，18 号单开道岔间插入钢轨长度不应小于 25m。

3. 到发线上两对向单开道岔有旅客列车同时通过两侧线时，插入钢轨长度一般情况下不应小于 12.5m。

4. 客车整备所线路采用 6 号对称道岔连接时。插入钢轨长度不应小于 12.5m。

5. 当道岔的岔枕种类不同时，插入钢轨长度不应小于 12.5m。

6. 道岔间钢轨的长度除应符合表 6-5 相关以上的规定外，尚应满足道岔结构的要求。

7. 表中两种配列形式中，两相邻道岔中心间的最小距离 $l$ 应为

$$l=a_1+f+a_2+\Delta\ (\text{m})$$

式中：$a_1$——第一个道岔始端基本轨轨缝中心至道岔中心的距离（见表 6-4）；

$a_2$——第二个道岔始端基本轨轨缝中心至道岔中心的距离；

$f$——两相邻道岔间插入钢轨的最小长度；

$\Delta$——轨缝宽度（按 8mm 计）。

**【例 6-1】** 两相邻道岔中心间距离的确定。图 6-6 所示为某站一端咽喉区布置示意图，试确定各相邻道岔岔心间的距离。

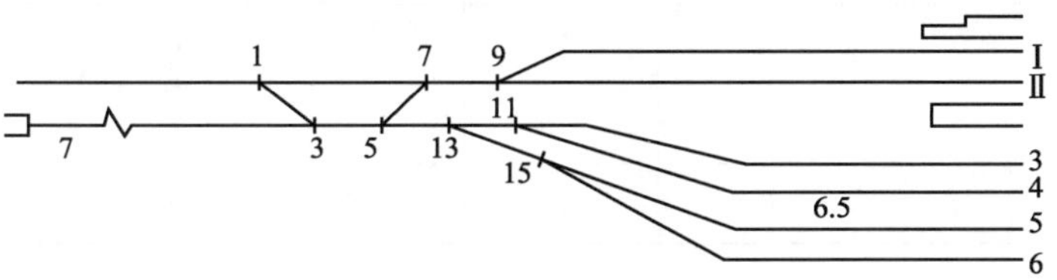


图 6-6 某站一端咽喉区布置示意图

确定道岔的辙叉号数：图中 1、3、9 道岔采用 12 号辙叉，其余为 9 号辙叉。

再确定各道岔中心间的距离：

(1)3 ~5 号道岔为同侧对向配列形式。

$$l=a_1+f+a_2+\Delta=16.853+0+13.839+0=30.692\text{m}$$

(2)7 ~9 号道岔为异侧对向配列形式。

$$l=a_1+f+a_2+\Delta=13.839+6.25+16.853+0.008=36.950\text{m}$$

(3)5 ~13 号道岔为异侧顺向配列形式。

$$l=b_1+f+a_2+\Delta=15.009+4.5+13.839+0.008=33.356\text{m}$$

(4)13～15 号道岔为分支顺向配列形式。

$$l = b_1 + f + a_2 + \Delta = 15.009 + 0 + 13.839 + 0 = 28.848\text{m}$$

(5)13～11 号道岔为同侧顺向配列形式。

$$l = s/\sin\alpha = 6.5/\sin 6°20'25'' = 58.850\text{m}$$

(三)道岔与相邻曲线连接

道岔应设置在直线上。为了适应轨距的变化,必须在道岔和圆曲线之间插入一直线过渡段 $f$,如图 6-7 所示。

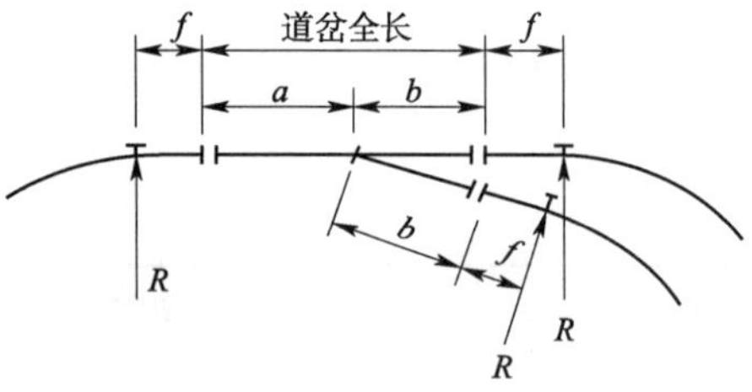


图 6-7　道岔和圆曲线连接

位于正线上的车站咽喉区两端最外道岔及其他单独道岔直向至曲线超高顺坡终点之间,路段设计速度大于 120km/h 的线路不应小于 40m,在困难条件下,不应小于 25m;路段设计速度 120km/h 及以下的线路不应小于 20m。

如果道岔前后两端连接曲线设有缓和曲线,可不插入此直线过渡段。道岔与其连接曲线间夹直线过渡段最小长度 $f$ 如表 6-6 所示(当采用混凝土岔枕时,道岔后直线长度应为道岔跟端至末根岔枕的距离 $L'$ 与此表所列最小直线段长度之和)。

道岔后的连接曲线,其半径不宜小于相邻道岔的导曲线半径。

**道岔前后至圆曲线间夹直线段最小长度**　　表 6-6

| 序号 | 道岔前后圆曲线半径 $R$(m) | 轨距加宽(mm) | 最小直线段长度(m) | | | | | |
|---|---|---|---|---|---|---|---|---|
| | | | 一般 | | | 困难 | | |
| | | | 轨距加宽或曲线超高递减率 2‰ | | | 轨距加宽递减率 3‰ | | |
| | | | 岔前 | 岔后 | | 岔前 | 岔后 | |
| | | | 木/混凝土岔枕 | 木岔枕 | 混凝土岔枕 | 木/混凝土岔枕 | 木岔枕 | 混凝土岔枕 |
| 1 | $R \geqslant 350$ | 0 | 2 | 2 | 0 | 0 | 2 | 0 |
| 2 | $300 \leqslant R < 350$ | 5 | 2.5 | 4.5 | 2.5 | 2 | 4 | 2 |
| 3 | $R < 300$ | 15 | 7.5 | 9.5 | 7.5 | 5 | 7 | 5 |

## 四、警冲标及信号机的位置

(一)无轨道电路

1. 警冲标的位置

警冲标设在两股道汇合的地方,是为防止停留在一线上的机车车辆与邻线行驶的机车车辆发生侧面冲撞而设置的。警冲标在直线段设在距离相邻线路中心各为 2m 的地方,如图 6-8a)所示。当警冲标设在直线与曲线之间时,距曲线的距离则为 $2 + W_1$($W_1$ 为曲线内侧的加宽值)如图 6-8b)所示。

警冲标至道岔中心的距离与道岔号数、线间距离及连接曲线半径等因素有关,计算结果如表 6-7 所示。

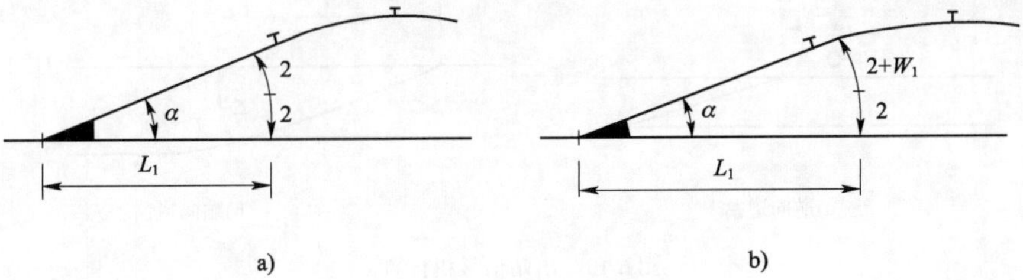


图 6-8　警冲标的位置

**警冲标至道岔中心距离 $L_j$(m)**　　表 6-7

| 道岔辙叉号 | | 9 | | | 12 | | | | 18 | |
|---|---|---|---|---|---|---|---|---|---|---|
| 辙叉角度 | | 6°20′25″ | | | 4°45′49″ | | | | 3°10′47″ | |
| 连接曲线半径(m) | | 200 | 300 | 400 | 350 | 400 | 500 | 600 | 800 | 1000 |
| 警冲标位置 | | $L_j$ 值 | | | | | | | | |
| 股道间距(m) | 5.0 | 38.051 | 38.931 | 40.425 | 49.574 | 49.700 | 50.560 | 51.576 | 73.230 | 74.007 |
| | 5.5 | 36.897 | 37.486 | 38.320 | 48.550 | 48.704 | 49.090 | 49.588 | 72.277 | 72.581 |
| | 6.5 | 36.159 | 36.330 | 36.648 | 48.085 | 48.095 | 48.148 | 48.263 | 72.058 | 72.058 |
| | 7.5 | 36.110 | 36.113 | 36.166 | 48.084 | 48.084 | 48.084 | 48.084 | 72.058 | 72.058 |
| | 12.5 | 36.110 | 36.110 | 36.110 | 48.084 | 48.084 | 48.084 | 48.084 | 72.058 | 72.058 |

### 2. 进站信号机的位置

进站信号机用于防护车站,指示列车可否进站,应设于距进站逆向道岔尖轨尖端或顺向道岔的警冲标不小于50m 的地方,如图 6-9 所示。当需要利用正线调车或制动需要时,应将信号机外移,外移距离一般不超过 400m。

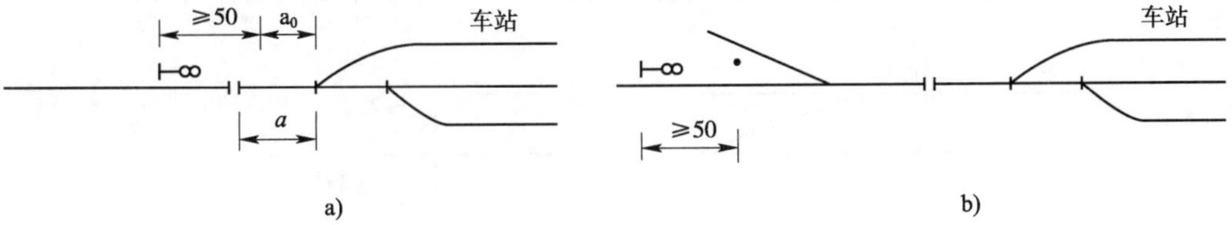


图 6-9　进站信号机位置

### 3. 出站信号机的位置

在车站内正线、到发线列车运行方向的左侧应装设出站信号机,它的位置除应满足限界要求外,还决定于信号机处道岔的方向(顺向或逆向)、信号机类型和有、无轨道电路等。

前方为逆向道岔时,信号机设在道岔尖轨尖端处,见图 6-10a);前方为顺向道岔时,信号机设在警冲标内方,其距道岔中心的距离应满足建筑限界的要求,按信号机距相邻股道中心的垂距来确定。

我国采用的高柱出站信号机的基本宽度有 380mm 和 410mm 两种。

前方为顺向道岔时,高柱信号机距两侧线路中心的允许垂距,在直线地段 $p = 0.5b + B$,在曲线地段还应加上曲线加宽,$p = 0.5b + B + W_1$,如图 6-10b)所示。式中,$b$ 为信号机基本宽度。$B$ 为信号机的建筑限界,线路通行超限货物列车时 $B$ = 2440mm;不通过超限货物列车时 $B$ = 2150mm。

信号机距岔心的距离 $l_x$ 可以先经计算,列出如表 6-8 所示的表格,供设计查用。

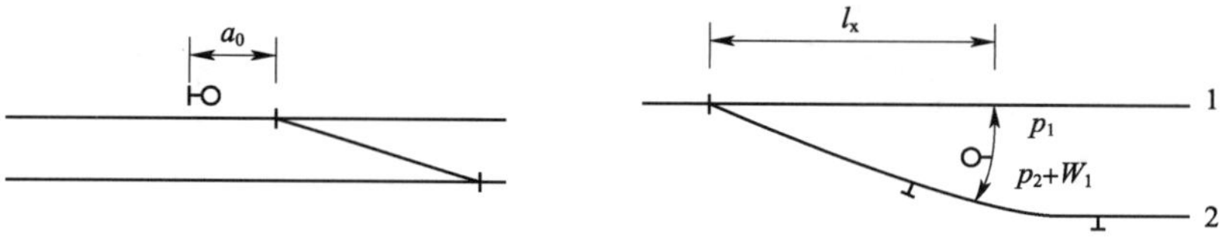


图 6-10 出站信号机位置

**高柱信号机(380mm)至道岔中心距离 $l_x$(m)** 表 6-8

| 道岔辙叉号 | | | 9 | | | 12 | | | | 18 | |
|---|---|---|---|---|---|---|---|---|---|---|---|
| 辙叉角度 | | | 6°20′25″ | | | 4°45′49″ | | | | 3°10′47″ | |
| 连接曲线半径(m) | | | 200 | 300 | 400 | 350 | 400 | 500 | 600 | 800 | 1000 |
| 信号机位置 | | | $l_x$ 值 | | | | | | | | |
| 股道间距(m) | 两股道均超限 | 5.3 | 64.296 | 68.029 | 72.129 | 81.119 | 82.514 | 85.459 | 88.557 | 115.796 | 119.817 |
| | | 7.5 | 47.611 | 47.869 | 48.291 | 63.253 | 63.284 | 63.396 | 63.583 | 94.756 | 84.754 |
| | 一股道超限,另一股道不超限 | 5.0 | 62.737 | 66.635 | 70.867 | 78.894 | 80.400 | 83.408 | 86.603 | 112.207 | 116.369 |
| | | 6.0 | 46.697 | 47.555 | 48.995 | 61.135 | 61.408 | 62.081 | 63.054 | 90.605 | 91.337 |
| | | 7.5 | 44.901 | 45.062 | 45.369 | 59.739 | 59.746 | 59.794 | 59.901 | 89.528 | 89.528 |
| | 两股道均不超限 | 5.0 | 49.116 | 51.125 | 53.967 | 62.644 | 63.452 | 65.377 | 67.587 | 91.480 | 94.145 |
| | | 7.5 | 42.256 | 42.341 | 42.550 | 56.258 | 56.258 | 56.268 | 56.317 | 84.308 | 84.308 |

## (二)有轨道电路

在半自动闭塞和自动闭塞及装有电气集中联锁的车站上,均设有轨道电路。如出站信号机后方为逆向道岔,信号机应设在道岔基本轨接缝处,如图 6-11a)所示。当出站信号机后方为顺向道岔时,信号机仍应设在警冲标内方适当地点,如图 6-11b)、c)、d)所示。

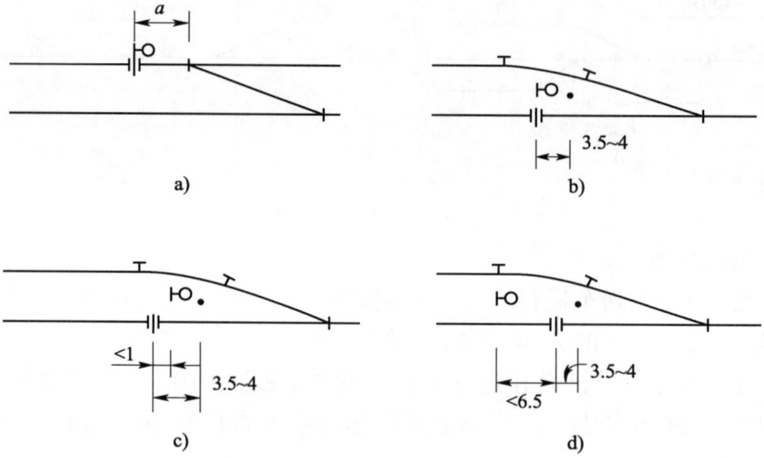


图 6-11 有轨道电路出站信号机与警冲标位置(尺寸单位:m)

有轨道电路时,除了考虑无轨道电路时的因素外,还需要考虑出站信号机、钢轨绝缘与警冲标安设位置的相互关系:①钢轨绝缘原则上应设在出站信号机同一坐标处的钢轨接缝处,但为了避免串轨、换轨或锯轨,允许设在出站信号机的内方 1m(往车站中心方向)或外方 6.5m(远离车站中心方向)的范围内。②警冲标与钢轨绝缘的距离一般为 3.5m,这样可以保证车轮停在该钢轨绝缘节内方时,车钩不致越过警冲标。

在确定出站信号机、钢轨绝缘和警冲标位置时，首先应考虑在不影响到发线有效长的条件下，按现有钢轨接缝设绝缘，同时考虑信号机的安设位置，然后再将警冲标移设至距钢轨绝缘3.5m处。如按现有轨缝不能满足上述要求时，可采用内移信号机或铺设短轨来调整绝缘缝的位置。

**【例6-2】** 如图6-12所示，1道和Ⅱ道用12号道岔连接，岔后连接曲线半径400m，Ⅱ道通行超限货物列车，线间距5m。从表6-7、表6-8查出警冲标计算位置$l_j=49.7$m，出站信号机计算位置$l_x=80.4$m。从图6-12可以看出，按现有轨缝，信号机距其内方轨缝$A$约2.1m，距外方轨缝$B$约10.4m，不符合上述要求，信号机和警冲标可按下列两方案调整设置。

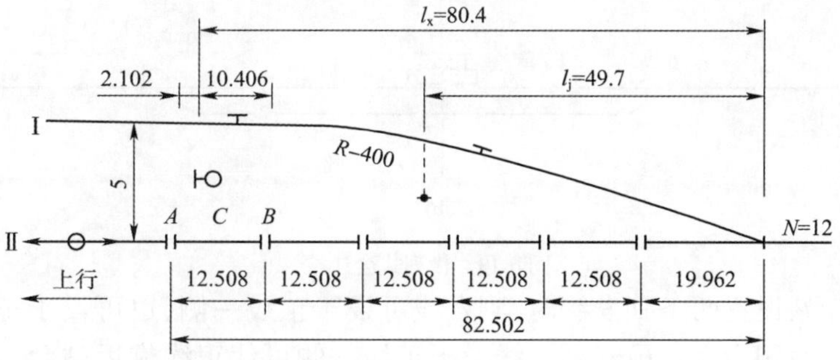


图6-12 信号机和警冲标的布置(尺寸单位:m)

甲方案：因信号机距轨缝$A$2.1m，稍大于规定要求的1m，可将信号机内移至$A$轨缝处，在$A$处安设绝缘，并将警冲标内移距$A$轨缝4m处。

乙方案：由于1道和Ⅱ道为双进路股道，警冲标因绝缘缝内移，使有效长减少，甲方案使上行有效长减少$(82.5-4)-49.7=28.8$m(其中$12.508\times5+19.962=82.502$)。如果有效长受到控制时，可铺一段6.25m的短轨$BC$段，这可使信号机仍在计算位置($l_x=80.4$m)不动，绝缘设在$C$轨缝，距岔心76.25m，距信号机外方4.15m($80.4-76.25=4.15$)，满足规定要求。警冲标内移，距$C$轨缝4m，使上行有效长比甲方案少损失6.25m。

# 单元二 会让站和越行站

## 一、会让站

作业：会让站设置在单线铁路上，主要办理列车的到发、会车、越行，仅办理少量的客、货运业务。

设备：会让站应铺设到发线，并设置通信、信号及旅客乘降、技术办公房屋等设备。

会让站布置图按其到发线的相互位置主要可分为横列式会让站和纵列式会让站两类。

(一)横列式会让站

横列式会让站布置如图6-13所示。

图6-13a)、b)分别是横列式会让站设置两条到发线和一条到发线时的布置图形。

当会让站设置一条到发线时，其到发线一般应设在运转室(站房)对侧。其优点是便于利用正线接发通过列车，车站值班员可不跨越线路，也不被停留在到发线上的其他列车隔开，在基本站台上就可以办理正线列车通过作业；经由正线接发的旅客列车可停靠在基本站台旁，而不经过侧向道岔，列车运行平稳，旅客比较舒适。缺点是客车停靠较多，影响正线行车，不利于改建。

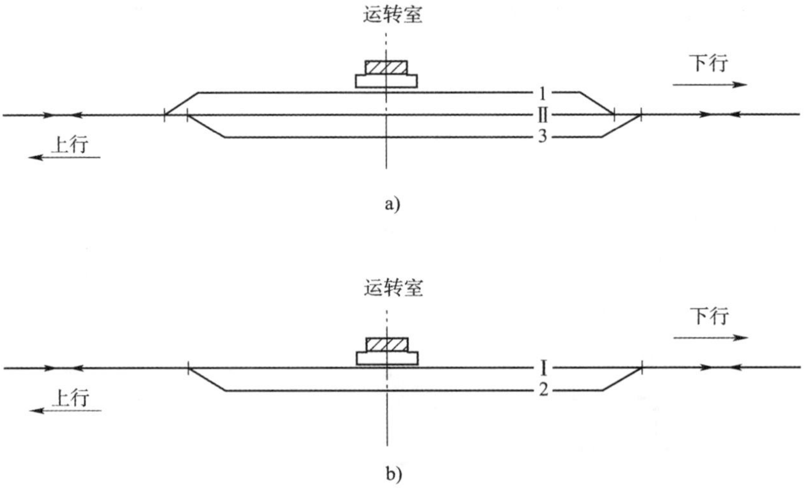


图 6-13　横列式会让站

当横列式会让站设置两条到发线时，到发线可设于正线一侧，也可设于正线两侧，但以两条到发线分设正线两侧为宜。虽然到发线设于正线一侧可使正线靠近站台，接发列车比较方便且行车比较安全，但是站坪长度较长，土石方工程量较大，在单线发展为双线时，拆迁工程也较多，因此，在新建或改建铁路会让站时，多采用到发线设于正线两侧的布置图。

（二）纵列式会让站

纵列式会让站是将两到发线纵向排列，并错移一个货物列车到发线的有效长度，布置如图6-14 所示。其特点是到发线使用灵活，站场布置紧凑，一般是为适应地形陡峻狭窄的地形而建；有利于组织不停车会让，便利超长列车的会车，适应重载列车会车的需要。但站坪长度长，若在紧坡地段将引起很大的工程费用；两端咽喉的瞭望条件较差；有中部咽喉，管理困难；列车在站会车不灵活（特别是在三车交会的情况下），增加列车的停站时间。

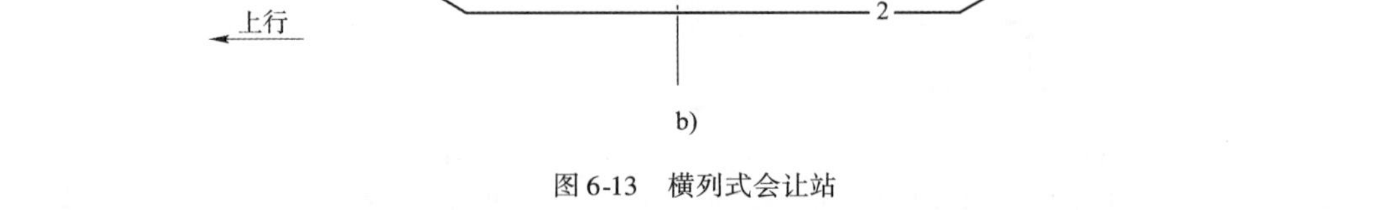


图 6-14　纵列式会让站布置图

会让站一般宜采用横列式布置，但在山区修建单线铁路，如地形狭窄或需开行重载列车以及处于限制区间需要提高通过能力时，或者要组织不停车会让及超长列车运行的区段，也可因地制宜考虑采用纵列式布置。

会让站宜设两条到发线，使车站具有三车交会的条件；当行车量较小时可设一条。设置一条到发线的会让站连续布置不应超过两个，以免运输秩序出现不正常情况时影响范围过大，便于调整运行图。会让站一般不设置中间站台，若旅客乘降较多且远期发展快时，可在站房对侧到发线与正线之间设中间站台。

## 二、越行站

作业：越行站设置在双线铁路上，主要办理同方向列车的越行，必要时办理反方向运行列车的转线，也办理少量的客货运业务。

设备:到发线、信号及通信设备、旅客乘降设备、办公房屋等。

越行站的布置图,一般应采用横列式布置,可设一到两条到发线。

(1)设一条到发线时,到发线可设于两正线中间或者布置在两正线一侧站房对侧[图6-15a)、b)]。

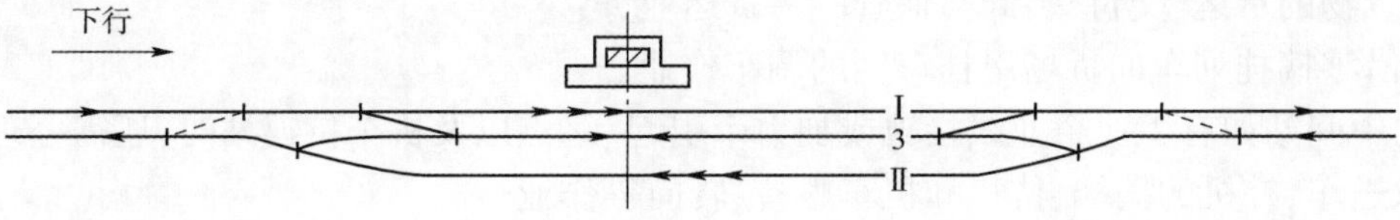


a)

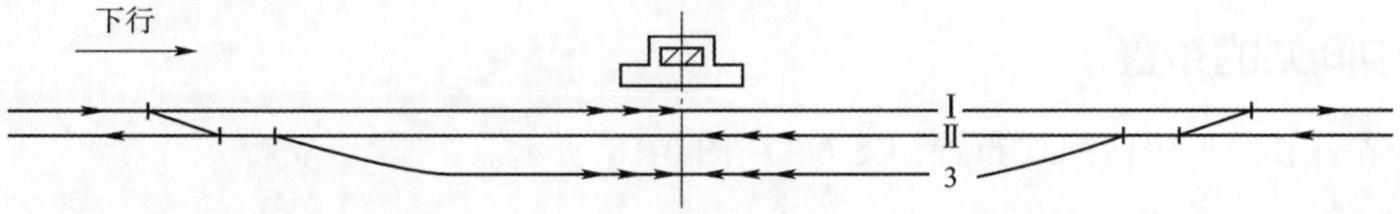


b)

图6-15 越行站布置图(一条到发线)

到发线设于两正线中间的优点是:客车进站停车(一般接入正线),列车运行平稳,旅客舒适,且不需扳动道岔,有利行车安全;待避列车进入到发线,不干扰正线停车;进路灵活,三线均可使用。缺点:正线不顺直,需设反向曲线,导致了望不便,可能影响列车行车速度;对称道岔施工与养护不便。到发线布置在两正线一侧时,正线无反向曲线,且不使用对称道岔,但是待避列车进入到发线,与正线行车干扰,安全性差。

一般只设一条到发线时,设于两正线中间;受地形限制或行车量不大时,到发线可设于行车量大的一侧。

(2)设两条到发线时,两条到发线也可布置在正线一侧或正线两侧(图6-16),一般应采用两到发线设于正线两侧的布置图。

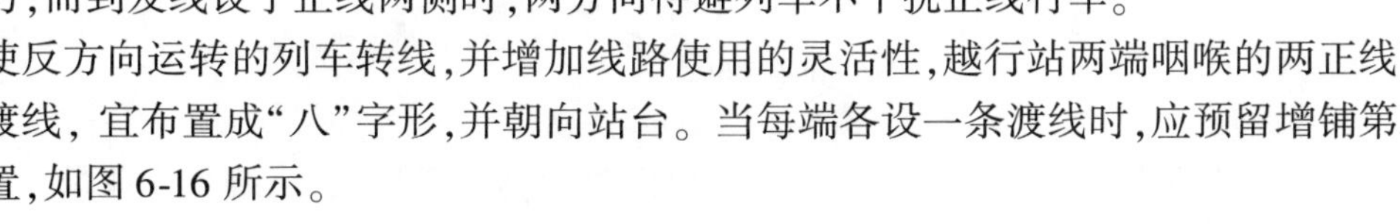


图6-16 越行站布置图(两条到发线)

到发线设于正线一侧时,下行待避列车,切割上行正线,不仅影响行车安全,还会降低区间通过能力,而到发线设于正线两侧时,两方向待避列车不干扰正线行车。

为使反方向运转的列车转线,并增加线路使用的灵活性,越行站两端咽喉的两正线间应各设两条渡线,宜布置成“八”字形,并朝向站台。当每端各设一条渡线时,应预留增铺第二条渡线的位置,如图6-16所示。

## 单元三 中 间 站

在铁路区段内,为满足铁路区段通过能力及客货运业务需要而设有配线的分界点称为中间站。

## 一、中间站的作业

（1）列车的通过、会让和越行，在双线铁路上还办理调整反方向运行列车的转线作业；

（2）旅客乘降和行李、包裹的收发与保管——客运业务；

（3）货物的承运、交付、装卸与保管——货运业务；

（4）沿零摘挂列车向货场甩挂车辆的调车作业。

有的中间站如有工业企业线接轨或加力牵引起、终点以及机车折返站时，还需办理工业企业线的取送车，补机的摘挂、待班和机车整备、转向等作业。

另外，在客货运量较大的个别中间站，还有始发、终到旅客列车及编组始发货物列车的作业。

## 二、中间站的布置

中间站一般都采用横列式布置如图 6-17、图 6-18 所示。

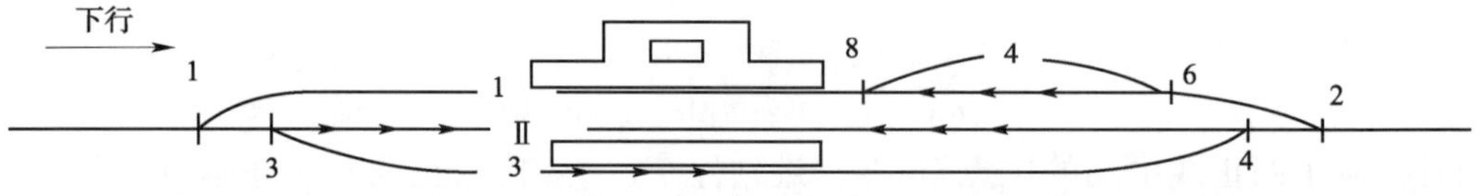


a)无牵出线

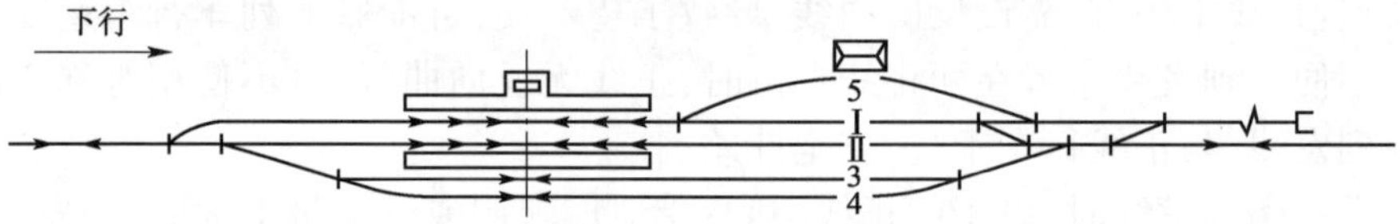


b)有牵出线

图 6-17　单线中间站图

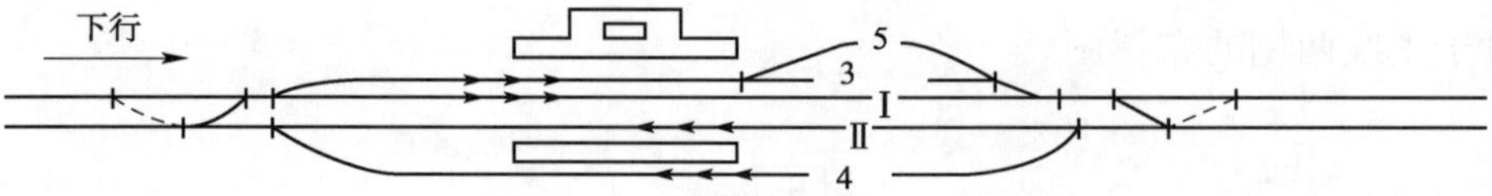


a)无牵出线

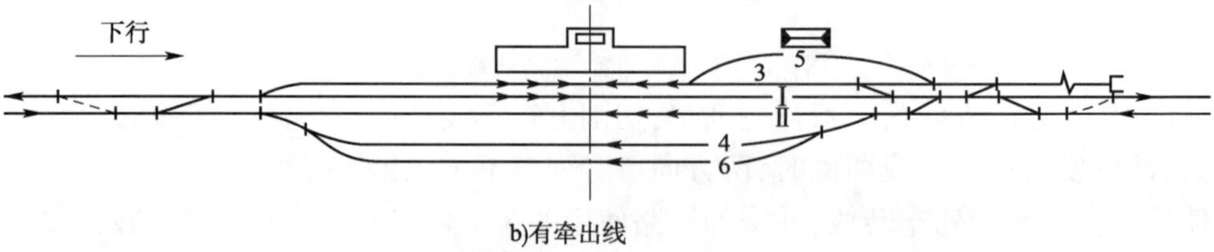


b)有牵出线

图 6-18　双线中间站图

单线和双线铁路根据调车作业量的大小来决定是否增设牵出线，当调车作业量大时，增设牵出线。货场可设在站房同侧或站房对侧，且设于第一和第三象限较好，如货场设于站房同侧，一般应设在第一象限，设于对侧时，一般应设在第三象限。

当横列式中间站上有工业企业线接轨时，其接轨点一般选在中间站两端的咽喉区。

双线铁路中间站两端咽喉区的两正线间各设两条渡线，以满足调车作业、列车反方向运行以及双方向接发列车的需要，或因区间线路大修、线路临时发生故障和其他运行调整的情况，必须使一条正线上运行的列车转入另一条正线上继续运行。特殊情况下,当每端各设一条渡线时,应预留铺设第二条渡线的位置。当站坪长度受限制时,可采用交叉渡线。

## 三、中间站的设备

中间站设有车站线路、客运、货运设备,包括:

(1)列车到发线和货物装卸线,必要时还应设有调车用的牵出线和安全线;

(2)为旅客服务的站房、站台、站台间的跨越设备(天桥、地道或平过道)和雨棚等;

(3)为货运服务的货物堆放场、货物站台、仓库、雨棚、装卸设备及货运办公房屋等;

(4)信号设备和通信设备;

(5)个别车站为机车整备、转向、给水作业而设置的有关设备等;

(6)必要时还设有存车线和调车线。

### (一)车站线路设备

中间站的线路设备除正线外,还有站线(包括到发线、牵出线、货物线、存车线等)、岔线(包括支线、专用线和工业企业线)和特别用途线(包括行车安全线和避难线)。

#### 1. 到发线

中间站的到发线数量,应根据运量及运输性质确定。

单线铁路中间站应设两条到发线,目的是使车站有三车交会的条件,作业量不大时,可设一条。双线铁路中间站一般应设两条到发线,使双方列车有同时待避、越行,当作业量较大或者摘挂列车作业时间较长时可设三条。此外,中间站的到发线数量可根据车站性质和作业需要酌情增加:①枢纽前方站、铁路局分界站、中间给水站、补机始终点站和长大下坡的列车技术检查站、机车乘务员换乘站,可增加一条。②有两个方向以上的线路引入或岔线(包括专用线、支线)接轨的中间站,到发线数量可根据作业需要确定。③当机车交路采用长交路时,有零担、摘挂列车进行整编作业的中间站,到发线数量可根据整编作业量的大小确定。

中间站的到发线可以设计为单进路或双进路。到发线按双进路设计,机动性大,但需增加信号联锁设备。单线铁路到发线应按双进路设计,以增加线路是使用的灵活性。双线铁路宜按上、下行分别设计为单进路,以保证到发作业安全,但有时为增加调整列车运行的灵活性以及方便摘挂列车作业,个别到发线也可按双进路设计。

站内正线应保证能通行超限货物列车,而且,在区段内应有 3 ~ 5 个中间站能够满足超限货物列车会让与越行的需要。单线铁路应另有一条线路,双线铁路上下行应各另有一条线路,允许通行超限货物列车。

#### 2. 牵出线

牵出线的主要作用是利用其对列车的调车作业,完成解体、编组、挑选车组、摘挂车辆、配对货位等。中间站是否设置牵出线,应根据衔接区间正线数、行车密度大小、车站调车作业量以及货场设置位置等因素确定。

单线铁路平行运行图列车对数在 24 对以上,双线铁路采用半自动闭塞平行运行图列车对数在 54 对以上、采用自动闭塞平行运行图列车对数在 66 对以上,且调车作业量较大的中间站,均应设置牵出线。当行车量虽低于上述规定的列车对数,但调车作业量很大的中间站(单双线车站年到发货运量分别在 20 万 t 或 30 万 t 以上,或者日装卸车数分别在 15 或 20 辆左右),则根据实际也应设置牵出线。

根据《站规》规定,牵出线一般应设在直线上。困难条件下,允许将牵出线设在半径不小于1000m的同向曲线上，特别困难时，半径不应小于300m，但不得将牵出线设在反向曲线上。牵出线应设在不陡于6%的坡道上。

行车量不大或作业量较小的单、双线铁路中间站，可利用正线、岔线、工业企业线调车，为避免调车作业越出站界，进站信号机可适当外移，但不应超过400m。牵出线的有效长，应满足调车作业量的需要，一般不短于该区段运行的货物列车长度的一半。在困难条件下或本站作业量不大时，不应短于200m，且牵出线与相邻线路中心线间距离应为6.5m。

3. 货物线

为了办理货物的装卸作业，中间站应铺设1～2条货物线，其长度除满足平均一次来车的长度外，还应保证货物线两侧有足够的货位。中间站货物线与到发线间的间距，在一般情况下，线间无装卸作业时，不小于6.5m，线间有装卸作业时，不小于15m。

中间站货物线的布置形式有通过式、尽端式和混合式。通过式的特点是两端均连通到发线，上、下行调车作业灵活，易于管理，如图6-19a)中的5道。尽端式的特点是一头连通到发线，另一头深入货区，可接近货源，方便搬运，作业较安全且货物线有效长利用率高，但调车不够灵活，大大延长了摘挂列车调车作业时间，如图6-19b)中的5道。混合式是将通过式与尽端式结合的布置形式，一般货物作业可在通过式货物线上进行，大宗或特殊货物可利用尽端式作业。

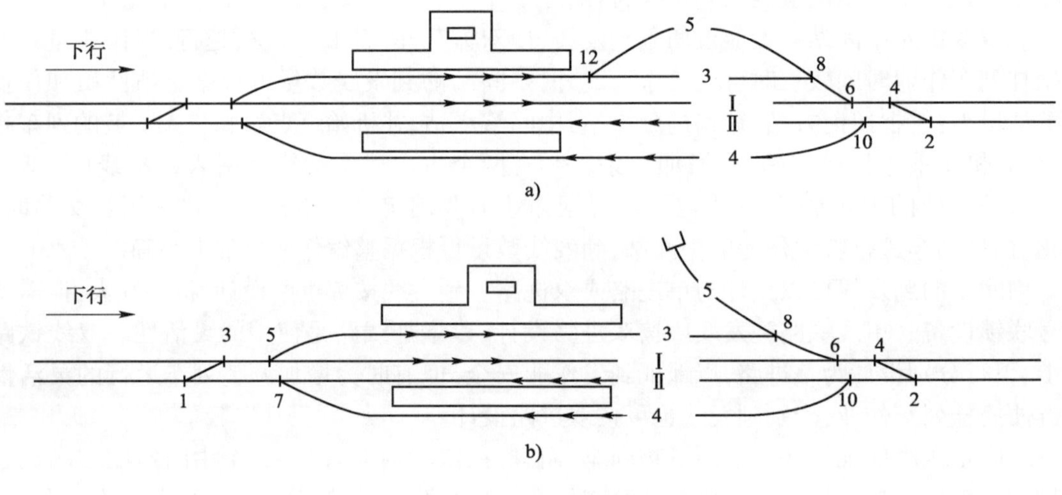


图6-19　货物线布置图

货物线有效长度应按货运量、取送车间隔时间确定，但最短长度不应小于五辆车长，即不短于70m。

4. 安全线

安全线为进路隔开设备之一。设置安全线是为了防止机车车辆进入另一机车车辆进入的线路，从而避免产生冲突事故，其有效长一般不应小于50m。设置安全线的条件是：

①铁路线路在区间平面交叉。

②岔线（专用线、支线、工业企业线）在区间或站内与正线或到发线接轨时，如图6-20所示。但如果在接轨处受地形条件限制或向车站方向为平道或上坡道时，也可设置脱轨器代替安全线。

③当进站信号机外制动距离内为超过0.6%下坡道时，应在正线或到发线接车方向末端

设置安全线，以保证下坡进站的列车不致闯入前方区间，与正线上对向进站的列车或站内发出的列车发生冲突，如图6-21所示。

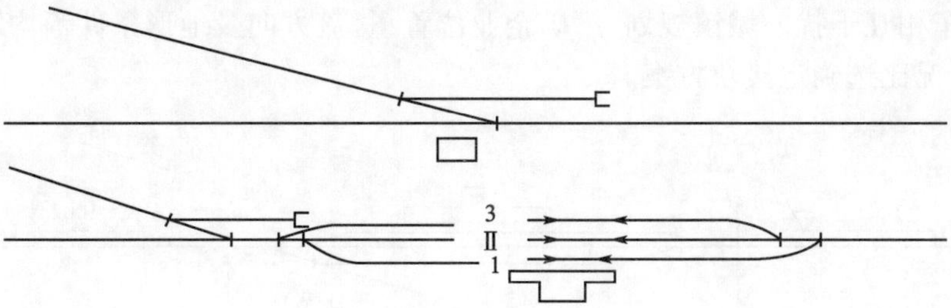


图6-20　安全线布置图

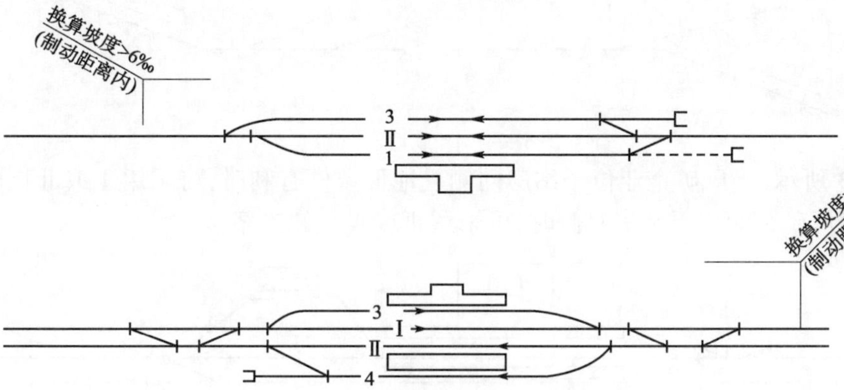


图6-21　单双线铁路车站安全线位置

设置安全线时，应尽量避免将其尽端设在高填方、桥头或设备、建筑物附近，以免机车车辆脱轨时造成更大的损失。

5. 避难线

避难线为了防止列车在陡长下坡道上因制动装置失灵失去控制，发生颠覆或与前方车站上其他列车冲突而设置的线路。

当相邻车站站坪以外，区间线路的平均坡度大于或等于1.5%时，就需要根据线路平纵断面，通过牵引计算，验算失控列车的速度，当速度达到颠覆速度或溜行到前方车站仍不能停车时，则需设置避难线，同时确定避难线的位置和长度。

避难线有尽端式、环行及砂道避难线等类型。由于尽端式避难线结构简单，施工、维修方便，故避难线大多属此类型。

避难线在区间设于列车可能颠覆的小半径曲线前方；在陡长下坡道车站避难线可设在进站端或接车方向末端（出站端），如图6-22所示。

避难线设在出站端（方案Ⅰ）的优点是可获得较长的减速距离，但通往避难线的接车线路必须空闲，且站内作业安全性也较差，故站内作业繁忙的车站，应将避难线设在进站端（方案Ⅱ），其优点是失控列车不易闯进站内，不影响站内作业，站内作业安全性较好，同时车站到发线的使用也比较灵活。应在避难线道岔基本轨接缝前方不小于150m处装设信号机，防止列车冒进信号冲进避难线。

6. 专用线接轨

在车站接轨时，应考虑工业企业铁路取送车的方便，并尽量减少对站内行车和调车作业的干扰。新建工业企业专用线一般应在车站两端咽喉区接轨，以避免干扰正线行车。当车站内有几条工业企业铁路接轨时为便于调车作业和减少干扰，宜集中在车站的一个区域内，通常与货场设在同一象限。在旅客列车停站较多的中间站上，专用线最好不在站房同侧的到发线上接轨，以免行车相互干扰。城镇规划、厂矿企业位置、货流方向及地形条件等均影响接轨位置，应根据具体情况比选确定接轨方案。

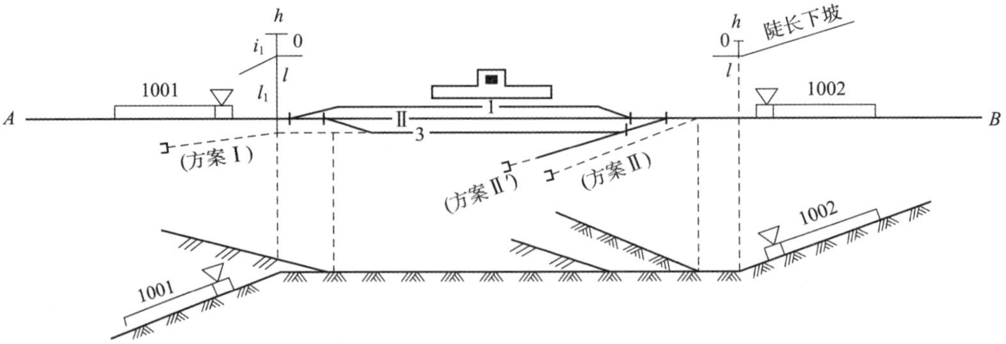


图 6-22　避难线设置位置

如图 6-23 所示，当厂矿企业位于站房同侧且地形条件有利时，可采用Ⅰ或Ⅱ接轨方案，Ⅰ方案为佳。当厂矿企业位于站房对侧时，可采用Ⅲ或Ⅳ接轨方案。

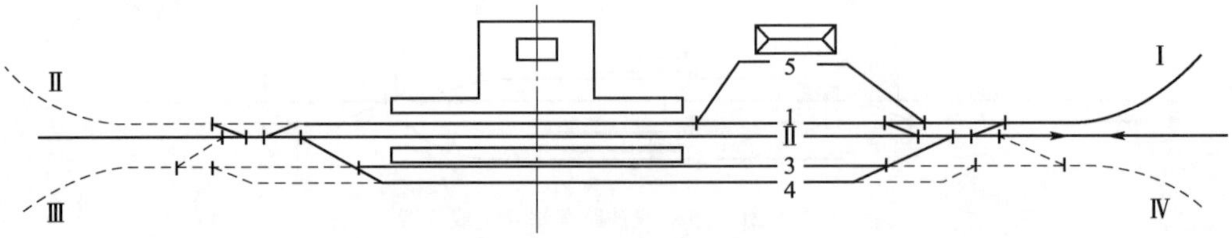


图 6-23　工业企业专用线、岔线接轨示意图

## （二）客运设备

中间站客运设备包括旅客站房、旅客站台、站台间跨越设备及雨棚等。

### 1. 旅客站房

旅客站房旅客站房是办理售票、候车和行包邮件承运、交付及保管的地方。中间站的旅客站房规模可根据车站等级、客流量大小确定。

站房应设在线路靠近市镇或居民区的一侧，并尽量位于车站中部，以方便旅客乘降。客流量不大的车站，旅客站房一般采用定型设计，客流量大的车站，旅客站房应专门设计。站房边缘距最近线路的中心距离一般不小于 15m。如因地形困难，也可采用较小距离，但应保证在车站房范围内基本站台的宽度不小于 6m，即站房距最近股道中心线不小于 7.75m。

### 2. 旅客站台

为了方便旅客上、下车及行包的装卸，应修建旅客站台。旅客站台按其站房和车站到发线的相互位置分为基本站台、中间站台两种。靠站房一侧的为基本站台，设在线路中间的为中间站台。不论是单线铁路或双线铁路，中间站均应设置基本站台。客货运量较大的单线铁路中间站和双线铁路中间站均应设置中间站台。中间站台一般应设在站房对侧的到发线与正线之间。

旅客站台的长度应根据旅客列车的长度和零摘列车编组情况确定，一般不短于 300m。在人烟稀少的地区或客流量较小的车站，站台长度可适当缩短。

基本站台宽度在旅客站房范围以内不应小于 8m，困难条件下不应小于 6m。中间站台宽度，单线一般不小于 4m，双线一般不小于 5m。站台上设有跨线设备时，站台应适当加宽。

中间站的旅客站台一般采用高出轨面500mm,邻靠正线及通行超限货物列车线路的旅客站台,因受限界的限制,应采用高出轨面300mm的低站台。特殊情况下可采用1.1m高站台。站台面为了便于排水,一般采用向站台边缘倾斜2%的坡度。

3. 站台间的跨越设备

站台间的跨越设备一般有平过道、天桥及地道三种。中间站应设两处平过道,平过道的宽度一般采用2.5m。在旅客乘降人数较多的大型中间站,可根据需要设置天桥和地道,优先选用地道,以免天桥会遮挡行车视线。天桥、地道的宽度一般不小于3m。

(三)货运设备

货运设备包括货物线、货物站台、仓库、货物堆放场和货运办公房屋等,主要办理货物的承运、交付、装卸及保管等作业。

1. 货场

中间站的货场位置应按货物集散方向、货运量、地形地质条件并结合地方城镇规划合理选定。货场一般应设于主要货物集散方向的一侧,通常设在Ⅰ、Ⅲ象限。

2. 货物站台

货物站台有普通站台和高站台两种,普通货物站台高度一般与车底板高度相同,高出轨面1.1m,高出轨面1.1m以上的为高站台。仓库宽度可选用9、12、15、18m,加上两过道的宽度即为货物站台的宽度。无仓库时,货物露天堆放站台宽度一般不小于12m。站台两端应有1:10的斜坡,以利车辆上、下站台。

3. 货物仓库

中间站货物仓库宽度一般采用9~12m,运量较大时可采用15m,长度应根据所需堆货面积计算决定。为方便装卸作业,仓库应设于货物站台上,库边至站台边的距离,沿线路一侧一般不小于3m,在场地一侧不小于2m。

## 四、算例

设计线为Ⅱ级单线铁路,路段设计速度为100km/h。设计车站为中间站,设车站中心里程为DK12+000,信联闭设备为半自动闭塞,有轨道电路。车站允许接发超限货物列车,车站侧向过岔速度允许值为$v=45$km/h,直向过岔速度取设计速度。到发线有效长为650m。中间站采用横列式,三股到发线,布置图形如图6-24所示。要求计算车站各主要点坐标及股道有效长。

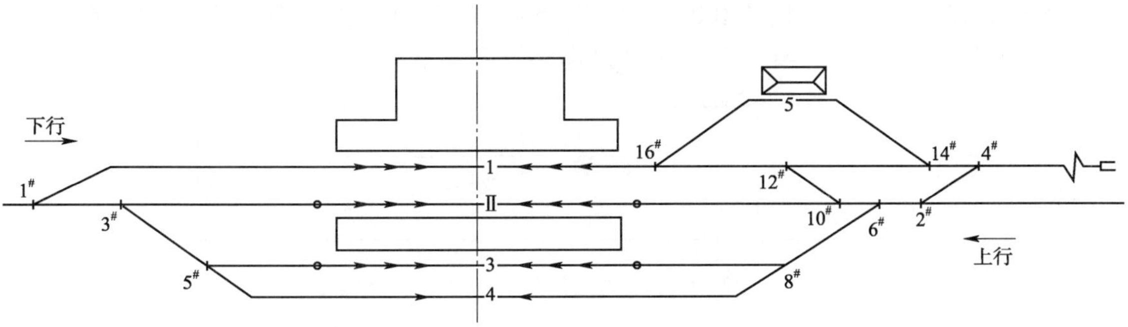


图6-24　中间站布置图形

计算过程如下:

1. 中间站布置

(1)股道编号、道岔编号如图 6-24 所示。

(2)确定各股道线间距。

查规范得:1 道和Ⅱ道之间的线距取 5m,Ⅱ道和 3 道可通行超限货列车,中间有旅客站台,取线距 7.5m,3 道和 4 道的线距取 5m,1 道和货场线之间的线距取 15m。

(3)道岔号数。

车站侧向过岔速度允许值为 $v = 45\text{km/h}$,本设计第 16 位道岔是侧向接发货物列车并位于到发线上的单开道岔,采用 9 号道岔外,其余均采用 12 道岔。

2. 中间站平面设计

(1)货场平面布置,如图 6-25 所示。货物线直股段设计为 70m。

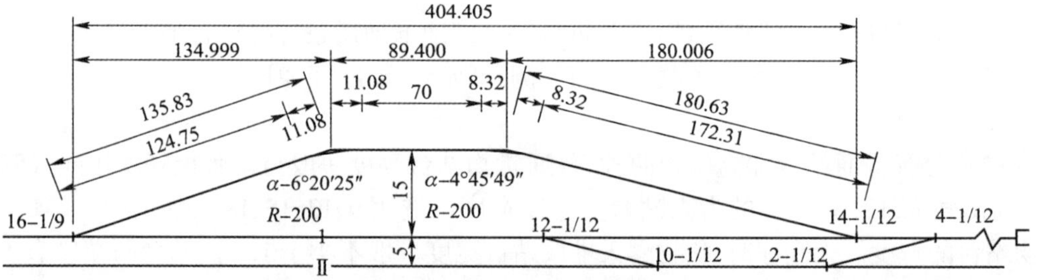


图 6-25　中间站货场线路平面设计(尺寸单位:m)

(2)出站信号机与警冲标位置的确定。

以车站中心为分界,分别从正线最外道岔中心(1 号和 2 号道岔中心分别是两端的坐标原点)开始计算。

①下行出发端。

1 道:出站信号机设于 1 道左侧,第 12 位道岔前,有轨道电路。布置如图 6-26 所示。

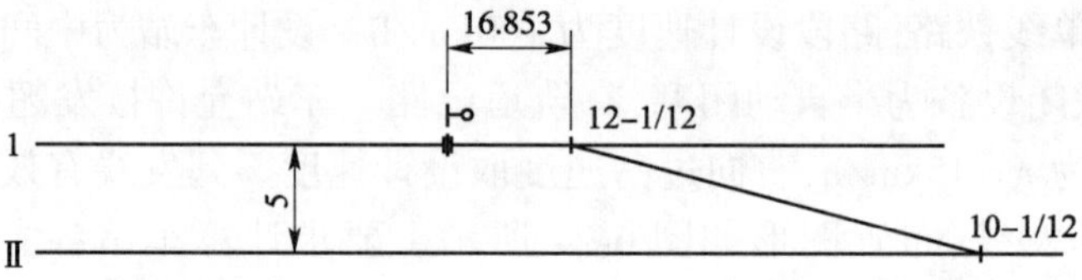


图 6-26　1 道出站信号机位置(尺寸单位:m)

Ⅱ道:出站信号机设于 1、Ⅱ道之间,线间距 5m,Ⅱ道通行超限货物列车,按 $R = 400$ 查表 6-7、表 6-8 得 $l_x = 80.4\text{m}$,$l_j = 49.7\text{m}$。布置如图 6-27 所示。

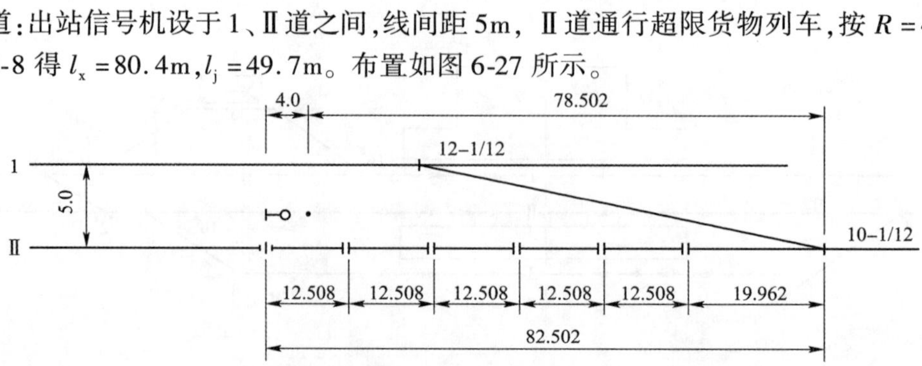


图 6-27　Ⅱ道下行出站信号机与警冲标位置(尺寸单位:m)

3 道:出站信号机设于Ⅱ、3 道之间,线间距 7.5m,两线均通行超限货物列车,取 $l_x =$

$(0.380/2+2.440)/\tan\dfrac{\alpha}{2}=63.3\text{m}$，$l_j=2/\tan\dfrac{\alpha}{2}=48.1\text{m}$。布置如图 6-28 所示。

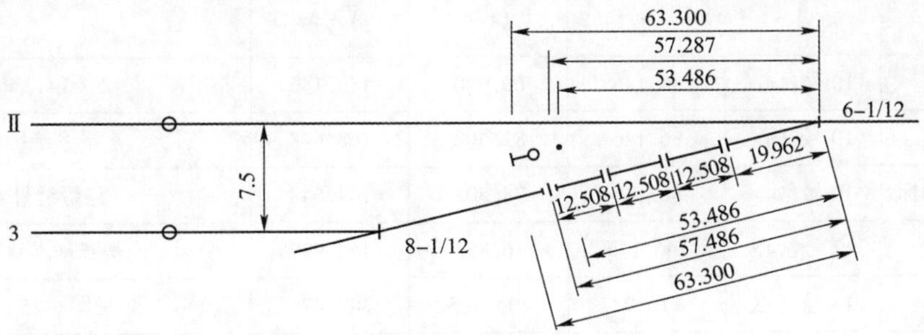


图 6-28　3 道下行出站信号机与警冲标位置(尺寸单位:m)

4 道:出站信号机设于 3、4 道之间,线间距 5m,3 道通行超限货物列车,连接曲线半径 400m,查表得:$l_x=80.4\text{m}$,$l_j=49.7\text{m}$。布置如图 6-29 所示。

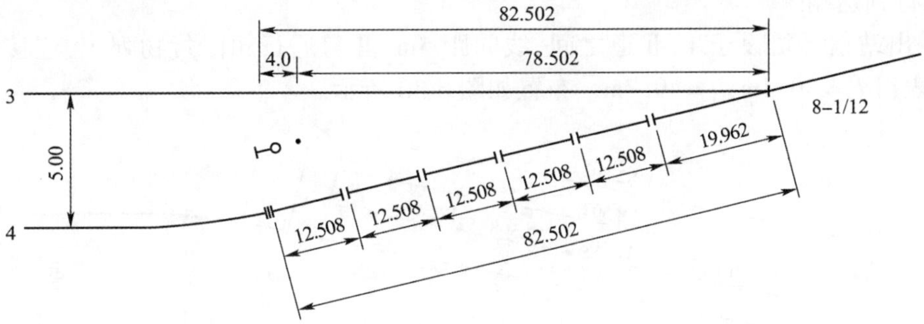


图 6-29　4 道下行出站信号机与警冲标位置(尺寸单位:m)

下行出发端计算如表 6-9 所示。

**下行出发端坐标计算(m)**　　表 6-9

| 计算点 | 计算基点坐标 $X$ (m) | | $\Delta x$ (m) | 计算点坐标 $X+\Delta x$ | 说　明 |
|---|---|---|---|---|---|
| 4 号岔心 | 2 号岔心 | 0 | -60.000 | -60.000 | 2 号岔心为坐标原点,5 ÷ 1/12 = 60 |
| 6 号岔心 | 2 号岔心 | 0 | 43.073 | 43.073 | 16.853 + 19.962 + 6.25 + 0.008 = 43.073 |
| 14 号岔心 | 4 号岔心 | -60.000 | 43.073 | -16.927 | 16.853 + 19.962 + 6.25 + 0.008 = 43.073 |
| 8 号岔心 | 6 号岔心 | 43.073 | 90.000 | 133.073 | 7.5 ÷ 1/12 = 90 |
| 6 位道岔警冲标 | 6 号岔心 | 43.073 | 53.486 | 96.559 | 57.486 - 53.486 = 4 ∈ [3.5,4.0] |
| 3 道信号机 | 6 号岔心 | 43.073 | 63.300 | 106.373 | 63.3 - 57.486 = 5.814 < 6.5 |
| 10 号岔心 | 6 号岔心 | 43.073 | 43.073 | 86.146 | 16.853 + 19.962 + 6.25 + 0.008 = 43.073 |
| 8 位道岔警冲标 | 8 号岔心 | 133.073 | 78.502 | 211.575 | 绝缘缝外 4m |
| 4 道信号机 | 8 号岔心 | 133.073 | 82.502 | 215.575 | 平齐绝缘缝 |

续上表

| 计算点 | 计算基点坐标 X (m) | | Δx (m) | 计算点坐标 X + Δx | 说 明 |
|---|---|---|---|---|---|
| 12 号岔心 | 10 号岔心 | 86.146 | 60.000 | 146.146 | 5 ÷ 1/12 = 60 |
| Ⅱ道信号机 | 10 号岔心 | 86.146 | 82.502 | 168.648 | 平齐绝缘缝 |
| 10 位道岔警冲标 | 10 号岔心 | 86.146 | 78.502 | 164.648 | 绝缘缝外 4m |
| 1 道信号机 | 12 号岔心 | 146.146 | 16.853 | 162.999 | 平齐基本轨接缝 |
| 16 号岔心 | 14 号岔心 | -16.927 | 404.405 | 387.478 | 见图 6-25 计算 |
| 14 位岔后曲线交点 | 14 号岔心 | -16.927 | 180.006 | 163.079 | 见图 6-25 计算 |
| 16 位岔后曲线交点 | 14 位岔后曲线交点 | 163.079 | 89.400 | 252.479 | 见图 6-25 计算 |
| 16 位道岔警冲标 | 16 号岔心 | 387.478 | -36.11 | 351.368 | 2/tan(α/2) = 36.11 |

②下行到达端。

1 道：出站信号机设于 1、Ⅱ道之间，线间距 5m，Ⅱ道通行超限货物列车，连接曲线半径 400m，查表得 $l_x = 80.4$m，$l_j = 49.7$m。布置如图 6-30 所示。

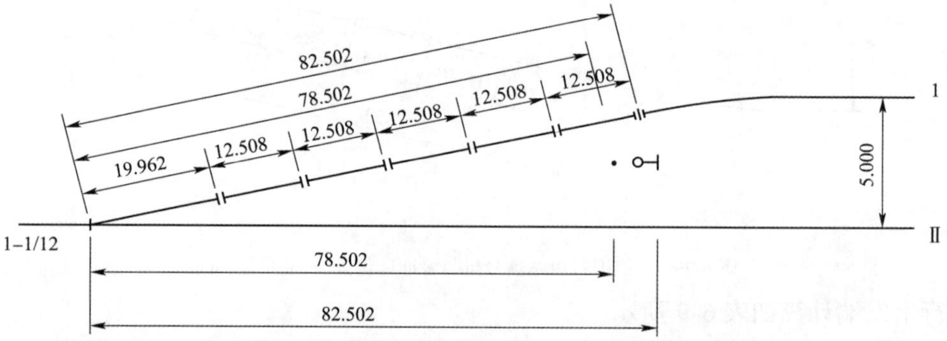


图 6-30 1 道上行出站信号机与警冲标位置(尺寸单位：m)

Ⅱ道：出站信号机设于Ⅱ道、3 道之间，线间距 7.5m，两线均通行超限货物列车，$l_x = 63.3$m，$l_j = 48.1$m。布置如图 6-31 所示。

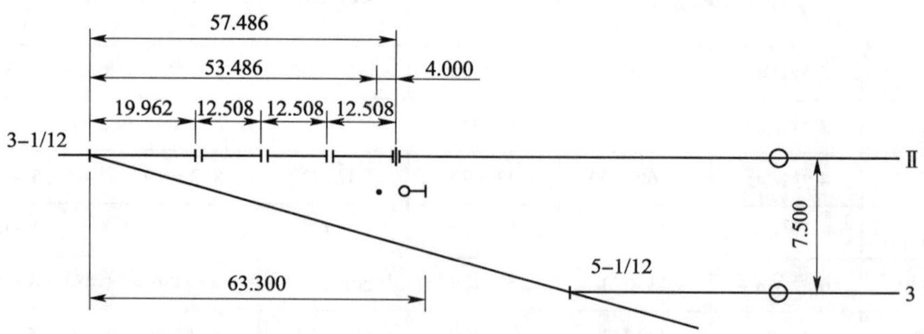


图 6-31 Ⅱ道上行出站信号机与警冲标位置(尺寸单位：m)

3 道：出站信号机设于 3、4 道之间，线间距 5m，3 道通行超限货物列车，连接曲线半径 400m，查表得：$l_x = 80.4$m，$l_j = 49.7$m。布置如图 6-32 所示。

4 道：出站信号机设于 4 道左侧，警冲标内方。布置如图 6-33 所示。

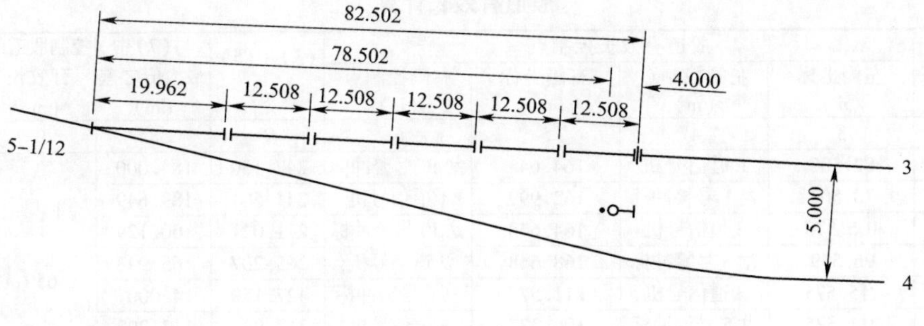


图 6-32　3 道上行出站信号机与警冲标位置（尺寸单位：m）

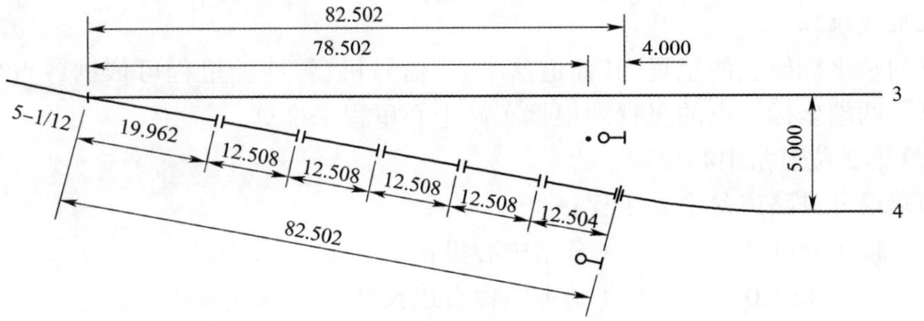


图 6-33　4 道上行出站信号机与警冲标位置（尺寸单位：m）

上行出发端坐标计算如表 6-10 所示。

**上行出发端坐标计算**（m）　　表 6-10

| 计算点 | 计算基点坐标 $X$（m） | | $\Delta x$（m） | 计算点坐标 $X+\Delta x$ | 说　明 |
|---|---|---|---|---|---|
| 3 号岔心 | 1 号岔心 | 0 | 43.073 | 43.073 | 1 号岔心为坐标原点<br>16.853 + 19.962 + 6.25 + 0.008 = 43.073 |
| 1 位道岔警冲标 | 1 号岔心 | 0 | 78.502 | 78.502 | 警冲标距离绝缘缝 4m |
| 1 道信号机 | 1 号岔心 | 0 | 82.502 | 82.502 | 平齐绝缘缝，$82.502 > l_x = 80.4$ |
| 1 位岔后曲线交点 | 1 号岔心 | 0 | 60.000 | 60.000 | $5 \div 1/12 = 60$ |
| 5 号岔心 | 3 号岔心 | 43.073 | 90.000 | 133.073 | $7.5 \div 1/12 = 90$ |
| 3 位道岔警冲标 | 3 号岔心 | 43.073 | 53.486 | 96.559 | 警冲标距离绝缘缝 4m |
| Ⅱ道信号机 | 3 号岔心 | 43.073 | 63.300 | 106.373 | 63.3 与 $l_x$ 一致 |
| 5 位道岔警冲标 | 5 号岔心 | 133.073 | 78.502 | 211.575 | 警冲标距离绝缘缝 4m |
| 3 道信号机 | 5 号岔心 | 133.073 | 82.502 | 215.575 | 平齐绝缘缝，$82.502 > l_x$ |
| 4 道信号机 | 5 号岔心 | 133.073 | 82.502 | 215.575 | 平齐绝缘缝 |

3. 股道有效长计算

各股道上下行的股道有效长是不同的，确定的方法是：首先找出各股道方向中有效长控制点的双向坐标之和最大的方向，该方向的股道有效长取标准的到发线有效长，然后以此确定其他各方向的股道有效长。由于各股道有效长控制点的坐标都是以车站两端的共同点（两端最外侧道岔的道岔中心）作为坐标原点的，因此，各方向有效长控制点的坐标和与此标准股道的坐标和的差，加上标准的到发线有效长即为各股道有效长（表 6-11）。

**股道有效长计算** 表 6-11

| 股道编号 | 运行方向 | 股道有效长控制点 | | | | (3)+(5) (m) | 与(7)中最大值之差 (m) | 控制股道的有效长 (m) | 各股道有效长 (m) |
|---|---|---|---|---|---|---|---|---|---|
| | | 左侧坐标 (m) | 左侧控制点 (m) | 右侧坐标 (m) | 右侧控制点 (m) | | | | |
| 1 | 2 | 3 | 4 | 5 | 6 | 7 | 8 | 9 | 10 |
| 1 | 上行 | 82.502 | 1 道信号机 | 164.648 | 岔 10 号警冲标 | 247.150 | 184.000 | 650 | 834.000 |
| | 下行 | 78.502 | 岔 1 号警冲标 | 162.999 | 1 道信号机 | 241.501 | 189.649 | | 839.649 |
| Ⅱ | 上行 | 106.373 | 3 道信号机 | 164.648 | 岔 10 号警冲标 | 271.021 | 160.129 | | 810.129 |
| | 下行 | 96.559 | 岔 3 号警冲标 | 168.648 | 2 道信号机 | 265.207 | 165.943 | | 815.943 |
| 3 | 上行 | 215.575 | 3 道信号机 | 211.575 | 岔 8 号警冲标 | 427.150 | 4.000 | | 654.000 |
| | 下行 | 211.575 | 岔 5 号警冲标 | 106.373 | 3 道信号机 | 317.948 | 113.202 | | 763.202 |
| 4 | 上行 | 215.575 | 4 道信号机 | 211.575 | 岔 8 号警冲标 | 427.150 | 4 | | 654.000 |
| | 下行 | 215.575 | 岔 5 号警冲标 | 215.575 | 4 道信号机 | 431.150 | 0 | | 650.000 |

4. 各点里程推算

先推算两端坐标原点的里程，其他道岔中心、信号机、警冲标里程可依据各点坐标及此原点里程推算。两端坐标原点的里程须根据车站中心里程来推算。

(1)推算第 2 位道岔中心里程。

车站两端最外进路道岔中心里程：

| | |
|---|---|
| 12 + 000.0 | (车站中心里程) |
| 130.0 | (基本站台右边长度) |
| 22.527 | (设计的基本站台端到 16 号岔心间距离，设计值) |
| +387.478 | (16 号岔心坐标) |
| DK12 +540.05 | (2 号岔心里程) |

(2)推算第 1 位道岔中心里程。

另一端的第 1 位道岔中心里程是根据第 2 位道岔中心里程推算。

| | |
|---|---|
| DK12 +540.005 | (2 号岔心里程) |
| −215.575 | (4 道下行有效长为650m，取4 道下行出站信号机坐标来计算) |
| DK12 +324.430 | (4 道下行出站信号机里程) |
| −650.00 | |
| DK11 +674.430 | (4 道下行警冲标里程) |
| −215.575 | (4 道下行警冲标坐标) |
| DK11 +458.855 | (1 号岔心里程) |

根据这两个坐标原点可以推算进站信号机的里程。第 2 位道岔中心里程 DK12 +540.005。该端进站信号机，由于调查作业的需要，移到最外道岔中心外 200m 处，里程 DK12 +740.005，距第 2 位道岔尖轨尖端 200 − (16.853 − 2.65) = 185.797m。16.853 系 12 号道岔的前长，2.65m 为轨缝至尖轨尖端的距离；第 1 位道岔该端的进站信号机，外移设于 DK11 +250 处，距第 1 位道岔尖轨尖端 458.855 − 250 − (16.853 − 2.65) = 194.652m。

5. 铺轨、铺岔等工程数量计算

铺轨长度是股道全长减去道岔所占长度。股道全长是指股道两端道岔基本轨接缝间的长度，如附图所示。列表计算结果如下所列。

(1)股道长度计算。

**1 道**

道岔前长 $a = 16.853$，12 号岔中心坐标：146.146，岔后连接曲线半径 $R = 400$m；

1 号道岔后曲线长 $L=33.256$，切线长 $T=16.638$，$\alpha=4°45'49''$，曲线交点坐标：60

直线段长度(1 号道岔后曲线 YZ 点到 12 号岔中心间距离)：$1081.150-60-146.146-T=858.366$

1 道全长计算：$a+5/\sin(\alpha)-T+L+858.366+5/\sin(\alpha)+a=1029.107$

1 道铺轨长：$1029.107-3L_q-L_q'=889.814$(其中 $L_q=36.815$，$L_q'=28.848$)

**3 道**

5 号岔心坐标：133.073

8 号岔心坐标：133.073

5 号岔心到 8 号岔心距离：$1081.150-133.073-133.073=815.004$

3 道全长计算：$a+7.5/\sin(\alpha)+815.004+7.5/\sin(\alpha)+a=1029.335$

3 道铺轨长：$1029.335-4L_q=882.075$

**4 道**

5 号岔后曲线交点的坐标：5 号岔心坐标 $+5/\tan\alpha=133.073+60=193.073$

8 号岔后曲线交点的坐标：$133.073+60=193.073$

4 道直线段的长度：$1081.150-193.073-193.073-T-T=661.728$

4 道全长：$a+5/\sin(\alpha)-T+L+661.728+L+(5/\sin\alpha-T)+a=849.087$

4 道铺轨长：$849.087-2L_q'=791.391$

**5 道**

如图 6-25 所示：

$R_1=200$，$T_1=11.077$，$L_1=22.132$

$R_2=200$，$T_2=8.319$，$L_2=16.628$

16 号岔心坐标 387.478，道岔前长 $a_1=13.839$

14 号岔心坐标 $-16.927$，道岔前长 $a_2=16.853$

5 道直线段的长度：70m(设计值)

5 道全长：$a_1+15/\sin(6°20'25'')-T_1+L_1+70+15/\sin(4°45'49'')-T_2+L_2+a_2=436.510$

5 道铺轨长：$436.510-L_q-L_q'=370.847$

铺轨长度如表 6-12 所示。

**铺　轨　长　度**　　表 6-12

| 股道序号 | 起止道岔 | | | 全长 | 铺轨长度 | 备注 |
|---|---|---|---|---|---|---|
| | 起 | 经 | 止 | | | |
| 1 | 1 号 | 16 号、12 号 | 10 号 | 1029.11 | 889.81 | |
| 3 | 3 号 | 5 号、8 号 | 6 号 | 1029.34 | 882.08 | |
| 4 | 5 号 | — | 8 号 | 849.09 | 775.39 | |
| 5 | 16 号 | — | 14 号 | 436.51 | 370.85 | |
| 合　计 | | | | | 2918.13 | |

(2)道岔数量表(表 6-13)。

**道　岔　数　量**　　表 6-13

| 道岔种类与号数 | | 道岔编号 | 数量 | 备注 |
|---|---|---|---|---|
| 9 | 左开 | 16 号 | 1 组 | 43kg |
| | 右开 | — | | |
| 12 | 左开 | 1 号、2 号、4 号、5 号、6 号 | 5 组 | 50kg |
| | 右开 | 3 号、8 号、10 号、12 号、14 号 | 5 组 | |
| 合　计 | | | 11 组 | |

车站设计结果均展绘于图 6-34 中。

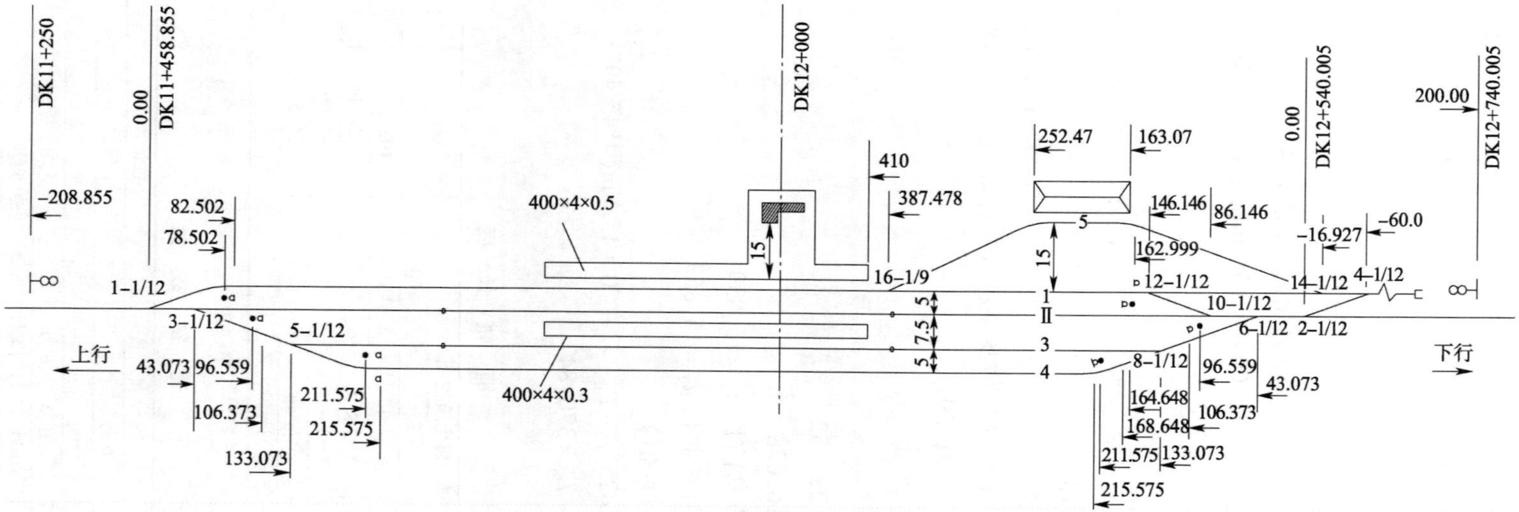


图 6-34　中间站设计结果

## 单元四　区段站、编组站与枢纽

区段站是铁路网上牵引区段的分界处,其主要任务是为邻接的铁路区段供应及整备机车或更换机车乘务组,并办理无改编中转货物列车规定的技术作业及一定数量的列车解编作业和客、货运业务。有设备条件时,还进行机车、车辆的检修业务。

### 一、区段站

(一)区段站作业

(1)客运业务:区段站客运业务与中间站基本相同,不过数量较大。

(2)货运业务:区段站货运业务与中间站大致相同,但作业量要大。在个别区段站上,还进行保温车的整备、冷藏车的加冰及牲畜车的供水作业。

(3)运转业务。

①与旅客列车有关的运转作业:主要办理通过旅客列车的接发作业。在客运量大的车站还办理旅客列车的终到、始发及个别车辆的甩挂作业。

②与货物列车有关的运转作业:主要办理无改编中转列车的接发和有关作业。如车列检查及货运检查,更换机车及乘务组,区段、摘挂、零挂列车的接发、解体、编组。

(4)机车业务。

主要有货物列车机车的更换和乘务组的换班、机车整备及检修作业。在采用循环交路的区段站上,机车不入段,机车在到发线上或其附近进行整备、检修作业。在采用长交路时,有的区段站不需要更换机车,仅更换机车乘务组或进行部分的整备作业。

(5)车辆业务。

主要办理列车的技术检查、车辆的检修(摘车修和不摘车修)业务。在少数设有车辆段的区段站上,还办理车辆的段修业务。

区段站在所办理的各类运转作业中,又以无改编中转列车为主,成为区段站行车组织工作的重要环节,也成为研究区段站通过能力的核心。

(二)区段站设备

(1)客运业务设备:主要有旅客站房、站前广场、旅客站台、雨棚、旅客跨线设备等。

(2)货运业务设备:主要有货场及其有关设备,如货物站台、仓库、货物堆放场、装卸线、存车线及装卸机械等。

(3)运转设备:

①与旅客列车有关的运转设备——主要指旅客列车到发线(当有始发和终到的旅客列车时,还有客车车底停留线)。

②与货物列车有关的运转设备——货物列车到发线、为改编列车用的调车场和牵出线、机车走行线及机待线等。

(4)机务段(或机务折返段):对于循环交路,在到发场及其附近,设机车整备设备;对于长交路轮乘制,设机车运用段或机务换乘点。

(5)车辆设备:主要指列车检修所、站修所,在大的区段站上还设有车辆段。

区段站除上述设备之外,还有通信、信号、给水、排水、照明等设备。

（三）区段站布置

区段站的布置主要是根据与车站通过能力直接有关的设备的相互位置来确定的，也就是根据正线、旅客列车到发线（场）及上、下行货物列车到发线（场）相互位置的不同而确定的。

区段站按布置图形分为横列式、纵列式和客货纵列式区段站。

横列式区段站是上、下行到发场平行布置在正线一侧，且到发场和调车场平行布置在正线一侧，单双线铁路均宜采用横列式布置，如图 6-35a）、b）所示。

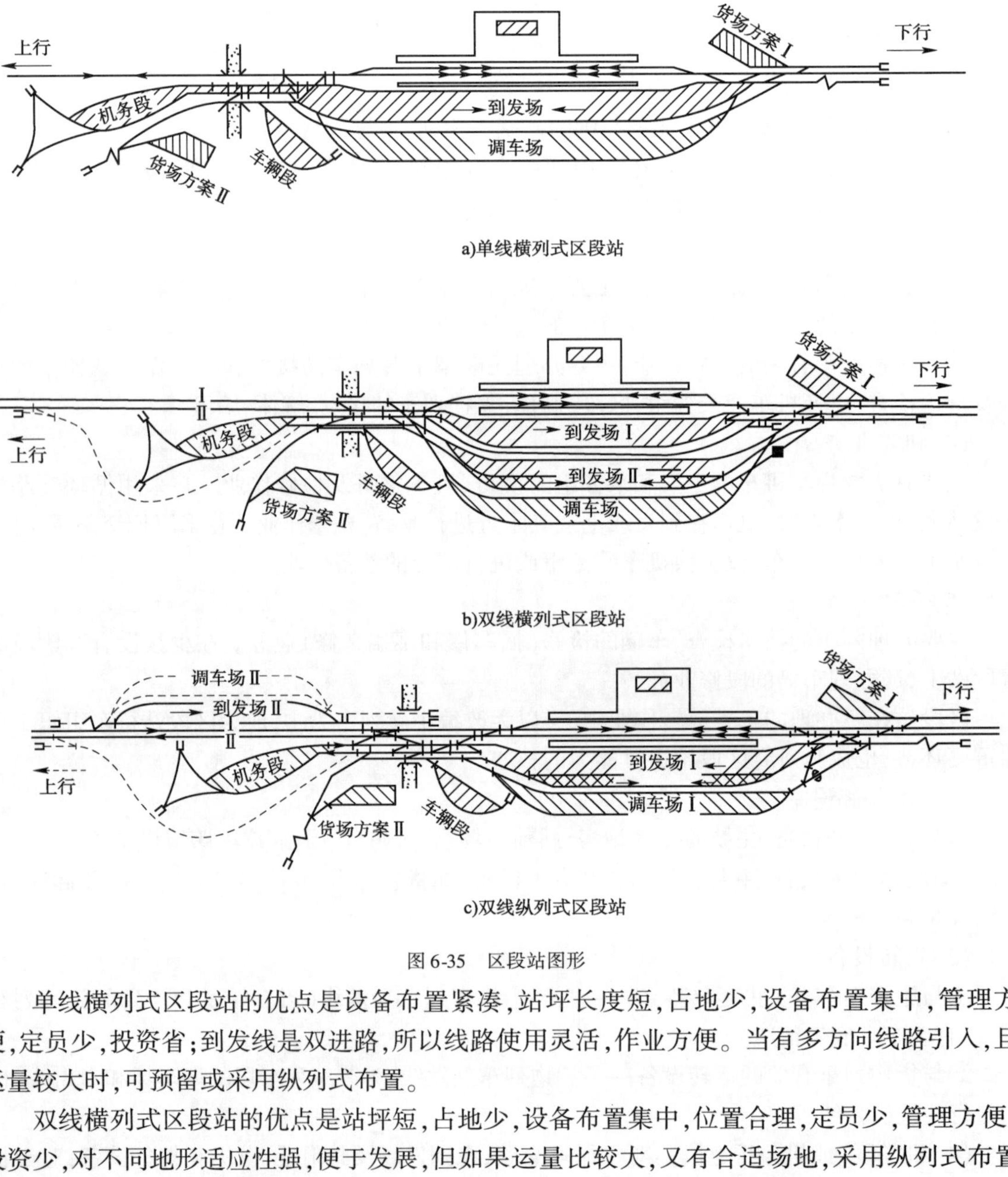


图 6-35　区段站图形

单线横列式区段站的优点是设备布置紧凑，站坪长度短，占地少，设备布置集中，管理方便，定员少，投资省；到发线是双进路，所以线路使用灵活，作业方便。当有多方向线路引入，且运量较大时，可预留或采用纵列式布置。

双线横列式区段站的优点是站坪短，占地少，设备布置集中，位置合理，定员少，管理方便，投资少，对不同地形适应性强，便于发展，但如果运量比较大，又有合适场地，采用纵列式布置比较有利。

纵列式区段站是上、下行到发场分设在正线两侧，并逆运行方向全部错移，在其中一个到发场一侧，设一个双方向共用的调车场，如图 6-35c）所示。纵列式区段站的优点是，作业上的交叉干扰较横列式少；机车出入段走行距离短；当机车采用循环运转制时，到发线上的整备设备比较集中；对站舍同侧的支线或工业企业线的接轨也比较方便。它的缺点是，站坪长度长、占地多、设备分散、投资大、定员较多、管理不便、一个方向货物列车的机车出入段要横切正线。因此，一般只有在采用循环交路时，才采用这种图形，以便充分发挥其优越性。

客货纵列式区段站是指客运运转设备（主要指旅客列车到发场）与货运运转设备（主要指货物列车到发场）纵向配列，其优缺点与纵列式图形大致相同。

（四）区段站咽喉区

从车站两端最外方道岔的基本轨接缝（或警冲标）处，分别至到发场最内方信号机（或警冲标）的范围叫车站咽喉区，如图6-36所示。车站咽喉区是道岔和作业集中的地区，往往是车站通过能力的薄弱环节。

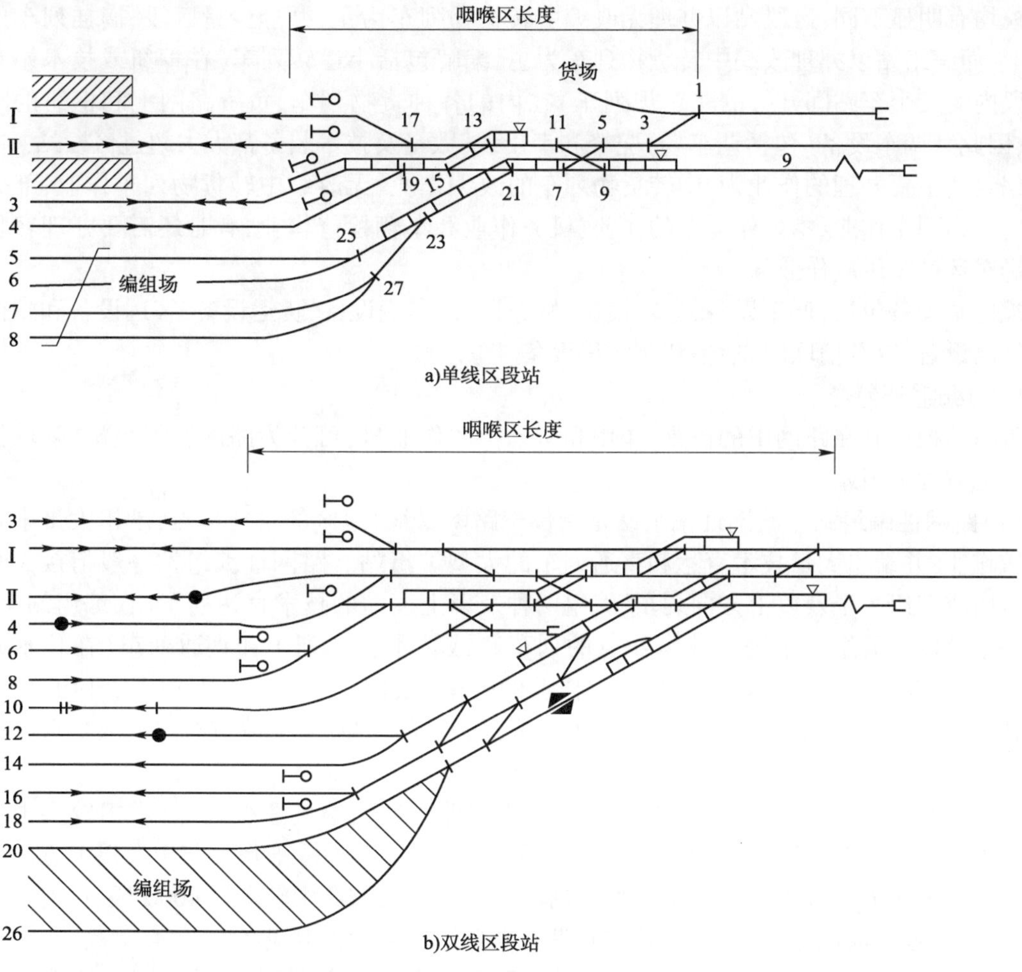


图6-36　区段站咽喉区布置及平行作业图

咽喉区的布置，应满足通过能力，保证作业的安全，创造良好的运营条件，节省工程费用，并考虑到未来的发展。其一般设计要求是：

（1）咽喉区必须设置一定数量的平行进路，以保证必要的平行作业。在车站咽喉区办理行车和调车作业的运行径路叫作业进路，简称进路。两项作业可以同时办理而互不妨碍的两条进路，叫平行进路。

（2）保证作业的机动性和灵活性。各到发场应具有反向接发列车的条件；调车场的部分线路应连通正线，以便必要时从调车场直接发车；改编作业量大的车站，到发场的部分线路应有列车到发与调车转线的平行作业。

(3)尽量减少进路交叉，特别应避免到达进路交叉。

(4)尽量缩短咽喉区的长度和铺设的道岔数，特别是正线上的道岔数。

(5)尽量使各条线路的有效长相差不大。

## 二、编组站

编组站是在铁路网上办理货物列车解体、编组作业，并为此设有比较完善的调车设备的车站。如果仅从技术作业上看，编组站和区段站都是技术站，都要办理列车的接发、解编，机车的供应或换挂，列车的技术检查及车辆的检修等，但编组站和区段站的作业数量、性质、设备种类和规模均有明显不同：区段站以办理无改编中转货物列车为主，办理少量区段、摘挂列车的改编作业，而编组站以办理改编中转货物列车为主，编解包括小运转列车（在枢纽或技术站和邻接区段内的几个车站间开行的非正规列车）在内的各种货物列车，负责路网上和枢纽的车流组织，因此其调车设备（包括调车场）驼峰和牵出线，数量及技术装备都大大超过区段站。

编组站主要办理的作业为：中转货物列车的改编作业、无改编中转货物列车作业、部分改编中转货物列车作业、本站作业车的作业、机务作业和车辆检修作业，有时还需要办理客货运作业和军运列车供应作业。

编组站设备包括：调车设备、运转设备、机务设备、车辆设备、货运设备、客运设备和站内外连接线路设备，以及信联闭、通信和照明等设备。

（一）编组站分类

编组站根据其在路网中的位置、作用和所承担的作业量，可分为路网性编组站、区域性编组站和地方性编组站。

(1)路网性编组站。路网性编组站是指位于路网、枢纽地区的重要地点，承担大量中转车流改编作业，并编组大量技术直达和直通列车的大型编组站。路网性编组站一般衔接3个及以上方向或编组3个及以上方向列车，编组两种及以上去向的技术直达列车（在编组站编组，通过一个及以上编组站不进行改编作业的列车），或技术直达列车和直通列车（在技术站编组，通过一个及其以上区段站不进行改编作业的列车）去向之和达六个及以上，日均出、入有调中转车达6000辆以上，设有单、双向纵列式或混合式的站场，其驼峰设有自动或半自动控制设备。

(2)区域性编组站。区域性编组站是指位于铁路干线交会的重要地点，承担较多中转车流改编作业，编组较多的直通和技术直达列车的大中型编组站，一般衔接三个及以上方向或编组三个及以上去向的技术直达列车和直通列车，日均出、入有调中转车达4000辆，设有单向混合式、纵列式或双向混合式的站场，其驼峰设有半自动或自动控制设备。

(3)地方性编组站。地方性编组站是指位于铁路干支线交会点、铁路枢纽地区或大宗车流集散的港口、工业区，承担中转、地方车流改编作业的中小型编组站。地方性编组站一般编组两个及以上去向的直通和技术直达列车，日均出、入有调中转车达2500辆左右，设有单向混合式、横列式布置的站场，其驼峰设有半自动或其他控制设备。

路网上的大枢纽若设置两个或更多编组站时，根据作业分工和作业量，可分为主要编组站和辅助编组站两类。

(1)主要编组站：主要担当路网上中转车流的改变任务，以解编直达、直通列车为主。

(2)辅助编组站:协助主要编组站作业,以解编地区小运转车流为主,个别情况也编组少量直达列车。

(二)编组站布置

编组站的布置应考虑的问题包括:该站在路网中的位置、衔接的线路、运量及车流性质、城市规划要求及工程条件。

编组站布置图形分为单向和双向两类(单向和双向是指编组站驼峰分解方向)。凡上、下行改编车流共用一套调车设备完成解编作业的编组站图形,称为单向布置图;凡设有两套调车设备分别承担上、下行改编车流解编作业的编组站图形,称为双向布置图。一般两个调车驼峰应彼此相对设置。

按车场相互排列位置的不同,编组站图形也可分为横列式、纵列式和混合式三种。上、下行到发场与调车场并列配置的称为横列式布置图;所有主要车场顺序排列的称为纵列式布置图;部分主要车场纵列、另一部分车场横列的称为混合式布置图。

编组站图形可用"几级几场"称谓。"级"是指在车站中轴线上纵向排列的车场数;"场"是车场,即全站主要车场的总数。图6-37为单向一级三场横列式编组站布置图,即上、下行到发场并列在共用调车场的两侧,仅设一套调车设备。

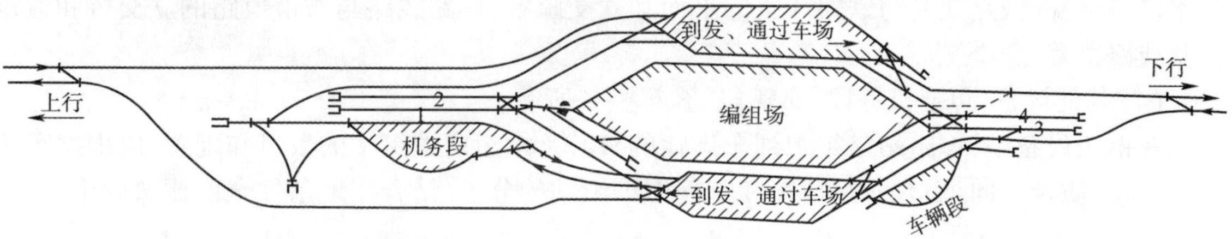


图6-37　为单向一级三场横列式编组站布置图

(三)驼峰

驼峰是一种利用高差产生的位能,使车辆自峰顶自动溜放到各调车线的预定位置的设备(图6-38)。驼峰的范围是指峰前到达场(不设峰前到达场时为牵出线)与调车场头部之间的线路,包括:推送部分、溜放部分和峰顶平台。

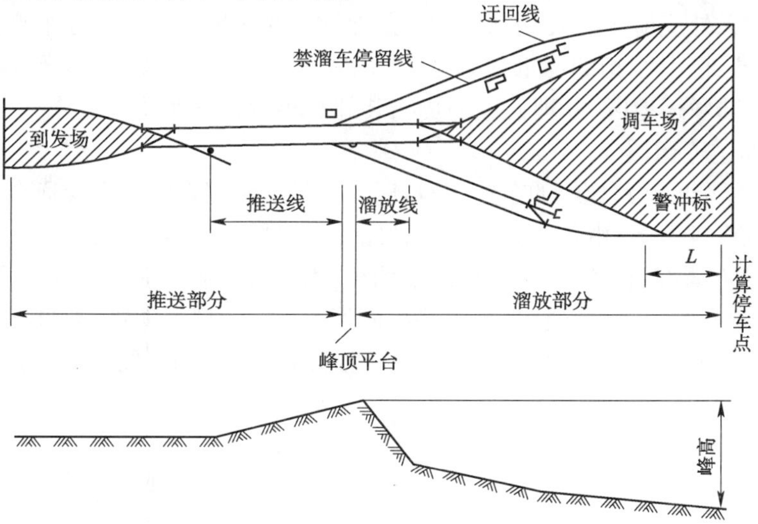


图6-38　驼峰各组成部分示意图

利用驼峰进行车辆解体的作业包括：推送、溜放、减速停车。

目前，国内广泛采用重力式或压力式钳形减速器，以及车辆加减速顶等调速设备，以计算机自动控制车辆溜放速度，大大提高了车辆解编速度，使驼峰调车场能力充分利用。

## 三、枢纽

铁路枢纽在铁路网的交汇点或终端地区，由各种铁路线路、专业车站以及其他为运输服务的有关设备组成的总体。它使得几条铁路干线相互衔接和交叉，客货流可以从一条铁路转运到各接轨铁路。除需完成枢纽内各种车站各自的作业外，还进行货物列车各方向之间的无改编列车和改编列车的转线，以及枢纽内车流交换的小运转列车的作业。在旅客运转方面，须完成直通、管内和市郊旅客列车的作业。

（一）铁路枢纽设备

在铁路枢纽内，一般具有下列设备。

（1）铁路线路：包括引入线路、联络线、环线、工业企业专用线等。

（2）车站：包括客运站、货运站、编组站、工业站、港湾站等。

（3）疏解设备：解决多条线路相互交叉、汇合、分歧所采取使交叉化解，提高安全及能力的技术设备，包括铁路线路与铁路线路的平面和立交疏解、铁路线路与城市道路的立交桥和道口以及线路所等。

（4）其他设备：包括机务段、车辆段、客车整备所等。

在枢纽设备中，编组站是组织列车运输的核心。枢纽内编组站的数目和配置，应根据车流量、车流性质及方向、引入线路情况和路网中编组站的分工，结合当地条件全面比选确定。

（二）铁路枢纽分类

铁路枢纽按其在铁路网上的地位和作用可分为：路网性枢纽、区域性枢纽和地方性枢纽。

（1）路网性枢纽：其承担的客、货运量和车流组织任务涉及整个铁路网，一般位于几条铁路干线交叉或衔接的大城市，办理大量的跨局通过车流和地方车流，设有较多的专业车站，设备的规模和能力都很大。

（2）区域性枢纽：其承担的客、货运量和车流组织主要为一定的区域范围服务，一般位于干线和支线的交叉处或衔接的大、中型城市，办理管内的通过车流和地方车流，设备规模不大。

（3）地方性枢纽：其承担的运量和车流组织主要为某一工业区等地方作业服务，一般位于大工业企业和水陆联运地区，办理大量的货物装卸和小运转作业。

（三）铁路枢纽的布置

常采用的较复杂的铁路枢纽的布置图有环形、半环形和混合式。大交通会合点的大型铁路枢纽一般采用环形、半环形，由各个方向引入铁路线，通过环线或半环线把各个方向铁路连接沟通，而各种车站或布置在引入线上或在环线上均可，为连接工矿企业和市区可通过尽头线实现；中、小型铁路枢纽常采用一站枢纽（各个铁路方向均引入一个联合车站，兼办客、货、改编作业），但其通过能力很小；而布置成三角形、顺列式、并列式、十字形等布置图可提高通过能力。

## 习题

### 一、简答题

1. 会让站与越行站的主要区别是什么？

2. 简述需要设置安全线的地点。

3. 绘出具有两条到发线的会让站布置图,并标出各股道的有效长。

4. 为什么有轨道电路时,要考虑警冲标和信号机的相互位置?

**二、识图题**

请在下图中间站的布置图中标注:(1)各股道编号;(2)正线和到发线出站信号机和警冲标的位置;(3)3 道的有效长(下行)和 1 道的有效长(上行);(4)指出出站信号机和警冲标位置设置的相关因素。

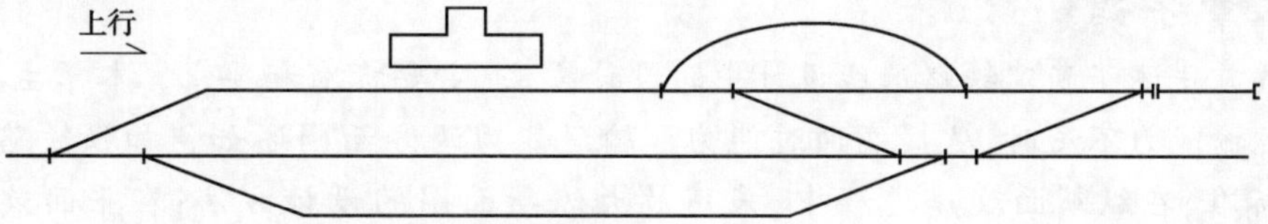


图 6-39 中间站布置图(识图题附图)

# 第七章　既有线改建与增建复线设计

## 本章导读

前面各章讲述了新建铁路选线设计中的设计方法、主要标准和要求。本章主要针对既有铁路出现运输能力不足时,从提高通过能力和输送能力两方面阐述如何加强铁路;为提高既有线技术标准,在纵断面改建过程中,采用放大纵断面图的设计方法;在平面改建设计中,采用坐标法整正平面曲线的方法。增建第二线平、纵、横断面设计有自身的特点,学习时应注意比较。

本章包括的内容有改善行车组织、提高机车牵引力、改善信联闭装置、改建工程等方面提高既有铁路能力的措施;既有线放大纵断面设计,坐标法进行曲线整正,横断面改建的类型;第二线平纵横断面设计;修建三四线及分流线的基本形式。

## 学习目标

掌握既有铁路改建设计的一般方法。

## 学习重点

1. 提高铁路通过能力和牵引质量的措施;
2. 放大纵断面设计的方法;
3. 增建第二线的设计方法。

## 学习难点

坐标法进行曲线整正的方法。

## 单元一　既有铁路能力加强

随着国民经济的不断发展和人民生活水平的日益提高,对铁路运输的要求必将日益增长。既有铁路的技术装备和运输能力,往往不能适应铁路现代化和运量增长的要求,需要进行技术改造以加强铁路运输能力。

铁路运输能力由通过能力 $N$ 和牵引质量 $G$ 决定。因此,既有线运输能力加强应先从提高通过能力和牵引质量两方面着手,必要时通过改建工程设施加以加强。

### 一、运输组织措施

行车组织措施基本上不增加设备、不改建工程,而是采用特殊的行车方式,发挥既有铁路潜力，以提高通过与输送能力，通常作为既有线改建前适应运量增长的过渡措施。

（一）缩短控制区间的运行图周期

编制列车运行图时，使进入控制区间为上坡方向的列车不停车通过坡下车站，以提高其行车速度，缩短走行时分。

当技术作业站相邻区间为控制区间时，若因技术作业增加了车站作业时间，可采用移动列车运行线的办法，缩短控制区间的运行图周期。

（二）单线区段采用特殊运行图

1. 不成对运行图

当上、下行行车量不均衡时，可编制不成对运行图。如图7-1所示，使重车方向加开列车，采用连发或追踪方式运行，轻车方向多余的列车附挂在回程列车上折返。不成对运行图的通过与输送能力，应重车、轻车方向分别计算。

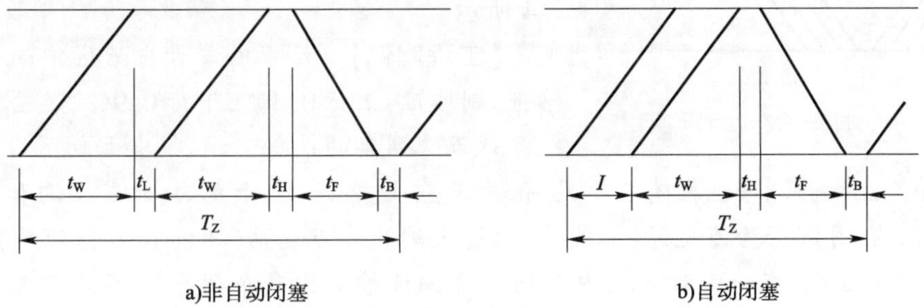


图7-1　不成对运行图

2. 追踪或部分追踪运行图

在单线自动闭塞区段上，当中间车站的到发线数目较多，能够组织双方向追踪列车在车站上交会和越行时，可采用两列（或几列）列车连续发车的追踪或部分追踪运行图，如图7-2所示。追踪运行图虽然可以提高通过能力，但需增加车站站线数量，列车交会停站时间长，区段速度会降低。为了缓和上述缺点，实际上多采用部分追踪运行图，如图7-2b）所示。

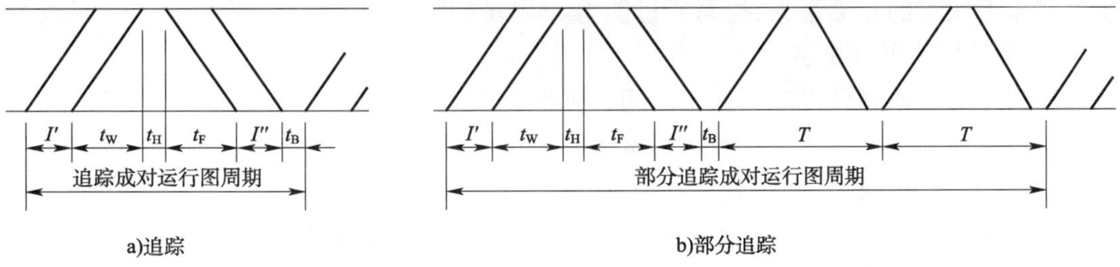


图7-2　追踪与部分追踪运行图

3. 加强通过能力的临时措施

（1）开行续行列车。即在非自动闭塞区段，不待前行列车到达前方车站，即以一定的时间间隔向区间发出同向列车，如图7-2a）所示。为保证安全，一般规定续行列车前后发车间隔时间不小于10min，后行列车的运行速度不得超过前行列车。

（2）在双线区段组织反方向发车。通常用于调整列车运行。在上下行列车量不平衡，且行车量较大的方向的通过能力不足而反方向能力又有富余时，在短期内也可以规定行车量较大方向的部分列车经由反方向正向运行，如图7-3所示。但旅客列车仅在正方向区间的线路封锁施工、发生自然灾害或因事故中断行车等特殊情况下，经铁路局调度所值班主任准许，方可反方向运行。

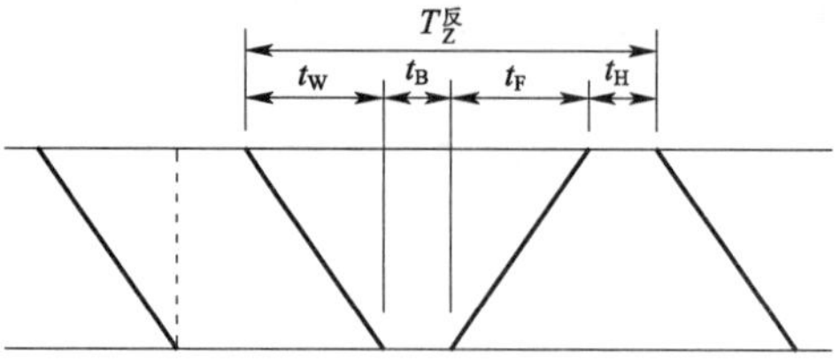


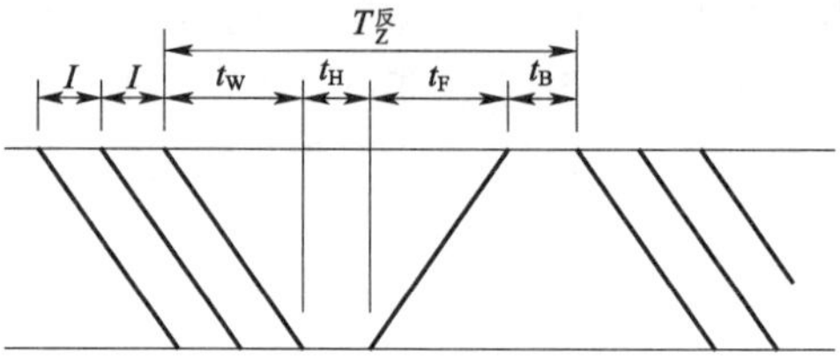


图 7-3　双线区段组织反向发车

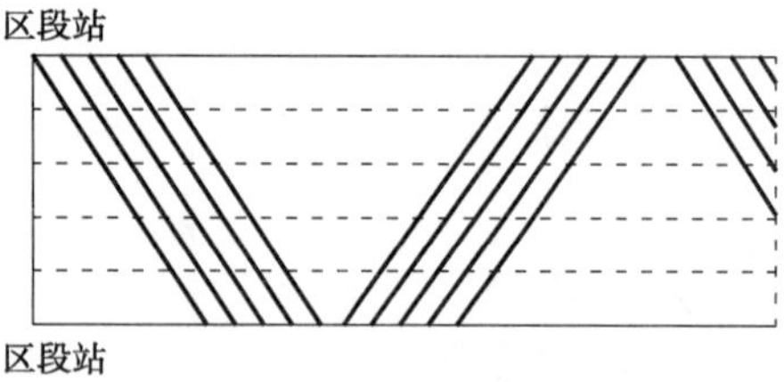


图 7-4　钟摆式列车运行图

(3)组织钟摆式运行。即在一昼夜的一段时间完全开行上行列车,而在另一段时间完全开行下行列车,依次交替,既能追踪运行,又不必在中间站会车,如图 7-4 所示。

**【工程案例】** 位于内蒙古自治区中南部的大准铁路,限制坡度:上行 0.4%,下行 0.9%,是全国第一条单线开行万吨列车的铁路,采取集中上或下的钟摆式运行方式。例如燕庄—丹洲营区段有 5 个站,依次是燕庄、黍地沟、十九沟、北黄土沟和丹洲营。其中燕庄、十九沟、丹洲营为万吨站,黍地沟、北黄土沟为非万吨站(不能作为会让站)。采用“钟摆式”连续发车方式(在一定时间段内向同一方向连续发出多个列车),不必考虑在这 5 个站的会让,等第一列燕庄站开车到达黍地沟站后,就可以续发第二列车,依次可将 5 列下行联发出去。反之上行丹洲营站开车到达北黄土沟站后可同样操作。增加列车的行车密度及大大提高了万吨列车的运行速度。

(三)减少旅客列车扣除系数

编制列车运行图时,若能使多数车站都要停车的普通旅客列车按货物列车运行线铺画,则可减少这些旅客列车的扣除系数,使线路通过能力有所提高。若能使旅客快车集中发车,也可减少这些旅客快车的扣除系数,提高通过能力。

(四)提高列车运行速度

提高列车运行速度可以减少列车占用各项铁路设备的时间,从而提高铁路通过能力。提高列车运行速度涉及众多的技术经济因素,是个复杂的技术经济问题。

(五)采用动能闯坡、补机推送

当一个地区内有个别陡而短的坡段限制了全区段的牵引质量时,可采取适当行车措施。如使列车在陡坡前的车站不停车通过,以提高陡坡前的列车速度和爬坡时的机车牵引力,使机车能牵引较重的列车,利用列车在爬坡前积蓄的动能闯过陡坡,从而能提高全区段的牵引质量,这就是动能闯坡。采用动能闯坡时,通常应使列车到达坡顶的速度不低于机车计算速度,并据此确定动能闯坡的牵引质量。必要时,允许将坡顶速度适当降低,但一般不宜小于 15 ~ 20km/h。

若区段内个别位于车站附近的陡坡,限制牵引质量且利用动能不能闯上坡顶时,可采用补机推送办法,以提高牵引质量和行车速度。补机挂在列车尾部,可推送到下一站,然后附挂在对向列车上,折回补机站;亦可将列车推送到陡坡坡顶,在区间摘钩折返。补机推送可在单线区段和非自动闭塞的双线区段采用。如图 7-5 为单线区间补机推送运行图,其中 a)图为补机在全区间推送,b)、c)图为补机在区间摘钩折返。

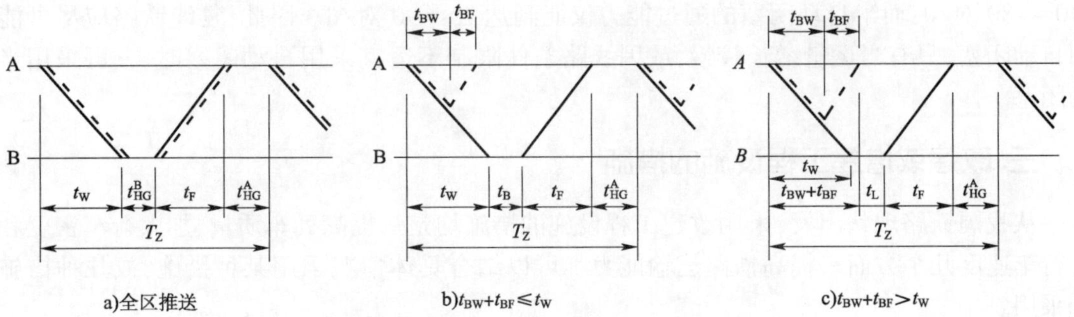


图 7-5　单线补机推送运行图

（六）开行组合列车，发展重载运输

两列货车连挂运行，在运行图上仅占用一条列车运行线，而牵引质量加倍，故可达到提高输送能力的目的。开行组合列车，应将起讫车站（区段站或编组站）一股到发线的有效长度加长一倍，供组合列车出发和到达，一般车站不需延长站线，普通列车在侧线待避，组合列车在正线通过。区段内少数车站可将一股到发线延长，供旅客列车与组合列车交会和越行时，组合列车停站之用；单线区段还可以利用延长的站线进行双方向组合列车的交会。

## 二、改善牵引动力与信联闭装置的措施

（一）增大牵引功率的措施

增大牵引功率不但可以提高牵引质量，并可以提高运行速度，增大通过能力。牵引质量提高后，车站到发线有线长度要相应加长。

1. 多机牵引

在一个区段内，有连续几个区间为持续陡坡，限制牵引质量时，可考虑在持续陡坡的路段内，采用多机牵引。这样，全区段的牵引质量即可根据单机牵引路段的较缓坡度来决定，从而使全区段的牵引质量提高。多机牵引路段，因牵引力往往有富余，可以使行车速度提高。若加力牵引路段又是原来的控制区间，则全区段的通过能力也可相应的提高。

多机牵引的起点站或终点站应设置补机的整备设备，有可能时宜将有机务设备的车站作为多机牵引的起讫站。多机牵引路段的车站到发线有效长度，应较规定的有效长度增加机车的长度。

2. 采用大功率机车

在全线或个别区段采用功率较大的机车，既能提高牵引质量，又可提高列车运行速度，缩短控制区间的运行图周期，从而可提高线路的通过能力。采用大功率机车的效果和采用多机牵引相比，除能达到同样的目的外，且可获得节省机车台数和机车乘务组数量的效果。

（二）改换信联闭设备

采用较完善的信号、联锁、闭塞装置，可使列车在车站上交会、越行的作业时间缩短，从而提高通过能力。车站作业间隔时间缩短后，区段速度也相应提高，同时也可加速机车车辆周转，降低运输成本。

单线铁路采用调度集中半自动闭塞，可提高通过能力 15% 左右。单线铁路单纯采用自动闭塞，提高通过能力约 25%；再安装调度集中并组织列车追踪运行时通过能力可提高 35% ~ 40%，但要相应增加车站到发线数量并使列车区段速度降低。

复线铁路采用自动闭塞，追踪列车间隔时分采用 8 ~ 10min，平行运行图的通过能力可达

140～180 对/d；而半自动闭塞的通过能力仅能到达 70～90 对/d。因此，复线铁路应尽可能采用自动闭塞，只有当运量增长较慢，或因线路条件限制不适宜采用自动闭塞时，方可采用半自动闭塞。

## 三、改建或增建工程设施的措施

从我国铁路现状出发，采用改建工程设施的措施均是从提高列车质量、加大行车密度和提高行车速度几个方面来提高铁路运输能力。可以结合具体情况采用某种措施，或几种措施配合采用。

### （一）增减车站

在既有单线铁路各区间通过能力不均衡的情况下，当少数控制区间的距离较长，且区间中段地形较平缓、设站不致引起巨大工程时，则可考虑在这些控制区间增设车站，以缩短行车时分，提高通过能力。一般既有铁路初期运量不大时，通常关闭部分车站，以提高列车运行速度；当运量增大，通过能力不能满足要求时，可以开放预留的车站。如西康铁路 2001 年 1 月开通运营当年，限制区段的平图能力利用率已达到 100%，需要开放原设计预留的车站。

增设车站这种措施，一般投资不多，而效果显著。但增设车站间的最短距离，应按两站办理行车闭塞所要求的作业时间计算确定，包括制动距离、司机确认信号距离。一般不宜短于 6km，如图 7-6 所示。当两站间列车走行时分不满足站间最小距离的要求时，则需要关闭一些仅办理列车会让、越行作业的会让站和越行站。

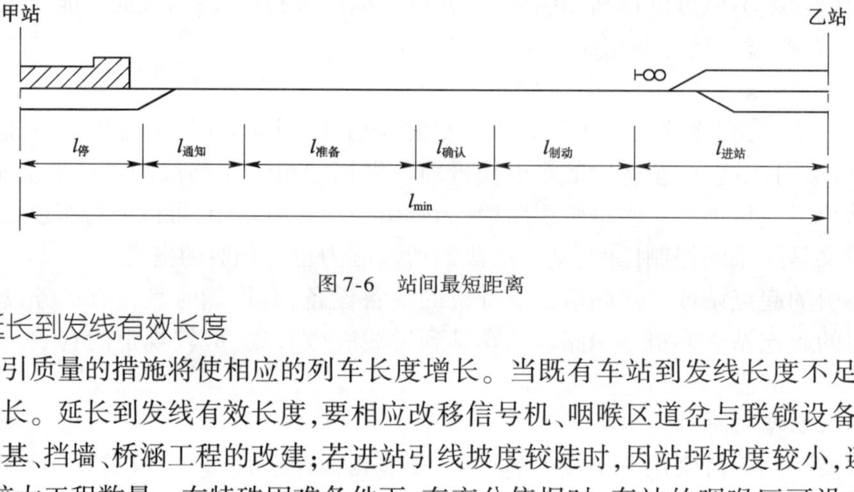


图 7-6　站间最短距离

### （二）延长到发线有效长度

提高牵引质量的措施将使相应的列车长度增长。当既有车站到发线长度不足时，应根据需要予以延长。延长到发线有效长度，要相应改移信号机、咽喉区道岔与联锁设备；还要引起延长地段路基、挡墙、桥涵工程的改建；若进站引线坡度较陡时，因站坪坡度较小，还可能引起展线，引起较大工程数量。在特殊困难条件下，有充分依据时，车站的咽喉区可设在不大于限制坡度或双机牵引坡度的坡道上（区段站不得大于 4‰，会让站、越行站和中间站不得大于 15‰。）；站坪正线的曲线半径和坡度可比新线标准降低，保留现状。

货物列车牵引质量提高后，还要延长有关编组站达到场、编组场、出发场的股道有效长度。编组站股道有效长度的延长，往往拆迁量大，工程艰巨。所以，应积极发展每延米载荷质量较高的大型货车和缩短型货车，以减缓延长站线有效长度的压力。

### （三）增建第二线及其过渡措施

增建第二线是提高铁路运输能力的最有效措施，但造价很高。在运量增长不快的既有线上，应采用分阶段逐期加强的措施，如向控制区间延长站线或在控制区间修建第二线，提高全区段的通过能力，最后再过渡到全线复线。这样，既可满足近期运量增长，节省了初期投资，又能在修建第二线时,充分利用初期增建的工程,不会造成废弃。

当既有线的控制区间不易增设车站时,可将车站站线向控制区间延长,缩短控制区间的运行图周期,以提高通过能力。图7-7为把控制区间的运行图周期缩短一个不同时到达间隔时分 $t_B$ 的延长线示意图。图中注出(10001)的虚线,系延长站线后10001次列车的运行线。根据移动后的10001次列车运行线(虚线)和10002次列车运行线,可根据新的半列车长对应的位置(水平虚线)初步确定延长站线的长度。

当控制区间为持续陡坡地段,增设车站与延长站线都比较困难,或者当向区间延长站线后,单线区间长度不足3km时,可在控制区间铺设第二线。控制区间铺设第二线后,可在此复线区间组织不停车交会,以提高通过能力,并可作为全线复线的一个过渡段。若此区间既有限坡较大、牵引质量受限时,可将既有线作为复线的下坡方向运行线,而第二线采用较缓的坡度作为复线的上坡方向运行线,这样既提高了通过能力,又提高了牵引质量,如图7-8所示。

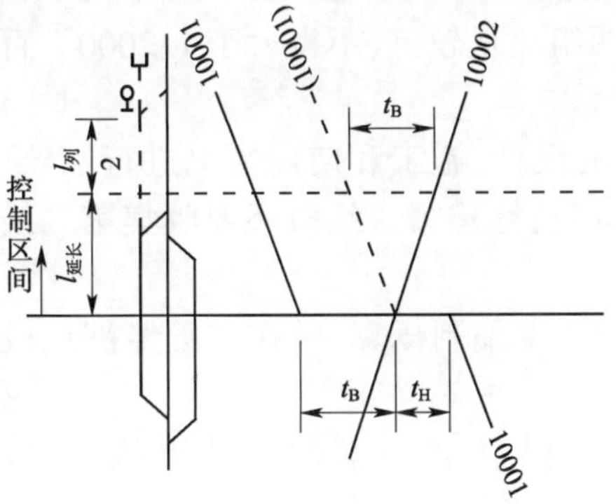


图7-7　控制区间延长站线

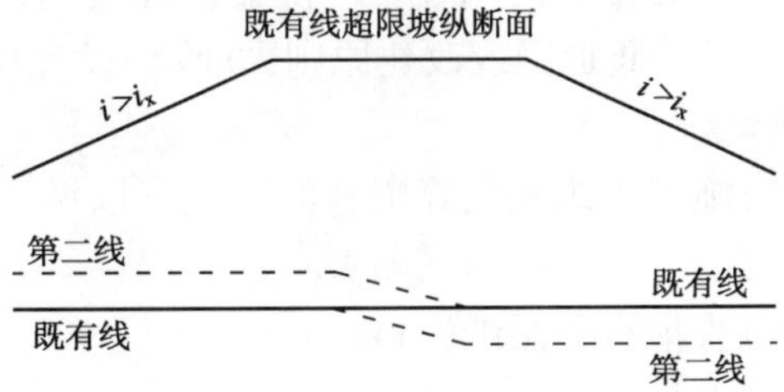


图7-8　超限坡地段修建第二线

当既有铁路的运量增长迅速,采用其他加强措施,只能将修建第二线的期限稍微推迟,为了减少频繁施工对正常运营的干扰,在全线一次修建第二线,往往是合理的。

(四)修建三线、四线、分流线

客货运输并重的双线铁路,绝对行车量可达120对/d左右。但是随着客货行车量的增大,例如当旅客列车行车量达到30~50对/d,双线的最有利行车量超过95~110对/d,将应考虑新建分流线或增建第三、四线。

## 单元二　既有线改建设计

既有线加强措施中,以既有线路土建工程改建为主的主要工作有:落坡和改善线路平面;延长站线,修建组织不停车交会的复线插入段等,涉及对既有线路平面、纵断面和横断面的改建。既有铁路的线路改建往往也与其他加强措施同时考虑。

既有线的改建设计,为了节约资金应尽量利用既有建筑物与设备,允许改建设计的标准较新建铁路的设计标准降低。改建施工时,必须保证正常运营和行车安全。

既有线改建设计的选线方面仅涉及改线地段和修建第二线绕行段,其重点是考虑既有线的设计特点:充分考虑并利用既有线路、大型建筑物及重要技术设备,因此,设计应在完善的既有线勘测资料基础上进行。改建前应做好如下工作。

(1)收集经济技术资料。首先进行经济调查,了解既有线的运营情况,取得客货运量与行车组织等经济和技术资料，以研究提高铁路能力的措施，提出分期加强的方案。

(2)进行工程地质的勘测。查明控制线路的不良地质及重点工程的地质条件，提出选定线路改建或绕行方案的意见(修建第二线时，还应包含第二线左右侧位置的意见)；提供桥、隧、路基各类工程设计所需的工程地质资料，以及砂、石等建筑材料的资料。

(3)线路测绘和调查。包括平面测绘、纵断面的测量、横断面的测绘、地形测绘和各种调查，这些是确定线路设计标准、研究线路改建方案和进行平纵面设计的基础。

既有线测量的第一步是纵向丈量(亦称百米标丈量)，定出既有线的公里标、百米标及加标，作为勘测设计和施工的里程依据。直线路段每100m设百米标，曲线路段每20m设加标。既有线丈量除了需要公里标及百米标外，还需要在车站中心、桥涵中心、桥台胸墙与后缘、隧道进出口、路基防护与加固工程起讫点、道口中心、路堤与路堑的最高最低点、地形突出变化点以及曲线起讫点前后各40~60m处设置曲起、曲终点等处设置加标，加标应记在专用记录本上。里程丈量应全线贯通，并与既有桥、隧、涵、车站等建筑物里程核对。直线路段可沿左轨轨面丈量，曲线路段应按线路中心丈量。丈量分两组进行，两组丈量较差，不得大于1/2000。百米标与加标的记号和里程，应标记在左侧钢轨的外腰部。

(4)既有工程的调查。对桥梁、涵洞、隧道、路基的设计、施工和使用情况进行细致调查，以确定其利用、加固或改建原则，并收集设计所需的资料；修建第二线时还要收集第二线桥隧的边侧资料。

(5)施工组织和概算资料的调查。以调查资料为依据编制概算，并在方案经济比较中计算工程费。

(6)收集有关图纸资料。

## 一、纵断面改建设计

### (一)改建原因

既有线在运营过程中，个别路段的路基会因沉陷、冻害而发生变形，在经常维修的过程中，由于更换道砟，起道、落道，也要引起轨面高程的改变。既有线纵断面改建设计时，应根据既有轨面高程抬高或降低的大小，对施工中干扰正常运营的程度以及工程费用的多少等，进行技术经济比较，分别采用道砟起道，渗水土壤起道和抬降路基面的方法来完成。

### (二)纵断面设计的一般规定

改建既有线纵断面设计，是以既有轨面高程为依据的，需对所有百米标及加标沿轨面进行超平。线路纵断面测量包括水准基点、百米标和加标的高程测量。百米标和加标的高程为既有线轨面高程，在直线路段测左股钢轨轨面，在曲线路段测内轨轨面，并应测量两次，较差在20mm以内时以第一次测量结果为准。水准基点标高，应全线或全段统一，可将核对既有线水准基点标高的工作，单独提前分段进行，在取得各分段测量的水准基点标高结果后，经过核对调整即可得到全线或全段的连续的统一水准基点标高。

#### 1. 轨面高程设计要求

与新线不同，既有线改建设计一般以轨面高程作为设计高程。

设计中，一般不宜降低既有线轨面高程以免挖切道床或路基影响正常运营；个别路段，为避免改建桥隧建筑物，减少线路改建工程，才允许挖切道床以降低轨面高程。道床厚度仅允许较规定标准减薄5cm，但最小道床厚度不得小于25cm。

一般情况下，起道高度小于50cm时，用道砟起道；起道高度在50~100cm时，用渗水土壤起道;起道高度大于100cm或落道后道床厚度小于规定标准时,用抬降路基面来完成。

2.纵断面改建设计的技术标准

最大坡度与坡度差:改建既有线时,对局部超过限制坡度的地段,若降坡将引起困难工程,且运营实践和牵引计算检算证明列车可以利用动能以不低于机车计算速度通过的坡段,可予以保留。改建既有线如有充分的技术经济依据时,其相邻坡段的坡度差可保留原数值。

坡段长度:改建既有线的坡段长度,当设计速度小于160km/h的路段,在困难条件下可减至200m;设计速度为160km/h和200km/h的路段,在困难条件下不应小于400m,且连续采用时不得超过两个。

竖曲线:设计速度大于或等于160km/h的路段,坡度差大于等于1‰时,需设置圆曲线型竖曲线,竖曲线半径不小于15000m,且长度不应小于25m。

设计速度不大于160km/h的路段,如既有线相邻坡段采用抛物线型竖曲线连接时,在其顶点的曲率半径不小于新线规定标准的条件下,可保留原有连接方式。

竖曲线不得与竖曲线、缓和曲线重叠,不得侵入道岔及无砟桥梁上。

(三)放大纵断面图

1.放大纵断面图图示

既有线改建大多是因为既有线的运输能力不足,而线路的坡度与路基轨道的情况直接影响机车牵引能力、列车质量与行车速度,是影响既有线运输能力的重要方面。因此,既有线的改建与增建第二线工程首先应研究既有线纵断面与路基轨道情况(当然也要结合平面曲线的情况),这与新线先平面后纵断面有所不同。

纵断面的改建及大修设计中,采用放大高程方向比例尺的方法反映既有轨面的高低不平,以便细致地研究既有轨面高程的升降,这种纵断面图称为放大纵断面图,图纸一般的比例尺是:水平距离1:10000、高程为1:100(起伏较大时也可用1:200)。

放大纵断面图的下半部分是纵断面设计的资料和数据,上半部分为线路的纵断面图,如图7-9所示。

2.既有线改建纵断面的设计方法

既有线改建的纵断面设计,是先在放大纵断面图上设计轨面坡度,然后汇总各项设计资料绘制详细纵断面图。放大纵断面图的设计方法及步骤如下:

(1)既有资料标注

根据外业勘测资料,填写既有线平面、百米标与加标、地面高程、既有道床厚度及既有轨面高程各栏数据,并标明路基病害路段与工程地质特征。

地面高程一般按线路前进方向左侧的路堑坡顶或路堤坡脚点的高程填写;增建第二线时按靠第二线一侧既有线路堑坡顶或路堤坡脚点的高程填写;桥涵处按实际的河底或沟底高程填写;隧道处按地形图高程填写。既有道床厚度可取轨枕两头下道砟的平均厚度。

(2)道床底面高程与计算轨面高程的计算

如图7-10所示。

道床底面高程=既有轨面高程-既有轨道高度(包括既有道床厚度,轨枕高度,垫板厚度与钢轨高度)

计算轨面高程=道床底面高程+设计轨道高度(包括设计道床厚度,轨枕高度,垫板厚度与钢轨高度)

(3)纵断面拉坡设计

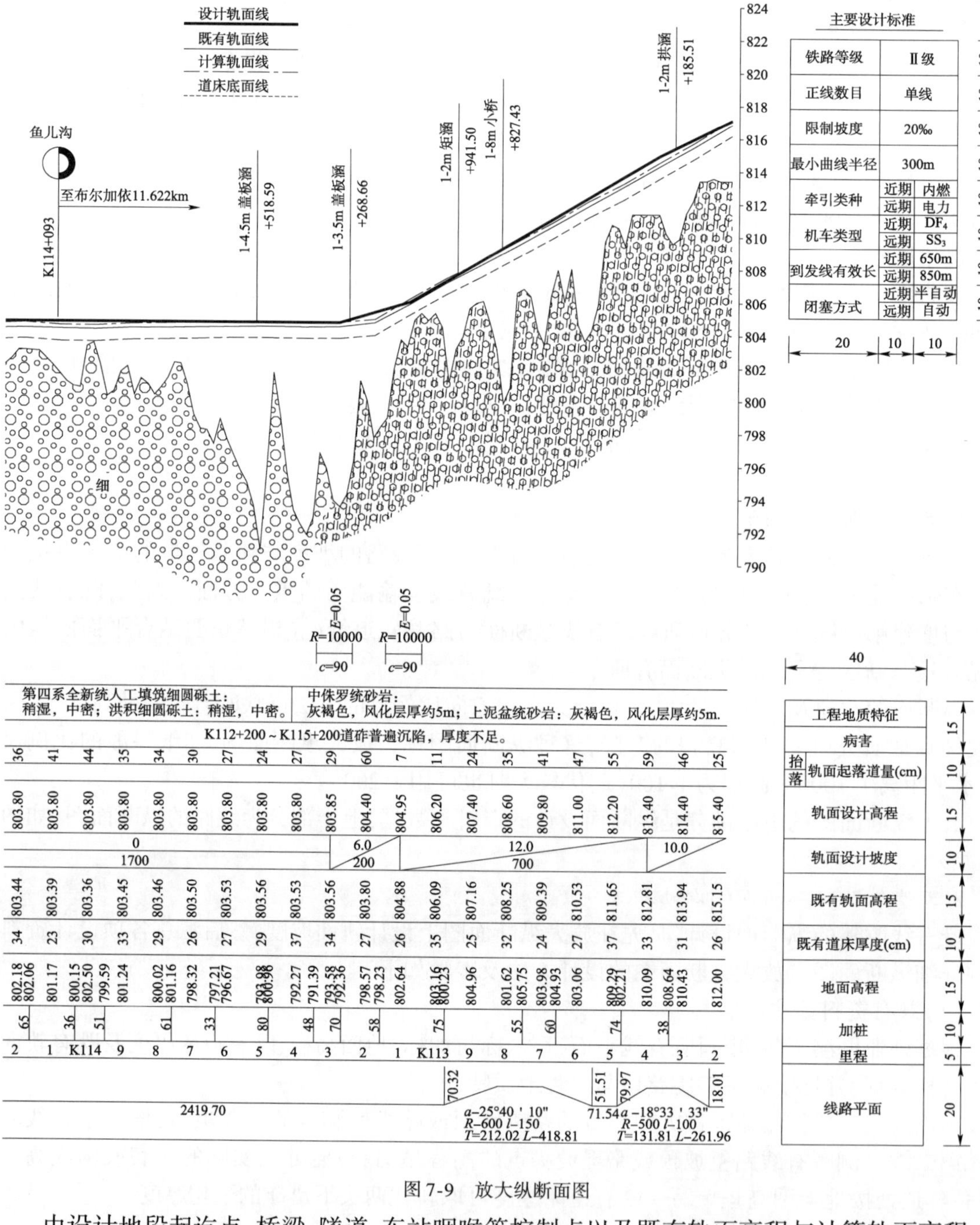


图 7-9　放大纵断面图

由设计地段起讫点、桥梁、隧道、车站咽喉等控制点以及既有轨面高程与计算轨面高程，按其所要求的设计高程和纵断面设计技术标准，初步进行设计轨面线高程设计计算，确定出轨面设计坡度（取整 0.1‰）和坡段长度（取 10m 的倍数）。

设计轨面线应符合标准，并使其尽量接近并不低于既有轨面线与计算轨面线。个别路段有特殊需要，允许设计轨面线略低于计算轨面线，但其高程差不应大于 5cm，以保证轨道的必要强度。若既有道床厚度远较设计道床厚度大，亦可使设计轨面线低于既有轨面线。

在满足控制点高程要求和技术标准后，根据轨面设计坡度，计算出各百米标与加标的设计轨面高程,高程准确至厘米。

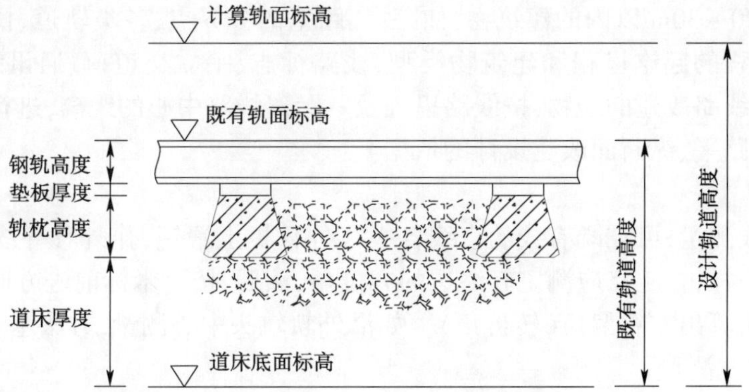

图 7-10　轨道高度示意图

(4)既有轨面高程抬降值计算

设计轨面高程与既有轨面高程的差值即为既有轨面高程的抬降值,正值为抬高,负值为降低。设有竖曲线的变坡点,应按设置竖曲线后的设计轨面高程来计算抬降值。

(5)线路纵断面图绘制

根据地面高程绘出地面线,根据既有轨面高程绘出既有轨面线,根据道床底面高程绘出道床底面线,根据计算轨面高程绘出计算轨面线,根据设计轨面高程绘出设计轨面线。标明车站、道口的中心里程,隧道洞门里程与长度,桥涵类型、孔径、中心里程与设计洪水位高程,以及竖曲线要素等。

## 二、平面改建设计

### (一)平面测绘与曲线改建方式

既有铁路经过长时间的行车,线路平面尤其是曲线部分常会离开原设计的正确位置。为了改建既有线或增建第二线,首先应把既有线路的现状测绘出来。因此,既有线路平面测绘的目的,是要通过平面测绘及半径选择与计算工作,得出线路平面各部分的现有状态,如转角度数、曲线半径、有无缓和曲线及缓和曲线长度、圆曲线及缓和曲线起终点的位置及拨正量等。

#### 1. 既有线平面测绘

(1)设置外移桩。

从勘测到施工总要间隔一段时间。在此期间内,既有线不免要发生错动。所以全线应设置与既有线平行的中线外移桩,作为控制既有线中心线的依据。

外移桩在直线段,按垂直于线路中心线的方向设置,一般设于线路前进方向的左侧。每个直线段的外移桩不应少于 2、3 个,长直线路段每 400 ~ 500m 设置一个。一般 500m 放一桩,尽可能设于公里标及半里标处;在凸型纵断面处,外移桩不能通视时,应在凸型处加设一桩;如遇建筑物,外移距离亦可增减,在特大桥及长隧道地段,无法设外移桩时,可在线路中心测设中桩通过。

曲线路段按曲线的法线方向设置,曲线测量的置镜点处,应设置外移桩。外移距离,一般为 2.5 ~ 3.0m,位于道砟坡脚处。同一直线段上各外移桩的外移距离,应力求相等。在曲线上为了便于测量瞭望,尤其在小半径曲线的路堑处,外移桩最好设在曲线的外侧。但由于第二线左右侧位置的关系,为了减少外移桩的换边以及由于连续反向曲线情况的条件限制,也可以设在与第二线同侧的曲线内侧的一侧路肩上。

(2)线路调绘。

对线路两侧20～30m以内的建筑物，如路堤、路堑的分界点，各类轨道、桥梁、隧道、挡墙、护坡、路基防护工程的起讫里程和建筑物类型、线路标志、平立交道口、通讯线、电力线、信号机，以及其他影响线路改建的地物，按线路里程及其距离线路中心的距离，进行调绘，记在记录本中，作为进行线路平、纵断面改建设计的依据。

(3)直线测量。

既有线的直线测量，可在既有线的直线各中线外移桩上置镜，作外移导线的水平角测量。同新线导线测量一样，在起点应测定起终边的方位角，然后，按百米标前进方向，顺序测得各外移导线桩的水平角算出左右偏角(转折角)。如沿外轨轨头中心测量，方法基本相同。

(4)偏角法曲线测量。

既有曲线测量的目的就是要测出既有曲线的几何形状，以判定其转角大小、曲线半径和缓和曲线长度，以便在此基础上，设计新的曲线半径和缓和曲线，并计算既有曲线拨正到设计曲线的拨动量。

采用偏角法测绘曲线的方法，基本上与测量新线的曲线方法一样，仅是目的性不同而已。在新线的曲线测量中，是以已知曲线长和偏角来确定测点的实地位置，而在既有线的曲线测量中是根据测点间长度与实地位置来量取偏角。

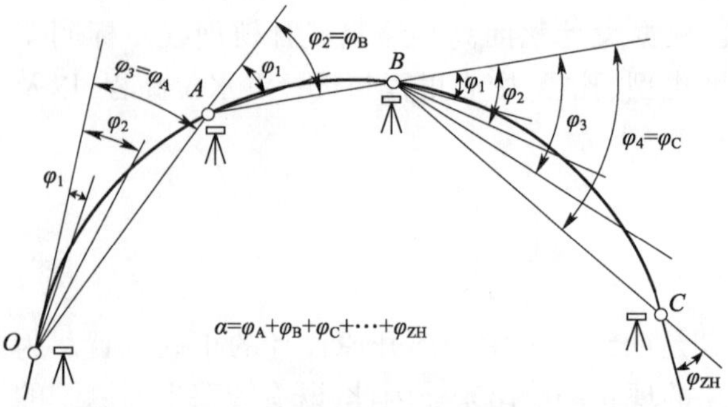


图7-11　偏角法曲线测量

用偏角法测量既有曲线，如图7-11所示。在第一测段，从*ZH*外曲起开始，顺序测出每个20m测点的偏角(置镜点到各测点弦线与切线方向的夹角)；移动置镜点后的各个测段，要测出新置镜点到每个20m测点的连线与上两个置镜点间连线间的夹角；最后一个置镜点，要测出置镜点间连线与切线方向的夹角$\varphi_{ZH}$。若各个置镜点处的夹角用$\varphi_A,\varphi_B,\varphi_C,\cdots,\varphi_{ZH}$表示，则既有曲线的转角$\alpha$等于上述各角的总和，即$\alpha=\varphi_A+\varphi_B+\varphi_C+\cdots+\varphi_{ZH}$。

第一个与最后一个置镜点，应设在曲线范围之外，在直缓点(*ZH*)与缓直点(*HZ*)外侧0～60m的20m测点上；第二个与倒数第二个置镜点，最好在缓圆点(*HY*)与圆缓点(*YH*)附近的20m测点上。其余置镜点应保证通视与观测清晰，置镜点间距离一般不宜长于200～300m。

置镜点间的偏角，应正、倒镜各观测一次，其较差在40′以内时，取平均值。曲线上有桥梁等控制既有线拨距的建筑物时，应将其中心点或起讫点(加标点)的偏角测出。

曲线测量为安全起见，可在外移桩上进行，也可沿外轨或中心线进行。

2. 曲线改建的原因

既有线平面改建主要是曲线以及其毗邻路段的改建，一般有以下改建原因：

(1)线路整正。

在运营过程中，由于轮轨冲撞，使曲线产生错动；维修时对线路的拨动，使曲线偏离原设计位置。改建时，需要将既有曲线拨正到设计位置，如图7-12a)所示。

(2)提高运营标准。

随着铁路运量增长，行车速度提高，既有线路的标准也要相应提高。如曲线半径需要增大,缓和曲线需要加长,夹直线需要加长,都会引起线路改建,图 7-12b)、c)、d)分别为加大曲线半径、加长缓和曲线和夹直线长度的图式;图 7-12e)为同向曲线间夹直线长度不够而改建为一个曲线的图式,图 7-12f)为反向曲线间夹直线长度不够,采用移动中间切线的办法以加长夹直线的图式。

(3)线路平面改建。

某段线路标准过低或绕弯过甚,改建时往往裁弯取直,另修一段新线,如图 7-12g)所示。线路上个别桥隧建筑物位置的改移,将会引起附近线路的改建,如图 7-12h)所示。

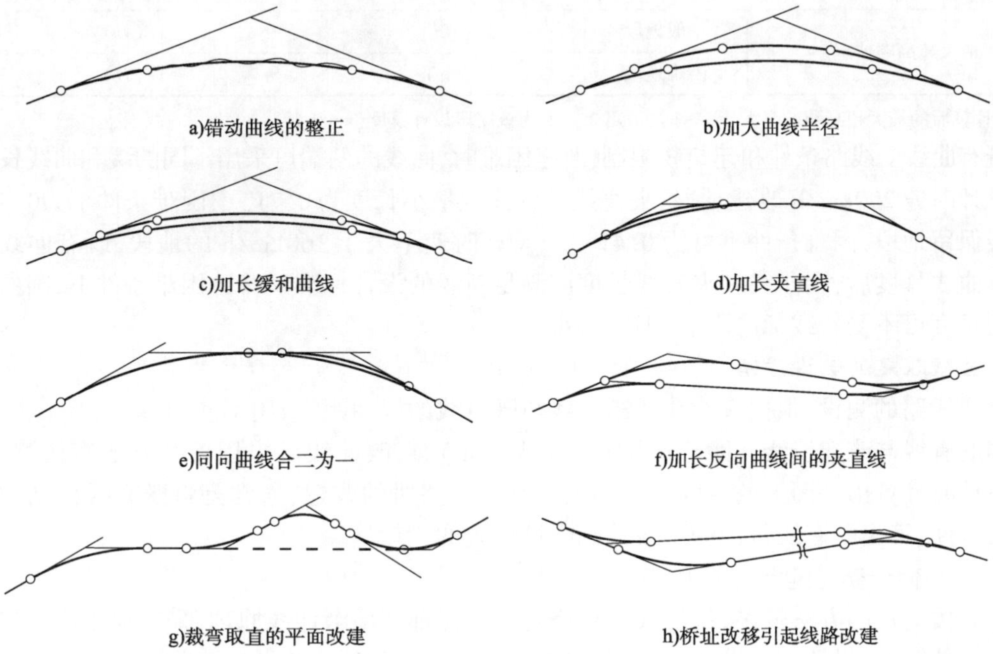


图 7-12 平面改建示意图

3. 平面改建技术标准

(1)曲线半径。

既有线改建时,最小曲线半径应根据客货列车速度,结合既有线特征和工程条件比较确定。设计时速为 200km/h 的改建路段,最小曲线半径一般为 3500m,困难条件下为 2800m;既有线保留地段半径 2500m 的曲线通过速度可为 200km/h。设计时速不大于 160km/h 的路段,按新线标准改建将引起巨大工程的小半径曲线,可经技术经济比较确定改建方案。

在旅客列车速度不高的路段,如需要起停车的车站两端,凸型纵断面的坡顶,连续陡坡路段等,其曲线半径可小于规定的最小曲线半径。

限制速度的曲线半径,如改建特别困难或有充分依据时亦可保留原有曲线半径不予改建,而规定限速运行。如少量小半径曲线,改建工程量不大时,或者改建后能缩短控制区间的走行时分,这些曲线需要改建。

电力机车在小半径曲线上的横向推力很大。当 $R = 300 \sim 350$m 时,会使钢轨磨耗和破损加剧、轨距扩大、轨距拉杆拉断、线路横移,坡度大时因轨道爬行而更为严重。所以既有线电气化时,最小曲线半径不宜小于 300 ~ 350m。

(2)缓和曲线与夹直线。

缓和曲线长度若采用新线标准改建工程较大时,可采用较短的缓和曲线长度。其长度应按实设曲线超高和规定的超高顺坡率(表 7-1)计算确定,缓和曲线长度计算公式为:

$$l_0 = \frac{h}{i} \tag{7-1}$$

式中:$h$——实设外轨超高;

$i$——超高顺坡率。

**改建既有线和增建第二线的并行地段最大超高顺坡率** 表 7-1

| 路段旅客列车设计速度(km/h) | | 160 | 140 | 120 | 100 | 80 |
|---|---|---|---|---|---|---|
| 最大超高顺坡率 | 一般地段 | 1/(10$v$) | | 1/(9$v$) | | |
| | 困难地段 | 1/(8$v$) | | 1/(7$v$) | | |

注:计算后的最大超高顺坡率大于 2‰时,采用 2‰,$V$ 为该路段设计速度(km/h)。

既有曲线受线路条件和建筑物限制,改建困难时,曲线的两端可采用不同的缓和曲线长度。

设计时速 200km/h 改建地段,夹直线及圆曲线最小长度为 $0.7V_{max}$,困难条件下为$0.5V_{max}$,既有线保留地段,困难条件下可为 $0.4V_{max}$。设计时速不大于 160km/h 的地段,既有曲线在改变缓和曲线长度后,圆曲线和夹直线长度应满足新线的设计标准。特殊困难条件下,圆曲线和夹直线长度可不受新线标准限制,但不得小于 25m。

4. 曲线改建的测设方法

改建线路的测设,根据改建线或第二线与既有线的线间距,采用不同的方法。

当既有线与改建线线间距离较大(15m 或 20m)时,改建线可采用新线方法直接测设,否则在设计时计算出平面上的线间距。曲线及其毗邻路段的改建,通常是将既有线拨动到设计位置,设计时算出既有线每个测点拨动到设计位置的拨动量。

## (二)坐标法整正曲线计算方法

计算拨动量的方法较多,传统线路维修与大中修都利用渐伸线原理,采用绳正法或偏角法计算;现今随着测量技术和设备的发展,坐标法计算越来越得到普及。

偏角法是以往我国铁路测设习惯采用的一种较精确的方法。由于偏角法外业测量需要人工拉链进行桩号标记,并在曲线外轨上置镜测量,不可避免地受到行车干扰;测量长、大曲线时,需要反复置镜,影响测量结果精度,工作效率降低;既有线上置镜,往往视线不畅,尤其山区地段及路堑地段,容易发生交通事故;采用渐伸线原理及相关方法进行拨距计算,计算过程十分烦琐,工作量很大;需要人工在现场记录数据,容易出现差错。

近年来,随着铁路提速改造,行车密度加大,特别是快速铁路的建成通车,在钢轨上置镜的安全性受到严重挑战,偏角法已经不再适应铁路干线的测设工作。全站仪的广泛采用、GPS RTK 技术的发展、高运算速度计算机的普及,为受行车干扰少、安全性好的坐标法进行既有曲线整正提供了有利的条件。

1. 坐标法复测既有曲线的基本原理

运用全站仪和 GPS 的自动记录和存储功能,在外业直接采集既有曲线各测点的坐标,利用 3 点成圆的平面几何原理,以既有曲线上 3 个相邻测点的实测坐标,求出一组圆心坐标或半径。通过优化选取既有曲线的半径和缓和曲线长度,确定设计曲线位置,计算出各测点的拨距量,从而达到整正既有曲线的目的。

2. 测量方法

曲线坐标数据采集可分为 4 种方式:任意点置镜法、外移桩法、导线法和 GPS-RTK 法。采用何种数据采集形式，应根据既有铁路的技术标准、既有线路养护控制网和既有曲线的大小情况决定。

（1）任意点置镜法

采用任意点置镜法进行既有铁路曲线复测可按以下步骤进行：在铁路曲线外部选择一个通视良好，方便置镜的位置建站置镜，如图 7-13 所示；为了测量既有铁路曲线的转角和控制切线方向，先测量曲线起始切线（直线）上两点 0、$K_1$，以达到坐标传递和确定方位的目的；从曲线起点按里程顺序测量既有曲线范围加桩（任意点和控制点）的坐标，当一个置镜点不能测完整个曲线时，可进行转站测量，直至测完整个曲线；测量曲线终切线（直线）上两点 $K_n$、$n+1$，以确定终切线边和整个曲线转角。

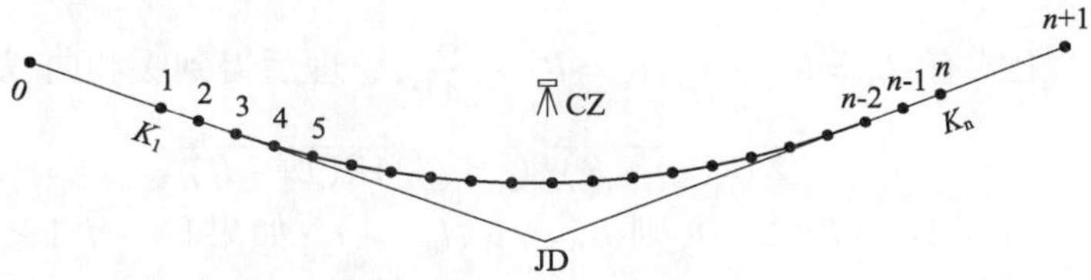


图 7-13　任意点置镜法测量示意图

（2）外移桩法

外移桩法复测既有曲线的方法与任意点法相类似，只是将既有线外移桩作为全站仪的置镜点，不现场转点和建站。外移桩法具有测量方便，速度快的优点。由于外移桩测设较粗、误差较大等原因，客观上扩大了既有曲线复测的误差。

（3）导线法

导线法适用于高速、快速铁路和提速铁路的勘测。许多新建和改建快速铁路布设了轨道控制网 CPⅢ或等级导线，在导线点、CPⅢ控制点上设站或自由设站边角交会确定测站坐标后测设既有曲线，测量内容同任意点置镜法。导线法受行车影响小、观测精度高。

（4）GPS-RTK 法

GPS-RTK 在既有铁路复测中的应用，首先要在既有线首级 GPS 控制点上设置基准站，流动站按里程顺序采集中桩坐标。采集数据时要采用“静态”RTK 方式进行测量。

3. 数据采集注意事项

任意点置镜法适合普通铁路曲线长度不大的情况；外移桩法适合速度不高的普通铁路复测工作；导线法适合铁路干线和速度较高的铁路曲线复测。

在外业测量过程中应注意：确定切线方向的点 0、$K_1$ 和 $K_n$、$n+1$ 的距离不宜短于 100m，根据曲线大小宜选择 200～500m 的间距，且 $K_1$ 和 $K_n$ 应选择在既有曲线 ZH 和 HZ 点外 40～80m 外，其作用相当于偏角法测量既有曲线的起点和终点；采用任意点法测量既有线时，全站仪应尽量少迁站，以减少转点间测量误差对曲线测量的影响；RTK 作业时，移动站至基准站的距离不应超过 5km，接收的卫星数不应少于 5 颗，PDOP 值应小于 6。

4. 整正既有曲线

对采集的坐标数据直接利用坐标解析计算，求解曲线圆心和半径，确定理论曲线，解出测点到理论线位的距离（拨距）值。

（1）计算既有曲线的圆心和曲线半径

利用既有曲线上的实测坐标，按三点一圆的原理，每相邻 3 点就可以解出一组圆心坐标。如果测设测点有 $n$ 个，则可以求得 $n-2$ 组圆心坐标和圆曲线半径，$n-2$ 个曲线半径的连线构成如图 7-14 所示的倒梯形图形。将 $BC$ 段中桩点对应的圆心坐标和曲线半径取平均值，就得到计算圆心坐标($x_0,y_0$)和曲线半径 $R$。当外业测量按曲线外轨（或内轨）进行时，计算曲线半径应减去（或加上）半个轨距。

（2）计算既有曲线缓和曲线长 $l_0$

缓和曲线长度的确定方法有许多，以下介绍两种方法：

①根据圆心到切线的距离计算。

如图 7-15 所示，根据曲线切线上测点坐标可以计算出 $JD$ 坐标及曲线偏角，由计算圆心坐标可以算出圆心至两切线的距离 $L_1$、$L_2$，该距离同时也可以表示为 $R+P$，则有：

$$L_1 = R + p_1, L_2 = R + p_2 \tag{7-2}$$

将 $p=\dfrac{l_0^2}{24R}$代入上式有：$L_1 = R+\dfrac{l_1^2}{24R}, L_2 = R+\dfrac{l_2^2}{24R}$，整理后得到缓和曲线长度计算公式：

$$l_1 = \sqrt{24R(L_1-R)}, l_2 = \sqrt{24R(L_2-R)} \tag{7-3}$$

将 $l_1$、$l_2$取整后，如果 $|l_1-l_2|\geqslant 10$，则 $l_{01}=l_1$、$l_{02}=l_2$；如果 $|l_1-l_2|<10$，则 $l_0=(l_1+l_2)/2$。

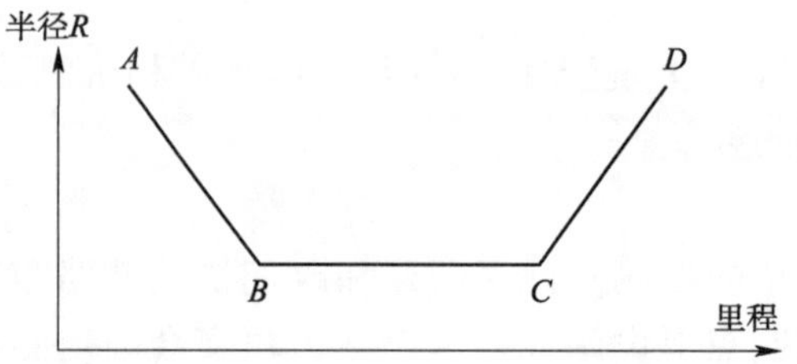

图 7-14　计算曲线半径连线

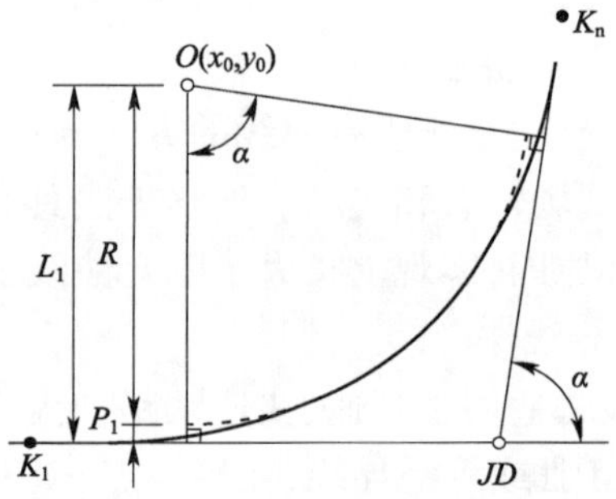

图 7-15　圆心到切线距离

②根据切曲差原理计算。

坐标法测量曲线，在采集桩点坐标的同时也得到了既有线测量起终测点的距离，$L=K_n-K_1$，如图 7-16 所示。根据曲线要素计算公式可以推求切曲差 $q$ 的表达式：

$$q = T_1 + T_2 - (K_n - K_1) \tag{7-4}$$

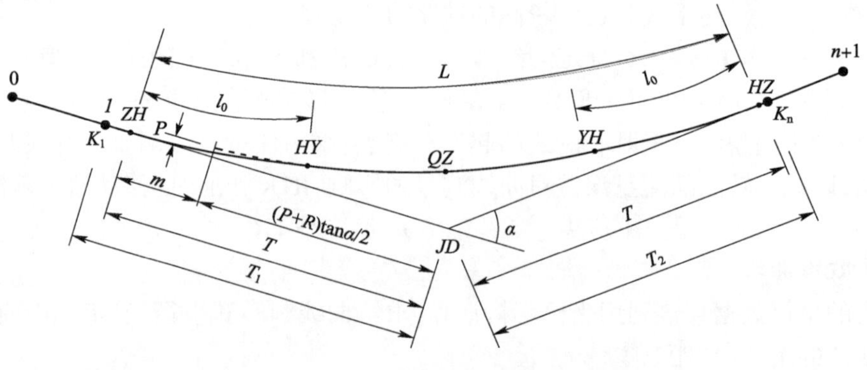

图 7-16　铁路曲线常用形式

对于等长缓和曲线，在偏角 $\alpha$、半径 $R$、缓和曲线长度 $l_0$确定的条件下，可以推求切曲差 $q$ 的表达式：

$$q=2\left[\left(R+\frac{l_0^2}{24R}\right)\tan\frac{\alpha}{2}+\frac{l_0}{2}\right]-(R\cdot\alpha+l_0)$$

即：

$$q=\left(2R+\frac{l_0^2}{12R}\right)\tan\frac{\alpha}{2}-R\cdot\alpha \tag{7-5}$$

曲线整正的设计过程就是选配合适的曲线半径和缓和曲线长度的过程，对应于不同的半径，保证整正前后的曲线长度不变的实质就是保证切曲差不变，根据式7-13，可以方便地求出切曲差 $q$ 的值，如果给定某一半径 $R$，可以推求缓和曲线长度 $l_0$：

$$l_0=\sqrt{\frac{\left(q+R\cdot\alpha-2R\cdot\tan\frac{\alpha}{2}\right)\times 12R}{\tan\frac{\alpha}{2}}} \tag{7-6}$$

该方法适用于等长缓和曲线情况下的缓和曲线长度确定。

(3)计算既有曲线拨距

①选配合理的曲线要素。

既有曲线计算出的曲线半径 $R$ 和缓和曲线长度 $l_0$，不能直接作为既有曲线要素数据，还要参照既有线台账(或现场调查资料)上的曲线半径，并依据设计规范的要求，考虑现场路基病害和桥隧既有建筑物等控制条件，选择出合理的曲线半径和缓和曲线长度。然后计算出曲线要素和曲线主要点 $ZH$、$HY$、$YH$、$HZ$ 里程，推算出设计曲线的圆心半径 $R$ 和圆心坐标$(x_0,y_0)$。

②计算圆曲线段的拨距。

圆曲线段的拨距计算是根据推算的圆心坐标$(x_0,y_0)$，计算出某测点到圆心的距离 $R_i$ 和设计曲线半径 $R$ 之差，即 $\Delta_i=R_i-R$。$\Delta_i$ 值为负值表示曲线应外拨(背向圆心)，为正值时曲线应内拨(指向圆心)。

③计算缓和曲线段的拨距。

缓和曲线的曲率半径是沿曲线按一定规律变化的。缓和曲线段的拨距计算首先应按既有曲线控制点 $ZH(HZ)$ 点为依据，然后推算出缓和曲线上计算点的法线通过相应实测测点，根据 $ZH(HZ)$ 点和计算点求出相应圆心坐标。由圆心坐标计算出测点到圆心的距离 $\rho_i$ 和理论曲率半径 $\rho_{is}$ 之差，即 $\Delta_i=\rho_i-\rho_{is}$。$\Delta_i$ 值为负值表示曲线应外拨(背向圆心)，为正值时曲线应内拨(指向圆心)。

## 单元三　第二线设计

修建第二线是提高既有线通过能力最有效的方法，但需要大量的人力、物力和财力。增建第二线时，为了确保既有线的正常运营，减少施工运营的相互干扰，通常是先修建第二线，待第二线工程竣工通车后，再进行既有线的改建。

### 一、第二线纵断面设计

#### (一)第二线限制坡度的选择

第二线的限制坡度通常与既有线相同。为了避免降坡引起大量改建工程，既有线个别路段的超限坡度可以保留，供下坡方向的列车行驶；第二线修建在上坡方向运行的一侧，采用单线绕行，按限制坡度设计，如图 7-8 所示。

当设计线双方向货运量都很大时，且既有线限制坡段的比率不高时，则可考虑将第二线设计为较小的限制坡度，而在第二线竣工通车后，再将既有线限制坡度减缓，使双线铁路上下行限制坡度一致。

（二）第二线纵断面的设计方法

1. 第二线与既有线并行等高

第二线与既有线的线间距不大于 5.0m 时，两线修建在共同路基上，且轨面标高相同，称为并行等高。两线并行等高，可以减少占地和节省工程量，有利于路基排水、防止雪埋、线路维修及道口设置等。

两线并行等高路段，第二线的纵断面设计，应以既有线纵断面改建设计为基础，即第二线与既有线采用相同的坡度、坡段长度和竖曲线形式。同时注意，纵断面设计必须与平面布置相配合，使坡度折减及变坡点的位置能同时满足两线的要求。

当既有线改建困难，并因两线桥梁结构不同，而在桥梁或桥头引线上出现轨面高程差时，高程差不应大于 30cm。

在易受雪埋的个别地段，应根据当地的降雪、风向、风力和地形等情况，合理确定两线的允许轨面标高差，但最大不得超过 15cm。

2. 并行不等高和第二线绕行

图 7-17 所示横断面，第二线与既有线并行而路基面标高不同，称为并行不等高。这种断面的缺点是，横向排水困难；大风雪地区，下方线路易被雪埋；线路维修不方便。通常第二线设计只有在削减、变更限制坡度，以及桥梁、隧道引线等特殊情况地段，才把第二线与既有线的路基设在不同的标高上。

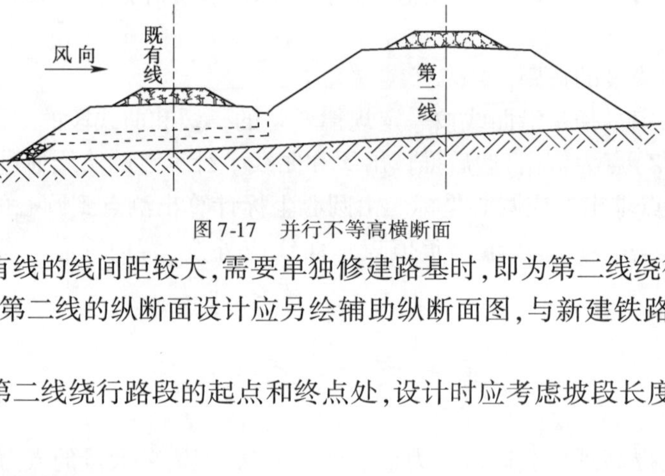

图 7-17　并行不等高横断面

当第二线与既有线的线间距较大，需要单独修建路基时，即为第二线绕行。在并行不等高及第二线绕行路段，第二线的纵断面设计应另绘辅助纵断面图，与新建铁路相同，按路肩标高进行设计。

并行不等高及第二线绕行路段的起点和终点处，设计时应考虑坡段长度的断链关系，注意平顺连接。

## 二、第二线平面设计

（一）并行与绕行地段的选择

增建第二线通常都与既有线并行。两线并行可以少占农田，节省路基土方，便于运营管理。但是在减缓第二线限坡、保留既有线超限坡度、绕避既有线不良地质、大桥与隧道引线、既有线不易改建的地段，都需要采用第二线的绕行方案。

一般两线中心线的线间距离大于 20m 时，为绕行地段。绕行有第二线单独修建的“单绕”和废弃既有线，两线都另行修建的“双绕”。

## (二)第二线边侧的选择

第二线选择在既有线的哪一侧,对既有线建筑物的稳定、第二线的工程数量、第二线施工期间和运营的干扰以及通车后的运营状况,都有重大影响。

若修建既有线时已预留第二线的位置,则可按预留位置决定第二线的边侧。但在通常情况下,多未考虑第二线的位置,因此就需要全面研究,比较各种方案的优劣,慎重选定第二线的边侧。

### 1. 既有线保留超限坡时,第二线的边侧选择

在既有线超限坡地段,应使超限坡道作为下坡运行线,新建的第二线采用较缓的坡度,作为上坡运行线。这样,就可以按左手行车的原则,确定第二线的边侧,如图 7-8 所示。

### 2. 主要货流方向对第二线边侧选择的影响

当设计线双方向货流量非常悬殊时,应将第二线设计在货流大的那个方向。因为第二线的设计标准,一般较既有线高,将第二线布置在货流量大的方向是有利的。

### 3. 车站内第二线的合理边侧

在中间站范围内,一般宜将第二线布置在客运站房对侧,以保证原有的客运设备与货场不致改建,如图 7-18a)、b)所示。

在区段站范围内,最好把第二线布置在客运站房同侧,以保证对侧机务段出口处及较为复杂的咽喉区不致改建。如果区段站作业量较大,也可考虑将第二线布置在机务段外侧的外包线方案,以减少第二线的出发列车对道岔咽喉区的干扰,避免咽喉区的改建。如图 7-18c)所示。

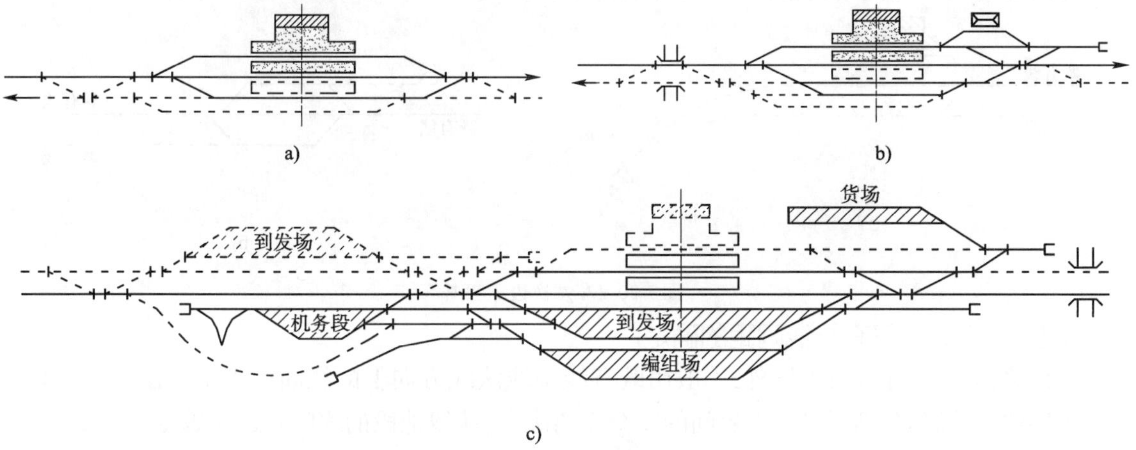

图 7-18 车站内第二线的边侧选择

### 4. 区间第二线的边侧选择

在区间选择第二线的边侧,应考虑尽量少占农田,改土造田,尽可能保留原有工程,并根据地形地质条件,力争减少工程数量,保证路基稳定。大、中桥处,应以桥址的水文条件、基础的地质条件以及战备要求,作为选择桥址、决定第二线边侧的主要依据。当上述条件出入不大时,一般宜将第二线设在既有桥梁下游一侧,以避免既有导流建筑物、桥头路基防护和桥墩破冰棱的废弃或破坏。

在隧道处,第二线应尽量选在地质条件较好、隧道长度较短、施工方便的一侧。

在山坡地段,如果既有线大部分为路堤,并能保证路基的稳定,则第二线最好设在山坡上方;如既有线大部分为路堑,则应设在下方。这样,可使第二线土石方工程数量减少。

在不良地质地段，第二线无法绕行避开时，应使第二线的选边不致扩大且有利于防止地质病害。

在路基病害地段，第二线的选边要有利于既有线的整修工作，力争结合第二线的修建来整治病害。

（三）第二线的换边

第二线边侧选定后，某一地段可能在既有线左侧合理；而在另一地段，又可能在右侧有利。这样，第二线就需要变换边侧。第二线换边地点，宜选择在：

①低路堤或浅路堑处，使路基较为稳定。高路堤地段不应换边，以免新旧路基沉陷不同，影响路基稳定和行车安全。

②纵断面不抬高、不降低的地段，以保证施工中不修筑便线。

③曲线地段或双线绕行地段，可不致额外增加曲线，如图7-19a）、b）所示；直线上换边要增加一组反向曲线，仅在特殊情况下方可采用，如图7-19c）所示。

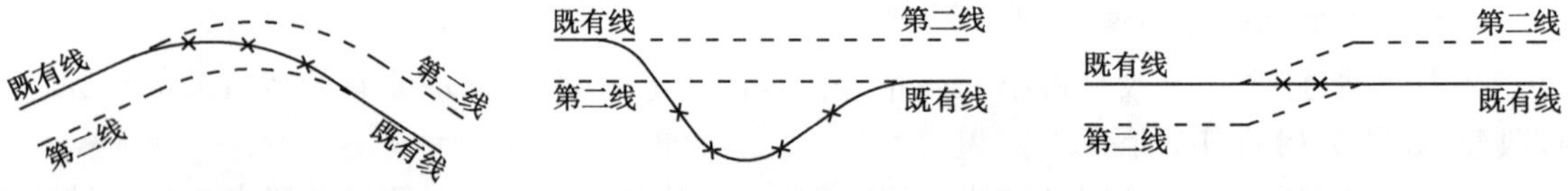


图7-19　第二线换边

④在站外的曲线上，结合线距改变进行换边，较为合理，如图7-20a）所示。如在车站内换边，将使通过列车因侧向过岔而减速，对运营不利，一般多不采用，如图7-20b）所示。

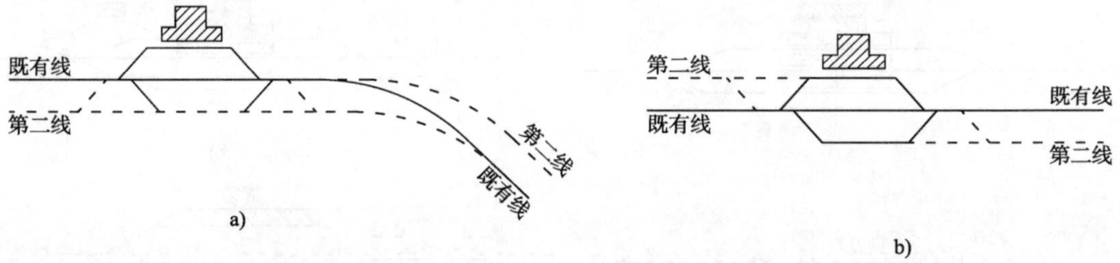


图7-20　车站换边示意图

（四）第二线与既有线线间距的确定

第二线的定位除绕行地段外，一般用既有线中线法线方向上的线间距离来控制。直线地段的线间距根据机车车辆限界与限界间的安全距离决定，曲线地段的线间距还应满足加宽要求。

1. 桥梁地段

桥梁地段第二线与既有线的线间距，应视国防要求、水文和地质条件、既有桥的工作情况、基础结构状态、通航要求、施工和行车干扰等因素，全面考虑确定。

中小桥梁的两线最小线间距离，主要根据施工条件决定。在第二线桥梁基础施工时，要确保既有线路基与桥梁墩台地基的稳固，不致发生任何有害变形。

（1）不设板桩防护施工

如图7-21a）所示，最小间距为：

$$D=\frac{B_1}{2}+\frac{B_2}{2}+m_1h_1+m_2h_2+0.5+1.0\quad(\mathrm{m})\tag{7-7}$$

式中：$B_1$、$m_1$——既有线路堤宽度与其边坡率；

$B_2$、$m_2$——第二线基础宽度与基坑边坡率；

$h_1$、$h_2$——路堤高度与基础埋置深度；

0.5(m)——开挖基坑的富余量；

1.0(m)——基坑顶缘有动荷载所留之护道宽。

(2)设置板桩防护

如图 7-21b)所示，最小间距为：

$$D=\frac{B_1}{2}+\frac{B_2}{2}+m_1h_1'+0.5\quad(\text{m})\tag{7-8}$$

式中：$h_1'$——路肩至板桩顶的高度。

其他符号意义同式(7-7)。

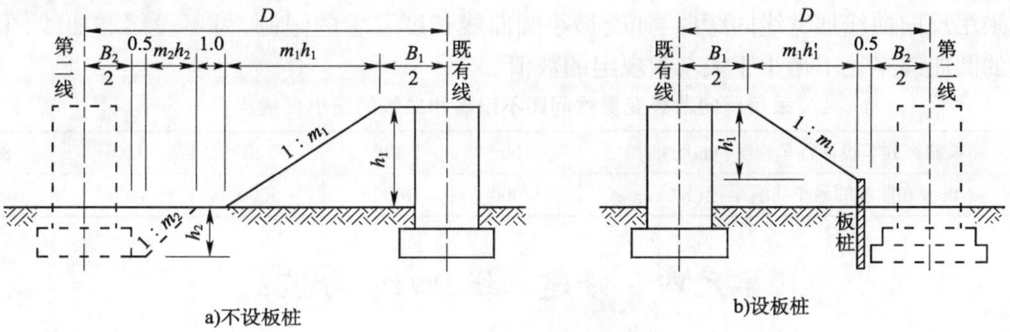


图 7-21 桥梁路段的线距

2. 隧道地段

增建第二线隧道时，应保证既有隧道的结构稳定和运营安全。两相邻隧道的最小线间距，应按围岩地质条件、隧道开挖断面、施工方法等因素确定。概略估算时，可参考表 7-2 中数据。

**相邻单线隧道的最小线间距** 表 7-2

| 围岩类型 | 围岩结构特征和完整状态 | 最小线距 | |
|---|---|---|---|
| | | 直线 | 曲线 |
| Ⅰ | 硬质岩石被切割呈巨块状整体结构 | 13~16 | 15~18 |
| Ⅱ | 硬质岩石被切割呈巨块状整体结构；软质岩石被切割呈巨块状整体结构 | 17~20 | 20~24 |
| Ⅲ | 硬质岩石被切割呈块(石)碎(石)状镶嵌结构；软质岩石被切割呈巨块状整体结构 | 18~21 | 21~25 |
| Ⅳ | 硬质岩石被切割呈碎石状压碎结构；软质岩石被切割呈块(石)碎(石)状镶嵌结构；黏性土、砂类土、老黄土呈大块状压密结构；碎、卵石呈巨块状整体结构；大块石土呈堆石状松散结构 | 24~27 | 27~31 |
| Ⅴ | 石质围岩呈角(砾)碎(石)状松散结构；非黏性土(包括一般碎、卵、砾石头土)呈散结构；黏性土及新黄土呈松软结构 | 29~44 | 43~49 |
| Ⅵ | 石质围岩呈泥消角砾状松散结构；黏性土呈塑性松软结构；砂性土呈潮湿的松散结构 | >45 | >50 |

3. 其他需加宽线间距离的地段

在进站引线、桥头引线、隧道引线和并行不等高地段，两线间的线距加宽较大，通常采用以下两种方法加宽线距。

(1)曲线地段，线距加宽不大，一般多采用加长内侧曲线缓和曲线长度的方法来实现。

(2)若附近有曲线时,应在曲线上加宽线距,如图7-22a)所示;若附近无曲线可以利用时,亦可在直线上加设一组反向曲线来加宽线距,如图7-22b) 所示。

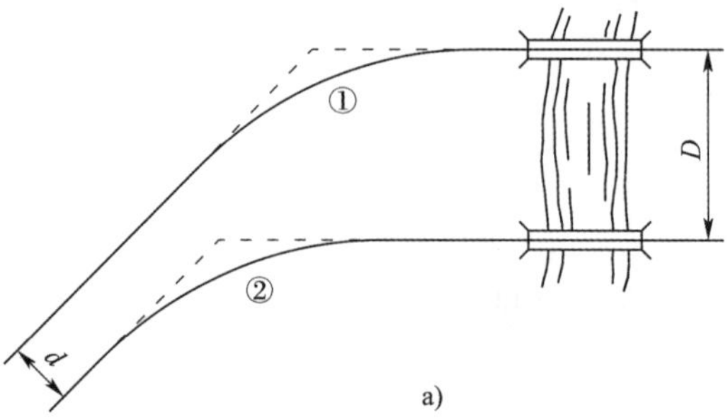


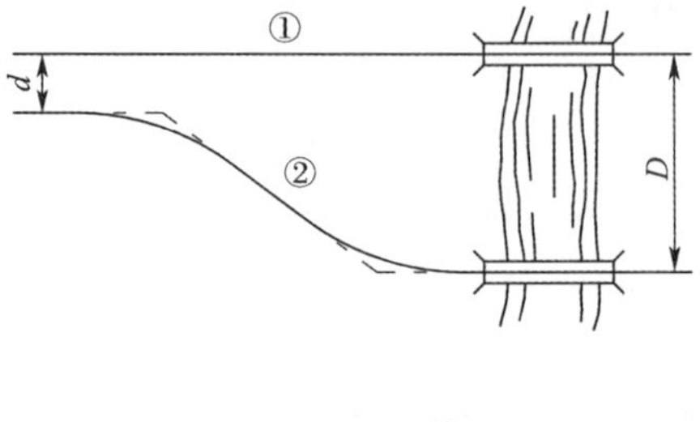


图7-22　加宽线距的方法

采用反向曲线加宽线间距时,如受最小圆曲线长度要求的限制,可不设缓和曲线,但反向曲线的圆曲线半径不得小于表7-3规定的数值。

**采用反向曲线变更线间距不设缓和曲线的最小曲线半径**　　表7-3

| 路段旅客列车设计行车速度(km/h) | 160 | 140 | 120 | 100 | 80 |
|---|---|---|---|---|---|
| 不设缓和曲线的最小曲线半径(m) | 12000 | 10000 | 5000 | 4000 | 3000 |

## 单元四　修建三线、四线、分流线

在人口密集、工业集中、经济发达的城市化地带和沟通国家重要经济大区的繁忙干线上,客货运量增长突出,为了适应这些地区运量快速发展的需求,对客货运输繁忙的双线铁路,当其技术负荷达到一定水平之后,就需要修建分流线或增建第三、四线作为进一步扩展的措施。

### 一、在枢纽地区繁忙区间或地段修建第三、四线或环线

在双线自动闭塞的基础上增建第三、四线或分流线,首先是适应毗邻大城市的市郊列车运行地段,或大枢纽内客货运输非常繁忙区间的实际需要,如哈尔滨—滨江—太平桥—三棵树、沈阳—浑河—苏家屯、丰台—马家堡—永定门、天津北—万新、南京东—兴卫村—南京,以及沈阳枢纽的于虎线、北京枢纽的东南环线、天津枢纽的北环线等。这些第三、四线和环线的修建,对于提高枢纽地区繁忙干线的通过能力、减少平面交叉干扰,以及减轻主要咽喉地段负担,增进枢纽行车的灵活机动性都起到了良好的作用。

当编组站正线外包时,第三线宜建在两正线之间,并紧靠能力紧张的车场一侧;在区间内要紧靠有作业需要的一侧,以便同向客货列车能分线运行,保证前方站并线后客货之间的追踪时间不致过大,可降低旅客列车扣除系数,并可利用第三线作为通勤车停靠线,减少对正线的占用。

当编组站位于两正线一侧时,第三线宜建在靠近到发场和主要货流方向一侧,以减少对正线及站场咽喉的切割干扰,并可推迟跨线立交设施的修建。

枢纽内的环线,主要起分流作用,使直通车流走环线,既有正线主要供旅客列车、摘挂列车、小运转列车运行,既能减少列车运行里程,又可减轻枢纽通过能力紧张地段的负荷。

### 二、在整个区段或铁路线修建第三、四线或环线

在客货运输特别繁忙的电气化自动闭塞双线铁路上,如运输密度大幅度增长,用其他加强

方法又难以满足时，就需考虑修建第三、四线。修建第三、四线建设方案通常与修建分流线进行对比研究。也就是说，只有修建分流线不利的情况下，修建第三、四线才是合理的。通常，只有市郊列车行车量很大的区段才有必要由双线一次建成四线，在其他情况下，都应通过修建第三线逐步过渡到修建第四线铁路。

（一）修建第三线

1. 绕行方案

根据运量及货流构成情况，如有分流条件时可采用第三线绕开既有双线的方案。绕行方案的优点是第三线与既有线分开，各自成为单独的系统，在行车调度指挥上较为方便，改建拆迁工程量小，与城建规划矛盾少，新线施工与旧线运营基本上无干扰。其缺点是，占用土地多，站场、客货运设施均需另建，工程投资大；由于自成系统，须多用运营管理人员，从而运营费用高。新建第三线一般主要供放行区段、直通货物列车使用，有条件时可组织开行组合列车。

2. 并行方案

在既有双线路基的一侧修建第三线，与绕行方案比较，其优点占地省，且可充分利用既有线的站场设备，或与旧有设备更新改造相组合，工程投资可以大大节省；运营人员增加较少，运营调整的灵活性较大；可根据客货运量增长的需要分段修建，逐步贯通。其缺点是，施工与运营干扰大，需要预留施工"天窗"，影响现有通过能力；拆迁工程量大，与城镇规划的矛盾较多；调度指挥工作较为复杂，行车调车人员劳动强度大，如既有线技术标准低，不利于以后的现代化技术改造。

根据客货流性质及行车量的不同，并行三线可以采取不同的分工方式：

（1）既有双线上下行正线运行条件不变，新建第三线按单线组织行车，将扣除系数较大的旅客慢车、摘挂列车、小运转列车，以及部分货物列车经由第三线运行。为此，第三线应根据沿线大多数中间站客货运设施特点及城镇与车站相连的道路分布等条件，从方便旅客出入站上下车，并减少摘挂列车调车作业对正线行车的干扰等原则出发，修建在既有正线的左侧或右侧。

该方案适用于开行慢客、市郊及摘挂列车较多的双线区域。

（2）双线改在两侧，中间装备自动闭塞构成三线系统，即使其中的任一条线有施工作业，整个区段仍可保证按正常的双线行车组织方式运营。但该方案必须改变原有的道岔配列、股道间距、信号联锁条件，施工比较复杂，特别不适于区段管内客货运输量较大的情况。此时，并行三线的运用方式，可根据客货流具体情况选择以下两种模式：

①货物列车和旅客慢车在双线基本上按平行运行图运行，利用第三线放行旅客快车和快运货物列车；

②利用第三线组织双方向列车不停车越行，因此，应在邻线之间铺设必要的渡线，装设整套行车指挥自动化设备，如图 7-23 所示。

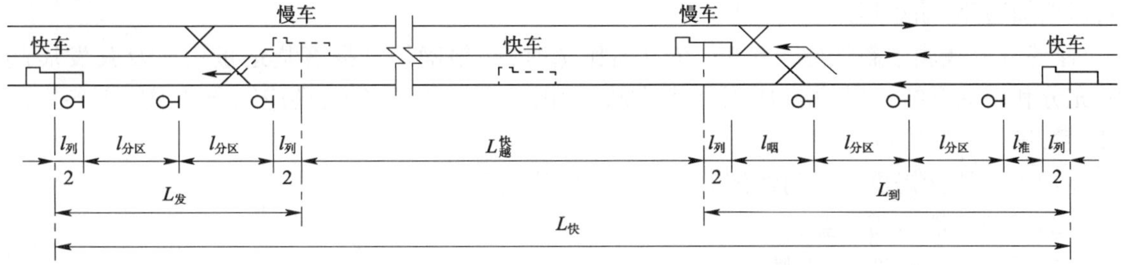


图 7-23　利用第三线组织双方向列车不停车越行示意图

（二）修建四线铁路

当铁路运量持续增长，一昼夜行车量达到180对以上时，就应修建四线铁路。四线铁路能实现客、货或市郊、干线分线运行，通过能力可达300对。四线铁路的正线配置和使用方案主要有四种模式，如图7-42所示。

（1）四线并列，两条下行线Ⅰ、Ⅲ在左，两条上行线Ⅱ、Ⅳ在右，如图7-24a），b）所示。其线路使用方案：a）为中间两条正线供货物列车使用，两边的两条正线供旅客列车使用；b）为中间的两条正线供旅客列车或高速列车使用，两边的两条正线供货物列车或低速列车使用。

（2）两条双线铁路并列，一条双线铁路（Ⅲ、Ⅳ）专供货物列车运行，另一条双线铁路（Ⅰ、Ⅱ）专供旅客列车运行，如图7-24c），d）所示。这种铁路布置方案的优点是增建施工对既有线运营的干扰最小，新建双线可以采取绕行方案，便于提高新线的技术标准。

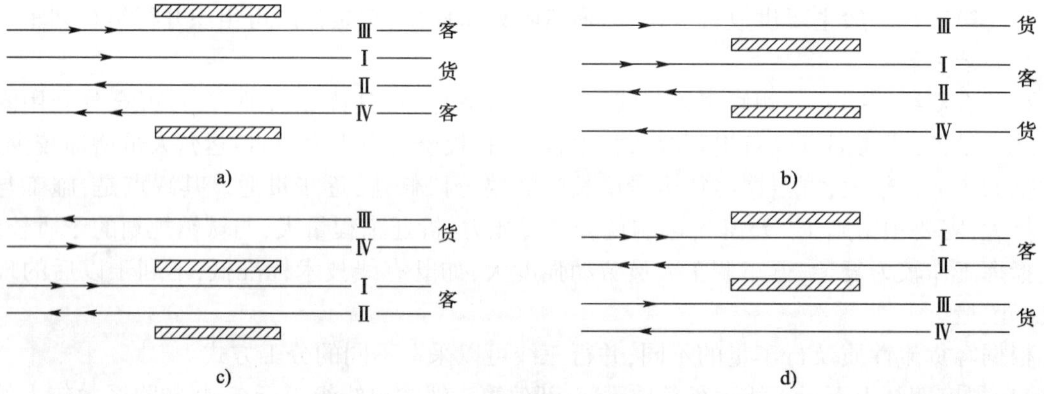


图7-24　四线铁路正线配置和使用方案

四线铁路的修建，一般也应通过修建三线进行过渡。因而，在设计增建第三线时就应考虑将来发展为四线时的技术条件与运营要求，以免产生大量废弃工程，或不得不降低某些技术标准而不能充分发挥多线铁路的优越性。

（三）修建分流线

改造既有线和修建新线都是路网建设的重要组成部分。繁忙干线的改造，基本上是增加正线数目，不扩大吸引范围，可以分期分段施工，边改造边投产，及早发挥投资效益，效果明显，但施工不可避免地会与运营发生干扰，影响当前的运输能力。因此，如果造价高于新线，就应考虑和建设分流线或联络线相比选的问题。一般地，分流线路是在既有干线运输过于紧张而其潜力又较小的情况下所采取的用修建平行线的方法来扩建的措施，其主要作用是能分担原来由既有线承担的部分直通车流，缓解限制区段通过能力紧张程度，同时可促进某些地区或工矿企业的发展，从而在整个网络中扩大了吸引范围；联络线则主要是为了把两条干线用短线连通，以增加通路、缩短运距。

修建分流线属于新线建设范畴，在方案比选时，必须确切掌握客货运量构成及其发展趋势，充分利用既有线扩展的潜力，除了考虑政治、国防方面的意义外，还应综合考虑以下各方面的因素，进行正确决策。

（1）方案所能提供的部门经济效益和社会经济效益；

（2）单位运能所需资金；

（3）运营的合理性、可靠性；

（4）方案的可实现性，主要是对技术装备、资金来源、能源供应，以及有关配套设施等方面要求的满足程度。

此外，修建分流线应掌握好施工时机，不致发生过早或过晚的失误。

## 习题

**一、名词解释**

1. 动能闯坡　2. 第二线与既有线线间距　3. 并行等高

**二、简答题**

1. 既有线纵断面改建设计与新线纵断面设计比较，有哪些主要区别，为什么要有此区别？

2. 简述既有铁路能力加强中，提高通过能力的措施。

**三. 计算题**

既有线某单线半自动闭塞区段，由于上、下行方向行车量不均衡，采用不成对运行图。运行组织采用先重车后轻车的图式，重车方向的不成对系数为2。

1. 绘出不成对运行图；

2. 分别列出轻车方向和重车方向的通过能力计算式。

# 第八章　高速铁路设计特点

## 本章导读

高速铁路是指开行250km/h(含预留)及以上动车组列车,轴重不大于17t,编组不大于16辆,初期运营速度不小于200km/h的高速铁路。高速铁路不是列车运行速度的简单提高,而是新型牵引动力、高性能轻型车辆、高质量线路、高速运行控制指挥等方面技术进步的集中反映,具有不同于传统铁路的技术内涵;它以高速、安全、准时、方便、舒适为综合优势;需要以高性能的技术装备、高质量的基础设施、高水平的运营管理和高度科学的规划布局为支撑条件。因此,作为高速铁路的设计,必须充分体现上述高速铁路的技术经济优势,具备更高的系统工程观念,确保列车高速、安全、舒适的运营。

## 学习目标

了解高速铁路的设计特点。

## 学习重点

掌握相关高速铁路设计的特殊要求。

## 学习难点

高速铁路的能力计算。

## 单元一　牵引计算

### 一、牵引动力

(一)牵引动力的配置

动车组分为电力牵引和内燃电传动牵引两种。

内燃电传动牵引的动车组已投入运营的有英国的HST高速列车、德国的VT610内燃动车组。其相对于电力牵引动车组的缺点是:功率较小,耗油,对环境污染大;优点是基建投资省,见效快。内燃动车组一般用于尚未电气化的高速铁路区段,作为电气化前期的一种过渡牵引形式;它也是电牵引高速铁路事故时的备用设备。

电力牵引的优点:功率大、轴重小、经济性能好、环境污染小。缺点是初期投资大。我国高速铁路全部采用电力牵引。

高速动车组列车的牵引动力配置根据动力所在列车位置的不同分为两种:

1. 动力集中

动力集中又分为：

(1)单端集中。

这是传统牵引方式，机车牵引客车，高速列车由一台或几台机车集中于一端来牵引，既可以是内燃机车牵引，也可以是电力机车牵引。

功率较小、速度不高，一般应用于既有线改造为客货混用的高速铁路上，速度一般在200km/h左右。高速化初期采用，特别是尚没有电气化的区段，比较经济。动力集中设置的优势在于集中在头车的动力设备便于检修和集中通风冷却，同时使拖车少负担动力设备的重量和噪声干扰。

(2)两端集中。

高速列车两端为动力车，中间全部为无动力的拖车，牵引采用前挽后推的方式。

两端设动力车有利于往返运行时不必转向。有两种模式：一种是机车模式，两端的动力车就是一般的机车，中间的无动力拖车为一般的客车，列车长度及组合机动性大，如德国ICE；另一种是动车组模式，采用的动车和拖车具有共用转向架和铰接结构，载荷均匀，运行平稳，但由于编组固定，因而编组的机动性差，如法国TGV。

2. 动力分散

完全分散：编组中的全部车辆为动车，如日本的0系列，16辆均为动力车。

相对分散：大部分为动力车，小部分为拖车，如日本的100、700系列，16辆中12辆为动力车，4辆是拖车(图8-1)。

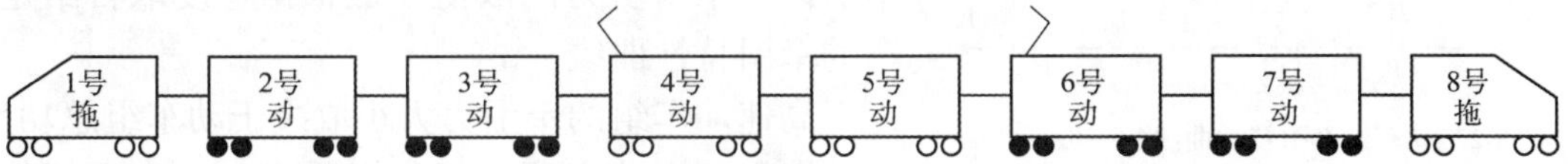


图8-1　动力组(动力分散)

高速列车在其牵引重量和速度目标值确定之后，无论采用动力集中还是分散配置，所需的列车总功率基本上是相同的。两者的区别仅在于动力分散配置型列车的动轴多、单轴功率小；而动力集中配置型列车的动轴少、单轴功率较大。

采用动车分散牵引的动车组模式是当前高速牵引的主要方式。原因在于：

(1)有牵引功率大、编组灵活、启动加速快。

(2)动力轴的重量是提供牵引力所需的黏着力的必要条件，然而黏着系数将随速度的提高而下降，单轴的黏着力将变小，另一方面，若提高动轴的重量太多，在高速运行时将产生过大的轮轨力，损坏钢轨和线路，因此，增加动轴的数量，将高度集中的牵引动力配置改为分散(或相对分散)配置，将牵引动力分散在各个动车上，可保证足够的牵引力，也克服了传统机车牵引总功率受限制的缺点，从而使运行速度提高。

(3)动车组平均轴重低减轻对线路的动力作用，可减少线路建设投资，降低线路的检修和养护费用。

我国所采用的动车组均是动力分散式的电力动车组，每列8辆编组，目前有CRH1、CRH2、CRH3、CRH5四种型号，其中CRH1(5动3拖，牵引总功率5300kW)和CRH5(5动3拖，牵引总功率5500kW)适应在200km/h速度等级的高速铁路运行，CRH3(4动4拖，牵引总功率8800kW)适应在300km/h速度等级的高速铁路运行，CRH2又根据动力的配置的不同分为CRH2-200(4动4拖，牵引总功率4800kW)和CRH2-300(6动2拖，牵引总功率7200kW)两种，分别适应在200km/h和300km/h速度等级的高速铁路运行（表8-1给出了CRH2-200动力配置及主要技术参数）。

**CRH2-200动车组的动力配置及主要技术参数**　　表8-1

| 车号 | 1 | 2 | 3 | 4 | 5 | 6 | 7 | 8 |
|---|---|---|---|---|---|---|---|---|
| 车种 | $T_1$ | $M_2$ | $M_1$ | $T_2$ | $T_1$ | $M_2$ | $M_1$ | $T_2$ |
| 定员（人） | 55 | 100 | 85 | 100 | 55 | 100 | 51 | 64 |
| 整备质量(t) | 42.8 | 48.0 | 46.5 | 42.0 | 44.1 | 48.0 | 46.8 | 41.5 |
| 乘客质量(t)(80kg/人) | 4.4 | 8.0 | 6.8 | 8.0 | 4.4 | 8.0 | 4.1 | 5.1 |
| 定员总重(t) | 47.2 | 56.0 | 53.3 | 50.0 | 48.5 | 56.0 | 50.9 | 46.6 |
| 轴重(t) | 11.8 | 14.0 | 13.3 | 12.5 | 12.1 | 14.0 | 12.7 | 11.7 |
| 最大长度(m) | 25.7 | 25.0 | 25.0 | 25.0 | 25.0 | 25.0 | 25.0 | 25.7 |

时速200km动车组适应在中国铁路既有线路上运营，并在中国铁路既有线的指定区段及新建的高速铁路上以200km/h速度级正常运行；时速300km动车组适应在300km/h速度等级的高速铁路和200km/h速度等级的线路上运营。

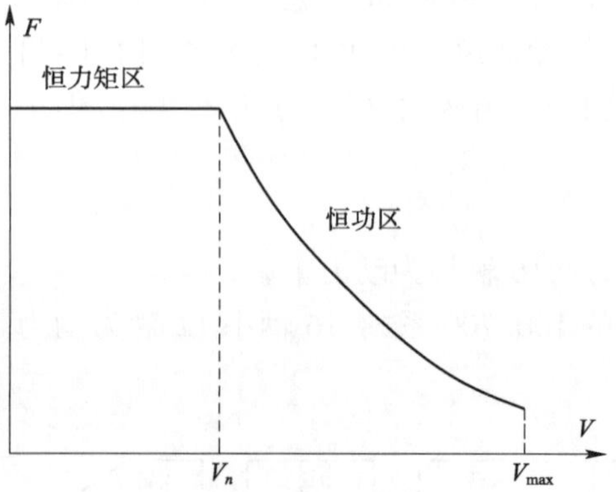

图8-2　动车组牵引特性曲线的一般形式

（二）动车组牵引特性曲线

牵引电动机一般为恒功率运行，即式(8-1)中的$P$基本为常数，则牵引力$F$和行车速度$V$呈双曲线形式，动车组牵引特性曲线的一般形式如图8-2所示，牵引计算中牵引力的取值一般根据速度取自给定动车的牵引特性曲线。

高速动车组的牵引力大小取决于动车组总功率；而动车组所需功率可根据牵引质量和速度目标值的大小，通过配置相应的动车组来提高。动车的牵引力与功率的关系：

$$F=\frac{3.6P}{V} \tag{8-1}$$

式中：$F$——动车轮周牵引力(N)；

$P$——牵引功率(W)。

牵引功率与列车运行的最高速度、动车组质量、最高速度时的列车运行阻力和剩余加速度、齿轮的传动效率、牵引电机效率有关。

动车组牵引特性曲线具有以下特点：

(1)机车在高速区具有双曲线形式的恒功特性，牵引力随速度增加而减小，而列车阻力随速度平方的关系增加，导致加速力越来越小；

(2)低速区牵引力随速度升高而略有下降；

(3)动车组车体质量轻，牵引力较大功率机车的牵引力明显减少；

(4)动力分散导致起动时及低速范围的牵引力远低于黏着限制曲线较多（黏着曲线不再画出），在动车组的牵引计算中，通常不考虑黏着限制；

(5)全功率下，即使在很大的坡度上（如30‰），速度仍然在恒功区域，速度较高，牵引电动机仍然满足散热的需要，不会出现低速持续运行的情况。

图8-3为我国部分CRH系列动车组的牵引特性曲线。在低速范围内，动车组的牵引力受到起动电流的限制，如$CRH_1$五动三拖编组动车组在0～50km/h的速度范围内，动车组牵引力

受到起动电流限制为一定值 325kN；当速度大于一定值后，动车组牵引力受牵引电机功率的限制，随着速度的升高而降低。

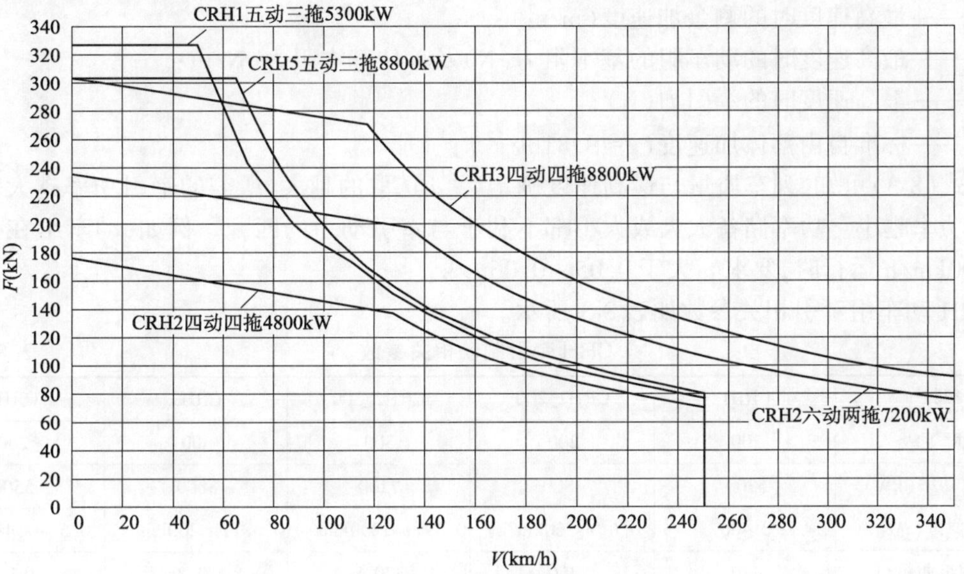


图 8-3　动车组牵引特性曲线

我国生产的 CRH 系列高速动车组的牵引性能参数如表 8-2 所示。

**CRH 高速动车组牵引性能参数**

表 8-2

| 参数 / 机型 | $V_s$ (km/h) | $F_s$ (kN) | $F_q$ (kN) | $P_z$ (t) | $V_m$ (km/h) |
|---|---|---|---|---|---|
| CRH1 | 200 | 87 | 325 | ≤16 | 250 |
| CRH2 | 200/300 | 132/83 | 237 | ≤14 | 250/330 |
| CRH3 | 200/350 | 160/92 | 300 | ≤17 | 380 |
| CRH5 | 200 | 95 | 300 | ≤17 | 250 |

注：$V_s$最高运营速度，$F_s$最高运营速度对应牵引力，$F_q$起动牵引力，$P_z$轴重。

## （三）动车组所需的牵引力

用于动轮轮周上的切向外力，即为动车牵引力。但是这个力的产生必须具备两个条件：

（1）动车动轮上有动力传动装置传来的旋转力矩。动车组的牵引力来自其中的动车。

（2）动轮与钢轨接触并存在摩擦作用。动车的黏着牵引力来自全部动轴，其黏着质量为全部动轴荷载之和。

为使得动车组迅速达到规定的最高速度 $V_{max}$，动车组必须具有一定的加速度，一般规定动车组在平直道上到达最高速度时应具有一定的剩余牵引力（加速力）$\Delta F$ 及剩余加速度 $a$（列车在平直道上达到最高时速时的加速度）。$a$ 对动车组从静止加速到最高速度的时间有决定性的影响，$a$ 越小，列车达到最高速度的距离及时间越长；反之，$a$ 越大，列车能较快地达到最高运行速度，但需要动车的功率要大幅度增加，经济上不利。加速力 $\Delta F$(N)为：

$$\Delta F = F_G - W_0 = m(1+\gamma) \cdot a \cdot 10^3 \tag{8-2}$$

最高速度时的列车牵引力 $F_G(N)$ 为：

$$F_G = W_0 + m(1+\gamma) \cdot a \cdot 10^3 = m \cdot w_0 + m(1+\gamma) \cdot a \cdot 10^3 \tag{8-3}$$

式中：$\gamma$——动车组回转质量系数，动车组的动车与拖车的比例不同而不同，动力集中式动车组取 0.06 ~ 0.08（一般取 0.06），动力分散式动车组取 0.08 ~ 0.11（一般取 0.1）；

$m$——动车组质量（t）；

$a$——最高速度时的剩余加速度（$m/s^2$）；

$W_0$、$w_0$——最高速度时的动车组的基本阻力（N）及单位基本阻力（N/t）；

$F_G$——最高速度时的牵引力（N）；

g——标准自由落体加速度（$g \approx 9.81 m/s^2$）。

由式（8-3）可知，列车质量与最高速度确定后，$a$ 选取的越大，所需的牵引功率越大，反之，则牵引功率越小。功率储备太大或太小都不利于与牵引动力的匹配。例如，动车组在平直道上以 300km/h 运行时，要求 $a$ 大于 0.05 ~ 0.06$m/s^2$。

CRH 动车组牵引相关参数如表 8-3 所示。

**CRH 牵引制动相关参数** 表 8-3

| 参数 | CRH1 | CRH2_200 | CRH2_300 | CRH3 | CRH5 |
|---|---|---|---|---|---|
| 速度等级 | 200 | 200 | 300 | 300 | 200 |
| 牵引总功率（kW） | 5300 | 4800 | 7200 | 8800 | 5500 |
| 启动加速度（$m/s^2$） | 0.406 | 0.6（$v$ < 60km/s） | 0.39（$v$ < 200km/s） | 0.38（$v$ < 200km/s） | 0.5（$v$ < 40km/s） |
| 空车编组质量（t） | 420 | 360 | 370.8 | 479.36 | 451.3 |
| 定员载荷质量（t） | 474 | 408.5 | 419.6 | 536 | 500 |

需要说明的是，因为动车组的牵引动力与其质量是固定配置的，其单位牵引力与速度的关系是恒定的，牵引质量不因设计线的技术参数而改变；而普通铁路的牵引质量则因设计线限制坡度不同而改变，其牵引质量还要计及设计线限制坡度的因素，这是传统机车牵引与动车组牵引计算的一项重要区别。

## 二、阻力

动车组的基本阻力主要由空气阻力和机械阻力（包括轮轨摩擦阻力和轴承等滚动部件的摩擦阻力）组成。在低速运行时，主要是机械摩擦阻力；达到 160km/h 时，空气阻力已经超过一半，达到 300km/h 时，空气阻力占 75%，运行速度越高，空气阻力占的比例越大（表 8-4）。

在列车其他因素相同时，空气阻力与列车速度的平方成正比。

**不同速度下空气阻力所占的比例** 表 8-4

| 速度（km/h） | 20 | 50 | 100 | 160 | 300 |
|---|---|---|---|---|---|
| 空气阻力所占比例（%） | 2 | 15 | 41 | 55 | 75 ~ 95 |

空气阻力在列车的运行的总阻力中随速度的提高显著提高。

实际计算中，动车组的基本阻力应体现空气阻力和机械阻力，仍采用单位阻力表示，暂定的动车组的单位运行基本阻力如下（下式中 $V$ 的单位为 km/h）。

CRH1 的基本阻力： $w_0 = 5.2 + 0.0252V + 0.000677V^2$ （N/t）

CRH2 的基本阻力： $w_0 = 8.63 + 0.07295V + 0.00112V^2$ （N/t）

CRH3 的基本阻力： $w_0 = 7.75 + 0.062367V + 0.00113V^2$ （N/t）

CRH5 的基本阻力： $w_0 = 6.796 + 0.062V + 0.00143V^2$ （N/t）

质量为 $m$（t）的动车组运行的基本阻力 $W_0$（N）为：

$$W_0 = w_0 \cdot m \quad (8\text{-}4)$$

列车单位阻力为：

$$w = \frac{W}{m} = \frac{w_0 \cdot m + g \cdot i_j \cdot m}{m} = w_0 + w_j \tag{8-5}$$

高速铁路的单位曲线附加阻力暂按 $w_r = \frac{600}{R}g(N/t)$，隧道及坡道附加阻力与普速列车计算方法相同。

## 三、制动力

高速牵引动力是高速行车的重要技术关键之一，其本身涉及许多方面的新技术。

速度越高，空走时间对制动距离的影响越大，有效制动距离决定于制动力和制动功率的大小，而且动能与速度的平方成正比，故高速列车的动能很大。要在一定的制动时间和距离内将动能转化、消散，必须要有足够大的制动能力和更灵敏的制动操纵控制系统。

动车组制动系统的性能和组成与普速列车完全不同，包含电制动系统、空气制动系统、防滑装置、制动控制系统等子系统，制动时采用电空制动联合作用的方式，且以电制动为主。动车组优先采用再生制动，最大限度地将制动能量反馈回电网，当再生制动不能满足总的制动功率要求时，用空气制动补充。

### （一）动车组的制动方式

动车组的制动方式按制动的操控方式，分为空气制动、电空制动（电控空气制动，控制的是电流）和电制动（电阻制动和再生制动）；按动能的转移方式或产生制动力（图 8-4）的方法分，除了闸瓦制动、电阻制动、再生制动外，还有以下几种。

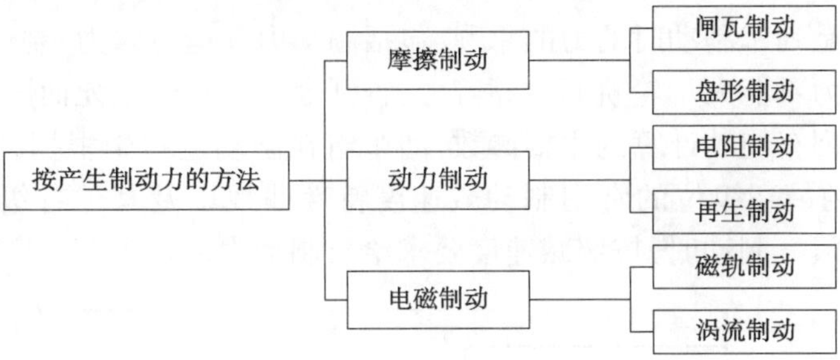


图 8-4　制动方式

盘形制动（图 8-5）是以合成材料或粉末冶金材料制成的制动块（又称闸衬）夹紧装在车轴上的铸铁或钢制动圆盘，通过制动块与制动圆盘之间的机械摩擦来消耗列车的动能，避免了车轮踏面磨耗并提高了制动力，这也是一种摩擦制动方式。

目前我国的快速客车大都采用盘形制动装置。例如，CRH2 转向架基础制动装置主要由制动增压缸、制动卡钳、闸片及管路系统等部分组成。制动卡钳的夹紧动作是由液压油缸驱动的，而推动该液压油缸的高压油是通过空—油变换装置将制动管内的压缩空气压力放大后获得的。加压制动时，由增压缸输出的高压油，通过液压管路分别输入到转向架的各个制动卡钳装置的液压制动缸内，推动制动闸片。油缸

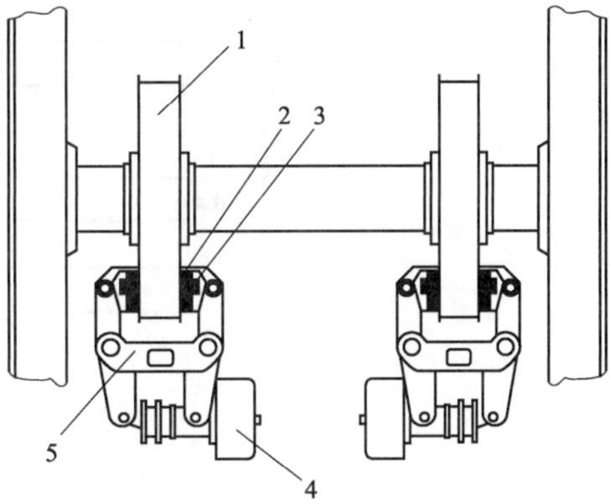


图 8-5　盘形制动

1-制动盘；2-闸片；3-闸片托；4-制动缸；5-杠杆

侧的闸片首先碰上制动盘的表面,然后卡钳本体因反作用力,而使支持栓销部分发生横向滑动,非油缸侧闸片也压上制动盘的表面,形成两侧闸片共同夹住制动盘,产生制动夹紧力,实施制动作用。

和闸瓦制动相比,它散热性能好,并具有较好的高速制动性能,不足之处是高速制动时制动块磨损速度明显加快,热载荷大时制动圆盘易产生裂纹,不能确保制动安全,此外,制动力要通过车轮来传递,因而受轮轨黏着的限制。因此,盘形制动在高速列车的动力车上也只能起辅助制动作用。

此外,还有电磁制动,包括(磁轨制动和涡流制动),转向架上的制动电磁铁与钢轨间的相对运动产生制动力,不像其他黏着制动方式,均不是依靠轮轨间的黏着作用产生制动力,是非黏着制动。

(二)高速列车制动的特点

(1)多种制动方式联合。制动时,以电制动与空气制动联合制动的方式,且以电制动为主。这种联合的方式可保证列车从低速到高速的整个速度范围内都有足够的制动力。

(2)列车制动操纵控制普遍采用了电控、微机控制制动力可准确计算动车组所需的总制动力,还可在电制动力与空气动力之间进行分配,实现电、空制动力的准确控制。

CRH 和谐号动车组一般采用“再生制动 + 直通式电空制动”的方式。一般使用再生制动方式进行调速制动,通过电机转换消耗机械能,同时把制动中产生的电能反馈给电网利用。此外,空电联合制动方式可使再生制动和空气制动的大小和比例通过制动控制器合理分配,实现列车平稳快速减速。

(三)减速力计算

列车的减速力是列车制动时的力的总称,包括制动力和运行阻力,制动力包括电制动力和空气制动力。减速力不能大于轮轨间的黏着力,否则会出现车轮抱死而滑行。

减速度特性是列车制动计算的主要参数,动车组在制动过程中根据减速度特性给定制动力。CRH2 型动车的最高级位的常用制动减速度特性曲线以及其他各级常用制动特性曲线[依次递减(图 8-6)]。制动时,按照减速度要求给出制动力。

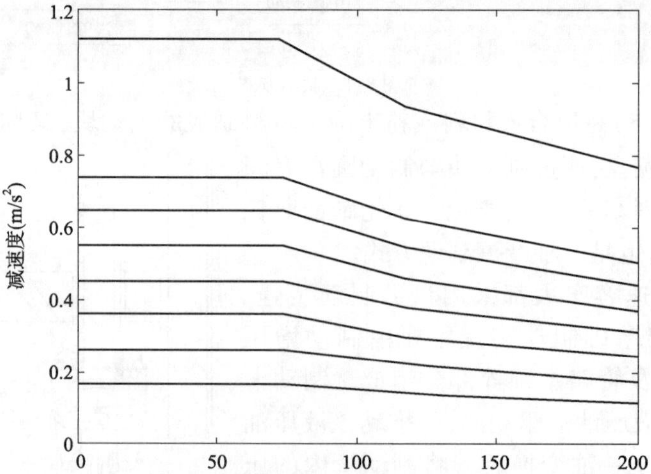


图 8-6 常用制动减速度曲线

表 8-5 为 CRH2 型动车组部分制动减速度表,其制动控制器一般有 N1-N7 七个常用制动

级位和一个 EB 紧急/快速制动级位。

CRH2 型电动车组的制动减速度　　表 8-5

| 制动级位 | | 减速度 ($m/s^2$) | | |
|---|---|---|---|---|
| | | 0~70km/h | 70~118km/h | 118~200km/h |
| 常用制动 | 1 级 | $0.1667V$ | $0.2072-0.0005787V$ | $0.1765-0.0003185V$ |
| | 2 级 | $0.2639V$ | $0.3287-0.0009259V$ | $0.2779-0.0004954V$ |
| | 3 级 | $0.3611V$ | $0.4502-0.0012731V$ | $0.3814-0.0006900V$ |
| | 4 级 | $0.4583V$ | $0.5758-0.0016782V$ | $0.4780-0.0008493V$ |
| | 5 级 | $0.5528V$ | $0.6905-0.0019676V$ | $0.5794-0.0010262V$ |
| | 6 级 | $0.6500V$ | $0.8120-0.0023148V$ | $0.6829-0.0012208V$ |
| | 7 级 | $0.7472V$ | $0.9336-0.0026620V$ | $0.7844-0.0013977V$ |
| EB 紧急制动 | | $1.1222V$ | $1.4017-0.0039931V$ | $1.1790-0.0021054V$ |

由列车减速度确定的所需的减速力 $B_j$(N) 为：

$$B_j = ma_j(1+\gamma)\times 10^3 \tag{8-6}$$

式中：$a_j$——减速度($m/s^2$)。

则单位质量的减速力 $b_j$(N/t)为：

$$b_j = B_j/m \quad (N/t) \tag{8-7}$$

减速力减去运行阻力(含加算坡道阻力)后可得到制动力。

## 四、动车组单位合力

根据动车组运行过程中动车组受力的大小和方向，动车组的运行过程也分为牵引、惰行、制动运行过程。不同状态下动车组所受单位合力的计算公式不同，与普速列车的相似：

牵引工况　$$c = f - w_0 - w_j \tag{8-8}$$

惰行工况　$$c = -w_0 - w_j \tag{8-9}$$

制动工况　$$c = -(b + w_0 + w_j) \tag{8-10}$$

式中：$c$——动车组单位合力；

$w_0$——动车组单位基本运行阻力；

$w_j$——动车组单位附加阻力；

$b$——动车组单位制动力(再生制动力，或与空气制动力共同作用)。以上各种单位力的单位是 N/t。

# 单元二　通过能力及输送能力

## 一、运输组织模式

运输组织模式是决定高速铁路铁路主要技术方案与技术标准的前提和基础。与普通铁路一样，运输组织模式与国情和沿线经济、社会条件等密切相关，具有很强的地域特征。已有或在建高速铁路的国家和地区，根据各自情况选择了不同的高速铁路运输组织模式，主要包括纯客运型和客货混运型。其中纯客运型中又有两种情况，一种是高速列车仅在高速线上运行(如日本、韩国和中国台湾)，另一种是高速列车不仅在高速线上运行，还要下既有线(如法国、德国等)。

中国的高速铁路处于快速客运网络中，必然存在大量的列车需要跨线运行（指在高速铁路本线及非本线上都运行）。因此，运输组织模式应考虑路网的兼容性，以实现高速列车跨线运行，提高铁路的网络效益。中国的国情和高速铁路网络化的特点，决定了中国高速铁路的运输组织模式必然是本线旅客列车和跨线旅客列车共线运行。

对于列车种类，本线旅客列车宜采用高速动车组，跨线旅客列车宜采用时速200km及以上的动车组。随着机车车辆工业的发展，可以逐步提高跨线列车的配置标准和运行速度。

## 二、跨线旅客列车设计速度的确定

我国高速铁路目前采用本线旅客列车和跨线旅客列车共线运行的运输组织模式，本线旅客列车采用运行速度300km/h及以上的动车组，跨线旅客列车按200km/h及以上设计。这主要考虑了以下两个方面的因素：

（1）当跨线旅客列车速度低于200km/h时，对线路平面最小曲线半径标准、工程量和运输能力等影响较大。例如某些设计标准（如最小曲线标准）是按照一定的高低速匹配标准制定的，如实际运行的列车速度差过大，超出了设计规定的范围，则可能引起行车事故。

（2）时速200km/h旅客列车的发展规划及目前我国既有线进行的提速改造工程发展情况，一般相邻既有线的提速速度目标值均为160～200km/h（跨线旅客列车届时的速度是可以达到200km/h及以上的）。

## 三、区间通过能力

高速列车的区间通过能力根据其运输模式可分为全高速和高中速混行两种模式。

（一）全高速模式

高速铁路区间通过能力是指放行最高速度等级列车的能力。“全高速”模式是指速度均为300km/h及以上的情况。

1. 无停站的全高速平行运行图通过能力

高速旅客列车的停站规律各不相同，有别于一般的货物列车。

高速旅客列车通常以客运区段（指有大量始发终到或跨线旅客列车产生的两节点间构成的客运区段）为单位制定开行方案，在高速铁路上开行客运区段站间的旅客列车，高速铁路的通过能力以客流区段为单位。

按客运区段计算的区间通过能力有以下特点：

（1）平行运行图通过能力是由不同运行距离的长短途列车区间通过能力组成；

（2）平行运行图通过能力只是为设计所用，是一种假设，假设速度相等；

（3）300km/h及以上列车由于停站规律不同，按平行运行图计算，应考虑不同速度列车的扣除系数。

（4）假设均按高速车（300km/h及以上）的速度计算，不同速度等级列车共线运行的情况下，将200km/h、250km/h的列车折合为高速车。

由客流铺画高速铁路追踪列车的运行图时，除了要扣出供工务维修作业的“天窗”时间外，还要考虑由客运区段起点始发的末班车，能够在天窗封闭线路开始前到达区段终点。由区段始点到区段终点的运行时间为：

$$T_W = \frac{60S}{V} \quad (\text{min}) \tag{8-11}$$

则平行运行图的通过能力计算式如下：

$$N=\frac{1440-T_{\mathrm{T}}}{I}-\frac{60S}{V\times I}=\frac{1}{I}\left(1440-T_{\mathrm{T}}-\frac{60S}{V}\right)=\frac{1440-T_{\mathrm{T}}-T_{\mathrm{W}}}{I}\quad（列/d）\qquad(8\text{-}12)$$

式中：$T_{\mathrm{T}}$——“天窗”时间(min)，取240～360min；

$S$——客运区段长度(图8-7中的$AB$)，如天窗开设长度小于客运区段长度，为天窗开设长度(km)；

$V$——列车运行速度（km/h）；

$I$——高速列车追踪列车间隔时间(min)应根据列车牵引制动性能、列车控制方式和车站到发线数量、道岔配置等情况具体计算确定，可取3～4min；

$\frac{60S}{V\times I}$——三角区(图8-7)时间内可开行的列车数(列/d)；

$T_{\mathrm{W}}$——列车运行图无效时间，包括非客运时段、三角区时段等（min）。

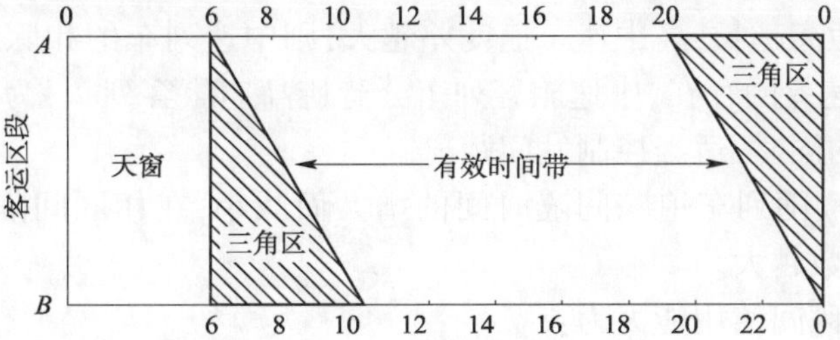


图8-7　三角区

2. *考虑停站高速列车的通过能力*

“全高速”模式下，区段内运行的列车有两类：有停站的高速列车和无停站的高速列车。高速列车若在途中停车办理客运业务，相对于无停站高速列车，有停站高速列车会受到起停附加时分、在站停留时间等的影响，列车每停站一次，在前后两区间都将产生相应的空费时间，从而产生额外的占用列车运行图的时间，减少了通过能力。高速列车因停站而产生的能力扣除通过扣除系数体现。高速铁路的扣除系数是指因铺画一对或一列速度较低的旅客列车，须从平图上扣除的高速列车数。

基于无停站的全高速平行运行图能力可得到考虑停站的全高速旅客列车的通过能力。

考虑停站的全高速区间通过能力$N_{\mathrm{G}}$按下式估算：

$$N_{\mathrm{G}}=\frac{N}{\varepsilon_{\mathrm{G}}}\quad（列/d）\qquad(8\text{-}13)$$

考虑停站的全高速区间使用能力(考虑一定的富余)为：

$$N_{\mathrm{G}}^{使}=N_{\mathrm{G}}K_{\mathrm{S}}\qquad(8\text{-}14)$$

式中：$\varepsilon_{\mathrm{G}}$——高速列车扣除系数(高速列车扣除系数在途中不停站，其扣除系数为1，停站次数越多、停站时间越长、扣除系数就越大)，一般取1.4～1.6；

$K_{\mathrm{S}}$——区间通过能力使用系数，一般取0.9。

(二)“高中速混行”模式下通过能力的计算

对于采用“高、中速列车共线运行”运输组织模式的高速铁路，本线高速列车和跨线运行中速列车共线混行。由于以下两个原因，将会产生扣除系数：中速列车和高速列车存在着一定的速差；相对于无停站高速列车，有停站高速列车也会产生扣除。高速列车的停站方式不同，高速列车和中速列车的速度不同，因而列车运行图是非平行运行图。

其(最大)通过能力可按下式计算：

$$N_h = N_G + N_Z = (N_G - N_Z\varepsilon_Z) + N_Z \quad (8\text{-}15)$$

式中:$N_h$——不同速度等级列车混运条件下(高、中速列车共线)区间最大通过能力,等于高速列车和中速列车之和(对或列);

$N_Z$——指定铺画的中速(如 200km/h 或 250km/h)列车数(列或对);

$\varepsilon_Z$——中速列车扣除系数;

$N_G$——在铺画指定数量的中速列车数的条件下,最多能铺画的高速列车数(列或对)。

影响中速列车(200km/h、250km/h)扣除系数大小的主要因素有:

(1)速度差。速差越大,扣除系数也就越大;且中速车停站办理次数多,占用列车运行图的时间较长。

(2)中速车铺画数量。数量越多,扣除系数就越小。

(3)铺画方式。采用追踪铺画,扣除系数可相应减小。

(4)站间距离。站间距离小,扣除系数也随之减小,但中速车的旅行速度也相应降低。一般情况下,运行区段距离越长,高中速车速度差越大,则中速列车的扣除系数越大。在高速铁路线上(双线),由于速差的存在,中速旅客列车会待避高速旅客列车,为不使待避时分不致过长,在结合城镇分布的同时,适当控制站间距离。

(5)追踪间隔。$\varepsilon_Z$ 随列车追踪间隔时间的增大而减小;在相同间隔条件下,停站次数越多,速差越大,扣除系数越大。

高中速混行下的区间使用能力为:

$$N_h^{使} = N_G^{使} + N_Z = (N_G^{使} - N_Z\varepsilon_Z) + N_Z \quad (8\text{-}16)$$

## 四、输送能力

### (一)全高速列车线路的年输送能力

一列高速列车年输送能力 $P_G$ 为:

$$P_G = \frac{365 \cdot A_G \cdot \lambda_G}{10^4 \beta_K} \quad (万人/列/年) \quad (8\text{-}17)$$

式中:$\beta_K$——月间客流波动系数;

$A_G$——高速车平均定员(人/列),300km/h 及以上列车定员,长编组可按 1200 人考虑,短编组可按 600 人考虑;

$\lambda_G$——高速车客车满员率,一般取 0.8~0.85,高峰时段可取 0.95。

全高速列车运行的线路的年输送能力 $C_G$:

$$C_G = N_G \cdot K_S \cdot P_G \quad (万人/年) \quad (8\text{-}18)$$

### (二)高中速列车混行线路的年输送能力

一列中速列车年输送能力 $P_G$ 为:

$$P_Z = \frac{365 \cdot A_Z \cdot \lambda_Z}{10^4 \beta_K} \quad (万人/列/年) \quad (8\text{-}19)$$

式中:$A_Z$——中速车平均定员(人/列),可按长编组 1200 人考虑;

$\lambda_Z$——中速车客车满员率,可与高速车取值相同。

高中速混运的线路年输送能力 $C_h$:

$$C_h = (N_G K_S - N_Z\varepsilon_Z) \cdot P_G + N_Z \cdot P_Z \quad (万人/年) \quad (8\text{-}20)$$

式中:$N_G$、$N_Z$——高、中速列车混运条件下高速、中速列车(最大)通过能力(列/对)。

## 单元三　主要技术标准

高速铁路主要技术标准应根据其在铁路网中的作用、沿线地形、地质条件、输送能力和运输需求等，若没有具体的规定值时，都要在设计中按系统优化的原则经综合比选确定。

高速铁路设计的主要技术标准包括：

①设计速度；②最小平面曲线半径；③最大坡度；④正线线间距；⑤到发线有效长度；⑥列车运行控制方式；⑦行车指挥方式；⑧最小行车间隔；⑨动车组类型。

### 一、设计速度

设计速度(速度目标值)，是高速铁路上所运行旅客列车的最高运营速度，它是高速铁路行车技术的核心参数。

确定设计速度既要能有效地发挥高速铁路新技术、新设备的效能，又要能提高铁路旅客运输服务水平，吸引更多客流。主要因素有：

(一)工程条件

由于速度越高，要求线路参数(如最小曲线半径、线间距)标准、路基质量、轨道结构、桥梁结构、隧道等越高，将相应增加土建工程投资。例如由于京沪高速铁路最高时速 250km/h 方案与 350km/h 方案，宝兰客专 250km/h 方案较与 350km/h 方案土建工程投资增加幅度分别为 8% ~ 11%、6.92%。因此，此两条线的基础工程设施按 350km/h 设计与施工，不但可满足初期高中速混跑的行车要求，为远期进一步提高速度打下了基础，并可避免以后技术改建的巨额投资。

高速铁路对环境的影响主要为轮轨噪音、集电系统噪音、空气动力学噪音等组成，试验表明，当列车速度大于 240km/h 后，噪音成倍增加，相应的降噪防噪工程和设备投资成倍增加，国外解决噪音污染的投资占工程总投资的 15%。

此外，随速度目标值的提高，牵引变压器容量、接触网导线、信号设备(列控、行车指挥系统)、移动通信设备等站后工程也有较大区别，从而增加工程投资。

(二)与跨线车速度匹配

按高速车、跨线车速度匹配原则进行设计最高速度的选择，要考虑不同速度共线运行的兼容性。

不同速度动车组共线运行的高速铁路除要满足最高设计行车速度要求外，而且要满足具有一定速差的不同速度动车组共线运行的要求，其速度要合理匹配，尽量使速差最小，以减少扣除系数，提高通过能力，

不同速度动车组共线运行时，线形设计按 350/250km/h，300/200km/h，250/200km/h 的速度匹配。

(三)路网的协调

设计线的速度目标值应考虑与相邻线的速度匹配。例如，宝兰客专跨线列车占 90% 左右，主要为新疆、甘肃至西安以远的客流，平均运距较长。与该线相关的西宝、郑西、京广、京沪高速铁路速度目标值均为 350km/h，若低于此目标值，大量的跨线列车在本线只能限速运行，动车组运用效率低，且旅客在途时间长，因此，考虑采用 350km/h。

(四)与其他运输方式的竞争

宝兰客专 350km/h 方案较 250km/h 方案旅行时间节省 28.9min，缩短约 27%，相比其他

运输方式，运输质量提高明显，市场竞争力更强。

（五）能耗因素

能耗与速度成平方的关系，即速度的增加使能耗大幅度增加，设计速度由300km/h提高到350km/h，90%的动力消耗在克服空气阻力上。

## 二、最小平面曲线半径

最小平面曲线半径与铁路运输模式、速度目标值、旅客乘坐舒适度和列车运行平稳度等有关。

高速铁路铁路运输组织模式为高速列车设计速度为350km/h、300km/h，与低速列车的匹配关系为350/200～250km/h（远期有少量200km/h的车）、300/200km/h。

高铁设计速度要求的最小曲线半径和高低速列车共线运行条件下最小曲线半径分别按式（3-14）和式（3-16）计算，前者主要考虑高速列车设计最高速度、实设超高与欠超高之和的允许值，后者还要考虑低速车的车速及欠过超高之和的允许值$[h_q + h_g]$。

实设超高允许值$[h]$主要取决于列车在曲线上停车时的安全、稳定和旅客乘坐舒适度要求。日本新干线最大超高为180mm，东海道新干线为200mm；德国ICE线和法国TGV线为180mm。因此，设计超高考虑满足不同轨道结构要求，最大超高采用170mm。

欠超高允许值$[h_q]$在高速铁路铁路上主要取决于旅客乘坐舒适度要求。根据法国、德国高速铁路标准等，高铁欠超高允许值$[h_q]$如表8-6所示。

**欠超高允许值** 表8-6

| 舒适度条件 | 良好 | 较好 | 一般 | 较差 |
|---|---|---|---|---|
| 欠超高允许值$[h_q]$（mm） | 40 | 60 | 70 | 100 |

对跨线旅客列车的过超高允许值$[h_g]$，一般认为过超高与欠超高对旅客乘坐舒适度的影响是同等的。在高低速列车共线运营的高速铁路铁路上，列车的车辆走行性能比货物列车要好得多，因而过超高引起的对内轨磨耗和对线路破坏作用要小一些，故其过超高允许值可以适当放宽，另考虑到高低速列车共线运营的高速铁路铁路是以高速列车为主，重点应保证高速列车的旅客乘坐舒适度，因此，取过超高允许值与欠超高允许值一致（表8-6）。

中高速列车共线运行时欠、过超高之和的允许值$[h_q + h_g]$，主要涉及为适应运输条件变化而超过预留调整裕量，即式（3-17）中的实设超高的幅度$\triangle h$：

通常有砟轨道取$\triangle h = 20 \sim 50$mm，而无砟轨道的曲线超高是设置在道床混凝土支承层或混凝土底座上，一次施工完成，难于根据列车运行速度的变化进行调整，因此，无须留有超高调整裕量$\triangle h$，即取$[h_q + h_g] = [h_q] + [h_g]$。

根据以上原则取参数后，可分别计算得出有砟和无砟轨道的最小半径要求，见表3-1。

## 三、最大坡度

设计采用的最大坡度大小对线路的走向、长度、工程投资、运营费用、牵引重量及输送能力，都有较大的影响。

我国《高速铁路设计规范》（TB 10621—2014）（以下简称《高规》）推荐我国高速铁路最大坡度一般条件下不宜大于20‰，个别困难条件下，不应大于30‰。

高速铁路采用大功率、轻型动车组，牵引和制动性能优良，能适应大坡度运行。由于一般高铁线路选定的最大坡度均在《高规》规定的范围以内，动车组的爬坡能力有较多的富余，不考虑曲线半径和隧道引起的坡度减缓，用最大坡度表示，没有“限制坡度”的概念（而客货共线运行的铁路，线路的设计坡度是由货物列车牵引质量要求决定的，一般用限制坡度来表示）。

《高规》的规定是根据我国现行的动车组的爬坡性能而拟定的参考值。一条具体的线路，可根据当地的自然、经济和社会条件以及坡度适应地形的情况，经技术经济比选，确定该条线路的最大坡度，例如京沪高铁选定12‰，武广高铁选定为15‰。而且，高铁最大坡度的规定可以根据线路进行的具体路段，确定局部路段的最大坡度，例如个别地段，京沪高铁采用了大于12‰的坡度，武广高铁在局部地面自然坡度较大地段也选择了大于15‰的20‰的坡度。

（一）客专最大坡度的实例分析

京沪高铁位于三大平原，除局部经由低山丘陵区外，全线地形平坦，高程控制问题不太突出，无须采用大坡度。但因所经地区经济发达，城市和居民点密布，铁路、公路、河流纵横交错，高架线路、立交工程、跨越河流等对高程都有一定的要求，通航河流尚需满足航运净高标准，纵断面设计频繁起伏。通过对8‰、10‰、12‰、15‰等不同最大坡度设计方案的比较，从高程的控制性条件和工程投资差别分析，采用最大坡度一般12‰较为合理，个别困难情况下尚可采用大于12‰，但不宜大于20‰的最大坡度。

武广高速铁路郴州至韶关区间属于低中山区，是武广客专地形最为复杂，设计中结合线路走向方案进行了最大坡度12‰、15‰、20‰及25‰四个方案比选：

12‰方案适应地形能力差，桥隧和土石方工程大，高桥或长隧道工程较多。

15‰方案适应地形能力较好，桥隧和土石方工程较12‰方案明显减小。

20‰方案适应地形能力好，线路走向与15‰方案有所不同，桥梁、隧道工程减小，尤其是穿越瑶山山区，最长隧道为7.03km，较15‰方案的最长隧道缩短了2.15km，但地形起伏地段，受最小坡段长度的限制，20‰、25‰两个方案适应地形的能力没有明显提高，投资并未较15‰的方案没有明显减少（表8-7）。

**方案比较表** 表8-7

| 最大坡度 | 12‰方案 | 15‰方案 | 20‰方案 | 25‰方案 |
|---|---|---|---|---|
| 投资（万元） | +21984.2 | 0 | -13567.4 | -16595.1 |
| 投资（%） | +2.2 | 1 | -1.4 | -1.7 |
| 年运营费（万元） | -940 | 0 | -2558 | -3042 |

15‰方案能够很好地适应地形，较12‰方案节省投资显著；且虽较20‰、25‰两个方案投资有所增加，但运营支出较低。

因此，此段最大坡度选择15‰，在局部地面自然坡度较大地段选择20‰。

（二）速度与坡度的适应性

在列车运行过程中，列车牵引功率必须满足牵引时起动加速能力及最高速度目标值时剩余加速度的要求，不同高速列车的阻力和牵引质量均不同，对功率要求也有差异，表8-8计算出了给定功率下列车速度与坡度适应情况。

**列车运行速度与坡度适应情况** 表8-8

| 动车组类型 | 单位质量牵引功率（kW/t） | 速度值（km/h） | 基本阻力（N/t） | 牵引力（N/t） | 剩余牵引力（N/t） | 平坡上运行剩余加速度（$m/s^2$） | 当量坡度（‰） |
|---|---|---|---|---|---|---|---|
| | $P$ | $V$ | $w$ | $f$ | $c$ | $a$ | $i$ |
| CRH3 | 16.4 | 300 | 128.2 | 177.1 | 49.0 | 0.04 | 4.99 |
| | | 280 | 113.8 | 189.8 | 76.0 | 0.07 | 7.74 |
| | | 250 | 94.0 | 212.5 | 118.6 | 0.11 | 12.09 |
| | | 200 | 65.4 | 265.7 | 200.3 | 0.18 | 20.41 |

续上表

| 动车组类型 | 单位质量牵引功率(kW/t) | 速度值(km/h) | 基本阻力(N/t) | 牵引力(N/t) | 剩余牵引力(N/t) | 平坡上运行剩余加速度($m/s^2$) | 当量坡度(‰) |
|---|---|---|---|---|---|---|---|
| CRH2_200 | 11.8 | 200 | 68.0 | 191.1 | 123.1 | 0.11 | 12.55 |
| | | 180 | 58.0 | 212.4 | 154.4 | 0.14 | 15.73 |
| | | 160 | 49.0 | 238.9 | 190.0 | 0.17 | 19.37 |
| | | 150 | 44.8 | 254.9 | 210.1 | 0.19 | 21.42 |

由表8-8可见,采用CRH3时速300km/h的列车在平坡上运行仍有0.05$m/s^2$的加速;在8‰的坡道上能以280km/h匀速运行;在12‰的坡道上也可以250km/h匀速运行;在20‰的坡道上也可以200km/h匀速运行,较最高速度仅降低了30%。而对CRH2在20‰的坡道上也仍能以速度150km/h匀速运行。

## 四、正线线间距

(一)线间距要求

铁路线间距主要受列车交会运行时的气动力作用控制,既要满足列车承受会车压力波的允许值[$\Delta P_{max}$],又要满足作用在列车上的会车压力波最大值$\Delta P_{max}$,会车压力波时变率$\Delta P_{max}/\Delta t$。线间距窄,会车压力波大,对动车组的车体流线、头型、车宽、气密性、门窗设计和制造要求高,但线间距窄,可节省土建工程投资。

我国高铁正线按线间距不变的并行双线设计,曲线地段设计为同心圆。区间正线宜按线间距不变的并行双线设计,曲线地段应以左线(下行线)为基准,右线设计为左线的同心圆。

具体设计时,线间距由设计速度确定,应符合下列规定:

(1)区间及站内正线线间距不应小于表8-9的标准,曲线地段可不加宽。

**正线线间距** 表8-9

| 设计行车速度(km/h) | 350 | 300 | 250 |
|---|---|---|---|
| 机车车辆间的安全净距(mm) | 1600 | 1400 | 1200 |
| 线间距(m) | 5.0 | 4.8 | 4.6 |

(2)正线与联络线、动车组走行线并行地段的线间距,应根据相邻一侧线路的行车速度及其技术要求和相邻线的路基高程关系,考虑站后设备、路基排水设备、声屏障、桥涵等建筑物以及保障技术作业人员安全的作业通道等有关技术条件综合研究确定,最小不应小于5.0m。

(3)正线与既有铁路或客货共线铁路并行地段线间距不应小于5.3m;当两线不等高或线间设置其他设备时,最小线间距应根据其技术要求计算确定。

高速铁路铁路与新建普通铁路(不含跨线旅客列车联络线)和既有铁路并行地段,其线间距应满足以下条件:

(1)满足高速铁路铁路建筑限界(直线地段半宽2.44m)和普通铁路建筑限界(直线地段最大半宽2.44m)的要求;

(2)满足高速铁路铁路和普通铁路大型养路机械维修作业互不干扰的要求(线路中心至作业边缘不小于为3.0m);

(3)满足两线间作业通道及固定设备设施的限界要求。

直线车站上,两正线间的线间距应与区间正线相同;当两线路间无建筑物或设备时,正线与相邻到发线间、到发线间或到发线与其他线间不应小于5.0m。

线间距应与设计速度、线路平面和线路纵断面等标准系统设计、互相协调匹配。

(二)建筑限界轮廓及基本尺寸

建筑限界(图8-8)必须同时满足200~350km/h旅客列车的运行安全。

高速铁路建筑限界高度:主要考虑接触网悬挂方式、导线高度、结构高度、带电体对地绝缘距离以及施工误差等因素。接触线悬挂点高度为5300mm,结构高度不小于1400mm,水平腕臂上承力索零件安装高度50mm,带电体对地绝缘距离、建筑物沉降、工务抬道及安全余量等因素合计考虑500mm,以上合计为7250mm。

建筑限界的最大宽度:高速铁路没有货物列车、特别是超限货物列车运行,与既有铁路的建筑限界的规定一致,为4880mm。

到发线一侧的站台边缘至线路中心线的距离:为保证跨线旅客列车在高速铁路站台和既有铁路站台均可停靠,采用1750mm。

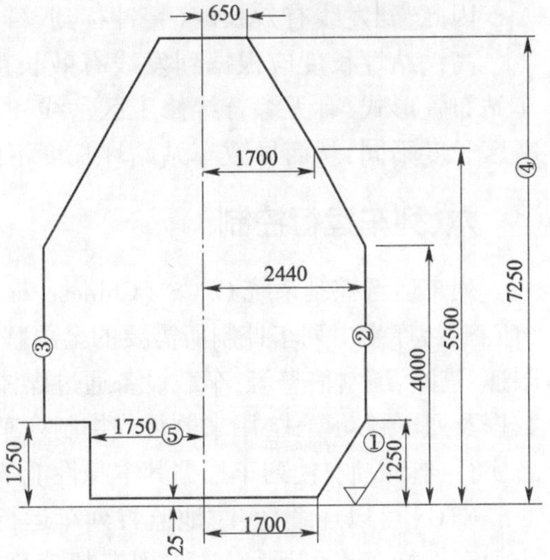


图8-8 高速铁路建筑限界轮廓及基本尺寸(单位:mm)

①-轨面;②-区间及站内正线(无站台)建筑限界;③-有站台时建筑限界;④-轨面以上最大高度;⑤-线路中心线至站台边缘的距离(正线不适用)

(三)建筑限界的曲线加宽方法

建筑限界的曲线加宽,经计算,车体在曲线上的几何偏移量很小,故曲线限界加宽只考虑由于超高引起车体倾斜的曲线内侧加宽,需经计算确定。

曲线上建筑限界的加宽范围,包括圆曲线、缓和曲线和直缓点以外的直线段,由于限界加宽在圆曲线之前就已经开始,但较圆曲线段小,此开始段采用全加宽量的一半,因此形成如图8-9所示全加宽和半加宽结合的台阶状。

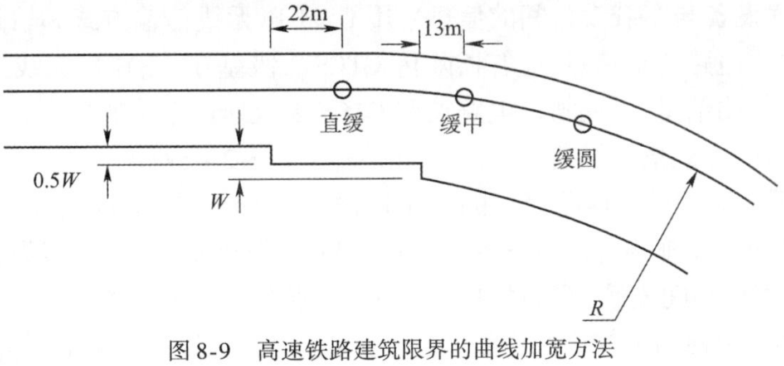


图8-9 高速铁路建筑限界的曲线加宽方法

## 五、到发线有效长度

高速铁路到发线有效长度为650m,由以下几部分组成:

(1)站台长度450m:考虑8辆编组时列车总长度最长的车型为CRH1型,列车总长度为214.0m,按该型旅客列车最大编组辆数为16辆,列车总长度为428.0m,取430m,另每侧考虑10m的停车余量。

(2)安全防护距离:考虑列车测速和测距误差、列车车载设备触发常用制动和紧急制动模式曲线的延误时间,确定安全防护距离不小于95m。

(3)警冲标至绝缘节的距离:因第一轮对距离车头的距离最长为4.85m,故确定警冲标至绝缘节的距离为5m。

因此,到发线有效长度(警冲标到警冲标)为450+(95+5)×2=650m。

高铁站坪长度应根据到发线有效长度、远期车站布置形式及道岔类型等因素计算确定。车站布置形式、有无综合维修工区岔线和车站间不同数量和方向的渡线等条件不同,则车站咽喉区长度不同,从而导致车站站坪长度不同。

## 六、列车运行控制

列车运行控制系统CTCS(Chinese Train Control System)包括地面与车载两部分,地面设备(应答器)产生出列车控制所需要的全部基础数据,包括固定信息和可变信息,如线路基本参数、限速、进路、道岔信息等;车载设备通过媒体将地面传送的信号进行信息处理,形成列车速度控制数据及列车制动模式,用来监督或控制列车安全运行。列车控制方式可以由人工驾驶,也可由设备实行自动控制,使列车根据其本身性能条件自动调整追踪间隔,从而提高线路的通过能力。

CTCS可以连续、实时地监督列车运行速度,自动控制列车的制动系统,在任何情况下,防止列车无行车许可运行,防止列车超速(进路允许速度、线路结构规定的速度、临时限速及紧急限速等)运行,以及防止列车溜逸。

CTCS是为了保证列车安全运行,以分级形式满足不同线路运输需求。

CTCS-2级基于轨道(轨道电路和点式应答器)向列车传送地面设备与车载设备间的控制信息:轨道电路完成列车占用检测及完整性检查,并连续传送;点式应答器则传输定位信息、进路参数、线路参数、限速和停车信息等;地面可不设通过信号机,采用车地一体化设计。

GSM-R系统是专门为铁路通信设计的综合专用数字移动通信系统。在GSM(全球移动通信系统的简称)蜂窝系统上增加了调度通信功能和适合高速环境下使用的要素组成,例如加入了基于位置寻址和功能寻址等功能,适用于铁路通信特别是铁路专用调度通信的需要,可为列车自动控制与检测信息提供数据传输通道,并可提供列车自动寻址和旅客服务。

CTCS-3级地面设备与车载设备间的信息采用GSM-R无线传输方式和轨道电路加应答器的传输方式。其中轨道电路传输信息;应答器除传CTCS-3级基于GSM-R无线通信网络和轨道电路加应答器向列车传输信息:采用轨道电路按照CTCS-2级列控系统的要求完成列车占用检测及完整性检查信息传输;点式信息设备(应答器)除传输CTCS-2级列控系统的有关信息外,还传输CTCS-3级列控系统所需的用于测距修正的列车定位信息及与无线闭塞中心(简称RBC,无线通信方式下实现列车间隔控制的地面设备)链接等信息;无线闭塞中心与车载设备之间通过无线通信系统GSM-R实现地-车间连续、双向的信息传输,信息包括线路数据、应答器链接、临时限速、列车参数、行车许可(由地面列控中心产生,通过无线通信系统传送到车上)等。

高速铁路列车运行控制方式采用CTCS-2级或CTCS-3级列控系统,200km/h客货共线铁路采用CTCS-2级列控系统,250km/h高速铁路优先采用CTCS-3级列控系统,300km/h及以上高速铁路采用CTCS-3级列控系统。当采用CTCS-3级列控系统时,CTCS-2级列控系统作为后备模式。

## 七、行车指挥方式

行车指挥方式采用调度集中控制系统CTC(Centralized Traffic Control),由调度所子系统、车站级子系统和网络子系统组成,它综合了运输组织、计算机、网络通信和现代控制技术。

CTC 是调度中心集中控制某一区段内的信号设备,实现对列车直接指挥和管理，具备分散自律控制(既受中心集中控制又按各站调车作业情况自行处理)和非常站控(当调度集中设备故障、发生危及行车安全的情况或设备天窗维修、施工需要时,脱离系统控制转为车站传统人工控制的模式)两种模式,其中分散自律控制模式下能提供自动控制和人工控制两种进路控制方式,以列车运行调整计划控制为中心,兼顾列车与调车作业的自动化的调度指挥。

CTC 功能体现在遥控和通信两个方面:遥控作用是指在调度所内可集中控制管辖范围内的道岔、进路及信号,直接办理各站的进路、开放进出站信号,指挥各次列车的运行;通信作用是指区段内的区间和车站的股道占用、进路开通、信号机开放、列车的运行和分布等情况,可以通过信息传输及时地反映到调度所内的区间和车站线路表示盘上,供调度员监督。

## 八、最小行车间隔

最小行车间隔是最小列车追踪间隔时间,车站能完成必要的接发列车作业和确保列车在区间内安全运行的必要时间。按照运输需求研究选定,宜采用 3 ~4min。运输需求越大,间隔越小。

## 九、动车组类型

我国目前的动车组类型分为 CRH1，CRH2,CRH3，CRH5 共 4 种类型,其中时速 250km/h 及以上的动车组为 CRH2，CRH3 及其以上系列动车组。

# 单元四　线路设计

## 一、平纵面设计

(一)平面

高铁线路平、纵断面设计应重视线路的平顺性,提高旅客的乘坐舒适度。

1. 缓和曲线

为保证列车运行的安全和旅客乘坐舒适度的要求,缓和曲线应有足够的长度,但过长的缓和曲线将影响平面选线和纵断面设计的灵活性,引起工程投资的增大。因此,缓和曲线长度的选择应因地制宜、从长到短、合理选用。

缓和曲线仍采用三次抛物线形。缓和曲线的长度仍然取决于最大超高顺坡率,最大欠超高时变率(乘坐舒适度允许的未被平衡横向加速度时变率)、超高时变率限值(车体倾斜角速度)等参数取值,取其中计算长度的最大值(取为 10m 的整倍数)。

无砟轨道与有砟轨道采用相同的设计超高,缓和曲线长度标准相同。

缓和曲线间夹直线和圆曲线的长度主要受列车运行平稳性和旅客乘坐舒适条件控制,一般条件下该值不小于 $0.8V_{max}$。

缓和曲线与道岔前后接缝间直线段长度,应考虑列车在曲线上产生的振动与道岔上产生的振动不叠加。实验表明车辆振动的周期约为 1.0s,按 1.5 ~2.0 个周期基本衰减完,一般条件下该值不小于 $0.6V_{max}$。

缓和曲线长度应根据设计速度、曲线半径和地形条件按表 8-10 合理选用,一般应选用(1)栏值,困难条件下可选用(2)栏或(3)栏值。

**缓和曲线长度(m)** 表 8-10

| 设计行车速度(km/h) / 曲线半径(m) | 350 | | | 300 | | | 250 | | |
|---|---|---|---|---|---|---|---|---|---|
| | (1) | (2) | (3) | (1) | (2) | (3) | (1) | (2) | (3) |
| 12000 | 370 | 330 | 300 | 220 | 200 | 180 | 140 | 130 | 120 |
| 11000 | 410 | 370 | 330 | 240 | 210 | 190 | 160 | 140 | 130 |
| 10000 | 470 | 420 | 380 | 270 | 240 | 220 | 170 | 150 | 140 |
| 9000 | 530 | 470 | 430 | 300 | 270 | 250 | 190 | 170 | 150 |
| 8000 | 590 | 530 | 470 | 340 | 300 | 270 | 210 | 190 | 170 |
| 7000 | 670 | 590 | 540 | 390 | 350 | 310 | 240 | 220 | 190 |
| | 680* | 610* | 550* | | | | | | |
| 6000 | 670 | 590 | 540 | 450 | 410 | 370 | 280 | 250 | 230 |
| | 680* | 610* | 550* | | | | | | |
| 5500 | 670 | 590 | 540 | 490 | 440 | 390 | 310 | 280 | 250 |
| | 680* | 610* | 550* | | | | | | |
| 5000 | — | — | — | 540 | 480 | 430 | 340 | 300 | 270 |
| 4500 | | | | 570 | 510 | 460 | 380 | 340 | 310 |
| | | | | 585* | 520* | 470* | | | |
| 4000 | — | — | — | 570 | 510 | 460 | 420 | 380 | 340 |
| | | | | 585* | 520* | 470* | | | |
| 3500 | — | — | — | | | | 480 | 430 | 380 |
| 3200 | — | — | — | — | — | — | 480 | 430 | 380 |
| 3000 | — | — | — | — | — | — | 480 | 430 | 380 |
| | | | | | | | 490* | 440* | 400* |
| 2800 | — | — | | | | | 480 | 430 | 380 |
| | | | | | | | 490* | 440* | 400* |

注:1. 表中(1)栏为舒适度优秀条件值,(2)栏为舒适度良好条件值,(3)栏为舒适度一般条件值。

2. 有*号标志者为曲线设计超高 175mm 时的取值。

正线上缓和曲线与道岔间的直线段长度也是按 2 个车辆振动周期计算(2s),但标准较相邻两曲线间的夹直线的长度降低,应根据下列公式计算确定,并不得小于表 8-11 的规定。

**正线缓和曲线与道岔间的直线段最小长度** 表 8-11

| 设计行车速度(km/h) | 350 | 300 | 250 |
|---|---|---|---|
| 直线段最小长度(m) | 210(170) | 180(150) | 150(120) |

注:1. 括号内为困难条件下采用的最小值。

2. 车站应设在直线上,且站坪长度应根据远期车站布置要求确定。

一般条件下:

$$L \geqslant 0.6V$$

困难条件下:

$$L \geqslant 0.5V$$

式中:$L$——直线段长度(m);

$V$——设计速度数值(km/h)。

2. 圆曲线

(1)设计曲线半径

与设计速度匹配的平面曲线半径,应因地制宜,合理按下表选用,一般采用100m整数倍的曲线半径。

由表8-12可以看到,相同设计速度条件下,无砟轨道的半径可以较有砟轨道$R$小。

**平面曲线半径表** 表8-12

| 设计行车速度(km/h) | 350/250 | 300/200 | 250/200 | 250/160 |
|---|---|---|---|---|
| 有砟轨道 | 推荐8000~10000;<br>一般最小7000;<br>个别最小6000 | 推荐6000~8000;<br>一般最小5000;<br>个别最小4500 | 推荐4500~7000;<br>一般最小3500;<br>个别最小3000 | 推荐4500~7000;<br>一般最小4000;<br>个别最小3500 |
| 无砟轨道 | 推荐8000~10000;<br>一般最小7000;<br>个别最小5500 | 推荐6000~8000;<br>一般最小5000;<br>个别最小4000 | 推荐4500~7000;<br>一般最小3200;<br>个别最小2800 | 推荐4500~7000;<br>一般最小4000;<br>个别最小3500 |
| 最大半径 | 12000 | 12000 | 12000 | 12000 |

注:个别最小半径值需进行技术经济比选,报部批准后方可采用。

CRH3高速动车组初始速度330km/h制动至0的距离约8850m,由0加速至320km/h的距离约12km,因此,全部高速车均停车的车站两端减、加速地段,可采用与行车速度相适应的技术标准。

部分高速列车停车、部分高速列车通过的车站两端,应根据线路所经地区的地形条件、城市环保要求的限速、该站高速列车的停站比例等,经综合技术经济比选确定设计速度。

(2)相邻两曲线间的夹直线和两缓和曲线间的圆曲线最小长度

列车运行平稳、旅客乘坐舒适所要求的夹直线和圆曲线的最小长度,通常按列车在夹直线或圆曲线的起终点产生的振动不致叠加考虑,与列车振动、衰减特性和列车运行速度有关。根据实验结果,车辆振动的周期约为1.0s,列车在缓和曲线出入口产生的振动在一个半至两个周期内基本衰减完,按两个周期计算,则夹直线或圆曲线的最小长度应为:

$$L_{min}=2\times\frac{V_{max}}{3.6}\approx 0.6V_{max} \tag{8-21}$$

我国既有干线一般地段夹直线长度标准约为(0.6~0.67)$V_{max}$,国外最高运营速度200~350km/h高速铁路的夹直线和圆曲线最小长度大约为(0.4~1.0)$V_{max}$。

因此,《高规》规定应根据下列公式计算确定,并不得小于表8-13的规定。

**圆曲线或夹直线最小长度** 表8-13

| 设计行车速度(km/h) | 350 | 300 | 250 |
|---|---|---|---|
| 圆曲线或夹直线最小长度(m) | 280(210) | 240(180) | 200(150) |

注:括号内为困难条件下采用的最小值。

一般条件下:

$$L\geq 0.8V$$

困难条件下:

$$L\geq 0.6V$$

式中:$L$——夹直线和圆曲线长度(m);

$V$——设计速度(km/h)。

(二)纵断面

1. 坡长设计

正线宜设计为较长的坡段,最小坡段长度应符合表8-14。

**最 短 坡 长** 表8-14

| 设计行车速度(km/h) | 350 | 300 | 250 |
|---|---|---|---|
| 一般条件(m) | 2000 | 1200 | 1200 |
| 困难条件(m) | 900 | 900 | 900 |

注:困难条件的最小坡段长度需进行技术经济比选,报部批准后方可采用。

一般条件的最小坡段长度不宜连续采用,以避免列车运营过程中的频繁起伏及舒适程度的降低,不得连续采用上下连续起伏的短坡段;一般条件下,最小坡段长度不宜连续采用,困难条件下的最小坡段长度不得连续采用。

最大坡长没有规定,但是,在一定的坡度上运行,如果不限制坡长,动车组在大坡道上运行速度的降低将导致低于一定的速度,因此,设计时应将不同的坡度值限定不同的坡长,目前只有一些建议值供设计参考,不低于设计行车速度90%时建议值为:

(1)采用15‰时,最大坡长不宜大于5km;

(2)采用20‰时,最大坡长不宜大于4km;

(3)当采用最大坡度12‰时,对坡长不作限制。

对路堑地段,考虑排水,线路纵坡不宜小于2‰。

站坪宜设在平道上,且到发线有效长度范围内宜采用一个坡段;困难条件下,可设在不大于1‰的坡道上;特别困难条件下,可设在不大于2.5‰的坡道上,越行站可设在不大于6‰的坡道上。

车站咽喉区的正线坡度宜与站坪坡度一致,困难条件下可适当加大,但不宜大于2.5‰,特别困难条件下不应大于6‰。

2. 坡段间的连接

正线相邻坡段的坡度差大于或等于1‰时,则应采用圆曲线型竖曲线连接。

最小竖曲线半径的确定与普速列车的计算方法相同,只是设计速度提高,设计时,按远期设计速度按表8-15选用。动车组走行线由于速度较低,仅承担高速动车组空载条件下的走行,规定相邻坡段的坡度差大于或等于3‰时才需设置竖曲线,半径可减小,一般条件为5000m,困难条件为3000m。

**最小竖曲线半径** 表8-15

| 设计行车速度(km/h) | 350 | 300 | 250 |
|---|---|---|---|
| 最小竖曲线半径(m) | 25000 | 25000 | 20000 |

当竖曲线半径增大到一定程度,施工及养护维修难以实现和维护,最大竖曲线半径不应大于30000m。

考虑施工及养护维修,最小竖曲线长度应能保证一个车辆固定轴距长度要求,我国国产CRH3型动车组转向架固定轴距25m,因此,最小竖曲线长度不得小于25m。

相邻坡段的坡度差允许的最大值,普通铁路相邻坡段的坡度差主要受货物列车不断钩这一安全条件确定,但由于动车质量远低于货物列车,因此,对相邻坡段的坡度代数差不再作要求,但实际设计中为纵断面平顺考虑,应结合实际使用较小的坡度代数差。

3. 平面与纵断面的组合设计

(1)竖曲线(或变坡点)与缓和曲线、道岔及钢轨伸缩调节器均不得重叠设置。

对于无砟轨道而言,线路平纵断面几何形状稳定性较容易保持,竖缓重叠设置在线路测设及养护维修方面的难度大大降低,但是重叠设置仍然对舒适度产生了影响。一般地在工程量影响不大的情况下,竖曲线距缓和曲线的最小距离宜不小于25m,以尽量避免对列车竖向加速度的影响。

(2)车站道岔不应与竖曲线和变坡点重叠;正线道岔两端距竖曲线起点或变坡点不宜小于20m。

高速铁路采用可动心轨辙叉单开道岔,它与固定辙叉单开道岔相比在结构上有明显的不同;结构较复杂,且列车速度越高,对道岔的几何状态要求越严,列车通过道岔时要求保持较好的平稳性和减少对道岔的冲击力,确保安全与舒适,降低维修费用。因此,可动心轨道岔与竖曲线和变坡点不能重叠设置。

(3)竖曲线与平面圆曲线不宜重叠设置。

竖曲线与平面圆曲线重叠设置,同样增加线路测设工作量、增加养护维修工作的难度,对行车安全和乘坐舒适度产生不利的影响,但由于高速铁路平面圆曲线半径较大,平面圆曲线长度可达1~2km以上,如要避免竖曲线与平面圆曲线重叠设置,将导致工程投资增加较多。因此,也允许满足表8-16中圆曲线与竖曲线半径的平竖曲线重叠。

**竖曲线与平面圆曲线重叠设置的曲线半径最小值** 表8-16

| 设计行车速度(km/h) | | 350 | 300 | 250 |
|---|---|---|---|---|
| 平面最小圆曲线半径(m) | 有砟轨道 | 7000 | 5000 | 3500 |
| | 无砟轨道 | 6000 | 4500 | 3000 |
| 最小竖曲线半径(m) | | 25000 | 25000 | 20000 |

## 二、选线

### (一)高铁选线设计的特点

与普通铁路相比,高速铁路的建设标准提高,施工工艺水平进步,大量高桥、长隧出现,高速铁路选线设计更加注重线路顺直,一般不必进行展线。

1. 地质因素更加重视

高速铁路更加注重安全,因此,选线应积极绕避各类不良地质体。在地质条件复杂区,完全绕避各类不良地质不现实,对于难以绕避的不良地质体,应在详细地质勘察的基础上,采用桥隧通过或选用其他适宜的工程措施处置,确保运营安全。

高填、深挖和长路堑等路基地段往往易引起沉降及边坡稳定问题,高速行车对路基沉降十分敏感,《高规》对控制路基沉降也有严格的要求,而控制好路基下沉,实际中很困难。

2. 效益最大

尽量通过重要政治经济据点,行经主要城市吸引客流、方便旅客出行,以使得高铁获得更高的收益及社会效益。在处理车站设置与线路走向的矛盾上,应结合调查的客运量来选择线路位置。

如对于京沪高铁宿州段(图8-10),针对高速线路是否绕经宿州市区,以及宿州站位置的选择上,线路进行了大店西、大店东、经宿州三个方案的经济技术比较:大店东方案线路顺直,路线最短,运行时间最短,工程投资最省,较经宿州方案线长减少13km,较大店西方案也缩短线路长 1.1km,投资减少 0.7 亿元,此外,考虑宿州市本身的客流量不大,且大店至宿州公路交通便利,且普通铁路列车在高速铁路建成后仍运行。故为了保证高铁的短直,缩短线路长度和旅行时分,节省工程投资和运营费用,选用了大店东线路方案。

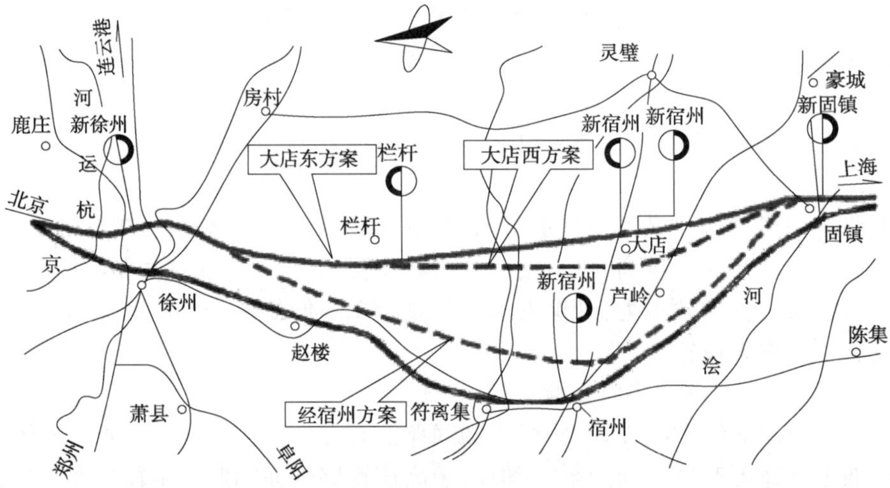


图 8-10 京沪高铁宿州段选线方案示意图

3. 体现速度优势,采用较高的技术标准

高铁设计速度高,一般控制平均速度不能太低。主要的实现措施是高速铁路选线要力求线路短直,不应一味去适应地形,进行不当避绕。

但这与安全性的保证是矛盾的,冲突时应优先考虑安全,并采用工程措施缓解这一矛盾,从而避免高速铁路展线绕行。普通铁路设计中常见的展线,高铁设计中则应避免过大的展线,以免劣化整体线形,限制运行速度,增加铁路的维护成本。

4. 环保问题更加突出

高速铁路除了应注意沿线自然保护区和文物对线路的影响外,其行车密度高、速度快,振动和噪音污染对沿线居民影响较大。高速铁路的主要噪声源是轮轨噪声、机械噪声、弓网噪声和空气动力学噪声(车体与空气摩擦噪声)等,选线时应尽量远离大的居民居住区、学校和大型公共设施等。

设计时须采用适宜的速度值或降噪减振措施,满足国家环境保护标准和要求。

(二)高速铁路定线设计应注意的问题

定线在结合自然与工程条件的前提下,应注意:

(1)线路空间曲线按列车运行速度及速差设计;

(2)车站分布应满足沿线客流分布及城镇居民的旅行需要、优化开行方案的需要、设计能力并考虑养护维修的需要,以及大中城市、重要交通枢纽和旅游胜地等旅客出行的需要;

(3)路基、桥涵及隧道等工程分布等应进行综合技术经济比选后确定;

(4)定线时应考虑钢轨伸缩调节器与桥梁孔跨、结构的关系。

(三)高铁车站分布

高铁车站按技术作业性质可分为越行站、中间站和始发站,其中越行站和中间站的合理分布直接影响客流吸引和综合效益,进而对工程投资、运营成本、线路通过能力和经济效益等产生较大影响。

车站分布应以满足沿线城镇分布和社会经济需求为基本原则,以适应运输组织模式和满足线路通过能力为基本要求,根据沿线城市的经济、客运量、铁路运输组织、通过能力和技术作业需要,结合工程条件等综合研究确定。

一般情况下,当站间距离较小时,若列车停站率较高,则旅行速度降低,运输服务质量不高;若列车停站率较低,则车站投资效益不高。而当车站分布距离较大时,由于高速铁路铁路的特点是本线旅客列车和跨线旅客列车共线运行,列车运行速度差较大,需考虑较快列车的越行条件,对线路能力影响较大。由于速差的存在,中速旅客列车会待避高速旅客列车,为不使待避时分不致过长,在结合城镇分布的同时,适当控制站间距离。

国外高速铁路站间距离,短则不到20km,长的达100km以上,主要决定于城市分布和市场需求情况。国内外高速铁路的车站分布情况见表8-17。

**国内外高速铁路车站分布情况表** 表8-17

| 国名 | 线名 | 总长度 | 车站数目(个) | 平均站间距(km) | 最大站间距(km) | 最小站间距(km) |
|---|---|---|---|---|---|---|
| 日本 | 东海道 | 515 | 15 | 36.8 | 68.1 | 15.9 |
| | 山阳 | 554 | 18 | 32.6 | 55.9 | 10.5 |
| | 东北 | 496.5 | 18 | 32.6 | 55.9 | 10.5 |
| | 上越 | 269.5 | 9 | 33.7 | 41.8 | 23.6 |
| | 北陆 | 117.4 | 6 | 23.5 | 33.2 | 17.6 |
| 法国 | 巴黎—里昂 | 417 | 4 | 104 | | |
| | 里昂—瓦朗斯 | 121 | 2 | 121 | 121 | |
| | 瓦朗斯—马赛 | 303 | 3 | 156 | | |
| | 大西洋 | 281 | 4 | 70 | 168 | 15 |
| | 北方线 | 333 | 3 | 111 | | |
| 德国 | 汉诺威—威尔茨堡 | 327 | 5 | 82 | | |
| | 曼海姆—斯图加特 | 105 | 2 | 105 | 105 | |
| | 法兰克福—科隆 | 219 | 5 | 55 | | |
| | 汉诺威—柏林 | 264 | 5 | 66 | 130 | 10 |
| 西班牙 | 马德里—塞威利亚 | 471 | 4 | 157 | | |
| 韩国 | 首尔—釜山 | 430 | 6 | 83.7 | 126.8 | 62.9 |
| 台湾省 | 台北—高雄 | 345 | 7 | 57.5 | | |
| 中国 | 秦皇岛—沈阳 | 404.6 | 9 | 45 | 68 | 31 |

从表8-17可以看出,除日本高速铁路的站间距离较小以外,其他各国高速铁路的站间距离均较大。这主要是由于日本高速铁路沿线的人口密度较大,城镇分布密集,行车密度也大;而欧洲各国高速铁路的沿线人口密度较小,行车量也相对较小。我国规划的各高铁沿线人口和城镇分布,均有各自的特点,因此,车站分布的设计,须结合沿线城镇和重要居民点的分布情况,根据列车的开行方案、运输组织方式(如高峰期运输组织及跨线旅客列车组织等)以及车站的技术作业的要求,在满足能力需求的前提下,经综合技术经济比选确定。

我国高铁旅客流量大且旅客平均行程远较西方国家长,而且将在较长时间内,采用不同速度等级列车混合运行的运输组织模式(存在一定数量的越行作业),对通过能力的要求与国外高速铁路有所不同。

城市的行政级别与城市的地位有关,应当作为设站时考虑的重要因素,一般地,首都、省会城市为必设站，地级市原则上应设站，但距离相邻站不足 30km 时，应进行技术经济比较后确定，县级市需经技术经济比较确定，县级以下则一般不考虑设置办理站。

高速铁路的车站分布应满足下列需求：

(1)最大限度地满足沿线客流分布及城镇居民的出行需要。车站分布取决于市场需求，调查客运量大的结点应当设站，例如重要交通枢纽和重要旅游胜地等处出行人口密集，应当首先考虑设置车站。

(2)满足运输组织和通过能力的需要。车站分布直接影响开行方案的制定，对设计通过能力大小起重要作用。

(3)站址选择结合城市总体规划和铁路枢纽总体规划。既考虑与城市地铁、轻轨、公交等交通系统有机结合，形成能立体换乘的综合交通枢纽，又能便于铁路从合理的引入方向正线引入，减少不必要的与地方交通的干扰。

(四)高速铁路引入大城市设站的问题

高速铁路引入大城市，必须设站，须注意以下问题：

(1)如该站为必停的车站，站前一段线路的行车速度肯定达不到高速行车的速度值时，则该段线路可按较低的速度目标值进行设计，以节约投资。

(2)高速铁路引入大城市站点时，往往引起大量的拆迁、环保(噪声和振动污染)和与城市规划协调等问题，这类问题只能依靠多方面协商和设计人员的精心设计来解决。

**【工程案例】** 武广高速铁路引入长沙南站的设计方案处理情况(图 8-11)。

武广高速铁路跨过捞刀河后 开始进入长沙地区，原初步设计线路引入新长沙站(即现在的长沙南站)的方案为全明线方案，线路先以卫星特大桥(全长 2138m)跨越月形山互通立交，尔后以全长 9568m 的浏阳河特大桥一举跨越牛角冲互通立交、长沙经济开发区、远大片城区、京珠高速公路、浏阳河和机场高速公路等地段，再引入长沙南站(图 8-11)。

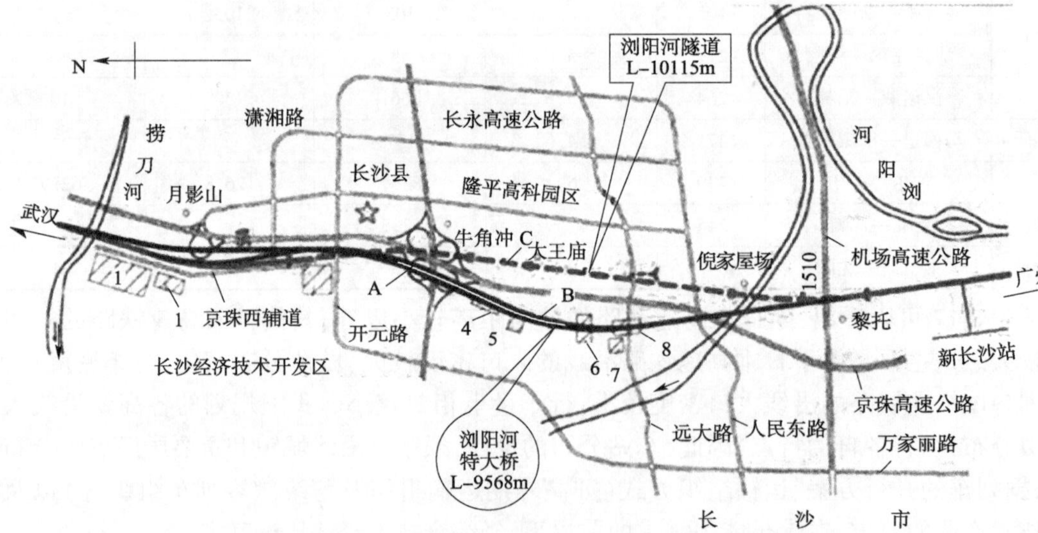


图 8-11 武广高铁长沙浏阳河段

注：1. A-初设全明线方案；B-优化后全明线方案；C-暗线长隧道方案。

2. 图 1-8 中均为既有小区、市场、长途汽车站、污水处理厂等建筑。

此项全明线方案涉及防洪、立交、拆迁、环保、城市规划以及景观协调等一系列棘手问题，虽经多方进行了一年有余的各轮次、多层级的密集论证、协调，但部分关键问题仍悬而未决，具体实施遇到很大困难。

本段若采用全明线方案，敏感地段高架通行、大跨飞越，线路高悬，饱受各方非议，且于高速铁路本身而言也蕴藏有较大工期风险。为此，设计人员对暗线长隧道方案进行优化研究，认为该段地层条件相对有利，采用大坡度、长隧道，可使隧道埋深至有利地层，过河等地段的工程风险相对可控，进一步肯定了该方案的工程可行性与经济性，形成该段“方案修改深化研究”报告，明确推荐采用暗线长隧道方案。

2006 年 8 月，浏阳河路段采用暗线长隧道方案获得批复。新方案线路在绕避月形山互通立交后，下穿潇湘路，于其南侧入地，暗线穿越牛角冲互通立交后在隆平高科园区之下潜行，续穿浏阳河，至机场路南侧出露，以单一的长隧道穿城过河。

暗线长隧道方案较原初步设计缩短桥梁计 11467 延米，减少城区拆迁约 20 万 $m^2$，线路短 108m，并使平面线型得到改善，线路技术标准有所提高，本段设计批复较原初步设计核减投资 4188 万元。浏阳河隧道采用 3 竖井、1 斜井辅助施工，按期顺利建成。

本方案虽长隧道穿城过河，却按期高质地完成了建设任务，并顺利地解决了城市折迁、环保、城市规划等诸多棘手问题，是高速铁路引入大城市车站线路设计的一项成功案例。

# 参考文献


[1] 国家铁路局. TB 10621—2014　高速铁路设计规范[S]. 北京:中国铁道出版社,2015.

[2] 铁道部. GB 50090—2006　铁路线路设计规范[S],北京:中国计划出版社,2006.

[3] 马大炜. 高速列车及其速度目标值的探讨[J]. 中国铁道科学, 2003(5).

[4] 李长进. 我国高速铁路速度目标值问题的研究[J]. 铁道工程学报, 2003(3).

[5] 白宝英. 客运专线最大坡度研究[J]. 铁路标准设计, 2006(1).

[6] 刘其斌. 铁路车站及枢纽[M]. 北京: 中国铁道出版社,2009.

[7] 胡子平. 复杂山区铁路宜昌万州线综合选线设计[J], 铁道标准设计,2010.

[8] 朱颖. 铁路选线理念的创新与实践[J]. 铁道工程学报, 2009(6).

[9] 赵忠保. 万宜铁路东西端接轨方案的探讨[J], 铁道勘测与设计,2003.

[10] 中铁第四勘察设计院集团有限公司. 福建平潭岛上岛铁路预可行性研究[M]. 武汉:2010.

[11] 接建峰. 铁路建设项目经济评价算法与实例[M]. 北京: 中国铁道出版社,2001.

[12] 张雪才,刘正富. 达成铁路选线设计[J]. 铁道标准设计, 1997(11).

[13] 铁道部. TB 10504—2007　铁路建设项目预可行性研究、可行性研究和设计文件编制办法[S]. 北京:中国铁道出版社,2007.

[14] 王申平. 西平铁路永寿梁越岭隧道地质选线[J]. 铁道勘察,2008(2).

[15] 谢卫民. 山西中南部铁路太岳山越岭方案研究[J]. 铁道勘察,2010(3).

[16] 叶祥昌. 南昆铁路选线设计体会[J]. 铁道标准设计,1996(1).

[17] 汪识义. 南昆铁路的选线设计[J]. 铁道知识, 1996(4).

[18] 铁道部. TB 10082—2005　铁路线路设计规范[S]. 北京:中国铁道出版社,2005.

[19] 穆藩蒲. 山区铁路选线的研究[J]. 铁路建筑,1994(6).

[20] 韩峰. 铁道线路工程概论[M]. 北京:中国铁道出版社,2010.

[21] 王辉. 东北东部铁部通道白河至和龙段线路限制坡度的选择[J]. 铁道标准设计,2008(5).

[22] 朱颖. 复杂艰险山区铁路选线与总体设计论文集[M]. 北京:中国铁道出版社,2010.

[23] 易思蓉. 铁路选线设计[M]. 成都:西南交通大学出版社,2009.

[24] 张煜. 水库地区铁路选线[J]. 铁路工程造价管理,2009(3).

[25] 李向国. 高速铁路技术[M]. 北京:中国铁道出版社,2005.

[26] 万昌海. 武广铁路设计方案与创新[J]. 铁道知识,2010(1).

[27] 毛保华,李夏苗. 列车运行计算与设计[M]. 北京:人民交通出版社,2013.